모두 다 사랑하라

Love Everyone, Serve Everyone, Remember God

모두 다 사랑하라

파르바티 마커스 지음 | 유영일 · 이순임 옮김

올리브
올나무

모두 다 사랑하라

펴낸날 ‖ 2024년 1월 2일 초판 발행

지은이 ‖ 프라바티 마커스

옮긴이 ‖ 유영일, 이순임

펴낸곳 ‖ **올리브나무** 출판등록 제2002-000042호

경기도 고양시 일산동구 정발산로 82번길 10, 705-101

전화 031-905-8469, 010-7755-2261

팩스 031-629-6983   E메일 yoyoyi91@naver.com

인스타그램 olive.tree.books

펴낸이 ‖ 유영일 대표 ‖ 이순임 기획이사 ‖ 유지연

ISBN 979-11-91860-41-2 03270

값 22,000원

Love Everyone,
Serve Everyone,
Remember God

그대 자신이 곧 신임을 기억하고,
신성을 품은 모든 존재를 섬기고 사랑하라.
—님 카롤리 비바

지금 여기에서도 진행중인
"사랑의 속삭임"

1967년, 하버드대학교 심리학 교수였던 리처드 앨퍼트는 환각제를 이용한 의식 실험으로 인해 교수직에서 파면당하고 인도로 간다. 기존의 과학과 철학과 심리학으로는 너무나 한계가 드러나 보였기에 '존재에 대한 근원적인 의문'에 답하고 새로운 지도를 그려 보여줄 수 있는 누군가를 찾아나선 길이었다. 여러 우연이 겹친 끝에 님 카롤리 바바(마하라지)를 만나, 아무 조건 없이 퍼부어지는 구루의 사랑에 기존의 모든 인식 체계가 일시에 무너지는 경험을 한다. 사랑의 대양에 몸과 마음과 영혼을 담그게 된 그는, 서양으로 돌아와 마하라지의 가르침을 전파하기 시작한다.

에고가 아닌 본래의 참자아로 돌아가라는 그의 메시지는, 물질주의적 가치관에 함몰되어 폭력과 전쟁으로 얼룩진 세상에 절망하는 청년 세대에 큰 반향을 일으킨다. 진리에 목마른 젊은이들은 인도로 가서 마하라지를 만나 벼락을 맞은 듯한 충격을 경험한다.

"모든 사람을 사랑하고, 모든 사람을 섬기고, 신을 기억하라."는 그의 메시지는 수많은 서양인들의 가슴을 열고 영혼을 흔들어 깨웠다.

마하라지를 직접 만나 큰 변화를 경험한 대니얼 골먼, 래리 브릴리언트, 크리슈나 다스…, 그리고 마하라지가 몸을 떠난 이후 그를 찾아 나섰던 애플의 창업자 스티브 잡스, 페이스북 창업자 마크 주커버그, 여배우 줄리아 로버츠 등등. 속속들이 삶의 깊은 변혁을 경험한 이들 구도자들은 미국의 일상적인 삶의 풍경을 바꾸어놓았다. 명상이 시대의 큰 흐름으로 떠오르고, 요가 수련원이 마을마다에 세워지고, 마음챙김은 실리콘 밸리에서 의회에 이르기까지, 초등학교 교실에서부터 회사 중역들의 회의실에 이르기까지 방방곡곡 퍼져 나갔다.

이 책은 진리를 찾아 히말라야 산기슭으로 간 사람들이 자신의 삶과 세상을 바꾼 감동적인 이야기를 생생하게 전하고자 태어났다.

(올리브나무 편집부 정리)

차례

추천의 말

내가 처음으로 인도를 떠날 당시, 나의 구루이신 님 카롤리 바바는 자신에 대한 이야기를 서양 사람들에게 하지 말라고 당부했다. 하지만 나는 여기저기 돌아다니면서 그에 대한 이야기를 했고, 내 이야기를 듣고 싶어 하는 사람들이 점점 더 많아졌다. 결국 나는 다른 일은 아무것도 하지 않았다. 선택의 여지가 없는 것 같았다. 나에게서 마하라지에 대한 이야기를 들은 사람들 중 일부는 인도에 가서 그를 만나기 시작했다.

영적 탐구심을 안고 인도에 갔던 우리 서양인들은 마하라지와 함께 지내면서 전에는 한 번도 경험하지 못했던 무조건적인 사랑과 영적인 파워(싯디)를 경험했다. 가장 중요한 것은, 그가 우리를 영혼으로서 바라보고 사랑하는 방식이었다. 우리는 이 특별하고 이례적인 영혼을 만나 우리 자신들의 진정한 본성/자아에 대해서 눈을 뜰 수 있었다. 우리는 그를 우리의 가슴과 영혼에 간직한 채 서양으로 돌아왔다. 1960년대 후반과 1970년대 초반, 다르샨(darshan, 친견)을 경험하기 위해, 그리고 마하라지의 현존 안에서 지복을 누리기 위해 인도로 갔던 사람들에 의해서 쓰여진 이 책은, 무조건적인 사랑의 확장을 경험한 사람들의 이야기이다.

1970년 나의 두 번째 인도여행에서 마하라지와 함께 보낸 시간 동안, 그는 나에게 "모두를 사랑해."라는 단순한 말을 되풀이했다. 그때마다 내가 할 수 있었던 대답은 "마하라지, 나는 그렇게 할 수 없어요."라는 것뿐이었다. 나는 나의 에고와 동일시되어 있었고, 그러니 모든 사람을 사랑하는 것이 가능할 리 없었다. 그는 코가 맞닿을 만큼 바싹 다가와서는 말하곤 했다. "람 다스, 모두 다 사랑해."

시간이 지나면서 이 가르침은 내면에서 점차 자리를 잡아갔다. 더 이상 에고와 동일시하지 않게 되었고, 그럼으로써 만사를 영적인 가슴, 곧 영혼의 관점에서 보게 되었다. 나는 나의 영혼이었고, 그 영혼의 관점에서 모든 사람을 영혼으로서 바라볼 수 있게 되었으며, 그들 각자를 영혼으로서 사랑했다. 마하라지의 가르침 덕분에, 나 자신과 다른 모든 사람을 '사랑의 영혼들'로 인식하게 된 것이다.

에고는 여기, 당신의 머릿속에서, '나'라고 생각하는 그것이다. 만약 당신이 그런 생각을 알아차리고 나서 가슴, 곧 영적인 가슴으로 내려가면, 거기에서 당신은 "나는 사랑의 의식이다."라고 말하게 된다. "나는 사랑의 의식이다."라고 속삭여 보라.

모든 것이 사랑이다. 모든 것이 사랑의 표현이다. 테이블. 나무. 당신 자신. 우주. 대우주. 그것들은 모두가 다 사랑으로 이루어져 있다.

그리고 그 사랑 안에 잠기기만 하면, 당신은 사랑의 바다로 뛰어들게 된다. 오, 얼마나 놀라운 일인가! 사랑. 연민. 사랑. 연민.

우리는 그 사랑 안에서 서로 만난다. 우리는 내면에서 만난다. 우리의 영적인 가슴 안에서. 힌두교에서 그것은 아트만atman이라고 불린다. 아트만은 신이고, 구루이고, 내면의 자아이다.

나는 당신을 내면으로 볼 것이다.

마우이, 2014년 7월

람 다스

머리말

　1971년 9월, 람 다스와 나는 나이니탈의 고지대에 위치하고 있는 에블린 호텔의 발코니에 함께 기대어 서 있었다. 우리는 저 멀리 히말라야의 푸르른 산기슭을 바라보면서, 장마가 끝난 뒤의 구름이 그림 같은 호수를 가로질러 흘러가는 것을 지켜보았다. 배들이 물 위를 우아하게 노 저어 가고 있었다. 호수 건너편에 있는 작은 사원에서 종소리가 울렸다. 우리 서양인들이 명상을 하거나 수행을 하느라 묵고 있는 여러 방에서는 달콤한 향내가 풍겨 나왔다. 일기를 쓰거나 멀리 고국에서 온 메일을 읽고 있는 사람들도 있었다.

　우리는 카인치 계곡의 사원에서 긴 하루를 보낸 후 호텔로 돌아왔다. 버스를 타고 구불구불한 산길을 돌아 30분 가량 가야 하는 카인치 계곡에서, 우리는 마하라지, 혹은 간단히 바바로 불리는 님 칼로리 바바와 함께 시간을 보냈다. 우리 중 20여 명은 호텔이 마치 아쉬람인 양 머물고 있었다. 마하라지의 오랜 헌신자들이 소유해 온 호텔로, 우리는 모두 가족처럼 대접을 받았다.

　오랜 침묵이 흐른 후, 람 다스가 나를 돌아보며 "우리는 마하라지를

알아가고 있는 중이야. 모두가 다 마하라지의 증인들이 될 테지."라고
말했다.

그 말은 여러 해 동안 나의 마음속에 자리하고 있었고, 나는 가끔씩
람 다스가 말하고자 했던 의미가 무엇인지를 되새겼다. 마하라지와
함께하면서, 우리는 깨달음이 실재하는 현실과 그것이 암시하는 바에
대해서, 그리고 우리가 이제까지 알아 왔던 것과는 비교할 수 없이
큰 사랑을 지켜보았다. 또한, 마하라지가 자주 반복해서 서브 에크(Sub
Ek, "만물은 하나")라고 말했듯이, 우리 자신의 가슴속에 있는 사랑과
그 사랑의 실현을 증언할 수 있게 되었다. 우리는 다른 사람들을 섬김에
있어서 자신을 온전히 내려놓는다는 것이 어떤 것인지를 직접 체험할
수 있었다.

이 책은 서로 다른 서양인들이 어떻게 인도에까지 가서 마하라지를
만나게 되었는지, 그곳에서 무슨 일을 경험했는지, 그리고 마하라지의
이례적인 사랑의 씨앗이 서양에서 어떻게 싹이 트고 자라나 꽃을 피웠는
지를 증언하기 위해 기획되었다.

소개의 말

우리 모두는 각자 고향집으로 걸어가는 중이다
—람 다스

님 카롤리 바바는 단 한 번도 미국에 온 적이 없다. 대신, 그는 람 다스를 보냈다. 우리 중 많은 사람들이 람 다스의 강의를 듣거나 (인도인들은 그가 연설과 시의 여신인 '사라스와티 Saraswati의 재능'을 가졌다고 말했다), 1971년에 출판된 『지금 여기에 살라 Be Here Now』를 읽고, 마하라지를 만나고 싶어 했다. 모험, 좋은 약, 영적인 지혜를 찾아 막연하게 동양으로 여행을 떠났던 사람들 중에도 마하라지를 만나 변화된 경우가 많았다.

각양각색의 서양인들은 다른 사람에게 엎드려 절하는 것에 질색을 하고, 누군가의 발을 만지는 것은 물론 그 발에 키스하는 것은 생각조차 할 수 없는 문화권에서 자란 사람들이었다. 하지만 그들의 그런 양태는 마하라지의 존재로 인해서 재빠르게 바뀌었다. 지구 반대편에서 인도에 간 우리는, 고대의 베다에 기반한 '사트-치트-아난다(sat-chit-ananda, 참, 의식, 지복)'를 경험했다. 이 모든 것이 격자무늬의 모직 담요를 두르고

님 카롤리 바바. (사진 발라람 다스)

있는 이 빠진 한 노인네를 통해 실현되었다.

마하라지를 만났을 때, 우리는 그나 그의 내력에 대해 아무것도 몰랐다. 그가 수백 살이라는 이야기도 있었다. 1973년 9월, 그가 사망하고 나서야 우리는 더 많은 것을 알게 되었다. 그는 님 카롤리 Neem Karoli 의 지하 동굴에서 나온 후에도 아홉 살이나 열 살 때 결혼한 그의 아내, 그의 자녀들과 손주들, 그리고 그의 마을에 대해 브라만으로서의 의무를 다했던 것이 분명하다. 그의 요가적, 영적 능력은 엄청났지만, 그의 행방은 바람 같아서 확실하게 아는 사람이 아무도 없었다. 그는 보통 한 장소에서 며칠 이상을 보내지 않는 방랑자였는데, 인도인 헌신자들이 놀라워했던 것은, 서양인들이 도착할 때마다 그가 그들 앞에 나타난다는 것이었다. 하지만 그 앞에 앉아 있는 우리로서는 그가 누구인지, 어디에서 왔는지는 전혀 알 바가 아니었다.

인도인들은 마하라지와 같은 존재를 안타리아민 Antaryamin, 즉 '다른 사람들의 마음을 아는 자'로 묘사한다. 당신에 대해 모든 것을 다 알고 있으면서도 **당신을 조건 없이 사랑하는** 누군가가 당신 앞에 앉아 있다고 상상해 보라. 한 번도 경험해 보지 못한 사랑의 밀물 앞에서 가슴이 벅차올라, 우리의 사고, 이성적이고 직선적인 마음은 단번에 잠잠해지고 말았다. 우리는 집에 돌아와 있었다. 그 집은 완전히 안전한 집, 순수한 사랑으로 지어진 집이었다. 그리고 우리는 변화되었다.

박티의 길

마하라지의 헌신자들에게, 사랑은 모든 문제의 핵심이다. 마하라지는 강의나 설법을 한 일도 없다. 공식적인 가르침 같은 것은 아무것도 없다. 지켜야 할 지침 같은 것도 없다. 단지 반복해서 명령조로 말할 뿐이었다. ―모두 다 사랑하라, 모든 사람을 다 느껴라, 그리고 신을 기억하라. 그리고 "진실을 말하라."라고 강조했다. 그가 권장한 수행법이라고는 신의 이름을 반복해서 부르고(만트라 혹은 자파), 키르탄(찬송)을 하고, 하누만 찰리사(마하라지와 아주 밀접하게 관련되어 있는 원숭이 신 하누만에게 드리는 기도문) 40구절을 낭송하는 것뿐이었다. 그는 명상을 가르치지는 않았다. 하지만 그의 현존 안에서 명상하는 사람들은 지금 여기에서의 충만함을 느끼곤 했다.

우리는 루미와 같이 신을 사랑하는 사람들의 시를 읽고, 그들에 관한 책을 읽는다. 우리는 키르탄을 하고, 마하라지를 칭송하는 온갖 노래를 불렀다. 린다 부쉬가 미라바이(Mirabai, 15세기의 영성 시인)라는 이름을 부여받았을 때, 그녀는 탐부라(조롱박으로 만든 현악기)를 사 가지고 와서 미라바이가 사랑했던 신 크리슈나에게 바치는 노래(바잔)를

과일을 던지는 마하라지. (사진 크리슈나 다스)

불렀다. 하레 크리슈나 운동(종교단체)에 참여했던 룩미니 Rukmini는 너무나 아름다운 '하레 크리슈나 하레 람'을 노래 불렀고, 그 노래를 듣고 있었던 마하라지의 눈에서는 눈물이 흘렀다. 마하라지는 예수에 대해 자주 말하곤 했기 때문에, 우리는 올드 가스펠 송을 불렀다. 카인치 사원에서 하루를 마치고 나이니탈로 돌아오는 버스 안에서 우리는 때로 로큰롤과 크리스마스 캐롤송을 마하라지에게 바치는 노래로 가사를 바꾸어 부르곤 했다. 노래는 가슴을 열어주고, 헌신 곧 박티의 길은 가슴을 여는 일이다.

명상이 마음을 고요하게 하고 의식을 확장하는 방법이라면, 박티 요가는 사랑 안에서 살아가는 것을 터득하는 방법이다. 최근 뇌졸중으로 쓰러진 람 다스는 우주에 존재하는 모든 사람과 모든 것을 "나는 사랑의 의식"이라는 렌즈를 통해서 바라본다. 물론 여기에는 그의 삶의 일부가 되어버린 휠체어도 포함된다.

사트상

사트상은 지고한 진리를 추구하는 사람들의 공동체를 뜻하는 말로, 서양 종교 전통의 '친교'나 '형제애', 불교의 승가(僧迦, sanga의 음역)와 비슷하다. 우리 중에는 마하라지와 함께 며칠만 보낸 사람들도 있고, 여러 해 동안 함께 지낸 사람들도 있지만, 그들 모두가 하나의 사트상, 곧 헌신자 가족을 형성했다. 그러다가 그는 몸을 떠났고, 우리는 세상에 남겨지게 되었다. 그가 세상을 떠난 후 수십 년 동안, 우리는 저마다 다른 길을 따라 걸으며 다양한 영적 전통 안에서 많은 교사들과 배움을 가졌으나, 여전히 우리의 가슴 한가운데에는 마하라지와 함께했던 경험들이 자리하고 있었다. 우리는 동양에서 배운 것을 삶의 현실과 통합하려고 노력하면서, 서로가 서로에게 동료, 가장 아끼는 친구, 지지자, 비판적인 응원꾼으로 지냈다.

우리가 인도로 떠날 당시에는 영성 서적도 드물고 그런 책을 파는 서점도 희귀할 정도(뉴욕의 Weiser's, LA의 Bodhi Tree 등)였다. 요즘에는 거리마다 요가 스튜디오가 있고, 마을마다 명상 센터나 교사가 있지만, 당시에는 그렇지 않았다. 키르탄을 부르는 사람도 없었고, 박티나 샥티 축제도 없었다. 그로부터 40년이 지난 지금, 우리가 인도에서 들여온 요가와 동양의 영성은 우리 삶의 일부가 되었을 뿐만 아니라 미국 풍경의 많은 부분을 달라지게 했다.

크리슈나 다스Krishna Das, 자이 우탈Jai Uttal, 바가반 다스Bhagavan Das, 故 쉬얌다스Shyamdas와 같은 이들은 '키르탄'(찬가)을 하면서 드리는 인도의 영적 수행법'을 서구에 도입한 반면, 마하라지와 함께했던 경험을 통해 변화된 의식으로 살아갈 뿐 종교 전통과는 거의 관련

없이 지내는 사람들도 많다.

『감성 지능 Emotional Intelligence』이라는 혁명적인 책을 집필한 대니얼 골먼 Daniel Goleman은 「뉴욕 타임스」에 행동과학에 대한 글을 기고했으며, 의식과 뇌를 탐구하는 '달라이 라마의 마음과 생명 연구소(Dalai Lama's Mind and Life Institute)'와 협력하여 일하고 있다. 미라바이 부시 Mirabai Bush는 '생활 명상 센터(Center for Contemplative Mind in Society)'를 설립했는데, 대학 수업과 법조계, 심지어는 구글과 같은 하이테크 환경에서도 명상 수련의 필요성을 장려한다. 래리 브릴리언트 Larry Brilliant 박사는 세계보건기구(WHO)와 함께 천연두 근절을 돕는 일을 시작으로 '스콜 글로벌 위협 기금 Skoll Global Threats Fund'을 감독하는 구글의 자선 활동을 총괄하고 있다. 기리야 브릴리언트 Girija Brilliant는 래리, 람 다스, 웨이비 그레이비 등과 함께 세바 재단 Seva Foundation을 설립하는 데 도움을 주었으며, 취약 계층들을 대상으로 치료 가능하고 예방 가능한 실명失明을 줄이기 위해 시력 회복 수술과 포괄적인 안과 검진 프로그램을 운영하고 있다.

톰 포레이 Tom Forray는 범죄를 저지른 정신이상자들과 함께 일하고 있다. 시타 톰슨 Sita Thompson은 호스피스 사업을 하고 있으며, 교도소 목사였다. 아나수야 웨일 Anasuya Weil은 티베트 의학을 보급하고 실천한다. 라다 바움 Radha Baum은 전문간호사(NP)이자 침술사로서 동서양 통합 의술을 펼치고 있다. 발라람 다스 고에치 Balaram Das Goetsch는 마취과 의사이자 변호사이다. 람 데브 보글럼 Ram Dev Borglum은 '삶/죽음 프로젝트'를 지휘하여 생명을 위협하는 질병을 앓고 있는 사람들이 정서적, 영적 지원을 찾을 수 있도록 돕는다. 스티븐 스와르츠 Steven

Schwarz는 '공공 대표 센터 Center for Public Representation'를 설립하여 정신건강 법률 및 장애인을 위한 법률 서비스를 제공했다. 라마 수리야 다스Lama Surya Das는 매사추세츠주 케임브리지에 있는 '족첸 센터 Dzogchen Center'의 설립자이자 많은 책을 쓴 저자이며, 티베트 불교 교사이다. 크리슈나 부시Krishna Bush는 다큐멘터리 제작자로 「불교 여행 Journey into Buddhism」 3부작은 특히 호평을 받았다. 랄프 아브라함 Ralph Abraham은 수학자이자 카오스 이론가이다. 라비 다스 제프리 Ravi Das Jeffery는 알래스카주 배로우에서 고등법원 판사로 30년 동안 재직한 후 은퇴하였다.

도반들 중에는 심리학자, 예술가, 음악가, 교사, 간병인, 기업가, 부동산 중개인, 웹 디자이너도 있다. 물론 이것들은 우리의 직업적 역할이고, 가족적, 사회적 역할도 있다. 하지만 직업으로 대표되는 우리의 정체성, 그 바탕에는 영혼으로서의 우리가 자리한다. 개인의 영향력이 얼마나 큰지에 상관없이, 우리는 우리가 하는 일과 우리가 섬기는 사람들에게 더 큰 사랑과 연민을 불어넣으려고 노력한다.

그러나 우리는 한 그룹으로서 우리가 누구인지, 마하라지가 누구인지, 그리고 우리가 서로에게 무엇을 의미하는지에 대한 단일한 비전을 갖고 있지 않다. 마하라지는 사트상 '스튜'를 위해 다양한 재료를 한데 모은다. 우리는 모두 얼얼할 정도로 톡 쏘는 '재료'들이다. 그는 때로 긴 나무 숟가락을 집어 들어 새로운 향신료나 감자를 던져 넣고 냄비를 휘젓는다. 람 다스는 이를 '사포질 효과'라고 불렀다. 갈등, 만남과 헤어짐, 긍정적이고 부정적인 상호 작용은 우리 의식의 거친 가장자리를 다듬는 데에 도움이 된다. 한 그룹으로서의 우리는 출신 가족의 다양성만큼이나 많은 문제로 제 기능을 하지 못할 때가 많다. 그러나 차이점이 있는데, 가족은 혈연으로 맺어진 관계인 반면, 사트상은 가슴으로 맺어진 가족이라는 것이다.

의식 확장

이 책에 담긴 이야기들은 1960년대 후반과 1970년대 초반 서양의 문화적 격변기에 일어난 일들이다. 당시 인도에 간 구도자들 중 상당수는 유대교나 기독교 전통에서 자라난 중산층 가정의 베이비 붐 세대였다. 대체로 교육을 잘 받은 사람들이었지만, 자신이 주변 세상에 어울리지 않는다고 느끼는 이들이 많았다. 자신을 외계인처럼 느끼는 이들도 있었고, 청년 시절에 가졌던 종교에 대해 마음이 불편해진 이들도 있었다. 학교에서 가르치는 것들이 고리타분하거나 지루하다고 느끼고, 1950년대와 1960년대 초의 물질주의적 전후 세대 문화의 영향으로 우울증을 겪는 이들도 있었다. 그들은 더 깊고 더 의미 있는 무엇인가를 찾고 있었다.

1960년대의 사회적, 성적, 정치적, 환각적 혁명은 많은 제약으로부터 자유를 선물해 주었다. 섹스, 마약, 로큰롤의 시대였다! 사이키델릭은 낡은 현실에 도전하고 의식에 새로운 지평을 열어주었다. LSD와 그밖의 정신 확장 약물들은 영성의 시대를 알리는 문을 열어젖혔다. 인간 의식 분야의 획기적인 탐구자이자 작가인 테렌스 맥케나 Terence McKenna는 말했다. "LSD는 새로운 시대를 알리는 천사의 전령처럼 변비에 걸린 부르주아의 음울한 영토 위에서 폭발했다. 그 이후로 우리는 결코 예전과 같지 않았으며, 앞으로도 결코 같지 않을 것이다.

왜냐하면 LSD는 천국의 저택과 낙원의 정원이 우리들 각자의 내면에 있다는 것을 회의론자들에게까지 보여주었기 때문이다.”[1]

환각제의 등장과 유행이 마하라지로 이어지는 변화의 여정의 출발점이 되었다는 언급이 많다. 사이키델릭이 영적 탐구의 입구였던 시절이었다. 사이키델릭은 마하라지가 실현해 보인 가능성의 문을 열어준 셈이었다. 오늘날에는 영적 교사들과 책들, 명상 센터가 차고도 넘쳐 내면의 지평을 여는 데에 약물은 더 이상 필요하지 않다. 의식은 약물 없이도 확장될 수 있다는 것이 분명해진 것이다.

동양의 전통은 환각 경험과 잘 어울린다. 우리는 음악을 좋아했다. 우드스톡의 라비 샹카르Ravi Shankar, 인도에서 시간을 보낸 이후의 비틀즈, 예술—힌두 만다라와 티베트 불교의 탕카(탱화), 그리고 요가난다의 『한 요기의 자서전 Autobiography of Yogi』, 『바가바드 기타 The Bhagavad Gita』, 『티베트 사자의 서 The Tibetan Book of the Dea』, 『스리 라마크리슈나 복음서 The Gospel of Sri Ramakrishna』, 구르지예프의 『놀라운 사람들과의 만남 Gurdjieff's Meetings with Remarkable Men』, 앨런 와츠의 선에 관한 책들, 헤르만 헤세와 올더스 헉슬리의 소설, 그리고 전설적인 “동양으로의 여행”을 감행했던 초기 개척자들의 이야기들이 사랑을 받았다.

동양의 구루들과 교사들이 미국으로 오기 시작했다. 파라마한사 요가난다는 1920년대에 미국에서 자아실현협회Self-realization Fellowship를 설립했지만, 1960년대와 1970년대 초에야 비로소 그 꽃을 피웠다.

스와미 사치다난다는 하타 요가 수련의 첫 번째 입문 단계인 ‘통합 요가 Integral Yoga’를 도입했다. 마하리시 마헤쉬 요기는 초월명상(TM)을 들여왔다. 스와미 묵타난다는 샥티팟(shaktipat, 영적 에너지 전달)을 통해 미국인들을 깨웠다. 메허 바바는 모든 사람에게 "걱정하지 말고 행복하세요."라고 권고했다. 박티베단타는 크리슈나 의식(국제 크리슈나 의식 협회, ISKCON, International Society for Krishna Consciousness)을 추종했다. 시크교, 수피교 수행자들과 선의 마스터들은 영성을 이해하고 더 영성적인 사람이 되려고 애쓰는 젊은 서양인들에게 환영을 받았다.

이들 교사들과 마하라지로부터, 또 인도 자체로부터, 우리는 의식을 바꾸는 가장 좋은 방법은 깊은 헌신과 마음챙김을 통해 사랑과 연민의 가슴을 키우는 것임을 배웠다.

이 책에 대하여

1973년 9월, 마하라지가 몸을 떠난 뒤에도 꿈, 환상, 명상을 통해 마하라지와 접속했다는 사람들이 수천 명에 달한다. 그에 관한 이야기를 읽거나 들으면서 깊은 유대감을 느낀 이들도 많다. 신, 구루, 자아가 본질적으로 '하나'라면, 구루가 반드시 육신을 가진 존재일 필요는 없는 것이다. 그러한 헌신자들은 인도에서 그와 함께 있었던 사람들 못지않게 '가슴의 가족'이다. 하지만 그들 모두의 이야기를 한 권의 책 속에 담는다는 것은 엄두가 나지 않아서, '담요를 두르고 있는 노인'과 함께 인도에 있었던 일부 사람들의 이야기로 제한하기로 했다.

이 책을 구성하는 이야기의 저자들을 인터뷰하면서, 우리는 다음과 같은 세 가지 질문만 했다. 무엇이 당신을 인도로 불렀는가? 마하라지와 함께하면서 무엇을 경험했는가? 그리고 그 경험을 남은 생애 동안 어떻게 소화시켰는가? 수십 년이 흘렀음에도 불구하고, 인도에서 지냈던 대다수 사람들은 마하라지와 함께했던 시간을 어제 일어났던 일보다 더 생생하게 기억했고, 자주 떠올리곤 했다.

위빠사나 명상의 스승인 잭 콘필드Jack Kornfield는 이렇게 말했다.

모든 시대와 모든 문화에 걸쳐 사람들은 신성한 것을 찾아왔다. 우리의 직업, 우리의 관계, 이 작은 '나'라는 것을 넘어서는 무엇인가를 찾아왔다. 모든 문화권에서 이 탐구는 하나의 여정으로, 곧 요기, 치유사, 샤먼, 선견자, 현자를 찾는 여정으로 나타난다. 대륙과 시대가 달라도 항상 같은 여정이다. 이는 세상에 대한 자기중심적 관점에서 자아의 광대함과 신비에 대한 깨어남으로 나아가는 여정이다.[2]

이 이야기들은 인생에서 '더 많은' 것을 추구하는 젊은 서양인들이 동양과 위대한 영적 스승들의 고향이자 더 심오한 신비의 세계의 고향인 '어머니 인도'로 여행을 떠났던 한 시대를 증언해 준다. 독자들은 라마나 마하르쉬, 라마나크리슈나, 메허 바바, 쉬르디 사이 바바, 니탸야난다, 아난 다마이 마 및 16대 카르마파와 같은 지난 세기의 위대한 싯다 (siddhas, 완전한 스승, 위대한 영적 파워를 가진 거룩한 남성들과 여성들)만 생각하면 된다. 마하라지처럼 비이원성 안에 살면서도 오직 헌신자들을 향한 사랑의 끈으로 인해 몸 안에 머물렀던 이들 존재들에 감사하면서.

부디 이 책에 담긴 사랑 이야기를 통해 신/영이 당신 안에도 거하신다는 사실을 기억하기를! 모든 사람을 다 사랑하는 경지로까지 나아가도록 자신만의 길을 찾고 그 길을 더 심화시키는 데에 이 책이 유용하게 쓰여지기를!

제1부

먼동이 틀 때

1968~1969

1
부름

영웅은 일상의 세계에서 초자연적인 경이로움을 찾아
모험을 떠난다. 그곳에서 엄청난 힘과 맞닥뜨리게 되고,
결국은 결정적인 승리를 거둔다. 영웅은 자신의 동료들에게
유익한 힘을 가지고 이 신비스러운 모험에서 돌아온다.
—조셉 캠벨, 『천의 얼굴을 가진 영웅』

1969년 초여름의 이느 화창한 날, 버몬트에서 화이트 산맥의 푸르른
녹지를 거쳐 뉴햄프셔까지 운전하는 데는 그리 오랜 시간이 걸리지
않았다. 나는 그 전날 고다드 대학의 교육자들이 모인 한 파티에서
데이비드 해치를 만났다. 구석에 앉아 기타를 치던 그에게 자연스럽게
마음이 끌렸다. 우리가 이야기를 나누는 동안, 그는 "성자를 만나러
가지 않겠소?"라고 말했다.

만약 그가 한 달 전에 나에게 그런 질문을 했더라면, 나는 즉각
"안 갑니다. 지금 농담하는 겁니까? 성자라니, 그런 사람은 존재하지
않아요."라고 대답했을 것이다. 그러나 3주 전에 나는 LSD인 선샤인

한 알을 처음으로 복용하고는, 시간 너머, 공간 너머, 사랑의 바다에 빠져서 '우리 모두가 하나'라는 특별한 존재 상태를 경험했던 터였다. 그 여행이 끝나버린 것을 아쉬워하고 있을 때, 누군가 나에게 『티베트 사자의 서』를 건네주었고, 나는 며칠 동안 그 책을 열심히 읽었다. 페이지를 넘기면서, 나는 내가 환각제를 통해 접속했던 세계에 대한 일종의 매뉴얼을 보고 있다는 것을 알았다. 이 노인네들은 자신들이 무슨 말을 하고자 했는지를 알고 있었던 것이다.

그래서 데이비드가 나에게 한 성자를 만나러 가겠느냐고 물었을 때, 나는 "물론이죠. 왜 아니겠어요?"라고 대답했다.

데이비드의 밴이 진입로에 들어섰을 때, 람 다스는 뉴햄프셔주 프랭클린의 한 호수 위에 있는 그의 아버지의 여름 별장, 일명 '신사의 농장' 정문 앞에 서 있었다. 그는 맨발에 하얀 드레스처럼 보이는 옷을 입고 손으로 긴 실에 꿴 구슬들을 천천히 돌리고 있었다. 그에게서는 빛이 흘러나오는 것 같았다. 대마초를 피우거나 약을 한 것도 아닌데, 눈부시게 푸른 그의 눈 깊은 곳에서 나오는 듯한 이 찬란한 빛은 모든 방향으로 퍼져 나가고 있었다. 나는 할 말을 잃었다.

나는 람 다스가 누구인지 막연하게는 알고 있었다. 1967년 부활절 휴가 동안, 남자친구와 나는 맨해튼에서 할 일을 찾고 있었다. 그 마을의 극장에서 '신과 함께하는 저녁 An Evening with God'이라는 쇼를 한다는 신문 광고가 눈길을 끌었다. 상층 발코니에 앉아 있는 우리의 좌석으로 피어오르는 연기 속에서 나는 처음으로 취한 기분을 느꼈고, 무대 위에 앉아 시타르를 연주하고 있는 티모시 리어리의 모습에 완전히 매료되었다. 뒤쪽 스크린에서 사이키델릭 슬라이드가 재생되는 가운데,

그는 "전원을 켜, 주파수를 맞춰, 다 떨쳐버려. Turn on, tune in, drop out."라는 말을 만트라처럼 반복해서 암송했다. 그보다 앞서 출연했던 리처드 앨퍼트의 지루하고 현학적인 강연보다 훨씬 더 흥미로웠다.

어쨌든 리처드 앨버트는 인도에 갔다가 바바 람 다스가 되어 돌아왔다. 이제 그는 아버지의 여름 별장 뒤쪽에 있는 오두막에서 살고 있었고, 그 주변으로 300에이커에 달하는 숲으로 둘러싸인 땅에는 10여 명의 히피들이 텐트를 치고 살고 있었다. 나는 그날 낮에 그들 대부분을 만났다. 인사를 할 때, 그들은 기도하듯 두 손을 합장하고 나직하게 '나마스테'라고 말했다. 나는 그들이 무슨 말을 하는지 전혀 몰랐지만, 웬지 이 사람들이 가깝게 느껴졌! 나는 한 사람 한 사람에게 "학교는 어디 다녔어요? 캠프는 어디로 갔죠? 당신을 어디서 만난 적이 있는 것 같은데, 어디서 만난 거죠?"라고 물었다. 왜인지는 알 수 없었지만, 동족을 만난 것 같았다.

그날 저녁 헛간에 모인 우리는 마루 위에 둥글게 앉아 람 다스의 강의를 들었다. 정말 놀라웠다. 생애 처음으로, 나는 내가 품고 있는 줄도 몰랐던 질문들에 답을 얻은 것 같은 느낌이 들었다. 수천 번의 약물 여행을 해도 결국은 다시 내려와야 한다는 그의 말은 확실히 설득력이 있었다. 그로 인해 LSD에 대한 나의 짧았던 실험도 그만둘 수가 있었다. 그는 마약 없이도 높은 상태에 오를 수 있고 그 상태를 유지할 수 있는 방법이 있다고 말했다. 나는 '농담하고 있는 거죠? 그런 게 있다면 나도 끼워줘!' 그런 심정이었다.

바로 다음날, 데이비드와 나는 다시 그곳으로 가서, 앨퍼트의 뒷마당에 있는 3홀 골프장 주변 숲속에 텐트를 쳤다. 버몬트주 최초의 건강식품

매장을 운영하는 데이비드는 우리에게 필요한 모든 물품을 갖고 있었다. 그의 밴에는 쌀, 렌즈콩, 밀가루 한 자루, 케저리와 차파티(쌀-렌즈콩 스튜와 납작빵. 나는 모닥불 위에서 그것들을 요리하는 법을 배웠다.), 다양한 도구와 2인용 작은 텐트 등이 들어 있었다. 그는 숲속에서 살아가는 노하우도 갖고 있었다. 감사한 일이었다. (나는 책상과 타자기 가 있는 집에 머무는 시간이 더 많았다.)

도착하고 며칠 후, 나는 람 다스의 비서가 되었고, 헛간에 앉아 녹음 테이프를 녹취했다. 인도에서 돌아온 후 그가 행한 강연을 들은 사람들의 질문과 그의 대답이 녹음된 테이프들이었다. 다른 사람들이 숲에서 명상하고 단식하고 요가 수련을 하는 동안, 나는 그의 편지(당시 에는 일반 우편물)를 타이핑했다. 그렇게 나는 나에게 펼쳐질 새로운 삶에 대한 어휘와 개념을 익히게 된다.

2년 후, 마하라지는 나에게 밀하곤 했다. "당신은 이제껏 람 다스의 개인 비서였지만, 이제는 내 비서야."

람 다스

람 다스의 스토리─그의 학계 진출과 부상, 심리치료 기간, 티모시 리어리와의 만남, 사이키델릭 탐구와 실험으로 인해 하버드에서 해고된 일, 그를 인도로 이끈 궁극적인 절망, 바가반 다스가 히말라야 산기슭 언덕에 있는 자신의 구루 님 카롤리 바바(마하라지)를 만나도록 데려갔 을 때 그의 삶이 완전히 뒤바뀐 일─는 『지금 여기에 살라 Be Here Now』 앞부분에 나와 있다. 내가 1969년 여름 그를 만났을 때는 그 책이 아직 쓰여지지 않았을 때였다.

『지금 여기에 살라』에서 람 다스는 데이비드 파두아와 앨런 와츠와 함께 일본으로 가려고 했다가 어떤 과정으로 바가반 다스와 함께 인도를 여행하는 것으로 방향을 틀었는지에 대해 설명하고 있다. 일류 대학 교수라는 안정된 자리에서 박탈되자, 그는 맨발의 순례자처럼 사는 법을 배웠다. 바가반 다스가 비자 문제로 구루인 마하라지를 만나러 가야 했을 때, 바가반 다스는 데이비드 파두아가 람 다스에게 관리해 달라고 맡긴 랜드로버를 타고 가자고 한다.

그들이 마하라지에게 오기 전날 밤, 람 다스는 밖으로 나갔다. 별빛 아래 서 있던 그는, 문득 작년에 비장 병으로 돌아가신 엄마를 떠올렸고, 엄마의 현존을 느꼈다. 그는 엄마에 대한 큰 사랑을 느꼈고, 그 일에 대해 누구에게도 말하지 않은 채 잠자리에 들었다. 그와 바가반 다스는 '사적인 일'에 대해 대화를 나눈 적이 없었다.

다음날 그들은 마하라지가 8-9명의 인도인들에게 둘러싸여 짙푸른 녹색의 계곡 안 평평한 곳에 앉아 있는 것을 발견했다. 바가반 다스는 땅바닥에 엎드려 마하라지의 발을 만지면서 기쁨의 눈물을 흘리기

람 다스. (LSR 재단 아카이브)

시작했다. 람 다스는 무슨 일이 일어나고 있는 것인지 알 수가 없었다. 마하라지는 람 다스를 올려다보고는, 람 다스가 랜드로버에 대한 책임감으로 매우 불안해하고 있다는 것을 감지한 것 같았다. 그는 람 다스에게 매우 비싼 그 차량을 자신에게 주거나 한 대 사주지 않겠느냐고 물었다. 람 다스를 제외한 모두가 웃음을 터뜨렸다.

그곳을 떠나 식사를 한 후, 람 다스는 다시 마하라지에게로 돌아왔는데, 마하라지가 이렇게 말한다. "당신은 어젯밤 별빛 아래에 서 있었어… 엄마 생각을 하고 있었지." 마하라지는 눈을 감고 말한다. "비장. 그녀는 비장이 아파서 죽었어."

람 다스는 『지금 여기에 살라』에서 그 순간을 다음과 같이 묘사한다.

그때까지 나는 '심령 체험'을 두 부류로 나누고 있었다. 하나는 '나에겐 일어나지 않았고 다른 사람에게 일어난 일인데 너무나 신기해서 마음을 열지 않을 수가 없는 일'이었다. 그것이 나의 사회과학적 접근방식이었다. 다른 하나는 '이봐, 난 LSD에 흠뻑 취해 있어. 이게 실제로는 어떻게 된 일인지를 누가 알겠어? 사실은 약에 취해서 내가 그 모든 걸 지어낸 게 아닌지를 어떻게 알겠냐고?' 하는 식의 일이었다.

…하지만 지금의 이 상황은 이 두 가지 부류 중 어느 쪽에도 해당하지 않았다. 내 마음은 계속 점점 더 빠르게 돌아가서 마치 풀리지 않는 문제를 입력받은 컴퓨터가 된 것 같은 기분이 되었다. 벨이 울리고 빨간 불이 깜박이며 기계가 멈춰 버렸다. 나의 머리도 돌아가기를 멈춰 버렸다. 호기심도, 설명을 찾아볼 열의도 다 소진되어 버렸다. 이성적인 차원에서 결론을 내릴 수 있게 해줄 뭔가가 필요했지만

그런 건 없었다. 이 문제에 관해서는 내 머릿속에도 숨을 곳이 없었다.

그리고 그와 동시에 나는 가슴에 극심한 통증을 느꼈다. 쥐어짜는 듯한 엄청난 느낌에 나는 울기 시작했다. 나는 울고, 울고, 또 울었다. 행복에 겨워 운 것도 아니었고, 슬퍼서 운 것도 아니었다. 그런 종류의 울음이 아니었다. 내가 말할 수 있는 유일한 설명은, 마치 고향집에 돌아온 것 같은 느낌이었다는 것뿐이다. 여행이 끝난 것 같은, 모든 일을 다 마친 것 같은 느낌.[1]

카인치의 사원에서 살기 시작한 지 6개월이 지나자 리처드 앨퍼트는 람 다스로 변신했다.

람 다스 : 나는 카인치에 머물고 있었지요. 매우 조용한 동네였어요. 요리사와 푸자리(pujari : 사제)와 나, 이렇게 셋이었습니다. 바가반 다스는 가끔씩 왔다가 갔습니다. 하리 다스 바바는 매일 아침 11시에 와서는 자신의 칠판에 경구 같은 것을 적어놓고 10분가량 가르침을 주었습니다. 얼마 후 마하라지는 나에게 미국으로 돌아가 2년 동안 거기에 있어야 한다고 말했지요. 그는 나에게 자신에 대해서는 아무에게도 말하지 말라고 했습니다. 그리고 그는 내 책을 축복한다고 했습니다. 나는 그것이 무슨 책인지 전혀 몰랐어요.

나는 팀 리어리의 절친으로 알려져 있었는데, 마하라지에 대해 이야기하기 시작했을 때, 그의 이름을 밝히지 않았음에도 청중들이 엄청난 관심을 보였습니다. 나는 사람들이 모두 크나큰 열망을 갖고 있는 것을 보았습니다. 그런데 그들의 열망을 채워줄 만한 보석이 나에게는 있었습니다. 나 자신을 위해 간직하고 싶었던, 마하라지라는 위대한 보석, 빛나는 보석을 가지고 돌아왔던 것입니다. 마하라지에 대해서는 이야기하지 않으려고 애썼지만, 사실은 그에 관한 것 외에는 다른 어떤 것도 말할 꺼리가 없었어요.

바가반 다스

리처드 앨퍼트의 삶(그리고 우리 모두의 삶)을 근본적으로 변화시킬 사람에게로 그를 인도한 거인(2미터가 넘는 키)은 누구인가? 많은 미국 젊은이들처럼 마이클 릭스Michael Riggs도 절망에 빠진 십대였다. 1963년, 18세의 그는 기타를 등에 둘러메고 단돈 40달러를 주머니에 지닌 채 무엇인가를 찾아서 집을 떠났다. 1년 남짓 후에 인도에 도착했고, 맨발로 사두(수행자)의 삶을 시작했으며, 성자들과 함께 배우고, 금욕적인 생활을 하고, 치열한 영적 수행을 했다.

어느 날 그는 자신이 섬기던 스와미를 따라 카인치 계곡에 있는 사원으로 갔다. 방에는 나무로 된 간이침대가 하나 놓여 있었고, 그 위에 담요를 두른 작은 노인이 앉아 있었다. 그는 '태양 아래에서 빛나는 커다란 다이아몬드'처럼 보였다. 바로 님 카롤리 바바였다. 그가 말했듯이, 그는 "내 인생의 사랑"을 만난 것이다. 2주 후, 그는 다시 그곳으로 돌아갔다.

6개월 동안, 마하라지는 그를 곁에 두었다. 그는 음식을 제공받고, 엄격한 수행 생활을 했다. 쿰브 멜라에서 열리는 축제일에—신성한 갠지스강, 야무나강, 사라스와티강이 합류하는 알라하바드에서 12년마다 열리는 거대한 영적 축제로 강물에 입수 혹은 목욕을 하는 정화

바가반 다스와 람 다스. LSR 재단 아카이브.

의식이 핵심이다 (현재는 7천만 명이 넘는 순례자가 참석함)—마하라지
는 릭스를 입문시켰다. 그는 바가반 다스라는 이름을 부여받았다.

결국 바가반 다스는 자기만의 길을 가기로 결심하고, 불교 수행에
깊이 빠져들었다. 그래서 그는 인도를 떠나라는 통보를 받았을 때,
미국으로 돌아가는 대신 네팔의 카트만두로 갔다. 그곳은 불교의 중심지
로 당시 히피들이 많이 모여드는 성지였다. 그곳에서 그는 리처드
앨퍼트를 만났고, 두 사람은 인도 여행길에 오른다. 바로 이 여행길에서
바가반 다스가 앨퍼트를 마하라지에게로 인도하는 일이 생기게 되는
것이다.[2]

씨앗은 그렇게 심겨졌고, 그 씨앗은 서양 전체에서 경이로운 방식으로
싹트게 될 것이었다.

1968년: 람 다스의 초기 강연

람 다스가 인도에서 돌아온 후 처음으로 한 강연은 1968년 3월
웨슬리언 대학교에서였다. 그 학교에 재학중이었던 20세의 짐 리튼

Jim Lytton (Rameshwar Das)도 그의 강연을 들으러 갔다.

라메슈와 다스 : 리처드 앨퍼트와 티모시 리어리에 대해 떠돌던 소문과 미디어의 보도를 통해 나는 이 기회를 통해 환각제를 옹호하는 주요 인사로부터 거기에 관련된 이야기를 들을 수 있을 것이라고 기대했어요. 강연은 기숙사 라운지에서 이루어졌고, 비공식적인 모임이었지요. 사람들은 소파에 둘러앉아 수다를 떨고 있었습니다. 우리는 앨퍼트 박사가 나타나기를 기다리고 있었는데, 긴 수염에 하얀 로브를 입고 맨발로 나타난 그의 모습에 충격적이지 않을 수 없었습니다. 강연은 저녁 7시 30분에 시작해서 새벽 3시가 지나도록 계속되었지요.

얼마 후 누군가 불을 끄자, 어둠 속에서 람 다스의 목소리만 들렸습니다. 그는 환각제가 아닌 인도에서의 경험에 대해 이야기하고 있었습니다. 환각제와 관련성이 없진 않았지만 말입니다. 의식에 대한 그의 이해와 지금 그와 함께 현존하고 있다는 것이 매우 순수하고 심오하게 느껴졌어요. 나는 열여섯 살 때 뉴욕주 아마간셋 해변의 모래 언덕에 앉아 나 자신이 우주의 중심이 아니라 광활한 우주의 한 바늘에 지나지 않다는 것을 소름 끼치게 느꼈던 적이 있었습니다. 람 다스의 이 강연은 나 자신에게 전경-배경(figure-ground) 그림처럼 작용하여, 나 자신을 우주의 중심으로 보는 대신, 내가 내 주위의 광대한 배경 자체가 된 것 같은 느낌이었습니다.

그 강연 후에 나는 뉴햄프셔주 프랭클린으로 람 다스를 만나러 갔지요. 그는 나에게 요가와 명상의 기초를 가르쳐주었고, 나에게 말라(mala, 108개의 구슬로 이루어진 염주)를 주었습니다. 그것은 나의 내면 수행의 토대가 되어 주었습니다. 몇 년 후 인도에 가서 마하라지를 만났을 때, 그날 밤 웨슬리언 대학교에서 람 다스를 만났을 때의 느낌이 고스란히 재현되고 있는 것 같았습니다.

1968년 람 다스는 대부분 은둔 생활을 했지만 여기저기 몇 차례 강연을 했다. 뉴욕의 WBAI는 그의 강연 중 하나를 방송으로 내보냈다. 이것이 바로 스티브Steve와 레슬리 바움Leslie Baum (Mohan과 Radha)이 람 다스의 강연을 처음으로 듣게 된 내력이다.

라다 : 어느 일요일에 폭우가 쏟아지는 바람에 우리는 집에 머물면서 폴 고먼의 쇼를 청취하기 위해 WBAI 방송을 틀었습니다. 고먼은 바바 람 다스가 출연하는 특별 방송을 위해 평소 진행하던 방송을 중단했지요. 람 다스가 말하는 모든 것에 나는 "그래, 그래, 맞아!"라고 고개를 끄덕였어요. 그는 내 가슴이 알고 있는 진실을 말했습니다.

우리는 람 다스가 유니테리언 교회에 다닌다는 것을 알게 되었어요. 우리는 마을 극장에서 하는 '신과 함께하는 저녁'을 통해 리처드 앨퍼트로서의 그를 본 적이 있었습니다. 거기에서 우리 앞에 서 있는 사람은 리처드 앨퍼트가 아니었어요. 그의 주위에는 빛의 아우라가 있었습니다. 그는 빛나고 있었어요. 그는 몇 시간 동안이나 이야기했지만 아무도 자리를 떠나지 않았지요. 심지어 관리인도 빗자루를 든 채 문 앞에 서 있었는데, 람 다스에게 홀린 듯했습니다.

나는 그에게 긴 편지를 썼고, 그는 우리에게 그를 만나러 오라고 답장을 보내왔어요. 우리는 엄마 차를 빌려 타고 백년 만의 폭설이 내리고 있는 뉴햄프셔를 향해 떠났습니다. 이틀 후 우리가 그곳에 도착했을 때는 눈이 부시도록 태양빛이 눈 위에 반사되고 있었고, 땅은 다이아몬드처럼 반짝였습니다. 아름다웠습니다. 람 다스 집의 진입로는 유일하게 눈이 치워져 있었어요. 그리고 거기에 하얀 로브를 입은 그가 목에 말라를 걸고 얼어붙을 듯한 추위 속에 서 있었습니다. (몇 년 후 그는 나에게 도대체 누가 노란색 캐딜락을 몰고 오는지 궁금해서 보러 나왔다고 말했습니다.)

그 집은 여름을 위한 장소였기 때문에 난방이 되지 않았습니다. 내 생각에 그는 부엌 위 일꾼의 숙소에서 지내고 있는 것 같았습니다. 그곳은 온통 인도 천으로 만든 벽걸이가 걸린 작고 친밀한 공간이었고, 벽걸이에는 다양한 사람들의 큰 사진이 걸려 있었습니다. 바닥은 온통 인도산 천으로 덮인 매트리스가 깔려 있었습니다. 나는 그런 것을 본 적이 없었어요.

나는 그에게 "이 사진 속의 인물들은 누구인가요?"라고 물었습니다.

그는 "모두 성자들이에요"라고 말했습니다.

"저 사람이 성자예요? 흡사 레슬링 선수처럼 보이네요."

람 다스는 나를 바라보며 미소를 지으며 말했습니다. "그분이 저의 구루입니다." 그것이 마하라지를 처음 본 순간이었습니다.

람 다스는 하루종일 우리에게 명상은 어떻게 하는가, 무슨 책들을 읽어야 하는가, 요가는 어떻게 하는가 등등을 가르쳐주었습니다. 그는 우리에게 파드마삼바바의 사진을 주었고, 만트라를 가르쳐 주었습니다. 그는 우리에게 채식주의자가 되는 것에 대해 말했고, 우리는 곧바로 채식주의자가 되었습니다. 나는 바로 이런 영적인 수행을 기다려왔던 터였습니다.

모한 : 내가 람 다스에게 묻고 싶었던 것은 마약 없이도 도취 상태에 이르는 방법이 있는가 하는 것이었습니다. 나는 그때까지 7~8년 동안 마약을 복용하고 있었습니다. 그는 우리에게 서로의

눈을 들여다보거나 촛불을 오래 바라보는 등 기본적인 집중 훈련을 가르쳐주었습니다.

나는 "예, 감사합니다. 합시다." 하고 말했습니다.

그는 "무얼 하지요?"라고 말했습니다.

"그걸 해야죠. 높이 오르는 것." 그것은 엄밀히 말하면 종교나 신비주의와 관계없이, 의식의 환희 상태를 탐구하는 문제였습니다.

사람들이 람 다스를 만나러 갔을 때, 어떤 일이 일어난 것일까? 마법, 순전히 삶을 변환시키는 마법이 일어났다고 할 수 있을 것이다. 크리슈나 다스Krishna Das (Jeff Kagel)는 프랭클린으로 람 다스를 처음 방문했던 일에 대해 다음과 같이 쓰고 있다.

크리슈나 다스 : 내가 방으로 걸어 들어간 순간, 내 안에서 무슨 일인가가 일어났습니다. 곧바로, 즉시, 한마디 말도 하지 않았지만, 나는 내가 무엇을 찾고 있었든—그리고 그 무엇이 무엇인지도 몰랐지만— 절대적으로 진짜 실재한다는 것을 알았습니다. 내 존재의 모든 세포 하나하나를 통해서, 나는 그것이 세상에 존재하고 또 찾아질 수 있다는 것을 알았습니다. 내가 그것을 찾을 수 있을지는 몰랐지만, 바로 그 순간이 내 인생을 바꿔 놓았습니다…

짧은 순간 불이 다시 켜졌고, 나는 하나의 길이, 하나의 통로가 있다는 것… 그것이 실재하고 있는 것을 보았습니다. 그것을 향한 그리움이 백만 배 이상으로 강렬해졌습니다. 그것은 또한 나를 더욱 우울하게 만들었는데, 그 이유는 그것이 존재하고 있는데 나는 그것을 갖고 있지 않다는 것을 알았기 때문이었습니다. 내 인생은 더 나아졌고… 더 나빠지기도 했습니다. 더 나아진 것은, 내가 찾고 있는 것이 실재라는 것을 이해했기 때문이었습니다. 더 나빠진 것은, 그 길을 찾아야만 한다는 것을 알았지만 어떻게 해야 할지를 몰랐기 때문이었습니다.

내가 알았던 전부는 람 다스가 그것을 경험했고, 나는 그것을 원하고 있다는 것뿐이었습니다.[3]

1969년 봄

1969년 이른 봄, 람 다스는 뉴욕시의 조각 스튜디오에서 2주 동안 시리즈로 강연을 했다. 많은 강연이 녹음되었고, 그 녹취록은 『지금 여기에 살라』의 토대가 되었다. 람 다스는 최면을 유도하는 목소리처럼 낮은음을 내는 인도의 전통악기 탐부라를 연주하면서, 삶의 매 순간에 현존한다는 것이 무엇을 의미하는지를 이야기했다. 그는 마하라지와 함께하면서 경험했던 무조건적인 사랑에 대하여, 세속적인 삶 속에서

람 다스. (사진 라메슈와 다스)

거룩함을 찾는 문제에 대하여, 이원성과 일원성에 대하여, 서양인들이 이해하기 쉽게 이야기했다.

이전의 강연이나 WBAI 방송에서 그의 이야기를 들었던 뉴욕 지역의 사람들이 그를 보기 위해 스튜디오로 몰려왔다. 그들은 마법에 걸린 듯, 밤이며 밤마다 얼굴을 보였고, 그의 말뿐만 아니라 매혹적인 그의 모습에도 흠뻑 빠져들었다. 조안 오코넬Joan O'Connell (Anjani)은 거기에서 그를 만났다.

안자니 : 나는 콜럼비아에서 일하고 있었고, 하리남과 마리암(Ed와 Joanne Randall)을 만났습니다. 그때는 환각제를 흡입하던 시대였고, 그들은 좋은 친구임과 동시에 환각제의 공급원이었어요. 우리는 모두 환각제를 좋아했기 때문에, 앨퍼트와 리어리에 대해서도 알고 있었지요. 그래서 그가 인도에서 돌아와 이 강연을 하려고 했을 때, 우리는 '아, 여기 환각제를 아주 많이 복용한 사람이 있구나. 이제 그는 바바 람 다스가 되었어. 그가 강연을 한다는데, 당연히 가야지.'라고 생각했습니다. 우리는 웃으러 갔지만, 그가 하는 말에 완전히 감동받아 입을 다물 수가 없었습니다. 그것은 분명 마하라지와의 첫 번째 접촉이었어요.

대니얼 골만 Daniel Goleman (Jagganath Das)은 심리학과 대학원생이었는데, 람 다스를 심리학자였으나 인생이 신기하게 뒤틀려버린 사람 정도로 알고 있었다.

대니: 하버드에서 대학원 1학년 때 들어갔던 프로그램 강의실은

리처드 앨퍼트와 팀 리어리의 자취가 남아있는 곳으로, 그들은 3년 전에 이미 떠났음에도 그들은 여전히 전설적인 이야기가 되어 살아있는 것 같았지요. 어둡고 축축한 12월의 어느 날, 나는 자살에 관해 글을 쓰고 있었습니다. 내 아파트 문을 두드리는 소리에 나가 보았더니 한 여인이 서 있었어요. 그녀는 방금 카트만두에서 돌아왔다면서, 두 가지 용건을 이야기했습니다. 하나는 나의 친구가 보낸 편지를 나에게 전달해 주는 일이었고, 다른 하나는 뉴햄프셔에 있는 한 사람을 만나러 가는데, 내가 태워다 줄 수 있겠느냐는 것이었습니다. 우리는 크고 멋진 집 앞에 도착했습니다. 위쪽의 작은 방에는 흰 수염과 흰 머리카락을 가진 남자가 앉아 있었어요. 온통 흰색 옷을 입고 있었고, 벽에는 기이해 보이는 인도인들의 포스터가 붙어 있었습니다. 그는 우리를 쳐다보지도 않았습니다. 눈을 감고 앉아 있었지요. 한 번도 경험해 보지 못한 정말 기괴한 풍경이었습니다. 잠시 후 그는 눈을 떴고, 우리는 이야기를 나누기 시작했습니다.

나는 람 다스에게 그가 예전에 속해 있던 학과 대학원생이라고 말했고, 그는 자신이 알고 있는 사람들에 대해 물었습니다. 나는 대학원 프로그램 위원회의 위원이었기 때문에, 그에게 하버드로 돌아와서 강연을 하도록 초청했습니다. 그의 절친이었던 데이비드 맥클란드는 나의 담당 교수로, 그가 해고되는 데에 결정적인 역할을 한 당사자이기도 했지요.

그렇게 그는 해고 후 처음으로 하버드에 다시 왔습니다. 람 다스는 샥티와 사랑과 에너지로 가득 차 있었고, 약 5~6시간 동안 이야기했습니다. 우리는 강의실을 계속 열어두기 위해 관리인에게 뇌물을 주어야만 했지요. 흰색의 길고 헐거운 겉옷을 입은 그는 염주를 걸치고 테이블 위에 가부좌를 하고 앉아 있었습니다. 그가 말하는 내용은 여전히

'유별났지만', 그 메시지는 가슴에 와 닿았고, 호소력이 강했습니다.

　다음 날 나는 임상 교수 한 분과 점심을 먹다가 그에게 그러한 것에 대해 이야기했지요. 그는 람 다스가 미친 것이 틀림없다고 생각했습니다.

　뉴욕의 여성 속옷 세일즈맨 마티 말레스Marty Malles (Mahavir Das)는 람 다스를 알고 그 세계에 들어서기까지의 과정이 험난했던 편이다.

　마하비르 다스 : 나는 1968년경에 람 다스를 처음 만났습니다. 에디 플뢰르(수다마)는 나의 절친이었지요. 그가 LSD를 복용하고 있을 때, 나는 약물을 복용하지 않기 때문에 그를 돌봐주고 있었지요. 그는 나에게 정말 놀라운 것들을 이야기하는 사람이 있으니 만나 보아야 한다고 말했습니다.

　나의 첫 아내인 폴린과 나는 의류 센터에 있는 내 사무실에서 윤리문화협회까지 택시를 타고 가는 내내 다투었습니다. 우리는 큰 방에 들어섰는데, 방 중앙에는 수염을 기른 한 남자가 앉아 있고 그 주위에 20명 정도가 모여 있었지요. 모두들 비닥에 주저앉아 있었는데, 불결하고 더러워 보였습니다. 좋은 마음을 낼 수가 없었습니다. 10분 후 폴린과 나는 브루클린으로 택시를 타고 돌아가면서 내내 언쟁을 벌였습니다.

　봄에 에디가 말했어요. "있잖아, 그때 그 사람이 동부에 있는 조각 스튜디오에 올 예정이래. 만나러 가자. 그를 달리 보게 될 거야."

　"아냐. 더럽고 불결해 보이는 사람들과는 어울리고 싶지 않아. 충분히 질렸어."

그러자 에디는 "만약 네가 그 사람을 보지 않는다면 난 더 이상 너의 친구가 될 수 없어."라고 말했습니다. 진짜 그렇게 말했어요. 그래서 나는 갈 수밖에 없었지요.

다들 바닥에 앉아 있었어요. 나는 "나를 위한 자리는 없군요. 게다가 이 옷은 매우 비싼 정장이라고요."라고 말했어요. 누군가가 나에게, 내가 아주 편해질 거라고 장담했습니다. 나는 "그렇지 않으면 5분 후에 떠나겠습니다."라고 말했지요.

나는 바닥에 앉아 앞을 바라보았는데, 조금 높은 곳에 람 다스가 있었습니다. 내 생각엔 그 사람이 서너 시간 정도 말했던 것 같습니다. 나는 미동도 하지 않았고, 그 후로 매일 밤 다시 갔습니다. 그 사람과 사랑에 빠졌던 것입니다. 뉴잉글랜드 악센트를 지닌 아름답고 부드러운 목소리와 아름다운 눈. 처음에는 내가 무엇을 놓쳤는지도 알지 못했지만, 두 번째는 그 모두를 이해하게 되었습니다.

지난밤에는 그에게 말을 걸 용기가 없었습니다. 그는 나를 보더니 말했습니다. "무엇을 도와드릴까요?"

"나도 함께하게 해주세요."

그는 나에게 내 주소를 남기라고 말했습니다. 약 6개월 후에 나는 봉투를 하나 받았는데, 안에는 말라Mala와 람Ram을 암송하는 방법에 대한 안내서가 들어 있었습니다. 말라에는 마하라지의 담요에서 뽑은 짧은 실이 섞여 있다고 했습니다. 나는 날마다 람 다스에 대해 생각했습니다. 나는 만트라를 계속했지만, 그것이 무엇인지에 대해서는 전혀 알지 못했습니다. 단지 그가 그렇게 말하라고 했기 때문에 한 것이었지요.

람 다스가 나중에 에디의 집에 와서 머물렀을 때, 나는 이렇게 말했습니다. "여기 봐요, 내가 무엇을 할 수 있지요? 나에게 일할 거리를 주세요."

8~9개월이 지난 후, 람 다스는 나에게 매우 두꺼운 실 한 롤과 마하라지의 담요 한 조각이 들어 있는 구슬 상자를 주었습니다. 그는 "누군가 말라를 달라고 하면, 108개의 구슬과 앞에 있는 큰 구슬을 묶어서 매듭을 짓고, 거기에 마하라지 담요 실을 넣으세요. 나는 사람들에게 당신에게 편지를 쓰라고 말하겠습니다." 그리고 그는 그렇게 했습니다. 나는 '동부 해안의 말라'를 대표하는 사람이 되었어요. 수백 개의 말라를 만들었습니다. 훌륭한 일이었지요.

주파수 맞추기

람 다스의 강의를 직접 들은 사람들도 있었고, 라디오를 통해 들은 사람들도 있었다. 1960년대 후반 라디오는 반문화의 소셜 미디어였다. 이 라디오의 '황금기'에 FM 방송국은 AM 방송국의 대안으로, 십대들의 음악을 주로 틀어주었다. 반면에 FM '언더그라운드' 록 방송국의 디스크 자키들은 자신들이 원하는 대로 무엇이든 내보냈다. 6~7분 길이의 노래나 심지어는 앨범 전체를, 때로는 상업광고로 중단되는 일이 없이 송출하기도 했다. 블루스나 클래식, 재즈 같은 장르도 상관하지 않았다.

1969년 미첼 마커스 Mitchell Markus (Raghvindra Das, or Raghu)는 몬트리올에 있는 로큰롤 라디오 방송국의 프로그램 디렉터였다.

라구 : 나는 꽤 불행한 청년이었고, 나에게 의미가 있었던 것은 음악뿐이었습니다. 밥 딜런이 아니었다면 내가 무엇을 했을지 모르겠

습니다. 라디오 방송 일을 할 당시, 나는 음악과 마약에 취해 살았어요.

어느 날 책상 앞에 앉아 있는데 교환원이 전화해서 누군가가 나와 얘기하고 싶어 한다고 말했습니다. 그 사람과 이야기를 나누게 되었는데, 그녀는 "우리는 정말로 당신의 도움을 바랍니다. 우리는 람 다스라는 사람의 강의를 홍보하고 있어요."라고 말하는 것이었습니다.

나는 "람 다스라니, 그 사람이 누구요?"라고 말했습니다.

"리처드 앨퍼트? 팀 리어리? 몰라요?"

"오, 맙소사, 그래요, 나는 그들을 사랑합니다."

당시 나는 사이키델릭 운동에 푹 빠져 있었는데, 그들은 영웅들이었지요. 그들은 앨퍼트와 리어리의 하버드 시절부터 인도에 가서 변화된 모든 것, 마하라지와 함께 있을 때 일어났던 일들에 대한 내용이 담긴 강의를 보내왔습니다. 잠시 동안이라도 긴장을 풀고 편해진 상태에서 우리가 누구이든 자기 자신으로 그냥 있을 수 있는 여유를 자신에게 허락해 주라는 내용이었지요. "지금 여기에 있으라."라는 말을 당신도 알고 있을 것입니다.

내가 여러 해 동안 그토록 듣고 싶어 했던 모든 것이 거기에 담겨 있었습니다. 나는 나 자신과 가족, 사회, 문화에 대해 진절머리를 내고 있던 참이었지요. (캐나다는 특히 베트남 전쟁과 관련하여 미국보다 영향이 조금이 덜하긴 했습니다만 그래도.) 나는 이 강연 내용에 매료되어 당시 디제이가 누구든지간에 "그걸 틀어."*라고 말했습니다. 주중의 정오쯤에는 그렇게 불이 켜졌습니다. 누구도 이런 말을

---

* Put it on. 람 다스와 함께 히피 문화의 선구자인 티모시 리어리의 1966년 앨범 제목 "Turn On, Turn In, and Drop Out"를 연상시키는 말로, 환각제를 섭취했을 때와 마찬가지로 어떤 '정신적 변이 상태의 시작'을 의미한다고 할 수 있다. (이하 각주는 모두 옮긴이가 작성한 것임)

들어본 적이 없었습니다. 그 후 우리는 그의 강의를 반복해서 틀었지요.

1970년 겨울, 람 다스가 몬트리올에 왔습니다. 눈이 녹아 진창이었는데, 그것이 바로 몬트리올의 일상적인 모습이었어요. 그는 방송국에서 멋진 인터뷰를 했습니다. 직접 만나자마자 평생 느껴보지 못한 유대감과 감사함이 느껴졌습니다. 나는 내가 무엇에 감사하고 있는지도 몰랐어요. 그냥 행복했습니다. 왜 그런지도 몰랐습니다. 나는 일종의 선교사가 된 셈이었습니다. 내가 느낀 것을 다른 사람들도 느끼기를 원했습니다.

1969년: 여름 영성 캠프

더 많은 사람들이 프랭클린에 있는 람 다스의 집을 향했고, 날씨가 따뜻해지면서 한 명씩 주변에 자리를 잡기 시작했다.[4] '조각 스튜디오' 시리즈 이후, 람 다스는 그해 여름 동안 자신의 부친을 위해서 일하도록 제프(크리슈나 다스)를 초대했다. 그래서 제프가 일착으로 이주해 왔다. 짐, 대니, 조안, 레슬리, 스티브, 그리고 다른 사람들이 곧 뒤따라왔다. 그들은 땅에서 습기가 올라오지 못하도록 니무로 텐트 플랫폼을 만드는 작업에 착수했다.

그들 중 많은 사람이 프랭클린에 와서 개인적으로 람 다스를 만난 적이 있기 때문에 그들은 명상, 자파(염주를 굴리며 만트라 암송하기), 하타 요가, 영성 책 읽기, 단식 등 요가 수련을 이미 하고 있었다. 그들은 내면을 깊이 탐구하는 요기들이었다. 나는 헛간에서 타이핑을 하거나 본관 주방에서 라즈베리 잼을 만드는 람 다스의 아버지 조지를 기쁜 마음으로 도와주었다.

1969년 여름의 람 다스. (사진 라메슈와 다스)

라다 Radha (Leslie)는 지난 3세기 동안의 성자들과 힌두교 신들의 사진을 걸거나 놓아둘 수 있도록 자신의 큰 텐트에 제단 공간을 마련했다. 그녀는 깨달음을 위해 매진하기로 결심했다.

라다 : 69년 여름은 정말 특별했어요. 아침 명상이 있었고 온갖 종류의 노래와 성가를 불렀습니다. 청년들은 소나무 숲 가운데 명상 홀을 세웠는데, 솔향기가 환상적이었지요. 나는 람 다스의 선생님이었던 하리 다스 바바처럼 되고 싶었습니다. 람 다스는 하리 다스가 명상을 많이 하고, 침묵을 지키며, 하루에 우유 두 잔만 마시고, 그 외에는 아무것도 먹지 않았다고 말했습니다. 그래서 나는 6주 동안 하리 다스처럼 하루에 우유 두 잔만 마셨지요. 그러다가 변비에 걸리고 말았지만요. 나는 칠판이 있었지만, 그냥 침묵만 하고 있었습니다. 나중에 내가 인도에 갔을 때 마하라지가 침묵한다는 것에 대해

이야기했는데, 그는 나를 이렇게 말했어요. "그런데 당신은 글도 쓰지 않잖아."

어느 날 좌선을 한 후, 일종의 열림을 통하여 그토록 가고 싶어 했던 인도로 가고 있는 내 모습을 보았지요. 나는 왜 인도로 가야만 했을까요? 람 다스만으로도 나에게는 충분했는데 말입니다. 우리는 필요한 모든 도구를 갖추고 있었습니다. 단지 하기만 하면 되었습니다.

주말이면 많은 사람들이 람 다스의 강의를 듣기 위해 가깝고 먼 여러 곳에서 찾아왔다. 몇몇 사람들이 음식을 준비했다. 우리는 모두 잔디밭에 앉아 햇빛과 람 다스의 말에 젖어들었다. 그의 말은 그의 따뜻한 마음과 함께 우리의 가슴속으로 곧바로 파고들었다. 서양인들은 그의 유머와 자신의 실수담들을 가르침의 자료로 활용하는 그의 능력에 쉽게 공감했다. 그의 놀라운 이야기 창고는 그를 영적인 피리로 만들어 주었다. 얼마 지나지 않아 주말마다 수백 명이 몰려왔다. 골프 코스 위에서 수피 춤을 추고, 히타 요가 수업을 듣고, 성가를 부르는 등 많은 일들이 일어났다. 참으로 영적인 여름 캠프였다. 가까운 곳에서 우드스톡 페스티벌이 진행되고 있었지만, 음악 축제에 참석하려고 떠난 사람은 소수에 지나지 않았다. 평생의 우정이 형성되었고, 서구인들을 위한 마하라지의 사트상이 싹을 틔웠다.

라마 재단과 『지금 여기에 살라』

뉴햄프셔에서 '여름 캠프'를 마친 후, 람 다스는 강의를 하기 위해서 서부로 갔다가 영성 공동체 '라마 재단 Lama Foundation'을 시작한 친구들을 만나러 뉴멕시코로 갔다. 라마 제단은 모든 영적 전통들을 존중하고 수행법을 가르치는 공동체였다. 그곳은 로키산맥 남쪽 끝자락인 상그레 데 크리스토 산의 아름다운 카슨 국유림 안에 자리잡고 있었다. 해발 2,600미터에 달하는 그곳 베란다에서는 리오그란데강의 협곡이 내려다 보였다.

젊은 예술가인 조 보너 Joe Bonner(Dwarkanath)는 그곳 라마 재단에서 많은 시간을 보냈다. 『지금 여기에 살라』는 바로 그곳에서 기획되고 함께 집필되었다.

드와르카나트 : 1968년 여름 처음으로 라마 재단에 갔을 때, 나는 18세였습니다. 창립자들인 스티브 Steve와 바바라 더키 Barbara Durkee (현재 Asha Greer와 Nooruddeen으로 알려짐), 그리고 조나단 올트먼 Jonathan Altman의 좋은 친구들을 만나 영감을 받았습니다. 1969년 늦가을, 람 다스가 이른바 '아쉬람 실험'을 행하기 위하여 한 달을 예정으로 라마를 방문했습니다. 나는 람 다스가 캘리포니아에 서 했던 첫 강연을 들은 적이 있었습니다. 실험 참가자들은 머물 수 있는 개인 공간을 갖고 다양한 사다나(영적 수행) 일정을 소화했습니다. 나는 후반에 거기에 참가했습니다.

그러다가 70년 초봄에 나는 『지금 여기에 살라』 출판 작업을 위해 라마로 다시 돌아갔습니다. 삽화 팀에서 7~8개월 동안 일했습니다. 스티브와 나는 책의 핵심 원고를 검토하여 108개의 단위로 쪼갰고, 우리 중 5명 정도로 된 팀이 페이지마다에 삽입할 일러스트 작업을 했습니다.

『지금 여기에 살라』는 한 세대 이상 영성 촉매제로서의 역할을 했습니다. 이 책은 200만 부 이상 팔리며 '반문화를 대표하는 성경'으로 불렸습니다. 일찍이 그와 같은 것을 보거나 읽은 사람은 아무도 없었지요. 스티브 잡스, 웨인 다이어, 마이클 크라이튼 같은 사람들을 비롯하여 수많은 사람들을 영적인 길로 인도했습니다. 이 책은 1971년에 출판되었으며, 그 여파로 서양인들이 인도에 속속 모여들었습니다. 그들이 인도에 간 것은 동방 여행이 서양인들에게 무엇을 의미했는지를 단적으로 보여줍니다.

2

히피 트레일

유럽은 단 하나의 색, 즉 흰색이다. 유럽 전체가 그리스도교라는 하나의 종교 일색이다. 서양에서는 세계 역사가 그리스와 로마에서 시작되었다고 믿는다. 알다시피, 히피들은 다양한 문화에 호기심이 많았다. 그들은 우리로부터 메소포타미아―터키와 중동―가 모든 문명의 어머니라는 것을 배웠다. 그들은 서로 다른 신앙들, 곧 이슬람의 실, 하늘색의 불교 기도 깃발, 힌두 사원의 은으로 된 종으로 엮인 바닥 깔개를 집으로 가져갔다.

―로리 맥클린Rory MacLean, 『매직 버스Magic Bus』

오늘날 미국에서 인도로 가려면 비용은 다소 많이 들겠지만 수속은 간단하다. 뉴욕에서 비행기를 타면 뉴델리까지 14시간이 조금 넘게 걸린다. 그러나 1970년대 초반에는 그런 일이 거의 불가능했다. 인도는 지구 반대편에 있었고, 여행길은 물론 통신 수단도 거의 없었다. 하지만 인도로 가려는 서양인에게는 선택할 수 있는 길이 여러 가지였다.

먼저, 저렴하게 비행기를 탈 수 있는 방법이 있었다. 나는 인도 남부에 있는 사티야 사이 바바를 만나기 위해 뉴욕의 명상 그룹에 속하는 두 친구와 함께 여행했다. 뉴욕에서 런던까지 전세 비행기를

"히피 트레일".

탔는데, 비용은 약 50달러였다. 우리는 히치하이킹으로 10일 동안 유럽 일주를 하고 런던으로 돌아와서, 저렴한 아랍 전세 비행기를 타고 봄베이(현재의 뭄바이)로 가기로 했다. 가는 도중에 당시엔 부유하고 번화한 도시와는 거리가 먼 아부다비, 두바이 등과 같이 전혀 들어본 적이 없는 장소를 일곱 군데나 경유했다.

카이로에서 7시간 동안 체류했기 때문에, 우리는 여권을 반납하고 피라미드를 구경하기 위해 관광버스를 탔다. 나는 누군가가 나에게 주었던 '다윗의 별' 목걸이를 걸고 있었는데, 안와르 사다트가 이집트 대통령이 된 후 이집트와 이스라엘이 적대감을 갖고 대하게 되었다는 사실을 전혀 의식하지 못하고 있었다. 버스가 공항을 빠져나오자 길을 따라 철조망 울타리가 쳐져 있었고, 기관총을 든 군인들이 지키고 있었다. 하지만 피라미드와 스핑크스를 올려다보는 장엄한 순간을 위해서라면 그런 상황쯤은 감수할 만한 가치가 충분했다. 뉴욕에서 봄베이까지 여행하는 데에는 약 300달러의 비용이 들었다.

하지만 더 많은 모험을 원하거나 더 저렴한 여행 방법을 원하는 사람들도 있었다. 그런 용감한 영혼들은 미국에서 유럽으로 비행기로 간 다음 기차, 버스, 자가용 또는 히치하이킹을 통해 육로로 인도에 갔다. 이 길은 나중에 '히피 트레일'로 알려지게 된다.

여행은 런던, 암스테르담, 룩셈부르크에서 시작하여 서유럽을 관통한 다음, 터키, 이란, 아프가니스탄, 파키스탄의 고대 도시들인 이스탄불, 테헤란, 헤라트, 칸다하르, 카불, 페샤와르, 라호르를 지나는 '북부' 길로 이어진다. 길을 따라 서양인을 위한 저렴한 호텔, 유명한 호스텔, 레스토랑, 카페가 있었고, 이스탄불의 푸딩 가게와 같이 여러 사람들이 모이는 장소가 있었는데, 여기에서는 게시판에 핀으로 고정해 놓은 메시지들을 통해 다음 차편을 알 수 있었다.

제프리 밀러Jeffrey Miller (Lama Surya Das)는 1960년대 후반 버팔로에 있는 뉴욕 주립대학교(SUNY)에 다녔다. 제프리는 람 다스를 만났는데, 그 자리에서 인도에서 돌아온 후 동방 여행의 대사들이 된 앨런 긴즈버그, 게리 스나이더, 로럴드 랭, 켄 키지, 웨비 그레비와 이야기를 나눌 수 있었다. 그는 미국 최초의 선사인 필립 카플로 로시와 함께 로체스터 선 센터에서 명상을 하면서, 명상이 가져다주는 마음의 평화와 그 힘에 대해 깊은 인상을 받았다.

기이한 일련의 우연으로, 뉴욕 밸리 스트림에서 고등학교에 다니던 제프리의 친구에게는 앨리슨 크라우스라는 여자친구가 있었다. 그녀는 1971년 5월 켄트주에서 반전 시위 도중 오하이오 방위군에 의해 총에 맞아 죽었다. 그는 그녀의 손을 잡고 함께 달려가고 있었는데, 그때 등에 총을 맞은 그녀는 그의 품에 안겨 죽었던 것이다. 그 같은 비극 속에서 죽임을 당한 사람들 중 한 명의 이름이 롱아일랜드 출신의 제프리 밀러였다. 그래서 그 끔찍한 밤에 수리야 다스의 가족은 그가 죽었다고 생각했다. 그 사건으로 그는 '평화를 위한 투쟁'에 내재된 모순에 대해 관심을 가지게 되었고, '평화되기 becoming peace'라는 간디의 개념에 대해 생각하기 시작했다. 그는 '인도에 가서 달라이 라마를 만나 여기에 대해 알아보아야 하겠다.'고 생각했다.

　　라마 수리야 다스 : 졸업 후 나는 런던으로 날아가 히치하이킹으로 프랑스와 이탈리아를 여행하고는 낡은 배를 타고 그리스로 갔다가 터키로 가서 이스탄불로 가는 버스를 탔습니다. 이스탄불에 도착하여 사람들이 만나는 장소인 푸딩 가게로 갔지요. 게시판에는 '캐나다인들과 함께하는 폭스바겐 버스. 육로를 통해 인도로 가기를 원하는, 라이더가 필요합니다. 교대로 운전하고 주유비는 나누어 냅니다.'라는 메모가 붙어 있었지요. 완벽했습니다. 나는 캐나다 히피족 10명과 함께 폭스바겐 버스를 타고 카불까지 갔습니다. 9~10일 동안 우리는 야외에서 자거나 값싼 숙박업소에서 잤습니다. 터키, 이란, 아프가니스탄을 거쳐가는 그 여정 내내 모험이 펼쳐졌습니다. 위험하게 부서진 도로, 도적들, 힘든 국경 통과 과정….

　　그리스에서 만난 친구인 세인트 루이스 출신의 켄 험프리는 전직 그린베레 의무병이었는데, 우리는 잠시 아프가니스탄 외곽에 들렀습니다. 우리는 높이 서 있는 바미얀 석불들 안으로 들어갔습니다. 세계에서 가장 큰 불상들이었는데, 나중에 탈레반에 의해 폭파되고 말았지요. 전통적인 아시아 교차로가 있는 그 지역은 대규모 대상隊商이 머무르곤 했던 곳입니다. 지금은 메마른 사막 계곡이지만, 옛날에는 유프라테스 계곡처럼 매우 기름졌습니다. 사막은 너무 뜨거워서, 7월의 어느 날에는 신은 지 한 달 남짓밖에 되지 않은 내 추카

부츠의 굽이 타서 구멍이 뚫릴 정도였습니다.

크리슈나와 미라바이의 여정은 영웅적이었다. 존과 린다 부시는
서니-버팔로에서 만났다. 젊은 시인이자 극작가인 존은 한때는 대성당
미사에서 복사로 섬기기도 했던 전 가톨릭 신자였다. 비트 세대 시인들
중 한 명이었던 그는 리처드 앨퍼트가 1965년 대학에서 한 강연을
듣고 LSD와 인간 의식의 잠재력에 관심을 갖게 되었다. 영어과 교수인
린다는 항공 엔지니어와 결혼하여 케이프 캐너버럴에서 살았다. 그녀는
최초의 달 탐사 유인 우주선인 아폴로 8호 계획에 참여했다. 그녀는
안전모와 작업복을 입고 케이프에서 우주선이 발사되는 모습을 지켜본
최초의 여성이 되었다. 경력을 쌓아가려면 결혼이 필수인 시대였지만,
그녀에게 결혼은 적합하지 않았다. 그녀는 이혼 후 박사학위를 받기
위해 학교로 돌아갔다.

존과 린다는 둘 다 반전 운동과 시민 인권 운동에 깊이 관여했다.
그러다가 1960년대 후반 매우 창의적이고 지적인 대학원생 그룹이
환각제를 복용하기 시작했고, 미라바이가 말했듯이, '지구상의 모든
생명체가 상호 연결되어 있다는 진실'을 엿보기 시작했다. 그들은 대학
을 떠나 브리티시 컬럼비아에 공동체를 형성했다. 그곳에서 그들은
텐트를 치고 살았고, 야외에서 불을 지피고 요리를 했으며, 개울에서
빨래를 하고, 인디언들과 함께 연어 낚시를 했다. 존과 린다는 장마철이
닥치자 룩셈부르크로 날아갔다. 그곳에서 그들은 '히피 버스', 별칭
'마법의 버스'에 대해 알게 되었다. 그 버스는 두 달 동안 지구상에서
가장 느린 버스인 '녹색 거북'을 타고 런던에서 델리로 가는 버스였다.

크리슈나 : 터키 동부에 들어서면서 매우 성경적이라는 느낌을 받았습니다. 사람들은 전통의상을 입고 있었고, 이스탄불은 꽤 서구적이었습니다. 터키 동부에서 우리는 이란의 테헤란으로 들어갔습니다. 버스가 고장 나서 거의 2주 동안 거기에 머물렀지요. 꼭두각시인 샤 (Shah, 페르시아어로 '왕'이라는 뜻)가 여전히 나라를 통치하고 있었습니다. 테헤란 북부 교외 지역은 남부 캘리포니아와 같은 느낌이었습니다—미니스커트를 입고, 금발로 염색을 하고, 짙은 화장을 한 사람들, 컨버터블을 운전하는 사람들…. 그 당시 그 지역은 옷차림, 습관, 사고방식이 서구화되고 있었지요. 지금은 믿기 어렵습니다.

물론 우리는 그 사회의 어두운 면도 잘 알고 있었습니다. 우리는 카페에 가서 학생들과 이야기를 나누곤 했지요. 그러나 대화가 정치 쪽으로 방향이 틀어지게 되면, 그들은 매우 예민해져서 주변을 둘러보기 시작하고 사바크(비밀경찰)가 도처에 있기 때문에 이야기할 수 없다고 했습니다. 평화운동에 참여하면서 수많은 침입자, 이중간첩, 선동가 등을 접해 보았지만, 이는 완전히 다른 차원의 통제인 것 같았어요. 더 동쪽으로 들어가자, 서양의 영향은 거의 볼 수가 없었습니다.

우리는 라마단 기간에 이란과 아프가니스탄을 여행했습니다. 사람들은 매우 엄격했어요. 낮에는 문을 여는 식당이 없었지만, 살구와 헤이즐넛, 청량음료를 살 수 있는 가게가 있어서 별로 힘들지는 않았습니다. 해가 지는 순간에 축포가 터졌고, 그러면 잔치가 시작되었지요. 낮에는 엄숙했지만, 밤에는 축제 분위기가 되었습니다.

그때는 이슬람과의 동서 갈등이 생기기 이전이었습니다. 우리는 이슬람의 영적 전통을 존중하게 되었습니다. 이슬람 전통을 따르고 싶을 정도로 특별히 끌린 것은 아니었지만, 경건한 사람들이 살고 있다는 사실에 깊은 인상을 받았지요. 이란 서부와 아프가니스탄 전역에 기도하라는 신호가 울려 퍼졌고, 그러면 상점에서 누군가와 이야기를 나누거나 사고 싶은 옷을 흥정하는 등 무슨 일을 하고 있었든 사람들은 모두 이렇게 말했습니다. "나를 용서하세요." 그러고는 바로 자기 앞에 기도용 깔개를 펼쳐놓고 앉아 기도하곤 했습니다. 하루에 5번 10분 정도씩 걸리는 기도를 하는 것입니다. 나는 '와우, 저 사람들은 저런 식으로 매일매일 영적 수행을 하는구나.'라고 생각했습니다. 일찍이 그런 헌신은 본 적이 없었습니다.

나는 아프가니스탄에서 병에 걸려 칸다하르의 병원에 일주일간 입원했습니다. 섬망열로 인해 완전히 의식을 잃은 상태였지요. 병원은 바닥 여기저기에 피와 배설물이 널려 있어 정말 더러웠습니다. 세상에서 가장 가고 싶지 않은 병원이었어요. (미라바이는 의사 옆에서 "제발 죽지 마세요, 제발 죽지 말아요."라고 기도했어요.) 다행히도 미국에서 수련하고 완벽한 영어를 구사하는, 친절한 남자 의사를 만났습니다. 그는 나의 건강 상태를 지켜보고 약을 지어주었습니다. 그는 칸다하르 한가운데에서 만난 자비의 천사 같았지요.

거기에서 우리는 파키스탄으로 건너갔습니다. 악명 높은 카이베르 계곡을 통과했습니다. 그곳은 세상의 모든 마약을 살 수 있는 무법지대였고, 분쟁지역이었으며, 밀수꾼들이 득실댔습니다. 보병 장비부터 소형 권총까지 어떤 것이든 구할 수 있는 무기 시장으로, 모든 종류의 총이 짝퉁으로 만들어져 거래되는 것으로 유명했습니다. 계곡을 통과하고 나면 넓은 대륙으로 내려가게 됩니다. 당시 파키스탄에는 고유한 정체성이 없었지요. 그곳은 여전히 인도였지만, 그들 자신은 "인도를 증오하라."라고 적힌 거대한 표지판을 곳곳에 세워두고 인도적인 모든 것에 등을 돌렸습니다.

미라바이는 화물 트럭을 타고 힌두쿠시 산맥을 통과했다.

미라바이 : 파키스탄은 온통 초록색이었는데, 여성들은 기름칠한 검은 머리에 밝은 색상의 사리를 입고 검은 눈으로 우리의 눈을 바라보 았어요. 당시 파키스탄은 인도와 크게 다르지 않았습니다. 분할된 지 얼마 지나지 않았고, 라호르는 넓고 푸른 초장으로 아름다웠습니다. 그곳은 여전히 매우 영국적이었습니다. 은색 쟁반에 놓인 흰색 포트에 차를 담아 도자기 찻잔에 서서히 부어서 마시는 모습을 볼 수 있었습니 다. 그 후 우리는 암리차르로 갔는데, 나는 사랑에 빠졌습니다. 인도에 대해서는 어떠한 욕망이나 꿈도 가진 적이 없었을 뿐만 아니라, 인도인 친구도 없었는데 말입니다. 그런데도 나는 마치 이제야 마침내 고향집 에 돌아온 것 같다는 생각이 들었습니다.

노상에서의 위험

육로로 가는 길에는 병에 걸리는 것 외에도 다른 위험이 있었는데, 마약을 실은 차량을 타게 될 수도 있다는 것이었다. 자크 악센Jacques Achsen은 1968년 몬트리올을 떠나 고등학교를 졸업하자마자 예루살렘 으로 갔다. 그의 부모는 독실한 유대인이었기 때문에 그는 대학에 입학하기 전에 언어 프로그램을 수강할 필요가 없을 정도로 히브리어를 충분히 알고 있었다. 대신에 그는 6개월 동안 파티를 즐기며 1960년대생 들이 가장 좋아했던 활동을 즐겼고, 결국 베다니 (예수님이 나사로를 부활시키신 곳)라는 아랍 마을에서 살게 되었다. 그는 공부를 시작했지만

2~3년이 지나자 공부에 싫증이 났다. 결국 그는 여자친구와 길을 떠나기로 작정했다.

자크 : 우리는 아옌데*와 혁명에 동참할 예정이었습니다. 칠레로 가는 배를 타려면 먼저 암스테르담으로 갔다가 로테르담으로 가야 했습니다. 우리가 암스테르담의 호텔에 앉아 있을 때, 미국인 남자가 말을 걸었습니다. 그는 인도에서 돌아오는 길이라고 했어요. 나는 인도에 대해서는 생각해 본 적이 없었습니다. 람 다스도, 『지금 여기에 살라』도, 전혀 몰랐어요. 그는 베나레스와 인도에 대해 언급했고, 나는 비키에게 "여보, 우리 베나레스에 가보자."라고 말했습니다.

우리는 히치하이킹을 할 작정으로 돈도 별로 없이 동쪽으로 향했습니다. 오스트리아도 그냥 지나칠 수는 없었지요. 우리와 동행한 나의 남동생은 히피 같은 차림이었습니다. 오스트리아 사람들은 우리를 지나쳐 운전해 가면서 "맨슨!"**이라고 외쳤습니다. 그래서 우리는 기차를 타고 유고슬라비아로 갔고, 거기에서 히치하이킹을 하거나 버스나 기차를 탔습니다. 아프가니스탄에서 우리는 네 명의 미국인을 만났는데, 그 중 한 명은 한동안 인도에 살았으며 힌디어와 편자브어를 어느 정도 할 수 있었습니다. 우리는 푹신한 쿠션을 장착한 그들의

---

* Allende. 칠레의 소아과 의사 출신 정치인으로, 1970년 라틴아메리카에서 최초로 민주 선거를 통해 집권한 사회주의 정당(칠레사회당)의 대통령이 되었으나 3년 후 아우구스토 피노체트 국방장관의 1973년 칠레 쿠데타에 저항하다 자살하였다.

** 찰스 맨슨을 가리킨다. 1960년대 자유로운 사랑과 공동체 생활을 추구하는 추종자들을 모아 '맨슨 패밀리'라는 공동체를 형성했으나, 추종자들로 하여금 마약, 난교, 집단히스테리에 빠지게 했고 끔찍한 살인 사건을 저지르게 하여 사형선고를 받았다. 그로 인해 히피 문화는 내리막길을 걷게 된다.

랜드로버를 타고 인도로 갔습니다. 지붕 위에 실은 스페어 타이어에는 꽤 많은 양의 마리화나가 숨겨져 있었지요. 장애물에 부딪힐 때마다 심장이 벌렁거릴 정도로 차가 출렁거렸습니다.

우리는 파탄코트에 도착했습니다. 국경과는 아직 거리가 남아 있었지만, 거기에는 유명한 여성 국경 경찰이 있었는데, 그녀는 "나는 힌두 여신 두르가와 접속할 수가 있어서, 당신들의 마음을 읽을 수 있어요. 당신들은 마약을 가지고 있네요."라고 말하고 다닌다는 것입니다. 모두들 쫄지 않을 수 없었습니다. 그들은 마약을 포기하게 되어야 할 것이고 곤경에 처하게 될 것이 뻔했습니다. 그런데 정작 그녀는 자동차는 건너뛰고 버스만 검사하고 다녔습니다. 우리는 겨우 안도할 수 있었어요.

우리는 시크교도인 국경 수비병*을 만났는데, 그는 우리를 환영해 주었습니다. 우리가 시크교에 대해 아는 척하자, 그는 기분이 좋아져서 우리 차를 건성건성 검색하는 시늉만 했습니다. 그는 쿠션 하나를 들어보고는 "무기 있어요? 아, 없군요. 좋아요, 가도 됩니다."라고 말했어요.

그렇게 우리는 국경을 넘어 인도로 들어갔습니다.

하지만 폭력의 가능성은 항상 있었다.

미낙시Meenakshi는 시카고 교외에서 고등학교를 다녔는데, 인도의 전통 춤인 카탁 춤을 잘 추는 한 여성의 아이들을 돌보았던 적이 있었다.

---

* 시크교는 15세기 인도 펀자브 지방에서 창시된 종교로, 힌두교, 불교, 자이나교와 마찬가지로 다르마 계통의 종교로 구분된다. 당시 인도에서는 시크교도 출신의 군인이나 경찰이 많았다.

인도는 그녀를 매료시켰다. 그녀는 졸업하자마자 인도로 갈 돈을 벌기 위해 시카고에서 택시 운전을 했다. 람 다스나 마하라지에 대해서는 들어본 적이 없었다. 그녀와 한 친구는 런던행 비행기를 타고 갔는데, 그들이 터키에 도착했을 때 미낙시는 혼자가 되어 여행을 계속했다.

미낙시 : 테헤란에 도착하여, 스위스에서 온 요크라는 남자를 만났습니다. 우리는 테헤란에서 긴 시간 동안 함께 보냈지요. 나는 항상 옷을 잘 차려입었지만, 여성들이 입는 차도르 복장을 하지 않고서는 나갈 수 없었습니다. 어린 소녀들도 그런 복장을 하긴 했지만, 베일은 반투명했고 아래에는 미니스커트를 입은 것을 볼 수 있었습니다.

나는 호텔에 머물고 있던 한 이란 남자에게, 거리를 나다닐 수 있도록 의상 한 벌과 성경을 사려고 하는데 나를 데리고 나갈 수 있느냐고 물었습니다. 나는 인도로 가는 길 내내 성경을 읽고 싶었지요. 그는 나를 데리고 나갔고, 우리는 하루종일 함께 시간을 보냈습니다. 일이 끝나자 그는 산속에 있는 레스토랑으로 데려가고 싶어 했습니다. 나는 그가 믿음직하게 느껴졌고, 그래서 "오케이, 좋아요." 라고 말했지요.

그 레스토랑에서 그는 만취했습니다. 그의 차를 타고 돌아오는 길이었습니다. 그는 절벽 끝으로 차를 몰고 가서 말했어요. "나는 이 절벽으로 차를 몰고 떨어질 수 있어. 그러면 우리는 즉사하고 말겠지. 아무도 당신에게 무슨 일이 일어났는지 알지 못할 거야. 그리고 나는 내 엄마를 사랑해."

그는 칼을 뽑아 내 목에 갖다 대고 말했습니다. "당신 목을 베고 시체를 저 아래로 던져도 아무도 당신을 찾을 수 없을 거야. 그리고 나는 내 엄마를 사랑해." 그는 나에게 칼을 건네주며 "아니, 당신이 나를 죽여."라고 말했습니다. 나는 칼을 바닥에 떨어뜨렸습니다. 그러자 그는 총을 꺼내 내 머리에 대고 같은 말을 했습니다. 하지만 그렇게 죽을 수 없는 노릇이었습니다. 나는 전혀 두렵지 않았어요. 그는 고함을 지르고 난리를 피우더니 손으로 나의 목을 감고는 조르기 시작했습니다. 당시에는 몰랐는데, 그는 이란의 레슬링 챔피언이었습니다.

갑자기 자동차 한 대가 길을 따라 내려오고 있었고, 라이트 빛이 그의 주의를 흐트러뜨렸습니다. 나는 차 문을 열고 나와, 폭스바겐 밴을 세웠어요. 밴에는 이란 남자들이 타고 있었었습니다. 나는 나의 손으로 목을 감아 보이고는 그가 나를 죽이려고 한다는 것을 그들에게 알리려고 했습니다. 그들은 나를 밴에 밀어 넣고는 이 남자를 어떻게 해야 할지 논의하는 것 같았습니다. 그를 죽여? 하지만 그들은 그를 놓아주고는, 차를 몰고 산속으로 올라갔습니다. 마을 사람들 중 두 명만 남기고 모두 내려주었습니다. 그러고는 나를 테헤란으로 다시 데려갔습니다. 나는 호텔 이름이 무엇인시, 어디에 있었는지, 전혀 알지 못했습니다. 어찌 되었든 서양인들이 묵을 수 있는 곳이 그리 많지 않았기 때문에, 그들은 나름대로 짐작을 했습니다. 그래서 새벽에 호텔에 도착했습니다. 요크와 나는 그곳에 일주일 더 머물렀고, 그 남자들 중에서 두세 명이 매일같이 찾아와 나의 안부를 묻고자 나를 거리로 불러내곤 했습니다.

더글라스 마커스 Douglass Markus (Laxman)도 육로 여행 중에 폭력을 당하고 도둑을 맞았다. 그의 형제 미첼과 마찬가지로, 더글라스는 몬트리올의 라디오 방송국에서 은퇴했다. 미첼은 이미 인도로 간 뒤였다.

더글라스는 오토바이와 자동차를 비롯한 갖가지 세간살이를 모두 팔아 치웠다. 그는 친구 피터 브래들리, 라디오 방송국의 동료 아나운서 셸리, 그녀의 남자친구와 함께 인도로 떠났다.

락스만 : 우리의 여행은 좋은 점, 나쁜 점, 위험한 일, 때로는 매우 험악한 일로 가득 차 있었습니다. 유고슬라비아에서 우리는 우리 차를 훔치려는 지역 주민들과 언쟁을 벌이기도 했지요. 피터는 두들겨 맞아 이빨이 부러졌습니다. 그때 나는 비폭력에 대한 결심이 확고했습니다. 그들이 나도 때렸을 때, 나는 반격할 수 있었지만 하지 않았어요. 그 사람은 그것을 알았는지 나를 심하게 때리지는 않았습니다. 몇 차례 펀치를 날린 후에 그냥 사라졌지요.

아프가니스탄에서는 폭스바겐 버스에 타고 있는 미국인 두 명을 만났습니다. 연료비에 보태라고 돈을 약간 주고는 함께 가기로 했지요. 30~40킬로미터쯤 달리다가 길에서 두 명의 젊은 아프가니스탄 남자들을 태웠는데, 그들은 우리에게 하시시(대마초의 일종)를 팔 속셈이 있었습니다. 뒤쪽에는 우리 모두가 둘러앉은 U자형 테이블이 있었고, 앞쪽에는 셸리와 그녀의 남자 친구가 타고 있었습니다. 셸리의 남자 친구가 몹시 화를 내기 시작했어요. 서양에서 동양으로 가는 많은 서양인들은 벌컥벌컥 화를 잘 냅니다. 완전히 방향 감각을 잃고 마는 것 같습니다. 군대에서 갓 나온, 남성미 풀풀 풍기는 두 미국인은 그의 행동 방식을 별로 달가워하지 않은 모양이었어요. 그래서 우리 넷을 길가에 버릴 생각까지 하는 것 같았습니다.

나는 작은 파우치에 여권과 중요한 서류, 그리고 돈을 넣고 다녔지요. 그런데 갑자기 이 아프가니스탄 히치하이커가 그 안에 손을 집어넣는 것이었습니다. 나는 그 사람의 눈을 똑바로 쳐다보고 테이블 밑에서 빠져나와 앞쪽으로 올라가 까까머리의 두 사람에게 문제가 있다고 말했지만, 그들은 관심을 기울이지 않았습니다. 왜냐하면 셸리의 남자친구가 마약쟁이였기 때문입니다. 그들은 우리가 모두 마약에 미친 히피 집단이라고 생각했습니다.

내가 밴 한가운데에 서 있는데, 갑자기 내가 나의 몸 밖으로 솟아오르면서 "너는 집으로 가고 있는 거야."라는 소리가 들렸습니다. 환상을 본 것이었습니다. 나는 미친 듯이 울고 있었습니다. 이 작은 지옥의 한가운데에서 무슨 일이 일어나고 있는지 믿을 수가 없었습니다! "난 집으로 가고 있는 거야! 인도, 내가 온 여기." 그런 소리를 들었고, 나는 기쁨과 위안과 경외감으로 가득 차 있었습니다.

이러한 유형의 여행이 갖는 흥미로운 측면 중 하나는 여행 도중에 다른 서양인들과 엮이게 된다는 것이었다. 특히 마하라지를 찾기 위해 인도로 향하는 사람들은 다음에 어떤 일이 벌어져서 자신들을 이끌어갈지 알지 못했다.

피터 고에치 Peter Goetsch (Balaram Das)는 WBAI 방송에서 람 다스의 강의를 들었을 당시, 뉴욕에서 매우 똑똑하지만 고민이 많은 학생으로, 뉴욕 대학교에 들어가기로 예정되어 있었다. 1969년 이른 봄, 누군가 그에게 람 다스가 뉴햄프셔에 와 있다고 말해주었다. 거기에 가서 람 다스를 만난 후, 발라람은 마하라지에 대한 꿈을 꾸었다. "마하라지는 돛이 달린 커다란 황금 배의 갑판에 앉아 있었고, 나는 물속에 있었어요 배에서 나에게로 큰 밧줄이 내려오더니, 마치 탯줄처럼 나의 배에 연결되었어요. 아직도 그 느낌이 생생해요."

발라람 다스 : 나는 런던으로 날아가 히치하이킹을 하여 유럽을 횡단했어요. 유고슬라비아에 도착하자 히치하이킹은 더 이상 불가능했기 때문에 이스탄불까지 가는 오리엔트 특급열차를 탔고, 이스탄불에서 터키를 건너 이란 국경까지 가는 또 다른 기차를 탔습니다. 기차의 객실 칸에서 인도로 가고 있는 패트라는 영국 소녀를 만났어요. 그녀는 "어젯밤 이스탄불에서 인도에서 돌아오는 길이라는 사람을 만났어요. 그는 인도에서 가장 위대한 성자 다섯 분의 명단을 제게 주었지요. 그들이 주로 어디에 있는지 하는 것과 함께요."라고 했습니다. 그녀는 종이조각을 꺼냈고, 목록 맨 위에 '님 카롤리 바바'(람 다스의 스승)이라고 적혀 있었습니다. 그것이 돌파구였습니다. 거기에는 '카인치, 나이니탈과 알모라 사이'라고도 씌어 있었습니다. 그로써 나는 내가 알아야 할 필요가 있는 모든 것을 알게 되었어요.

마하라지와 인도-파키스탄 전쟁

파키스탄에서 인도로 건너온 서양인들은 국경을 넘을 때의 긴장감을 알고 있었다. 1971년 11월 전쟁이 발발했고, 전쟁 기간 동안 국경이 폐쇄되었다. 당시 발라람은 마하라지와 함께 브린다반에 있었다.

발라람 다스 : 마하라지는 전쟁에서 벗어나기 위해 대부분의 서양인을 나이니탈로 보냈습니다. 나는 내내 브린다반에 있었고, 거의 매일 마하라지를 보았습니다. 한 남자가 군대를 위한 자금을 모으러 왔을 때, 마하라지가 "발라람, 그에게 200루피를 주어라."라고 말했습니다. 그래서 나는 그에게 200루피를 주었지요. 그 사람은 영수증을 써주었고, 마하라지는 "그 영수증을 좀 보자."라고 하더군요. 그는

영수증을 들여다보더니 돌려주었습니다. 그러더니 "이제 우리가 이기겠다. 인도가 승리할 것이다."라고 말했습니다. 그가 그렇게 이야기한 것은 크리슈나가 자신의 형인 발라람과 함께 전쟁터에 나가 이긴 것을 빗대어 말한 것이었습니다. 그는 마치 "이제 다 괜찮아졌어. 발라람 다스가 기부를 했어. 발라람은 크리슈나의 형이야. 그가 기부를 한 것은 싸우겠다고 나선 것이나 마찬가지야. 그러니 다 괜찮아질 거야."라고 말하는 것과 같았습니다. 모두들 빵 터졌습니다.

마하라지는 얼마나 유머가 많은지 모릅니다. 그와 함께 있는 것은 정말 즐거운 일이었습니다! 그는 일상의 일들에 대해 놀라울 정도로 경쾌한 방식으로 이야기했어요. 모든 사람들이 이를 드러내고 활짝 웃고 있는 장면들이 꽤 자주 연출되었습니다.

전쟁이 시작될 때 크리슈나와 미라바이도 브린다반에 있었다. 파키스탄군이 불과 12킬로미터쯤 떨어진 아그라 공항을 폭격했을 때였다. 마하라지는 모두가 브린다반에서 나가야 한다고 해서 모두가 델리로 갔다.

크리슈나 : 마하라지도 잠시 델리에 왔는데, 우리는 그가 부유한 헌신자의 집에 머물고 있다는 것을 알게 되었습니다. 마하라지는 담요를 두른 채 최고위 장성들에게 둘러싸여 있었는데, 별이 달린 견장에 훈장을 주렁주렁 매단 군복을 입은 그들이 마하라지 앞에 엎드려 있었습니다. 그는 그들에게 성자의 축복을 내려주었습니다. 바가바드 기타의 내용이 그대로 재현되고 있는 것 같았지요. 이 사람들은 전투에 나서야 했고, 마하라지는 그것을 어떻게 다르마의 방식에

따라 수행해야 하는지, 그리고 그 안에 신이 어떻게 임재하는지에 대해서 이야기하고 있었습니다.

군대의 고위 장성들과 인디라 간디 정부의 고위 관료 두 명이 함께 있는 그곳에서 미라바이와 나만 서양인이었습니다. 그들은 모두 그분의 조언을 구하고 있었습니다. 나는 '그렇다면 나도 그분에게 질문을 하나 하는 게 낫겠다.'라고 생각했습니다. 당시 미국에서는 반전 운동이 일어나는 중에 있었는데, 내가 인도에 온 이유 중의 하나가 그런 상황에서 떠나기 위해서였습니다. 그런데 지금 나는 전쟁 중에 있는 다른 나라에 있었습니다. 나는 "마하라지, 이 나라는 전쟁 중인데, 나는 무엇을 배워야 합니까?"라고 물었습니다.

그는 나를 바라보고는 손가락을 흔들며 "평화롭게 지내는 법을 배우게."라고 말했습니다.

거기에는 매우 심오한 뜻이 담겨 있었습니다.

제2부

첫 번째 물결

1970~1972. 3

3

초창기 사람들

1970년 여름/가을

사랑에 눈을 뜬 그 순간부터
당신을 찾아 헤매기 시작했지요,
그것이 얼마나 눈먼 짓인지도 모르고.
사랑하는 이들은 결국 어디에서도 만나지지 않아요,
그들은 항상 서로의 안에 있기에.
— 루미

초기에는 마하라지를 보러 인도에 가는 서양인들이 많지 않았다. 종교학과 철학을 공부한 프랭크는 미국에서 람 다스와 강한 유대를 갖고, 산타바바라 지역에서 그의 강연을 주선했다. 람 다스는 그에게 마하라지를 만나러 가라고 말했다. "나이니탈에 있는 에블린 호텔로 가서 샤 M.L. Sah에게 연락하세요." 프랭크에게 K.K. 샤의 주소도 알려주었다.

람 다스는 이렇게 말했다. "많은 사람들이 인도에 대해 알고 싶어 했습니다. 그들 중 일부는 매우 '기민'했어요. 크리슈나 다스, 대니, 라메시, 라다, 모한이 마하라지를 만나러 가겠다고 했을 때, 나는 K.K.의 인도 주소를 알려주었습니다. 나는 K.K를 운전석에 앉혔던 것이지요."

람 다스가 인도를 처음 여행하는 동안, 마하라지는 K.K.(크리슈나 쿠마르) 샤에게 람 다스를 그의 집으로 데려가게 했고, 두 사람의 평생 우정은 그때부터 시작되었다. K.K는 마하라지와 특별한 관계였다. 어릴 때부터 그를 알고 지내왔고, 마하라지와 함께하는 서양인들을 위해 통역사 노릇을 했다. 그러니 K.K.의 이름과 주소를 받는다는 것은 마하라지에게로 직접 인도받는 것이나 다름이 없었다.

K.K.는 인도 북부 히말라야의 쿠마온 산기슭에 위치한 인도에서 가장 인기 있는 휴양지 중 하나인 나이니탈 남부의 탈리탈에 살고 있었다. 해발 2천 미터 가량의 고지대인 나이니탈은 수세기 동안 평원의 뜨거운 열기를 피할 수 있는 피한지로 유명했다. 인도의 52개 성지 중 하나로, 배 모양의 나이니 호수를 둘러싼 계곡 안에 위치한다. 힌두 신화에 따르면, 사티 여신이 자기 몸을 스스로 불태운 뒤, 그 사체의 일부가 남편 시바 신에 의해 운반되던 중 떨어졌던 장소이다. 그녀의 한쪽 눈(nain)이 떨어진 장소라고 하여 나인탈('눈의 호수')이라고 불리게 되었다. 그 기원에 대한 다소 소름끼치는 이야기에도 불구하고, 나이니탈은 아름답고 푸른 계곡으로, 인도인들에게는 신혼여행으로 인기 있는 관광지이다.

처음으로 부름받은 사람들

프랭크와 그의 아내 얀은 산타바바라에서 델리로 비행기를 타고 왔다.

프랭크 : 인도에 착륙할 당시, 창문으로 보았던 갠지스강과 보름달을 잊을 수 없습니다. 고향집에 돌아온 것 같은 느낌이었지요. 우리는 1970년 여름 그곳에 도착하여 에블린 호텔에 묵었습니다. 처음 나이니탈에 도착했을 때, 우리는 48시간 동안 잠을 자지 못한 상태였습니다. 우리 방은 부엌 바로 위에 있었는데, 내가 가장 먼저 한 말은 이랬습니다. "저 마룻바닥에 나 있는 구멍에서 뭔가 나올 것 같아요."

매니나는 "아, 그럴 일은 없을 겁니다."라고 말했습니다.

변기에 앉아 있는데, 커다란 전갈이 그 구멍에서 나오더니 맨발인 나를 향해 기어오기 시작했어요. 나도 모르게 공중으로 펄쩍 뛰어올랐어요. 우리는 즉시 방을 바꿨습니다.

그 후 3개월 동안 K.K. 샤는 마하라지를 직접 뵙는 다르샨에 우리를 열두 번이나 데려갔습니다. 그에게 모든 것을 다 물어볼 수 있었어요. 그것은 신앙을 넘어서고, 넘어서고, 넘어서는 일이었습니다. 얼마나 큰 축복입니까! 우리, K.K., 그리고 마하라지. 그는 아무것도 요구하지 않았어요. 돈도, 헌신도, 그 어떤 것도 요구하지 않았습니다. 그들은 작은 점토 잔에 차를 따라주었습니다. 우리가 떠날 때는 기름기 많은 퓨리(튀긴 납작한 빵)와 감자가 들어 있는 핑크색 판지 상자를 우리에게 주곤 했습니다. 우리는 먹을 만큼만 먹고 나머지는 집에 가는 길에 원숭이들에게 주거나 에블린 호텔 직원에게 주곤 했지요.

다르샨이 진행됨에 따라 나는 파탄잘리 요가 수트라에 있는 내용에 대해 질문을 하곤 했습니다. 그는 대답을 해줄 때도 있었고, 우리가 생각 속을 헤매는 동안 그냥 침묵 속에 앉아 있을 때도 있었습니다. 한참 후 그는 주먹을 치며 "질문, 질문, 그래, 그대들은 질문이 많아!"라고 말했습니다.

나는 마하라지에게 "나는 언제 그리스도를 만나게 될까요?"라고 물었습니다. 그는 내가 준비되고 때가 되면 그리스도를 만날 것이라고 했습니다. 마하라지와 그리스도 사이에는 유사한 데가 있는 것 같았습니다. 『나니아 연대기』 같아요. 어느 때인가 루시는 나니아로 돌아오지 않을 것이라는 말을 듣게 되고, 아슬란은 "내가 당신을 여기로 데려온 이유는 당신이 당신의 세계에서도 나를 다시 알아볼 수 있도록 하기 위해서입니다."라고 말합니다.

마하라지와 함께 있을 때마다 나는 그의 빛과 사랑을 보았습니다. 그의 눈을 보려고 했지만, 그럴 수 없었어요. 그 빛에 눈이 멀고 말 것 같았기 때문입니다. 질문을 하기도 전에 답변을 듣는 경우가 많았고, 어떤 기적도 의미가 없었습니다. 아무것도 영향을 미치지 못했습니다. 진정한 기적은 그의 의식 상태였습니다. 그의 존재 자체, 그 무한한 사랑, 신과의 하나됨, 너머의 너머에 있는 것이었습니다. 그것은 값을 매길 수 없는 것입니다. 그의 현존—그것이 전부였습니다.

산스크리트어로 다르샨은 '경이로운 장면'을 의미하는데, 일반적으로 거룩한 사람, 신의 형상, 혹은 존경과 헌신의 마음으로 영감을 주는 신성한 장소를 보는 것과 관련된다. 마하라지가 몸 안에 있는 동안 함께 있었던 우리 같은 사람들에게 다르샨은 그의 물리적 현존 안에 있는 것을 의미했다. 우리는 그와 함께 보낸 시간을 다르샨이라고 불렀지만, 마하라지가 말했듯이 "물리적 몸 안에 있는 구루를 만날 필요는 없다." 꿈, 비전, 깊은 명상을 통해서도 다르샨을 가질 수 있다. 우리가 신의 존재와 연결될 때마다 우리는 다르샨을 하고 있는 것이다. 다르샨은, 구름이 걷히면 갑자기 경외심을 불러일으키는 히말라야 봉우리를 선명하게 볼 수 있는 것처럼, 당신이 "보도록" 허락되는 '선물'이다.

얀 : 재미있는 이야기가 하나 있어요. 프랭크는 빅서에서 라마 고빈다를 만났고, 라마 고빈다는 "인도에 오시면 알모라로 저를 찾아 오세요."라고 말했습니다. 그래서 어느 날 우리는 버스를 타고 그를 만나러 그곳으로 갔습니다. 언덕을 오르는 동안 내내 여기저기 '사유지', '출입 금지', '나가!' 같은 표지판이 세워져 있었습니다. 이런 곳을 올라가야 하는지 의문이 아닐 수 없었어요.

나는 위협을 느끼고 있었지만, 프랭크는 그가 오라고 했다고 말하면서 안심시켜 주려고 애썼습니다. 올라가 보니, 라마의 아내가 있었습니다. 키가 크고, 뼈대가 굵고, 매우 인상적인 여인이었습니다. 나는 이제 겨우 20대였고, 키도 훨씬 작았지요. 이미 표지판들에 겁을 먹었는데, 티베트 드레스를 입은 그녀가 거기에 버티고 서 있었습니다. 하지만 곧 라마승이 나와서 프랭크를 기억시켜 주었고, 우리는 즐거운 만남을 가졌지요.

나중에 우리가 마하라지를 만났을 때, 그는 나에게 몸을 굽히더니 미소를 띠고 말했습니다. "그의 아내를 만났나요?" 마치 우리가 칵테일 파티에서 만난 두 아줌마들인 것처럼 묘사하는 것이었습니다.

마하라지는 늘 그런 식이었다. 그는 얀이 라마의 아내에게 겁을 먹었다는 것을 알고는, 자신이 그녀와 늘 함께 있으니 안심해도 된다는 것을 재미있고도 미묘하게 그녀에게 확신시켜 주었다. 마하라지가 그의 몸을 떠난 후, 인도로 두 번째 여행을 갔을 때 에블린 호텔의 오너 중 한 명인 S. L. 샤 (오너 둘 다 마하라지의 헌신자였다.)는 그들에게 말했다. 마하라지가 "나는 천 명을 불렀다. 만 명을 부를 수도 있었을 것이다. 하지만 나는 프랭크를 가장 먼저 불렀다."

승낙을 받다

프랭크와 얀이 인도를 떠나기 직전인 1970년 9월 중순, 대니(자가낫 다스), 제프(크리슈나 다스), 짐(라메슈와 다스)이 나이니탈에 도착했다.

그들 세 사람은 1969년 뉴햄프셔주 프랭클린에서 열린 '여름 캠프'에서 서로 알게 되었다. 람 다스가 그들에게 K.K.의 주소를 알려주었다. 세 사람 모두 K.K.에게 편지를 보냈고, 그는 그 편지를 마하라지에게 가져와서는 "람 다스의 학생들이 당신을 만나러 오고 싶어 하네요."라고 말했다.

마하라지는 "안 돼! 오지 말라고 전해."라고 말했다. K.K.는 마하라지가 마침내 마음을 누그러뜨리고 "알았어. 당신이 원하는 대로 그들에게 말하라."라고 할 때까지 어린이처럼 입술을 삐죽거리고 다녔다.

K.K.는 다음과 같이 답장을 보냈다. "아시다시피 스리 마하라지는 헌신자들에게 오라고 하지 않습니다. 하지만 그의 문은 언제나 열려 있습니다. 그러니 인도를 여행한다면, 여기 와서 그를 만날 수 있을 거예요."

그것이 그들이 필요로 한 승낙의 전부였다. 그들 세 사람은 비행기를 타고 인도로 날아갔다.

라메슈와 다스 : 우리는 나이니탈에서 K.K.를 찾으려고 애썼고, 마침내 그가 카인치에 있다는 말을 들었습니다. 우리는 택시를 타고 보왈리를 지나쳐 언덕길을 지그재그로 내려가고 있었습니다. 계곡 아래쪽에 있는 카인치를 위에서 내려다보고 있으려니, 마치 고향집에 돌아온 것 같았습니다.

마하라지와 함께하는 라메슈와 다스, 자그낫 다스 (대니),
크리슈나 다스 (왼쪽 하단). (LSR재단 아카이브)

그는 곧바로 음식을 보내주었습니다. 나는 퓨리(튀긴 납작빵) 열일
곱 개와 감자 세 개를 먹었지요. 너비가 30센티미터가 넘는 나뭇잎
접시가 수북이 쌓였어요. 그로 인해 내 마음이 조금은 안정되었던
것 같습니다. 나중에, 그의 앞에 앉고 보니, 예전에 람 다스에게서
느꼈던 것과 똑같은 사랑과 에너지를 흡수하고 있는 것 같았습니다.
그의 현존 안에 있는다는 것은 아주 특별했어요.

K.K.는 우리를 미국에서 온 람 다스의 학생들이라고 소개했습니다.
마하라지는 "오, 매우 좋은 가문에서 자란 것 같군."이라고 말했습니
다. 그는 내가 입고 있던, 어머니가 주신 따뜻한 스웨터를 두고 그런
농담을 한 것이었습니다. 달콤하고 친밀한 환영이었고 매우 큰 환대였
습니다. 나는 어떤 식으로든 그의 가족에게 흡수되고 있는 것처럼
느꼈어요.

대니 : 나의 첫 번째 다르샨은 마하라지가 놀라운 존재였던 것만큼

실로 놀라운 경험이었습니다. 그는 사랑이 아주 많았습니다. 그는 "스웨터 있어요? 추울 수도 있어요."라고 말하고는, 누군가에게 우리에게 음식을 가져다주라고 시켰습니다. 정말 따뜻한 만남이었습니다. 미국에서 나는 서양 심리학의 중심에 있었는데, 여기는 서양 심리학의 지도에는 없는 '사랑의 바다'였습니다. 우리가 인간의 능력, 인간의 잠재력, 그리고 가슴에 관해 정말로 중요한 것을 놓쳐왔다는 것이 너무나 분명했습니다. 여기에는 끝없는 사랑 자체인 존재가 현존하고 있었습니다. 일시적인 상태가 아니었습니다. 그의 본질 자체가 그랬습니다. 나는 거기에 사로잡힌 셈이었습니다.

크리슈나 다스 (『생애의 송가 Chants of a Lifetime』[1]에서): 나는 지난 1년 반 동안 이 순간을 꿈꿔왔는데, 이제 바로 거기에 있었습니다. 실제로 그를 내 두 눈으로 보고 있다니요! 친구들과 나는 오래된 흑백 사진만 보아왔기 때문에 그가 풀 컬러 옷을 입고 돌아다니면서 내 말을 듣고 있다는 사실을 믿을 수 없었습니다! 분위기는 믿을 수 없을 만큼 아름다움으로 가득 차 있었습니다. 그의 목소리는 부드럽고 친밀했지만, 마치 그 순간 우리와 우리의 삶 전체를 보고 있는 것처럼 멀리서 들려오는 것 같았습니다. 생애 처음으로 그분께 엎드려 절을 했을 때는, 전율이 감돌았습니다. 나는 내가 가져온 사과를 평상 위에 앉아 있는 그의 옆에 내려놓았습니다. 그는 즉시 사과를 집어다가 방안에 있는 사람들에게 던졌습니다. 내가 바치는 공물이 받아들여지지 않았다는 생각으로 충격을 받았습니다. 그는 나를 보더니 "한 번에 다 나누어줘 버려도 괜찮을까?"라고 물었습니다.

나는 "모르겠습니다."라고 주저하면서 대답하였습니다.

"프라사드(신이나 성자에게 바친 다음 다른 사람들에게 나누어 주는 음식)는 신께로부터 나와서 신께로 돌아가는 거야. 신과 하나가 되면, 아무것도 필요하지 않게 돼." 나는 혼란스러워져서 그를 올려다보았지요. 그는 계속해서 "그대가 신을 가진다면, 그대는 더 이상 아무런 욕망도 갖지 않게 되는 거지." 그러자 모든 것이 명확해졌습니다![2]

단 한 번의 다르샨

고빈드Govind와 가야트리Gayatri는 1970년 아프가니스탄에서 길을 가던 중에 만났다. 그들은 함께 인도로 여행했고, 그곳에서 고빈드는 인도의 전통적인 방식에 따라 보석 세공을 배웠다. 그들은 딱 한 번 마하라지와 만났을 뿐인데도 인생 행로를 완전히 바꾸게 된다.

고빈드 : 우리는 1970년 새해 직전에 인도에 도착했습니다. 우리는 6~7명이 함께 폭스바겐 밴에 타고 있었지요. 1월에 알라하바드의 쿰바 멜라 축제에 간 후, 가야트리와 나는 우리 그룹과 헤어졌습니다. 나는 그들을 나중에 봄베이에서 만나기로 했고, 그곳에서 마약을 거래하기로 했지요. 그녀와 나는 둘만 있고 싶어서 봄베이로 가는 기차를 탔습니다. 인도에서 처음으로 타는 기차였습니다. 인도에 가본 사람이라면 기차의 3등석에 타는 것이 어떤 것인지 압니다. 혼란 그 자체이지요. 우리는 운이 좋게도 문 바로 옆 통로에 자리를 잡았습니다.

기차는 완전히 만원이어서 숨을 쉴 틈조차 없었습니다. 기차가 발차하기 직전에 한 남자가 기차를 탔습니다. 그는 믿을 수 없을 정도로 아주 컸습니다. 키가 크다기보다는 덩치가 컸습니다. 신체 사이즈가 크다는 것이 아닙니다. 그의 존재감이 너무 커서 거대하다고 느껴졌던 것입니다. 우리는 그 자리에 못 박힌 듯이 그에게서 눈을 뗄 수가 없었어요. 한 사람도 더 들어갈 수 없을 만큼 비좁은 곳이었는데도, 그가 지나가도록 사람들이 모두 움직여서 길을 터주었습니다. 그는 긴 의자 가운데에 책상다리를 하고 앉았습니다. 그가 기차에 올랐을 무렵에는 서로 자리를 차지하기 위해 난리였는데, 사람들은 이제 치쿠(열대 과일)와 바나나를 서로에게 전달해 주느라 바빴습니다.

그는 아무 말도 하지 않고 그냥 거기 앉아 있었습니다. 우리는 몇 시간이고 계속해서 그를 바라보았습니다. 그는 가끔 우리에게 곁눈질을 보내곤 했고, 그의 반짝이는 눈빛이 우리에게 올 때마다 우리는 더욱더 홀릴 듯이 매혹되었습니다.

기차가 사막을 천천히 지나갈 때, 그는 차장을 불러 그의 귀에 뭔가를 속삭인 다음, 다시 우리에게 곁눈질을 보냈습니다. 한 시간 정도 지났을 때, 차장이 우리에게 다가와서 말했습니다. "몇 분 후에 기차가 정거장이 아닌 곳에 멈출 것인데, 그분은 당신들 두 사람에게 기차에서 내리라고 하더군요. 근처 아부산에 올라가서 거기서 하룻밤을 보내고 다시 이곳으로 돌아오랍니다. 여기는 기차가 정차하지 않는 곳이고, 지금껏 기차가 한 번도 멈춘 적이 없는 곳이지만, 기차는 멈추었다가 내일 당신들을 태우고 계속해서 달릴 것입니다."

우리는 그것에 대해 질문조차 할 수 없었습니다. 중요한 것은 '그'가 그것을 말했다는 사실뿐이었습니다.

기차는 벌판 한가운데에서 갑자기 멈추었습니다. 차장이 "당신들은 여기서 내리세요."라고 말했습니다. 우리가 가방을 집어들고 기차에서 막 내리려고 할 때, 차장은 "당신들은 정말 운이 좋습니다. 그는 인도 전역에서 가장 존경받는 성자들 중 한 분입니다."라고 덧붙이는 것이었습니다.

어찌 되었든 우리는 아부산에 올라갔습니다. 사막에 솟아 있는, 푸른 숲이 울창한 신성한 산이었습니다. 정상에는 크고 빛나는 호수가 있었습니다. 우리는 숲과 호수 주변을 돌아다녔지만 별다른 일은 일어나지 않았어요. 다음 날, 우리는 다시 내려와서 거기에 그대로 앉아 있었고, 정말로 기차가 와서 멈추었습니다. 정확히 똑같은 좌석 두 자리가 비어 있었지요. 많은 시간이 흐른 후, 그 기차는 봄베이 역에 도착했습니다.

나는 가야트리에게 "그 사람이 누구인지는 모르겠지만, 그가 우리의 카르마적 운명을 재설정했다는 것은 알 것 같아."라고 말했습니다.

봄베이의 호텔에 도착하고 몇 분도 지나지 않아, 우리는 만나려고 생각했던 사람들을 만나게 되었습니다. 어쨌든 그들은 서로 모종의 거래를 이미 끝마친 모양이었습니다. 그들은 "아, 당신이 여기 없었다는 것이 안타깝네요. 당신도 할 수 있었을 텐데 말이지요."라고 말했습니다. 나는 우리가 이제 그 친구들과 다른 길을 가고 있다는 것을 어떻게든지 알았다는 것에 안도감을 느꼈던 기억이 납니다. 그리고 이후 몇 주 동안 우리는 우리 삶에 중요한 영적 영향을 준 교사들을 만났습니다.

10개월쯤 후 『지금 여기에 살라』가 나왔을 때 우리는 서양으로 돌아와 있었습니다. 나는 마하라지의 사진을 보고, 기차에서 만났던 바로 그분임을 알 수 있었습니다. 그 후 여러 해 동안 내가 본 그의 모든 사진에서 그는 격자무늬 담요를 덮고 있었는데, 기차에 탄 남자는 베이지색 숄을 걸치고 있었습니다. 나는 그가 그때 그 기차에 타고 있었던 그분임을 직감으로 알고, 그 앎을 간직하고 다녔지만, 아무에게도 말하지 않았습니다.

그 후 몇 년 동안, 우리는 산야신(구도자)으로서 인도에서 지냈습니다. 마하라지를 보러 가고 싶은 마음이 들 때가 있었는데, 그것을 입을 열어 말하기도 전에 나의 스승은 "다음 주에는 봄베이에서 이런저런 일을 했으면 좋겠어."라고 말씀하셨습니다. 그런 일이 두 번이나 있었습니다. 그럴 때마다, 나는 생각했습니다. '그래, 이유를 불문하고 아직은 마하라지를 만날 때가 아닌가 보지.'

우리는 그 후 11년의 대부분을 인도에 머물렀고, 서양의 삶 속으로 돌아오고 나서는 매년 반다라(기념축제)를 위해 타오스에 있는 하누만 사원에 가기 시작했습니다.

몇 년 후, 그 여행에서 돌아온 친구들 중 한 명이 나타나 그들 세 사람은 한 번 이상 수감되어 몇 년 동안 감옥에서 지냈다는 것이었습니다. 만약 우리가 아부산에 가지 않았더라면 나도 그 모임에 참석했을 것이고, 그러면 모든 것이 달라졌을 것입니다.

내가 이 오랜 친구를 여러 해 만에 처음 본 그 주간에, 누군가가 베이지색 숄을 걸치고 있는 마하라지의 사진을 가지고 있었습니다. 나는 마침내 내 마음속으로만 확증하고 있었던 것이 정말 맞다는 것을 신뢰하게 되었습니다.

4
모든 존재가 행복하길
1970년 겨울

모든 존재가 행복하기를.
모든 존재가 평화롭기를.
모든 존재가 해방되기를.
—메타 명상

고엔카 S. N. Goenka가 가르치는 위빠사나 명상 코스는 인도에서 서양인들의 필수적인 입문 코스 중 하나가 된 것 같다. 버마(현 미얀마)에서 태어나고 자란 고엔카는 인도에 정착하기 선, 사야지 우 바 킨 Sayagyi U Ba Khin과 함께 위빠사나 명상을 공부하며 14년을 보냈다. 그는 서양인들이 인도로 여행을 떠나기 시작할 무렵인 1969년에 가르치기 시작했다.

위빠사나 수행법은 2,500년 전, 부처가 해탈에 이르는 보편적인 길인 담마dhamma를 가르쳤던 때로 거슬러 올라간다. 위빠사나는 비종파적인 접근 방식이므로 서양인들에게 호소력이 크다. 2000년 뉴욕 UN에서 열린 '새천년 세계 평화 정상회담'에서 고엔카는 이렇게 말했다.

S. N. 고엔카. (사진 크리슈나 다스)

"우리는 사람들을 조직화된 한 종교에서 다른 조직화된 종교로 개종시키기보다는 불행에서 행복으로, 속박에서 해방으로, 냉혹함에서 연민으로 방향을 전환하도록 노력해야 합니다."

위빠사나 코스는, 오늘날 '마음챙김' 수련으로 알려져 미국 전역에 널리 퍼진 이 고대의 강력한 명상 기술에 대한 환상적인 교육과 수련을 제공했을 뿐만 아니라, 우리 중 많은 사람들에게 불교의 명상 수련과 마하라지의 가슴 충만한 지혜와 사랑의 축제를 결합시키는 일을 해냈다. 우리는 훗날 이 수행법을 서양에 전파하게 될 샤론 살츠버그 Sharon Salzberg, 잭 콘필드 Jack Kornfield, 조셉 골드스타인 Joseph Goldstein을 만나 친구가 되었다. 보드가야에서, 우리는 16대 까마파(티베트 불교

까귀파의 최고지도자)에 의해 서양인 여성 최초로 티베트 불교 비구니로 서품된 출트림 알리오네 Tsultrim Allione와도 친구가 되었다. 그녀는 현재 콜로라도에 있는 티베트 불교 수련원 '타라 만다라 Tara Mandala'를 이끌고 있다.

오늘날에는 힌두교의 박티 수행과 불교의 명상 수행이 함께 행해지는 등 '사촌들끼리의 키스' 같은 결합이 이루어지고 있는데, 람 다스와 다른 위빠사나 스승들에 의해서 마우이에서 진행되는 '파라다이스 안에서 가슴을 열라 Open Your Heart in Paradise'라는 프로그램이나, 람 다스와 잭 콘필드가 함께 하는 '은덕 기르기와 고통 변환하기 CultivatinGrace and Transforming Suffering'와 같은 비디오물이 바로 그 예이다. 람 다스가 잭에게 말했듯이, "마인드 트레이닝을 하면 가슴이 훨씬 열리고 박티(사랑과 헌신)와의 연결성이 실제로 확장된다."

1970년대 초 인도에서, 위빠사나 코스는 많은 사람들에게 마하라지 를 찾게 하는 교차로 역할을 했다.

미라바이 : 인도에서의 첫 주에 델리 거리에서 샤론 살츠버그를 만났습니다. 그녀와 나는 둘 다 버팔로에서 살았는데, 거기에서는 그녀를 알지 못했지만 인도에 와서 서로 알게 되었습니다. 그녀는 바가반 다스에게서, 고엔카가 서양인을 위한 명상 코스를 처음으로 개설했다는 소식을 들었다고 했습니다. 그 코스는 부처가 깨달음을 얻었던 보드가야에서 진행될 예정이었습니다. 그것은 마치 파리에서 와인과 치즈를 먹는 것과 같아 보였습니다. '그래, 명상을 배우러 가는 거야!' 선택의 여지가 없었습니다. 나는 다리를 포개고 앉아 본 적이 없었고, 눈을 감고 내면을 들여다본 적도 없었습니다. 내가

기억하는 유일한 일은, 앨런 긴즈버그가 옴 명상을 하는 것을 본 것이었습니다.

나는 버마 사람이 운영하는 사원 문 밖에서 람 다스를 만났습니다. 그는 몇몇 사람들과 함께 서 있었어요. 그들은 쿠키를 얼마큼 사 가야 할지 고민하고 있었습니다. 왜냐하면 일단 문 안으로 들어가면 과자가 전혀 없을 것이기 때문입니다. 나는 즉시 그가 좋아졌습니다.

나는 처음부터 고엔카에 대해, 수행에 대해, 그리고 우리 학생들의 헌신에 대해 깊은 감동을 받았습니다. 명상 쿠션이나 카펫 같은 것도 없이, 우리는 모두 히피 차림의 복장으로 바닥 위에 다리를 꼬고 앉아 있었습니다. 우리는 10일 코스를 한 번 한 다음, 몇 차례 더 코스를 밟았습니다. 몇 달 동안 조용히 앉아 우리의 시끄럽고 작은 마음을 묵상하는 시간을 가졌습니다. 단순한 마음으로 그냥 앉아 있기만 하는 것은 멋진 일이었습니다. 내 머릿속은 수많은 생각들과 말들로 늘 만원이었습니다. 모든 것을 내려놓고 내면을 들여다보는 일은 내 삶을 변화시켰습니다.

우리는 10일 세션과 세션 사이에 하루나 이틀 정도 시간을 내어 밖으로 나가 더 많은 쿠키를 사고 이야기를 나눌 수 있었습니다. 람 다스는 우리에게 놀리듯이 말하곤 했습니다. 그는 우리를 '과거의 사람들'이라고 부르곤 했어요. 과거의 직업이나 신분에 매달려 사는 것의 무용함을 말하고, 지금 여기에 현존하는 것의 중요함을 이야기했 지요. 나는 마하라지에 대해서는 아무것도 알지 못했습니다. 람 다스 는 두어 차례 그 불교 사원에서 키르탄(찬가)을 이끌면서 스리 람 자이 람 Shri Ram Jai Ram을 암송했는데, 나는 그런 시간이 좋았습니다. 나는 불교 수행을 할 때는 대개 그 순간에 현존할 수 있었습니다.

어느 날 밤, 나는 람 다스와 함께 옥상에서 별을 바라보고 있었습니다. 람 다스는 우리 존재가 만물과 연결되어 있다는 것에 대해 이야기했습니다. 나는 별을 바라보면서, 우리 모두가 하나의 거대한 전체의 일부라는 것을 이해할 수 있었고, 우리가 여기에 존재하는 이유가 있다는 것을 알 것 같았습니다. 이후로는 절대 그런 순간이 없을 것 같은, 잊을 수 없는 순간이었습니다.

크리슈나 : 나는 환각제를 많이 사용했는데, 그것은 확실히 내면의 작업이었죠. 하지만 명상은 단 한 번도 해본 적이 없었어요. 남은 생애 내내 환각제를 계속 복용하면서 살 수는 없다는 것을 알고 있었지만, 나에게는 환각제만이 나의 에고를 녹이고 더 높은 차원에 접속할 수 있는 유일한 길이었습니다. 위빠사나 코스 3일째가 지나자 예전에 환각제를 통해서만 가졌던 심오한 경험을 하기 시작했습니다. 나는 항상 그것이 내가 경험하고 있는 내 의식이라는 것을 알고 있었으나, 이제 나는 과학적으로 그것을 증명하고 있었고, 매우 흥분되는 일이었습니다.

라마 수리야 다스 : 아주 우연하게도 나는 8월 대보름이 지난 후 미라바이와 크리슈나와 함께 시바 신의 전설이 깃든 히말라야 아마르나스 동굴로 순례 여행을 떠났습니다. 샌들을 신은 크리슈나와 함께 칠룸(chillum, 담배와 대마초를 섞은 파이프)을 피우면서 하늘을 향해 "하리 옴! Hari Om!" 그리고 "볼로 히바나트! Bolo hivanath!"라고 외치며, 눈 덮인 3,600미터 고지를 넘는 것은 굉장한 일이었습니다. 우리가 돌아왔을 때, 고엔카의 비서가 보낸 편지가 있었는데, 거기에는 고엔카가 성스러운 아부산 근처 라자스탄주에서 10일 동안 위빠사나 명상 코스를 진행한다는 내용이었습니다. 그들은 먼저 떠났고, 며칠

후 켄과 나도 그 코스에 참여하기로 했습니다. 그해 겨울 후반에 보드가야에서 나는 연속으로 세 코스를 수강했고, 마하라지와 함께하는 사트상에 여러 차례 참여했습니다.

보드가야 이후 나는 사람들이 마하라지를 보기 위해 알라하바드로 간다는 소식을 들었습니다. 그는 바람처럼 이리저리 돌아다녔고, 사람들은 은밀한 정보를 통해서 그가 어디에 있는지를 알게 되었습니다. 이 시즌에는 카인치에, 저 시즌에는 브린다반에 있었습니다. 겨울이면 다다의 집에 머물 때도 있었습니다. 나는 "다다는 누구이고 어디에 있나요?"라고 물었고, 그럼으로써 나도 알라하바드에 가게 되었지요. 그렇게 마법의 성으로 갈 수 있었습니다.

다다의 집에서, 나는 될 수 있는 한 하루에 두 번, 한 시간 동안 조용하고 성찰적인 고엔카 명상을 하려고 했습니다. 나는 델리의 카디 바반에서 사 온 흰색 파자마를 입고 마하라지로부터 5~6명 정도 떨어진 자리에 앉아 있었는데, 그때 무언가가 철썩 하고 내 무릎 위에 떨어지는 것 같았습니다. 아주 잘 익은 복숭아였어요. 마하라지가 이렇게 말하는 것 같았습니다. "깨어나라. 네 숨을 찾기 위해 무엇을 하고 있는가? 여기, 신의 프라사드(공물로 바쳐진 음식)를 먹으라."

브루스 마골린Bruce Margolin (Badrinath Das, 혹은 Badri)은 로스앤젤레스의 변호사로, 티모시 리어리를 비롯한 마약 혐의자들을 변호한 것으로 잘 알려져 있었다. 그는 세상적인 의미에서 '그것을 해낸' 사람이었다. 하지만 그는 십대 시절에 갑작스럽게 죽음을 맞은 아버지와 형으로 인해 늘 번민이 많았다. 그는 자신의 삶에 진짜 의미를 찾고 싶다는 생각에서 스물아홉 살에 '은퇴'했다. 그는 이렇게 말했다. "나는 집도 떠나고, 개도 떠나고, 차도 떠나고, 인간관계도 떠났다. 하지만 나는 어딘론가 가야만 했다. 집을 떠나기 전, 집 앞 길가에 앉아 한 시간 동안 울었다. 앞으로 무슨 일이 일어날지, 얼마나 오랫동안 떠나 있을지 알 수 없었다." 그리스, 터키, 이스라엘, 아프리카를 거치는 길고 구불구불한 길을 간 후, 마침내 그는 인도로 갈 준비가 되었다고 느꼈다. 그는 에티오피아의 아디스아바바에서 비행기를 타고 봄베이에 도착했다.

바드리나트 다스 : 봄베이에서 만난 슈실라가 자기를 고엔카의 명상 코스에 데려가 달라고 말했습니다. 라자스탄에서 기차에서 내렸을 때, 그곳은 차도 없고 오직 말만 있는 100년 전의 카우보이 마을 같았습니다. 이 아쉬람에는 약 100명 정도의 사람들이 있었는데, 그중 절반가량이 서양인이었습니다. 참가비는 없었습니다. 고엔카는 어떤 것도 요구하지 않았습니다. 하지만 마약을 하지 말아야 했고, 특별한 경우가 아니면 말도 하지 말아야 했으며, 노래를 부르거나 악기를 연주해서도 안 되었고, 다른 사람들에게 간섭을 해서도 안 되었습니다. 이런 규약은 명상이 진행되는 10일 동안 지켜졌습니다. 새벽 4시에 일어나 밤 9시까지 명상을 했습니다.

처음 3일 동안 그는 호흡에 생각을 집중하라고 가르칩니다. 마음은 이리저리 방황하기 일쑤입니다. '나는 가야 해. 다른 할 일이 있어. 여기 앉아서 호흡에만 집중할 수가 없어.' 하지만 고엔카는 강인함과 연민으로 수행자들과 함께 앉아 있었습니다. 그는 우리의 마음이 코끼리와 같다고 말했습니다. 코끼리를 훈련시키면, 코끼리는 바위를 들어 올리고, 나무를 옮기고, 산을 옮기는 등 우리를 위해 무엇이든 할 수 있습니다. 우리가 우리의 마음을 통제한다면, 그리고 마음이 우리를 통제하도록 우리가 허용하지 않는다면, 우리는 무엇이든 할 수 있습니다. 그는 끊임없이 우리를 재확신시켰습니다. 그는 부처의 생애와 그의 가르침에 대해서 설법해 주었습니다. 고엔카는 또, 버마에 살았을 때와 헤로인에 중독되었던 때의 자신에 대해서도 이야기했습니다. 처음 3일이 지나면, 그는 몸의 감각에 집중하는 방법을 가르칩니다. 마침내 마지막 날이 되면 고엔카는 메타(metta, 자애) 명상, 마음으로 어디로든 누구에게나 여행하는 법, 사랑으로 누군가를 위해 명상할 수 있는 방법을 가르칩니다.

그곳에 있는 동안, 나는 람 다스가 인도에 있으며, 고엔카의 명상 코스에 참여했다는 소식을 들었습니다. 그 코스가 끝나고 우리는 기차를 타고 뉴델리로 갔고, 호텔에 체크인했을 때 거기에 리처드 앨퍼트가 머물고 있다는 것을 알게 되었습니다. 대박이었어요! 나는 그에게 메모를 남겨, 고엔카가 그에게 전하는 메시지를 갖고 있다는 것을 알렸습니다. 나는 고엔카에게 『지금 여기에 살라』를 보여주었는데, 그는 "람 다스를 만나면 내가 그에게 가르칠 것이 더 남아 있다고 전해주세요."라고 말했습니다.

람 다스는 "이제 당신은 무엇을 하실 생각입니까?"라고 물었습니다.

나는 그를 이렇게 만난 것이 내 경험의 절정이라고 말했습니다.

"안 돼요. 궁극은 구루입니다. 그는 여기서 45킬로미터쯤 떨어진 곳에 있는데, 내일 일찌감치 당신들과 함께 가도록 하지요. 그가 어디론가 사라지기 전에 그를 만났으면 합니다." 그렇게 말하더니, 잠시 후 그는 "아니, 오늘 밤에 가는 것이 낫겠어요. 그는 내일 떠날 수도 있고, 나는 지금 당장은 떠날 수가 없기 때문입니다."라고 말했습니다.

그날 밤 나는 브린다반으로 갔습니다.

자크 : (인도-파키스탄) 전쟁 중에 우리는 파키스탄 국경지대에 있는 비카네르에서 명상 코스에 참여하고 있었는데, 가까운 곳에서 탱크 전투가 벌어지고 있었습니다. 우리가 거기에 있었던 것은, 명상을 하기 위해서였습니다. 우리는 10일 코스 동안 어둠 속에서 지낼 때가 많았습니다. 대부분 정전 상태에 있었고, 사이렌 소리와 쿵 하는 소리가 예사로 들렸습니다. 나는 고엔카가 말하는 소리를 들을 수 있었습니다. "평-정-심. 붐 붐 붐 하는 소리는 신경쓰지 마세요. 우리는 붐에 관심이 없습니다. 여러분의 감각을 지켜보세요."

말씀이 퍼지다

수난다 마커스Sunanda Markus는 그녀의 중동인 부모가 2차 세계대전 동안 인도에서 살았던 당시에 그곳에서 태어났다. 그녀의 부모는 이후 뉴욕으로 갔다. 수난다는 부모님이 인도에 대해서 좋은 느낌을 지니고 있었기 때문에 항상 그 나라에 가고 싶어 했다. 그녀 역시 고엔카 코스에서 맺은 인연으로 인해 마하라지에게로 가는 길을 찾게 되었다.

수난다 : 대학에 다닐 때 나는 남자친구와 헤어지고 상심해 있었습니다. 그로 인해 영적인 관심이 많아졌지요. 『싯다르타』를 읽고 흥미를 느껴 돈을 모았고, 졸업 후 여자친구와 함께 유럽으로 비행기를 타고 날아가서는 히치하이킹으로 아프가니스탄까지 갔습니다. 나는 평화봉사단의 일원으로 있는 남자친구를 방문하기 위해 비행기를 타고 네팔로 갔습니다. 그런 다음 베나레스로 갔는데, 크리슈나(데이비드)

도브레르와 친구가 되었습니다. 우리는 함께 보드가야로 갔고, 나는 버마 비하라 사원에서 명상 코스를 시작하였습니다. 그런 경험이 나로서는 처음이었습니다.

우리는 1972년 2월에 있을 두 번째 코스에 참여하기 위해서 그곳에 머물렀습니다. 그 코스에는 마하라지와 함께했던 많은 사람들이 있었습니다. 파라바티와 라규는 나를 빤히 바라보며 물었습니다. "어디에선가 당신을 만났던 것 같은데요? 어떤 도시, 어떤 마을에서 자랐지요? 내가 어떻게 당신을 알게 된 거지요?" 그들은 매우 집요했습니다. 라규는 "마하라지에게 가서 프라사드를 받으세요. 프라사드란 신께 바치는 일종의 공물인데, 다같이 나누어 먹는 음식이지요."라고 말했습니다.

돌이켜보면, 마하라지를 만나기 위한 준비로서 나는 가슴이 열려야 했고 더 깨어 있어야 할 필요가 있었던 것 같습니다.

물론 라규와 나는 그녀를 이미 알고 있는 것처럼 느꼈다. 마하라지는 나중에 수난다와 라규의 형제인 락스만의 결혼을 주선한다!

크리슈나 도브레르는 그의 형이 튀니지 평화봉사단에 소속되어 있었기 때문에 북아프리카로 갔다. 너무 서구화되어 있어서 실망한 그는 튀니지 남부에서 알제리를 거쳐 모로코로 여행을 떠났고, 문화적 충격을 받았다. 그 후 그는 런던에서 카트만두까지 악명 높은 '하시시 흡연 버스 여행'을 한 다음 길고 힘든 여행을 하여 네팔에 도착했다. 그리하여 그가 티베트 사람들과 함께 있게 된 최초의 열림이 시작되었다. 테베트 사람들은 단지 의식을 행하는 것이 아닌, 종교적 삶을 실제로 살고 있었다.

크리슈나 도베르 : 수난다와 내가 고엔카에게 갔을 때, 나는 부정적인 것들을 잔뜩 짊어지고 있었습니다. 사람들이 너무 똑바로 곧추앉아 있었고 너무 완벽해 보여서 발길로 걷어차고 싶을 지경이었어요. 그러던 어느 날 고엔카는 "우리는 자애 명상을 할 것입니다."라고 말했습니다. 그래 맞아. 어린 시절에서 비롯된 어둡고 부정적인 것들, 분노, 억울함 등과 싸우고 있었던 나는, 고엔카가 싫었습니다. 진짜 나를 바꾸려면 그가 뭔가를 더 해주어야 했어요. 어쩌면 그는 다른 방에서는 게걸스럽게 먹을지도 모르지요. 나는 정말 믿을 수 없을 정도로 부정적인 태도를 가지고 있었습니다. 그때 그는 자애 명상을 시작했습니다. 그러자 방안이 마치 달디단 것으로 가득 차는 것 같았고, 나의 가슴이 열렸습니다. 나는 내가 산산이 부서지는 것을 느끼며 울기 시작했습니다. 첫 번째 열흘의 마지막 때였습니다.

두 번째 10일 자애 명상이 끝날 무렵, 나는 또 심오한 경험을 했습니다. 모두가 명상 홀을 떠났지만, 나는 웃음과 울음을 멈출 수 없었고, 바닥을 두드리며 "맙소사, 내가 몸을 입고 있는 유일한 이유가 바로 이것을 기억하기 위한 것이었구나."라고 말했습니다. 나는 나 자신과 명상을 송두리째 긍정하게 되었지요.

마하라지를 만난 사람들 중 몇몇은 이렇게 말했습니다. "글쎄, 당신이 자애 명상을 좋아한다면 그는 자애 자체라고 할 수 있어요. 당신은 아마도 우리와 똑같은 부류일 거예요." 고엔카는 "구루는 없습니다. 구루라고 하는 사람들은 피하십시오."라고 말했지만, 수난다와 나는 마하라지를 만나기로 결심했습니다.

플로렌스 클라인 Florence Klein (Krishna Priya) 은 고교시절 정치적 성향이 뚜렷하여 (미국의 마르크스-레닌주의 공산당이자 혁명적 사회주의 무장

단체인 Black Panthers & SDS를 지지했다) 구도의 길에 나서지 않았더라면 거리로 뛰쳐나갔을 것이다. 18세가 되어 여권을 발급받게 되자, 인도로 떠났다. 그녀의 부모는 두 분 다 박사학위 소유자로, 그녀의 여행을 지원하지 않았다. 그들은 그녀가 대학에 가야 한다고 믿었다. 그러나 클라인은 동네에서 가장 인기 있는 베이비시터가 되어 수백 달러를 모을 수 있었고, 인도에 도착한 지 1년 후 마하라지를 만나게 된다.

크리슈나 프리야 : 나는 1972년 2월 보드가야에서 고엔카 코스를 두 번째로 수료했습니다. 마하라지는 그 코스에 자신의 헌신자들을 대거 참여하게 했습니다. 어느 날 식사 시간에, 흰색 면옷을 입은 사람들이 함께 뭔가를 보면서 서로 속삭이고 있었습니다. 호기심 많은 십대처럼 그들이 무엇을 보고 있는지를 엿보았습니다. 그들이 보고 있는 사진을 보자마자, 전날 밤 꿈에서 본 바로 그 사람이라는 것을 알 수 있었습니다. 너무나 흥분된 일이었어요.

나는 팔꿈치로 밀치며 모여 있는 사람들 사이로 들어가, 그분이 누구인지를 물었어요.

"님 카롤리 바바. 그런데 왜 묻는 거죠?"

"그 사람에 대한 꿈을 꾸었거든요. 그분이 진짜 있어요?"

"어젯밤 그분 꿈을 꾸었다고요?"

"예."

"그분에 대해 들어본 적이 있는가요?"

"아니에요."

"그분 사진은 본 적이 있어요?"

"아니에요."

"람 다스에 대해서는요? 람 다스를 알아요?"

"몰라요."

"Be Here Now는요?"

"몰라요."

나는 '이 사람들은 히스테리적이네. 그들에게 무슨 문제가 있는 걸까?'라고 생각했지요..

코스는 날마다 계속되었고, 나는 윗입술에 닿는 숨결의 감각을 더 이상 느낄 수가 없을 정도로 마음이 심란했습니다. 내가 꿈을 꾸었던, 들어본 적도 없는 그 사람에 대한 생각뿐이었습니다. 코스가 끝날 무렵 나는 흰옷을 입은 사람들에게 어떻게 하면 그를 찾아갈 수 있는지 물었습니다.

때로 우리는 우리가 마하라지를 찾아낸 것처럼 생각하곤 하지만, '그 버스에 타게 된' 사람들이 알게 되었듯이, 그가 우리를 찾아낸 경우가 너무나 많다.

5

그 버스에 탄 사람들

1971년 1월/2월

사랑이 신호를 보내거든

그를 따르라.

—칼릴 지브란, 『예언자』

1970~71년 겨울, 보드가야에서 고엔카 코스를 연속으로 마친 서양인 그룹은, 이제 다음 단계로 나아갈 때가 되었다. 람 다스는 델리에서 밤새도록 열리는 시바 신을 위한 축제인 '시바라트리Shivaratri'에 참여하기 위해 스와미 묵타난다를 만나기로 약속했다. 모두들 마하라지가 어디에 있을지 궁금해했다. 버스는 델리로 향하고 있었으나 대니는 람 다스에게 쿰바 멜라가 열리는 곳을 보러 가자고 했고, 그러기 위해서는 우회해야 했다. 쿰바 멜라는 알라하바드의 신성한 세 강이 합류하는 지점에서 열리는 대규모 영적 모임이었다. 그런데 놀랍게도, 거기에 마하라지가 있었다! 누가 그런 우연을 만들어내는 것일까? 람 다스에게는 그 일이 엄청난 레슨이 되었다. 버스가 알라하바드로 가야 한다는 '결정을 내린' 것은 결국 람 다스였지 않은가?

람 다스 : 묵타난다와의 월드 투어를 마치고 인도로 돌아왔습니다. 나는 나이니탈과 마하라지가 돌아다니고 싶어 할 만한 곳들을 다 뒤졌습니다. 도무지 그를 찾을 수 없어서 보드가야로 갔는데, 서양인들이 모두 그리로 가고 있었기 때문이었지요. 나는 '글쎄, 마하라지를 찾을 수가 없으니, 가장 좋은 일은 명상하는 일이지.'라고 생각했습니다.

코스를 마친 어느 날, 나는 "더 이상 명상을 할 수 없으니, 이제 마하라지를 찾으러 가야겠어요. 나는 단지 그가 어디에 있는지 알고 싶을 뿐입니다."라고 말했습니다. 람 다스가 마하라지를 만나러 보드가야로 떠난다는 소문이 돌았기 때문에, 우리가 떠날 때 버스에는 24명의 명상가들이 타고 있었습니다. 테니의 어린 딸 머핀은 아이스크림을 원했습니다. 아이스크림을 먹으러 보드가야에서 델리까지 가는

버스를 탄 사람들. 앉아 있는 왼쪽부터 오른쪽으로: (모름), 로렌, 시타, 람 다스, 라메슈와 다스 (머핀. 안겨 있는 아이), 자이 쉬리, 리처드 쿠르즈와 그의 여자친구 버벌리, 대니, 리틀 조셉. 서 있는 왼쪽부터 오른쪽으로: 드와르카나트, 투카람, 테니, 러셀(지금은 스와미 샹카라난다), 마리암, 페마, 미라바이, 하리남, 크리슈나 (부쉬), 크리슈나 다스, 존 트라비스, 제러드 (벨기에 출신), 운전사 조수, 운전사 기노.

길은 직선 도로였습니다.

대니는 버스 운전사에게 다가가 말했습니다. "여기에서 우회전하면 가장 신성한 도시 중 하나인 알라하바드에 도착하게 될 거예요." 아이스크림을 위해서라면 직선으로 달려야 했고, 신성한 도시로 가려면 우회전을 해야 했지요. 나는 이제 결정을 내려야 했습니다. 다른 사람들도 내가 결정하는 데 도움을 주었습니다. 버스 운전기사는 우회전해야 할지 직진해야 할지를 물었습니다. 글쎄, 우리는 영적인 사람들이었고, 대니는 우리가 쿰바 멜라가 열리는, 신성한 강들이 합류하는 곳을 보고 가야 한다고 말했습니다. 나는 대니에게 쿰바 멜라는 이미 끝났다고 말했지만, 그는 그 장소 자체가 신성하다고 주장했습니다.

"오케이, 오른쪽으로 가자."

우리는 멜라가 끝난 후 텅 비어 있는 강가의 너른 공터에 다다랐습니다. 대니가 "저기에 하누만 사원이 있는데, 가 보자. 그냥 지나가는 건 좀 그렇잖아?"라고 말했습니다. 우리는 사람들이 둘씩 걷고 있고 개들이 뛰어다니고 있는 모래밭 위로 운전해 갔습니다.

그런데 라메슈와 다스가 "저기 마하라지가 있어요!"라고 외쳤습니다. 그는 다다와 함께 걷고 있었어요.

나중에 다다는 마하라지가 마치 우리를 기다리고 있었다는 듯이, "그들이 왔다."라고 말했다고 했습니다.

그는 모래 위에 서 있었고, 나는 이마를 그의 발에 대었습니다. 나는 소리내어 울고 있었지요.

나는 우리가 어디로 가고 있는지 몰랐습니다. 큰 버스는 거리를 지나 다다의 집으로 갔습니다. 디다가 집 밖으로 나왔고, 마하라지가 그날 아침 그들에게 25명이 먹을 점심을 준비하라고 했다고 말해주었습니다. 그 시각은 내가 '결정을 내리기' 전이었습니다! 그러니 내 결정이 명백히 그의 결정이었지요! 그는 나에게 아무도 데려오지 말라고 말했지만, 분명히 그는 이 사람들을 기다리고 있었습니다. 그것이 나와 서양인들이 마하라지를 만나게 된 시작이었습니다.

초기의 충격과 그들 중 많은 사람들의 첫 번째 다르샨 이후, 서양인들의 버스는 마하라지를 따라 다다의 집으로 향했다. 알라하바드 대학의 경제학 교수인 다다 무케르지Dada Mukerjee와 그의 아내 디디Didi는 그 시점에서 40년 동안 마하라지와 함께 했던 오랜 헌신자들이었다 (자세한 내용은 10장 참조).

대니 : 고엔카 코스가 끝나고 다음 코스가 시작되기 전의 빈 시간에 알라하바드에서 열린 쿰바 멜라에 갔고, 정말 좋았습니다. 그래서 우리가 다시 알라하바드를 통과하게 되었을 때, 나는 다시 멜라가 열렸던 곳에 가보자고 말했습니다. 그곳은 매우 놀라운 곳이기 때문입니다. 나는 버스가 어디로 가야 할지 지시했고, 우리가 그 지역에 도착했을 때에는 완전히 비어 있었습니다. 그러다가 나는 작은 하누만 사원이 근처에 있었다는 것이 생각났습니다. 그래서 그 사원에 가보자고 말했습니다.

마하라지는 마치 우리를 기다리고 있었던 것처럼 다다 무케르지와 함께 그곳에 서 있었습니다. 내가 그를 보았을 때, 나는 웃고 울었습니다. 그렇게 웃고 울었던 적은 그때뿐이었습니다. 너무 기적적인 일이어서 감정의 짐이 조금도 없었던 것 같습니다. 그가 나타난 것은, 땅에서 솟아난 것처럼 너무도 갑작스러운 일이었습니다. 우리는 다다의 집에 며칠 동안 머물렀고, 그 후 그룹 전체는 마하라지가 어디에 있든 그를 따르려고 하기 시작했습니다.

드와르카나트 : 코스 사이에 이틀의 휴식 시간이 있었고, 우리 서양인 그룹은 보드가야 마을의 찻집에 앉아 있었습니다. 그때 테니와 그녀의 딸, 그리고 내가 인도로 올 때 타고 왔던 버스가 나타났습니다. 버스는 천천히 좁은 길을 따라 내려오고 있었습니다. 우리는 벌떡 일어나 소유자이자 운영자인 지노에게 손을 흔들었고, 그는 멈췄습니다. 지노는 런던으로 돌아갈 손님들이 채워지기를 기다리며 인도에서 시간을 보내고 있었습니다. 람 다스는 시바라트리에 참여하기 위해 우리를 태우고 델리로 데려가는 일로 그와 협상을 했습니다.

그렇게 여행하는 길에 라메슈와 다스가 외쳤습니다. "버스를 멈춰요! 저기에 마하라지가 있어요!" 모든 사람이 우르르 몰려나왔습니다.

그게 나의 첫 다르샨이었습니다. 람 다스가 나에게 건네주었던 마하라지의 작은 사진을 보기만 했는데, 그가 바로 내 앞에 서 있었습니다. 생각으로만 알고 지냈던 마하라지가 바로 거기에 있었던 것입니다. 사람들은 웃고 울고 있었는데, 다다가 자신의 집으로 안내해 주었습니다. 날이 어두워져서야 다다의 집에 도착했는데, 거기에는 이미 식사가 준비되어 우리를 기다리고 있었습니다.

우리가 거기에 있었던 이틀째 되는 밤, 우리는 식사를 하기 위해 거실에서 나오라는 소리를 들었습니다. 모두가 그에 응했지만, 나는 숄로 사용하던 담요를 가지러 다르샨 홀로 되돌아갔습니다. 접어서 깨끗하게 간직하기 위해서였지요. 그때 문이 별안간 열리더니 마하라지가 자기 방에서 나와서, 정면 홀을 가로질러 들어왔습니다. 그가 자리에 앉았고, 나는 그의 발치에 자리를 잡고 앉았습니다. 그는 몸을 굽혀 내 등과 머리를 두드리며 이런저런 말을 했습니다. 나는 그가 무슨 말을 하는지 알 수 없었습니다. 하지만 그 같은 친절과 관심 속에 있다는 것이 마냥 행복하기만 했습니다. 이 외부인과 내가 탐구하던 일종의 내면화된 구루(스승) 사이에는 아무런 갈등이 없었습니다. 기쁨과 사랑이 다리 역할을 해주는 것 같았습니다. 다른 사람들이 모두 그 방으로 돌아왔기 때문에 저녁 식사 계획은 완전히 중단되었습니다.

크리슈나 : 우리가 마지막 수련회를 마치고 떠날 준비가 되었을 때, 나는 정말 깨끗한 공간에 있었습니다. 고엔카는 정말 좋은 스승이었고, 부처님께서 깨달음을 얻으셨던 바로 그 장소에서 명상을 하는 것도 좋았고, 세션 사이에 보리수를 찾아간 것도 좋았습니다. 나는 이 불교 명상이 끝나고 나면, 다르질링에 가서 칼루 린포체를 만나고 싶었습니다. 나는 마하라지에 대해서 계속 들어왔는데, 고엔카는 어떤 구루에게도 의지하지 말라고 했습니다. "여러분에게는 어떤 구루도 필요하지 않습니다. 그들은 모두 여러분의 돈을 바라거나 마음을 사려고 하는 것이 전부입니다." 말하자면 그는 대단한 구루 반대자였습니다. 그 버스에 탄 친구들은 저마다 구루 지향적이었지만, 나는 다르마 지향적이었습니다. 나는 구루가 필요하지 않았습니다.
출판사에서 보낸 『지금 여기에 살라』 시험판이 도착했고, 버스에 타고 있던 사람들이 상자를 열었습니다. 나는 큰 글씨로 '구루'라고 적힌 페이지를 보고 있는 사람 뒤에 앉아 있었습니다. 나는 그의 어깨 너머로 바라보며 '흠, 구루라, 나와는 상관없는 책이군.' 하고 생각했습니다. 그때 라메슈와가 "저기 그분이 계시네!"라고 말했습니다. '구루'라고 적힌 그림을 내려다보다가 밖을 바라보니 하누만

사원 앞 갈가에 바로 그 노인이 담요를 두르고 서 있는 것이었습니다. 수많은 동시성이 발생했지만, 이번 일은 정말 놀라웠습니다.

모두가 버스에서 내려서, 마하라지에게 엎드려 절을 하고 있었고, 나는 '좋아, 나도 끼어들어 보지 뭐.'라고 생각했습니다. 마하라지에게 엎드려 절을 했는데, 정말 기분이 좋았습니다. 그를 만날 기회가 이렇게 주어졌다는 사실에 감동을 받았습니다.

그 후 우리는 다다의 아름다운 집으로 들어갔고, 마하라지와 함께 다르샨을 했습니다. 나는 어떻게 하는지를 몰랐기 때문에 명상을 하기로 결정했습니다. 그 당시 나의 수행은 꽤 깊어져 있었습니다. 자애 명상을 시작했는데, 갑자기 가슴이 열렸습니다. 지금까지와는 차원이 달랐습니다. 나는 에너지가 내 크라운 차크라를 통해 들어오고 가슴 차크라를 통해 나가는 것을 느꼈습니다. 전에도 이런 경험을 한 적이 있었는데, 지금은 마치 누군가가 소화전을 열어서 물을 뿜어내는 것 같았습니다. '좋아, 알겠어. 여기에서는 정말 무슨 일이 벌어지고 있는 것이 분명하군.'

내가 해야 할 일은 마하라지와 함께 명상하는 것뿐이었습니다. 그것을 깨달았습니다. 나는 자애 명상을 했고, 오래된 경계가 다 사라져버렸으며, 그와 함께 사랑의 바다에 빠지곤 했습니다. 불교의 침묵이 아니라, 그보다 훨씬 더 적극적이고 역동적인 과정이었습니다.

미라바이 : 거의 모든 사람들이 『지금 여기에 살라』를 읽고 난 다음에야 겨우 그 책을 읽을 수 있었습니다. 왜냐하면 내가 서열이 가장 낮았기 때문입니다. 알라하바드에 도착하기 전 버스에 타고 있는 시간 동안, 나는 마하라지에 관한 부분을 읽고 있었습니다. 나는 고엔카에 대해 생각하게 되었는데, 왜냐하면 그는 자신의 학생들

에게 힌두 구루를 절대 추종하지 말라고 당부했기 때문입니다.

불교는 특정 종류의 베다에 기반한 예배의식(푸자)을 거부한 데서 비롯되었습니다. 부처님은 그것이 공허한 짓이라고 생각했지요. 초기 불교는 모든 것이 내면에 있으며, 필요한 것이 있다면 수행을 가르쳐줄 영적인 친구나 장로뿐이라고 가르칩니다. 살면서 무엇을 해야 할지 말해 줄 구루는 필요하지 않다는 것입니다. 『지금 여기에 살라』를 읽기 전까지는 매우 설득력 있게 들렸습니다. 그런데 『지금 여기에 살라』에는 마하라지에 대해서 진실된 사랑을 담아 소개합니다. 나는 생각했어요. '그분은 분명 훌륭한 사람임이 틀림없다. 나에게 구루는 필요하지 않을지 몰라도, 그가 존재한다는 것과 그런 분이 람 다스의 구루라는 것은 얼마나 멋진 일인가! 하지만 어쨌든 나는 그를 만나게 되는 일은 결코 없을 것이다. 책 속에도, 그를 찾는 것은 불가능한 일이라고 나와 있지 않은가.'

나는 한 페이지에 가득 채워져 있는 마하라지의 사진을 보고 있었는데, 갑자기 라메슈와가 "버스를 멈춰요!"라고 말했습니다. 버스는 끼익 소리를 내며 정차했습니다. 그런데 거기에 마하라지가 있었습니다! 모두가 그에게 다가가려고 분주히 움직였습니다. 람 다스는 버스에서 뛰어내렸습니다. "마하라지! 마하라지!" 다른 사람들도 따라갔습니다. 나는 버스에서 내린 마지막 사람이었습니다. 나는 박사과정을 밟고 있는 학생이자 지적이고 정치적인 뉴요커였습니다. 누군가에게 엎드려 절을 하게 될 거라고는 상상도 하지 못했지요. 하지만 버스에서 내리면서 나는 마하라지를 바라보았습니다. 순간 나는 당황스러울 정도로 자기중심적인 생각을 했습니다. '마하라지, 당신이 나한테 이렇게까지 해줄 필요는 없었어요. 나는 믿음이…' 버스에서 내리자마자 나는 그의 발 앞에 엎드려 있었습니다. 엎드려 절하는 것 외에는 할 수 있는 일이 없었습니다. 그 순간, 그를 본 것만으로도 가슴이 터져 열렸고, 일찍이 없었던 일이었습니다. 그런 경험은 누구와도, 다른 어떤 무엇과도 해본 적이 없었습니다.

우리는 다다의 집으로 가 다다의 장미 정원에서 '스리 람 자이 람'을 부르고 있었습니다. 우리는 당시 성가를 많이 몰랐으나, 그 노래만은 알고 있었습니다. 우리 모두는 보드가야에서 자신들이 직접 만든 흰색 옷을 입고 떠돌아다니고 있었습니다. 가톨릭 소녀로 성장한 나는, 천국이 있다면 바로 이런 곳일 것이라는 생각이 들었습니다.

장 난텔 Jean Nantel (Tukaram)과 그의 여자 친구 수잔 맥카시 Susan McCarthy(Sita)는 몬트리올 출신이었고, 라규가 라디오에서 틀었던 람 다스의 테이프 몇 개를 듣고는 마음이 사로잡혀 인도로 가기로 결정했다. 인도에서는 시타의 형제 짐(카비르 다스)이 이미 사두였으며, 알모라 위쪽에 자리잡은 외딴 마을의 작은 오두막에 살고 있었다.

투카람 : 시타와 나는 환전하러 델리에 갔습니다. 우리는 알모라로 돌아가면서 말했지요. "이제 돈 좀 쓰고 가자. 오두막으로 돌아가기 전에 나이니탈에 들러서 온탕을 즐기는 거야."

버스가 나이니탈에 도착하자 한 남자가 우리에게 다가와서 말했습니다. "람 다스를 알아요? 그가 오늘 델리에 도착할 예정이에요. 그리고 내일 여기에 올 거예요. 우리와 함께 가시죠. 우리는 모두 에블린 호텔에 있어요." 그렇게 말해준 사람은 라메슈와 다스였습니다. 다음날 람 다스를 만났는데, 그는 시타와 나를 보고는 입이 딱 벌어졌습니다. 우리는 뉴햄프셔주 프랭클린에서 만난 적이 있었지요. 그는 인도에서 우리를 만나리라고는 전혀 생각하지 못했습니다. 자신이 인도에 온다는 것을 우리가 알더라도, 아무런 정보가 없는데 우리가 어떻게 그를 찾아낼 수가 있겠습니까.

우리는 모두 보드가야로 가서 10일 과정을 다섯 번 연속 수강했습니다. 그 후 람 다스가 그 버스를 빌렸지요. 마하라지가 갑자기 나타났을 때, 나는 라메슈와 옆에 앉아 있었습니다. 나는 그 누구 앞에서도 절을 하거나 무릎을 꿇은 적이 없었습니다. 그러나 버스에서 내렸을 때 나는 얼굴을 바닥에 대고 엎어졌고, 그것은 내 인생에서 가장 멋진 추락이었습니다. 이전에도 없었던 일이고 이후에도 일어나지 않을 일이 일어난 것입니다. 정신이 나가버린 것 같았습니다. 위나 아래나 아무도 없었습니다. 아무것도 없었습니다. '다른 것'은 전혀 존재하지 않았습니다. 아무런 애씀도 없었고, 그 순간만이 있었습니다.

시타 : 우리는 에블린 호텔에 도착했는데, 세상에, 다들 이리저리 떠돌아다니는 성자들 같았어요. 그들은 모두 가슴이 많이 열려 있었습니다. 우리는 카르마, 다르마, 박티에 대해 아무것도 몰랐지만, 그런 것은 개의치 않았습니다. 람 다스가 다음날 도착했고, 모두가 기차를 타고 보드가야로 떠날 예정이었습니다. 내 동생 카비르는 알모라 북쪽에서 몇 시간 떨어진 곳에 살았습니다. 우리는 그에게 우리 동족을 찾았다고 말하러 갔습니다. 카비르는 인도에서 여러 해 동안 살았고, 모든 책을 다 읽었습니다. 그는 자신이 꽤 '깨달았다'고 생각하고는, 우리 신입 그룹을 풋내기들로 취급했습니다. 투카람과 나는 보드가야 여행에 다른 사람들과 합류하기 위해 떠났습니다.

『지금 여기에 살라』를 읽을 차례가 되었을 때, 나는 그 책을 버스 뒷좌석 짐더미 위에 누워서 읽었습니다. '구루'에 관한 페이지를 펼쳤을 때, 나는 마하라지를 그린 드와르카나트의 스케치에 감탄하고 있었습니다. 그때 라메슈와 다스가 "마하라지가 저기 있어요."라고 말했고, 나는 그가 하누만 사원 옆의 자작나무 아래에 서 있는 것을 보았습니다. 마치 우리가 도착하기를 기다리고 있었던 것 같았습니다. 나는 버스 앞쪽으로 거의 날 듯이 뛰어나갔습니다. 마하라지의 발을 만지는 것이 전부였습니다. 전부. 나는 그날부터 마하라지가 몸을 벗은 그날까지 그와 함께 지내게 되었습니다.

또 다른 버스에서

서양인들이 인도에 가기 시작한 초창기에는 마하라지와 함께하는 시간을 많이 갖지 못했는데, 마하라지가 예고도 없이 사라지거나, 단기간 또는 장기간에 걸쳐 사람들을 다른 곳으로 보냈기 때문이다. 많은 사람들이 스와미 묵타난다처럼 미국에 왔던 성자들을 만나기도 했고, 뉴욕의 영적 교사인 힐다 찰턴에 의해 사티야 사이 바바를 소개받은 사람들은 그를 만나고 싶어 하기도 했다. 그래서 마하라지와 함께 있을 수 없었던 시간 동안, 그들은 '폰디체리의 마더'라 불리는 아난다 마이 마 같은 존경받는 영적 스승들을 뵙는 다르산에 참여하기도 하고, 위대한 싯다들이었던 라마나 마하르쉬, 라마크리슈나, 그리고 메허 바바의 아쉬람을 방문하기도 했다.

스승들은 모두 위대한 존재들이지만, 계보라는 것이 있다. 누군가가 특정 마스터에 '속하게 되면', 그는 그 마스터를 만날 때마다 '집'에 돌아와 있는 기분을 느끼게 된다. 마하라지에게 '속한' 사람들에게는 다른 스승들이 훌륭한 교사일 뿐 '집'처럼 느껴지지는 않았다.

나는 인도로 떠나기 전에 미국에서 스와미 묵타난다와 개인적으로 많은 시간을 보냈고, 심지어 그의 방에서 단둘이 명상을 하기도 했다. 그리고 뉴욕에서 힐다와 친해졌기 때문에 처음 인도에 도착했을 때는 화이트필드에 있는 사이 바바의 아쉬람으로 갔다. 어디에 가야 마하라지를 만날 수 있을지 알지 못했다. 나는 거기에서 3개월 동안 있었고, 그 후에는 푸타파르티에 있는 그의 아쉬람에 가서 몇 주를 더 보냈다. 사이 바바는 당시 서구인들에게 개인이나 단체 다르샨을 주지 않았고, 그와 가졌던 유일한 접촉은 그가 나에게 "당신의 남편이 당신을 기다리고 있다.", "당신은 아들이 있는가?"라는 말을 듣는 것이었다. (나는 나이니탈에서 장차 남편이 될 사람을 만났고, 나중에 두 아들을 낳았다.)

나는 나에게 무슨 잘못이 있는지 계속 궁금해했다. 나는 왜 파라마한사(묵타난다)나 아바타(사이 바바)의 발 앞에 절하는 것이 편하지 않았을까? 나는 왜 이 영적 스승들에게 가슴을 열지 못했을까? 하지만 마침내 마하라지를 만났을 때, 진짜 내 집에 돌아온 것 같았다. 항복 아닌 항복이었다. 다른 스승들이나 나에게 문제가 있었던 것이 아니었다. 나는 단순히 그들에게 속하지 않은 것뿐이었다.

알라하바드의 다다의 집에 있던 서양인들에게 마하라지가 "가라."고 명령한 후, 그들은 버스를 타고 델리로 갔고, 그곳에서 람 다스는 스와미 묵타난다를 만나기로 약속되어 있었다. 그는 묵타난다와 함께 시바라트리에 참여한 후 인도 남부로 여행을 떠날 참이었다.

드와르카나트 : 시바라트리는 많은 사람들이 모이는 큰 이벤트로, 야외 텐트가 있는 아주 큰 집에서 밤새도록 '옴 나마 시바야'를 불렀습

니다. 그 후 람 다스는 이 폭스바겐 밴을 얻었습니다. 그는 묵타난다와 함께 인도 남부를 도는 순례 여행을 떠나기로 되어 있었습니다.

람 다스, 라메슈와 다스, 크리슈나와 나는 처음으로 하르드와르에 가서 아난다마이 마와 함께하는 다르샨을 가졌습니다. 그런 다음 우리는 하이데라바드로 차를 몰고 가서 묵타난다를 만났고, 그와 합류하여 여행을 계속했습니다. 람 다스는 조금 더 긴 경로를 갈 수 있는 허가를 얻었고, 우리는 티루반나말라이(성스러운 언덕 아루나찰라 기슭에 있는 라마나 마하르쉬의 아쉬람)에서 하룻밤을 머물렀습니다.

그런 다음 우리는 묵타난다와 함께 화이트필드로 계속 이동했고, 그곳에서 사이 바바와 함께하는 다르샨을 가졌습니다. 조금은 미친 짓이었지요. 나는 이미 마하라지를 만난 적이 있었고, 다른 사람들에게는 전혀 관심이 없었습니다. 마침내 최종 목적지인 가네슈푸리(스와미 묵타난다의 아쉬람이 있는 곳)에 도착했고, 그곳에서 2주 동안 머물렀습니다. 그때 묵타난다가 나에게 축복을 빌어주어 감사했습니다.

데일 보글럼 Dale Borglum (람 데브)은 스탠포드에서 수학 박사 학위 과정을 마치고 논문 쓰기만 남은 상태였으나, 집중할 수가 없었다. 그는 스탠포드에서 람 다스의 강연을 들은 적이 있었다. 람 다스가 스와미 묵타난다와 함께 북부 캘리포니아로 왔을 때, 람 데브는 묵타난다의 투어에 필요한 것들을 준비하는 데 도움을 주었다. 호화로운 숙소와 꽃다발, 라디오 방송 섭외 등등. 람 다스와 묵타난다가 호주로 떠나고 난 후 (묵타난다의 세계 투어의 일부로서), 람 데브는 6주 만에 논문을 마쳤다. 그 후 람 다스는 람 데브를 인도로 초대한다.

람 데브 : 나는 1970년 봄에 봄베이에 도착했습니다. 인도에서의 첫날은 홀리(Holi: 크리슈나에 대한 라다의 신성한 사랑을 기념하는 힌두교 주요 명절)였습니다. 나는 이때가 일상적인 날이 아니라는 사실을 몰랐지요. 그런데 모든 사람이 술에 취하거나 서로 뒤섞여 쫓아가면서 서로에게 다양한 빛깔의 색 가루를 뿌려댔습니다. 나는 정신이 없었고, 시차로 인해 지치고 피곤했습니다. 어딘가로 가야 할 것 같았지요. 가네슈푸리는 기차로 반나절이면 갈 수 있는 거리였습니다. '거기로 가 보지 뭐.'

처음에는 환상적이고 조용하며 명상적인 장소인 것 같았습니다. 몇 주 후, 묵타난다와 람 다스가 나타났지만, 6개월 이상 바바에 굶주려 있었던 봄베이의 헌신자들 1만 명과 함께였습니다. 그들 대부분은 며칠 후에 떠났지만, 그 장소는 이제 분위기가 아주 달라졌습니다. 많은 사람들이 영적 에너지에 의해 고무되어, 기이한 춤을 추고 심지어 벽에 자기 몸을 부딪히기도 했습니다.

나는 항상 좋은 일을 하려고 애썼고, 그래야 깨달음을 얻을 수 있을 것이라고 생각했습니다. 나는 묵타난다가 강연에서 중요하다고 말한 모든 것을 따랐습니다. 명상을 하고, 신의 이름을 암송하고, 구루를 섬겼습니다. 그는 또, 생명을 유지하는 데 필요한 것보다 더 많이 먹지 말라고 말했습니다. 나는 6개월 동안 그곳에서 엄격한 수행을 했습니다. 장마철이 되자 만성 설사에 시달렸고, 체중이 약 52kg으로 줄었으며, 발과 항문에서 피가 흘러나왔습니다. 음식을 먹어도 소화가 되지 않았습니다. 가네슈푸리에서의 문제는, 몸이 아프더라도 봄베이에 갈 수 있을 정도로만 아파야 한다는 것이었습니다. 어찌어찌 병원에 가서 거울을 보고 깜짝 놀랐습니다. 아쉬람에는 거울도 없었습니다. 나는 이미 민머리였는데, 강제수용소에서 이제

막 탈출한 사람처럼 보였습니다.

깨달음이란 게 이런 상태가 되는 건 아니겠지요. 아쉬람으로 돌아와서 이렇게 말했습니다. "바바, 그동안 베풀어주신 것에 정말 감사드립니다. 하지만 이제는 인도의 다른 지역도 가보고 싶어요."

나는 봄베이에 가서 모한을 만났습니다. 그는 심각한 간염에 걸린 라다를 돌보고 있었습니다. 우리는 람 다스와 묵타난다를 따라 캘리포니아로 갔을 때 알게 된 사이였습니다. 모한은 크고 고급진 호텔에서 점심 뷔페를 대접해 주면서, 마치 유대인 어머니처럼 나에게 먹으라고 강권하였습니다. 호텔로 돌아가서는, 소화가 안 되었는지 토하고 말았습니다. 며칠 후 모한은 "람 다스가 있는 카우사니로 가보는 것이 어때요?"라고 말했습니다. 정말 좋은 생각이었어요!

나는 델리에 도착해서 나이니탈까지 갔다가 에블린 호텔까지 걸어 올라갔습니다. 대니는 베란다에 앉아 천 조각을 허리에 걸쳐 입는 인도식 바지를 끌어 올린 채 햇볕을 쬐면서 잼을 얹은 흰 빵 토스트를 먹으며 소설을 읽고 있었습니다. 일광욕을 하면서 영적인 책을 읽고 있다니, 참 한가로운 풍경이었지요! 하지만 뭔가 잘못된 것 같은 느낌을 받았습니다.

나는 카우사니로 올라갔습니다. 처음에는 사람들은 나를 알아보지 못했어요. 외모가 너무 달라져 있었습니다. 일주일도 채 지나지 않아 나이니탈로부터 다음과 같은 전보가 왔습니다. "마하라지가 카인치로 돌아왔습니다. 즉시 오세요." 모두가 흥분해서 "오, 마하라지, 마하라지, 정말 위대한 분이지."라고 말했습니다. 람 다스는 묵타난다를 두고 마하라지 같은 존재라고 말했는데, 사실 나는 묵타난다에서는 어떠한 연결도 느끼지 못했었습니다.

버스가 카인치 아쉬람에 정차하자, 나는 애써 태연한 척하려고 했습니다. 하지만 버스에서 가장 먼저 내린 사람은 바로 나였습니다. 나는 곧장 뛰어 들어갔습니다. 발을 씻는 장소가 있었지만, 멈추지 않았습니다. 사원마다 그런 장소가 있는데, 바로 그 옆으로 타다닥 소리를 내며 지나쳐 갔던 것입니다. 나는 마치 어디로 가야 할지 아는 것처럼 이리저리 방향을 틀었고, 평상 위에 앉아 있는 마하라지를 보았습니다. 그는 안뜰 건너편에서 나를 보고 있었고, 매우 상기되는 것 같았습니다. 내 생각에는, 우리가 다섯 살배기 절친들인 것 같았습니다. 그런 기분이 영원히 계속될 것 같았지요. 그러다가 2주 동안 여름 캠프에 갔고, 그를 볼 수 없는 기간이 너무 길게 느껴졌습니다. 돌아오니, 그는 나를 반가이 맞아주었습니다.

나는 사과를 가지고 있다가 그의 발 앞에 떨어뜨렸고, 그는 "브라마 난다 요기, 브라마난다 요기."라고 말하면서 내 머리를 두드리기 시작했습니다. 나는 그것이 무엇을 의미하는지 아직도 모릅니다. 크리슈나 다스는 쿠마온 언덕에 오래전에 그런 이름을 가진 요기가 있었다고 말했습니다. 누가 알겠습니까. 그는 아무런 설명도 하지 않았고, 나는 묻지 않았습니다. 그러나 그가 나를 치고 있을 때, 아무런 말도 나오지 않았습니다. 나는 내 인생에서 처음으로 집에 돌아왔다는 느낌이 들었고, 내 인생이 잘못된 것은 아니었다고 느꼈습니다. 남은 인생이 얼마나 어려울지 혹은 얼마나 쉬울지 하는 것은 문제가 되지 않았고, 그 의미, 그 성취, 그 모든 것이 그 순간에 찾아진 것 같았습니다.

모한 : 라다와 나는 인도에 도착한 후, 가네스푸리에 있는 묵타난다 의 아쉬람에서 며칠 밤을 묵었습니다. 아쉬람의 분위기는 서양인 구도자들에게 매우 엄격했습니다. 우리는 VIP로 특별 대우를 받았습

니다. 묵타난다가 미국에 왔을 당시 우리는 우리 집에서 점심을 대접했었고, 우리가 인도로 가기 전에 라다는 그와 꽤 친해졌습니다.

어느 날 우리는 그 앞에 무릎을 꿇고 있었습니다. 스와미 묵타난다는 모자 수집에 관심이 많아서 많은 모자를 갖고 있었는데, 그는 내가 쓰고 있는 모자를 원했습니다. 앞쪽에 여러 빛깔의 술이 달려 있고 테두리가 없는 히피 모자였지요. 유럽 여행 이후로 내가 줄곧 써오던 모자였습니다. 기이한 인연으로 내 손에 들어온 모자였습니다. 암스테르담의 한 사우나에서 벌거벗고 앉아 있는데, 내가 알고 있는 한 남자가 눈에 띄었습니다. 그의 여자친구는 라다와 함께하기 전에 내가 결혼하려고 했던 여성의 자매였습니다. 그녀들은 암스테르담에 살고 있는 히피들이었는데, 그 여성이 이 모자를 만들어서 나한테 주었던 것입니다. 나는 60년대 특유의 정욕적이고 문란한 생활방식을 그대로 영위하고 있었고, 따라서 그 모자는 어떤 종교적 의미도 지니지 않은 세속스러운 모자였습니다. 나는 그 모자를 묵타난다에게 주지 않았고, 그 즉시 우리는 못마땅한 눈총을 받고 있는 것 같았습니다.

겉으로 보면, 가네슈푸리 아쉬람의 헌신자들 모두가 매우 엄격한 수행을 하고 있는 것 같았습니다. 그들은 새벽 4시 30분에 일어나 비슈누, 비슈누 사하슈라남의 이름을 천 번이나 암송했습니다. 매우 엄격한 프로그램이었습니다. 우리는 거기에서 제외되었는데, 그 대목에서 구루는 뭔가를 원했지만 나는 거기에 응하지 않았던 것입니다.

다음 날 아침, 나는 "떠나자."라고 말했습니다. 우리는 새벽 동이 트기 전에 일어났습니다. 문명화된 곳으로 돌아가기 전, 아쉬람을 지나 가네슈푸리 마을까지 가는 길은 일차선 도로뿐이었습니다. 아쉬람은 강렬한 열대 정글 한가운데, 완전히 멀리 떨어진 막다른 골목에 있는 아름다운 대리석 궁전입니다. 버스는 다니지 않았습니다. 아침

7시쯤 선량한 한 스와미가 나와서, 우리에게 잘 떠나라고 축복해 주었습니다. 그런데 다음 순간 버스가 와서 멈춰 서는 것이었습니다.

나는 항상 이 모자를 쓰고 다녔습니다. 그날 나는 처음으로 마하라지를 만났습니다. 그를 만나게 될 줄은 정말 몰랐습니다. 우리는 카우사니에서 내려오고 있었는데, 그 누구도 그가 카인치에 있으리라고는 예상하지 못했습니다. 우리는 하누만에게 경의를 표하기 위해서 거기에 잠시 멈추었을 뿐입니다. 거기에는 군중도 없었고, 주변에 아무도 없었습니다. 나는 마하라지 앞에 엎드려 절했고, 뭔가 그에게 가치가 있는 것을 주고 싶었습니다. 그가 좋아할 만한 무엇인가를 주어서 나에게 호감을 가져주기를 바랐습니다. 나는 그렇게 서로가 서로를 이용해 먹으려고 머리를 쓰는 세계에서 살아왔습니다. 그런데 그가 내 머리에서 모자를 벗기더니, 그것을 들어 올렸습니다. 아, 그가 원하는 무엇인가를 그에게 줄 수 있다니! 너무 기뻤습니다. "오, 그걸 가지세요." 그는 그것을 머리에 썼습니다. 환상적이었습니다.

그런 다음 그가 물었습니다. "묵타난다? 그 사람이 당신 모자를 좋아했어?" 그는 나에게 윙크를 하더니, 모자를 다시 내 머리에 씌워주는 것이었습니다.

그는 다 알고 있었습니다. 우리는 이 당황스러운 사건에 대해 아무에게도 말하지 않았습니다. 그가 알고 있다는 걸 알았으니, 다 끝났죠 뭐. 그게 다입니다, 체크메이트.* 그 일은 그곳에 있던 다른 사람들에게는 아무 의미도 없었습니다. 그들은 모자의 유래나 그것이 내게 어떤 의미를 지니는지, 전혀 알지 못했습니다. 그들은 단지 마하라

---

* 체스에서 상대의 킹을 직접적으로 위협하는 수를 둘 경우를 '체크'라고 하며, 상대가 무슨 방법을 써도 체크 상태에서 벗어날 수 없다면 '체크메이트'가 된다.

지가 내 머리에서 모자를 들어 올려서 자기 머리에 쓰는 것을 보았을 따름입니다. 그들은 아마도 조금 이상한 광경이라고만 생각했을 것입니다.

다른 사람들에게는 아무런 의미가 없는 무슨 일인가가 친밀한 사람들끼리는 진짜 서로 통하고 있다는 신호가 되는, 그런 일들이 있습니다. 정신이 번쩍 드는 놀라운 일이었습니다. 나는 그가 알고 있다는 것을 알았습니다. 그가 어떻게 그런 것들을 알았는지는 설명할 길이 없지만, 왠지 훨훨 날아갈 것 같은 기분이었습니다.

어느 순간 마하라지는 누군가에게 무언가를 말하거나 제스처를 하거나 윙크를 하여 자신이 모든 것을 알고 있다는 신호를 보내곤 한다. 우리 모두는 저마다 그런 경험을 갖고 있다. 서양인들은 그런 이야기를 빼놓을 수가 없게 된다. 그만큼 충격적인 경험이기 때문이다. 적어도 처음에는. 시간이 지나면, 마하라지가 실제로 모든 것을 알고 있다는 것을 이해하고, 또 그걸 기대하기까지 하게 된다. 우리의 존재 가장 깊은 곳에서부터 우리의 신뢰는 그렇게 자라났다. 그는 우리의 과거, 현재, 미래를 마치 펼쳐놓은 책처럼 들여다보고 있는 것 같았다.

이런 일들은 실로 놀라울 때가 많다. 마하라지 앞에서 우리의 가슴은 사랑으로 가득 차서 갑자기 활짝 열린 것 같고, 그래서 그가 우리의 머리를 쓰다듬는 동안 우리는 그의 발을 만지게 된다. 한동안 집에서 소식을 듣지 못해 걱정하는 사람에게, 그는 걱정하지 말라고, 다 괜찮다고 말한다. 과거에 우리가 화를 냈던 어떤 일을 들먹이면서, 그것을 웃음거리로 만들어버릴 수도 있다. 우리는 살면서 이렇게 압도적인 사랑을 경험해 본 적이 없었다.

그러다가도 나쁜 일이 닥칠 수 있다. 다른 헌신자가 화를 북돋을 수 있고, 그러면 폭발할 준비를 갖추게 된다. 마하라지가 자기 자신만 무시하고 있는 것 같을 때도 있다. 모든 사람에게 사과를 던져주는데, 자기만 빠질 수도 있다. 그런 일을 당하게 되면, 우리는 관심을 받고 싶은 우리의 욕구, 우리의 반응, 우리의 분노, 우리의 탐욕, 우리의 성적 비밀을 보게 되고, 그런 것들을 그는 다 알고 있다는 것을 알게 된다. 도망칠 곳은 없다. 숨을 곳도 없다. 우리 안의 내면에 깔린 어둠을 직면하면서, 우리는 한없이 눈물을 흘리게 된다.

그럼에도 불구하고 그는 당신을 사랑한다. 이것이 무조건적인 사랑이다. 문자 그대로 그 사랑을 받기 위한 조건은 아무것도 없다. **착할 필요도 없고, 순수할 필요도 없고, 거룩할 필요도 없다. 우리는 있는 그대로 사랑받을 가치가 있는 것이다.**

그보다 더 위대한 가르침이 어디 있겠는가?

6

그리스도와 하누만은 하나다
1971년 봄

"구하라, 그리하면 하나님께서 너희에게 주실 것이다. 찾아라,
그리하면 너희가 찾을 것이다. 문을 두드려라, 그리하면 하나님께서
너희에게 열어주실 것이다. 구하는 사람마다 얻을 것이요, 찾는 사람마
다 찾을 것이요, 문을 두드리는 사람에게 열어주실 것이다.
　　　　　　　　　　　　　　　　　　　—마태복음 7:7-8

1971년 봄, 내가 사이 바바와 함께 인도 남부에 있는 동안, 다른
사람들은 이미 마하라지를 발견하여 산발적인 다르샨을 갖고 있었다.
일부는 2월과 3월에 브린다반에서, 4월과 5월에 카인치에서 마하라지와
함께 했는데, 마하라지는 그들을 다른 곳으로 보낼 때가 적지 않았다.
일부는 스와미 묵타난다와 함께하는 람 다스의 투어에 합류했고, 명상
코스에 참여하기 위해, 혹은 인도의 수많은 성지들을 찾아 여기저기로
흩어져 갔다.

크리슈나 다스, 드와르카나트, 대니는 가네슈푸리에서 람 다스를
태워 다시 북쪽으로 운전해 갔고, 브린다반에 들러 마하라지가 거기에
있는지 확인했다. 그들은 다다로부터 브린다반의 아쉬람에 대해 알게

되었고 여행 초기에 그곳에 들렀지만, 마하라지는 거기에 없었다. 이번에도 역시 마하라지는 거기에 없었다. 그들은 키르탄을 불렀고, 사원 주변의 앞쪽에서 잠시 서성이다가 떠날 시간이 되었다고 생각했다. 그들이 아쉬람을 나서려고 하던 바로 그때, 작은 피아트 자동차가 미끄러져 멈춰 섰고, 마하라지가 차에서 내려서 아쉬람으로 들어갔다. 람 다스가 다시 한번 마하라지에게 환각제를 준 것은 그때의 일이다.

람 다스 : 마하라지가 말했습니다. "지난번에 나에게 알약 몇 알, 약을 좀 주었던 것 같은데."
"예."
"내가 그것을 먹었던가??"
"모르겠습니다." 나는 다소 미심쩍어했습니다.
"그거 더 가지고 있나?"
나는 약 가방을 가지고 와서 강력한 LSD 세 알을 내밀었고, 그는 분명하게 한 번에 한 알씩 삼켰습니다. 나는 심리학자로서 그의 행동을 관찰하기 위해 그의 발 앞에 앉았습니다. 그런데 그는 담요를 머리 위로 끌어당겼다가 담요를 내리더니 미친 사람 같은 표정을 지었습니다. 나를 놀리는 것이었습니다. 그는 전혀 반응하지 않았습니다. 단지 이렇게 말했을 뿐입니다. "옛날 사람들은 이 약, 이 식물에 대해 잘 알고 있었어. 그런 것을 먹으면, 그리스도와 함께할 수가 있긴 해. 하지만 내내 지속되지는 않아."

대니 : 마하라지가 예상치 못한 도착으로 내 마음을 강타한 것은 이번이 두 번째였습니다. 그는 크리슈나 다스에게 "그대는 말을 좋아

하지."라고 말하고, 드와르카나트에게는 "그대는 소를 좋아해."라고 말했습니다. 그런 다음 나에게는 "그대가 가장 좋아하는 동물은 코끼리인데, 절대 코끼리 근처에 가면 안 돼."라고 말했고, 이 말을 몇 차례 반복했습니다. 그러고는 소리치기 시작했습니다. "람 다스, 이리로 오게. 그 사람이 절대로 코끼리 근처에 가서는 안 된다고 말해 줘." 도대체 무슨 말인가? 당시에는 전혀 알 수가 없었습니다.

박사 후 과정을 스리랑카에서 보내고, 하버드 교수인 데이비드 매클렐런드와 함께 인도로 돌아와 보니, 마하라지는 이미 세상을 떠나고 없었습니다. 스리랑카에 있을 때 고아 코끼리를 어릴 때부터 키워온 남자를 만났습니다. 그 코끼리는 재주를 부리도록 훈련을 받았습니다. 그는 나에게 말했습니다. "여기 스리랑카에서는 자신이 얼마나 용감한지를 보여주는 관습이 있지요. 당신이 코끼리 배 아래로 들어가 보세요. 그러면 우리가 그때 코끼리의 털을 뽑아서 그것으로 팔찌를 만들어 드리겠습니다. 당신이 얼마나 대담하고 용기 있는 사람인지 증명해 주는 표시가 될 것입니다." 하지만 나는 정중히 거절했습니다.

6개월 후 나는 케임브리지로 돌아왔습니다. 매클렐런드 가족은 이 남자의 딸로부터 다음과 같은 편지를 받았습니다. "아, 너무 슬프네요. 아버지가 독일 관광객 그룹 앞에서 코끼리에게 묘기를 부리게 했는데, 코끼리가 한 관광객의 팔을 물고 놓지 않았어요. 아버지는 그 코끼리를 제압하려고 했고, 그러자 코끼리는 아버지에게 돌아서서 아버지를 코로 감아서 들어 올리더니 계단 위로 내동댕이쳤습니다. 아버지는 그 자리에 운명을 달리하셨습니다."

아나수야 Anasuya (Teresa Weil)는 인도에 갔지만, 마하라지를 찾을 수 없을 것이라고 생각하여 아예 찾지 않았다. 어느 날 그녀는 우편물을 찾으러 봄베이에 갔다가 고엔카 코스에 들어가면 식사가 제공되기 때문에 호텔에 묵는 것보다 비용이 더 적게 든다는 것을 알게 되었다. "나는 코스에 참가하더라도 위빠사나 명상을 하기 위해 굳이 애쓸 필요는 없을 것이라고 생각했어요. 그냥 조용히 앉아서 만트라나 외우고 있자. 그래서 10일 수련회에 처음으로 참여하게 되었는데, 위빠사나에 푹 빠져버렸습니다."

아나수야 : 묵타난다와 함께 순례를 떠나는 이들이 많았지만, 대니는 가지 않았습니다. 그는 다른 코스를 수강하기 위해 봄베이로 갔는데, 우리가 만난 것은 그곳에서였습니다. 내가 두 번째로 10일 명상 수련회에 참여하는 동안, 그는 혼자 조용히 쉬러 갔습니다. 그가 돌아온 후, 우리는 봄베이에서 크리슈나 다스를 만나 가네슈푸리로 갔습니다. 그 후 보팔로 갔는데, 그곳에서 나에게 만트라 입문식을 해주었던 람 차란 다스가 마을 사람들의 수확을 돕고 있다는 것을 알게 되었습니다.

대니와 나는 델리에서 만나기로 했고, 그동안 대니는 브린다반에서 마하라지를 만났고, 마하라지는 구도의 길에 장애가 되는 '여자들과 황금'에 대해서 이야기했습니다.

대니가 말했습니다. "마하라지, 봄베이에서 이 여성을 만나게 되었어요."

그는 대니에게 내 사진을 가지고 있는지 물었습니다. 그가 그렇다고 말하자, 마하라지는 그 사진을 보여달라고 했습니다. 그는 나의 이름과 내가 어디 출신인지, 무엇을 하고 있는지 등을 물었습니다.

대니는 "그녀는 자신의 구루와 함께 보팔에 있습니다."라고 말했습니다.

다음날 마하라지가 말했습니다. "아직도 그 사진을 가지고 있나? 그녀는 보팔에 있지만, 구루와 함께 있지는 않아." 그런 다음 그는 "그녀는 자네를 사랑해. 시타가 람을 사랑한 것처럼, 그녀도 자네를 사랑하고 있어. 자넨 그녀와 결혼하게 될 거야." 하고 말했습니다.

델리에서 대니를 만났을 때 그 사람이 나에게 그 이야기를 해줬고, 나는 "글쎄, 나를 위해서 나의 미래에 대해 이야기해 주는 사람이 있다니! 그 사람을 만나고 싶어."라고 말했습니다.

대니는 마하라지를 만나기 위해 나이니탈로 갈 것이라고 말했습니다. 나도 가고 싶었지요. 그런데 람 다스는 나를 그들의 폭스바겐 밴에 태워줄 수가 없다고 했습니다. 흠, 나는 생각했습니다. '좋아, 그럼 일반 버스를 타고 가지 뭐.' 그런데 하루가 지나자 그는 마음이 누그러졌고, 내가 밴에 타도 된다고 말했습니다. 그는 밴에 여자가 타는 것을 원하지 않았습니다. 그는 아직도 자기 마음대로 할 수 없는 일이 있다는 것을 깨닫지 못하고 있었습니다.

처음 마하라지를 만났을 때, '와, 정말 좋은 사람이구나, 정말 좋은 노인이구나.'라고 생각했습니다. 나는 그가 위대한 구루, 위대한 싯다라는 것을 알게 되었지만, 처음에는 그런 느낌이 들지 않았습니다. 그는 나에게 매우 다정하고 친절했고, 개성 있고 개방적이었고, 몸을 기대고, 나를 직접 바라보고, 나에게 질문을 하고, 진심으로 대해 주었습니다. 두 번째, 세 번째 만났을 때 나는 강한 유대감을 느꼈습니다. 그래서 이런 생각이 들었지요. '와, 난 이 사람이 정말 좋은데, 이미 다른 구루에게 입문하고 말았네. 이건 무슨 뜻이지?' 나에게는 너무나 새로운 경험이었습니다. 아무래도 알 수가 없었습니다. 전생에서부터 내가 지은 인연 때문에 그렇게 강한 유대감을 느끼는지도 모를 일이었습니다. 또 다른 구루가 생긴다는 것이 나쁜 카르마인 것은 아닌지, 혼란스러웠습니다.

일찍 일어나서 한 시간 동안 앉아 있었습니다. 우리는 마하라지의 사원에 갔다가 저녁에 돌아와서는 다시 한 시간 동안 앉아 있곤 했습니다. 앉아 있노라면 마음속으로 마하라지에게 말을 걸면서, 기도하는 마음이 되어 이렇게 뇌까렸습니다. "난 정말 혼란스러워요. 내가 수행을 제대로 하고 있는 건가요? 불교 수행을 하고 있는데, 힌두교 구루를 만나 그로부터 만트라를 받았습니다. 그리고 이제 당신을 만났고, 당신과 너무나 연결되어 있다는 느낌입니다." 나는 마음속으로 계속해서 그에게 "나는 올바른 수행을 하고 있는 걸까요?"라고 묻고 있었습니다.

어느 날 우리는 우리가 그의 '사무실'이라고 부르는 카인치의 방에 앉아 있었습니다. 람 다스가 담요를 가져왔는데, 호주에서 보내온 것이었습니다. 마하라지와 함께 있게 되자, 그는 마하라지에게 그 아름다운 담요를 바쳤습니다. 마하라지는 그것을 집어 들더니, 즉시 나에게 건네주는 것이었습니다. 나는 그가 그것을 어딘가에 갖다두라고 나에게 주는 것이라고 생각하여 그것을 내 옆자리에 내려놓았습니다. 마하라지는 나를 보며 말했습니다. "그건 그대를 위한 거야. 그 담요를 그대에게 주겠어." 나는 '우와…'라고 좋아하면서도 람 다스를 쳐다보았습니다. 그가 마하라지에게 준 담요를 마하라지가 즉시 나에게 주고 말았으니까요! 거기에서 나는 남자들 그룹과 함께하고 있는 유일한 여성이었습니다. 나는 람 다스의 담요를 원하지 않았습니다.

마하라지의 눈이 반짝거렸습니다. 그는 람 다스를 건너다보며 말했습니다. "담요를 그녀에게 주어도 될까?"

람 다스는 웃으며 말했어요. "괜찮아요. 마하라지. 정말 그래도 괜찮아요."

나는 마하라지에게, 나와 대니가 결혼하는 것에 대해 대니에게 무슨 말을 했는지 묻지 않았습니다. 내가 무슨 말을 해야 하는 걸까요? 어쩌면 그 사람은 내가 모르는 뭔가를 알고 있을지도 모른다는 생각이 들었습니다. 대니와 나는 같은 방을 쓰지는 않았지만, 확실히 많은 시간을 함께 보내고 있었습니다.

다르샨의 어느 시점에서 마하라지는 모두에게 떠나라고 한 다음, 나에게 이렇게 말했습니다. "그대는 아니야, 그대는 여기 좀 남아 있어. 나한테 물어볼 게 있는 것 같아."

다들 일어나서 나를 부러운 눈으로 바라보며 자리를 떴습니다.

그와 KK와 내가 남게 되자, 나는 내가 묻고 싶었던 내용이 무엇이었는지조차 다 달아나버린 것 같았어요. 그래서 겨우 "내가 수행을 제대로 하고 있는 것일까요?"라고 물었습니다.

그는 그냥 "그래, 괜찮아. 문제없어."라고 말했습니다.

그러고는 멈춰 서서 창밖을 내다보았습니다. 그러고는 "이런 사원에 오면 신께 더 가까워진다고 생각하나?"라고 물었지요.

그는 나에게 수수께끼 같은 화두를 주고 있었습니다. 나는 내가 몰랐다는 것을 깨달았습니다. 어떻게 설명해야 할지 모르겠지만, 알지 못한다는 것에 대한 가장 깊이 있는 경험이었습니다. 한 순간 나의 마음이 완전히 멈춘 것 같았고, 가슴이 터질 것 같았습니다. 나는 울고 또 울기 시작했습니다. 불행한 일이 터진 것이 아님에도, 주체할 수 없이 울기 시작했습니다.

처음에 그는 아무 말도 하지 않았지만 나는 멈출 수 없었습니다. 그는 K.K.에게 "무슨 일이야, 도대체 무슨 일이야? 그녀에게 무슨 일인지 물어보게."라고 말했습니다.

　나는 말을 할 수 없었습니다. 그는 몇 초 동안 기다렸다가, K.K.에게 무슨 일인지 다시 물어보라고 말했습니다.

　마침내 겨우 말할 수 있게 되었고, "정말 많은 사랑을 느껴요."라고 말했습니다. 그는 K.K.에게 내가 마실 수 있도록 뜨거운 우유를 좀 가져오라고 했습니다.

　내 생각에, 마하라지는 사람들에게 입문식을 해준 적도 없고, 누군가에게 자신이 구루라고 한 적도 없었습니다. 하지만 이제 그는 확실히, 나의 구루였습니다.

　발라람 다스 : 1971년 5월 5일 드디어 나이니탈에 도착하여 호텔에 체크인했습니다. 큰 배낭을 내려놓고 K.K.가 살고 있는 나이니탈 아래쪽 탈리탈에 있는 시장으로 걸어 내려갔습니다. 사진관이 있었는데, 창문에 마하라지의 사진이 걸려 있었습니다. 힌디어를 한마디도 할 수 없었지만, 사진을 보고 안으로 들어가 "님 카롤리 바바"라고 말했습니다.

　그 남자는 영어를 어느 정도 알고 있었습니다. 그는 "카인치, 그 사람은 카인치에 있어요. 내일 오셔서 카인치 행 버스를 타세요."라고 말해주었습니다. 빈손으로 가기가 좀 그래서, 건포도와 아몬드를 곁들인 뻥튀기, 봉지에 담긴 인도 스타일의 견과류 튀김을 사두었습니다.

　다음 날 아침 버스정류장에 나가보니, 매표소 창구에 몰려든 사람들이 300명쯤은 되는 것 같았습니다. 줄도 서지 않고 몰려드는 바람에 그냥 멍하니 보고만 있었습니다. 아무 말도 안 나왔습니다. 울적해졌고, 그런 기분이 나도 모르게 겉으로 드러났던 것 같습니다. 한 인도 가족이 다가와 말했습니다. "우리는 알모라로 갈 예정이에요. 우리

택시에 같이 타고 가실 수 있어요." 그들은 내가 불쌍해 보였던 것
같습니다. 그들은 나를 카인치에 내려주었고, 거기에 아쉬람이 있었습
니다. 나는 다리를 건너갔습니다, 마하라지가 안마당 쪽에 놓여 있는
평상에 앉아 있는 것이 보였습니다. 문을 통과해 신발을 벗고 그에게
다가갔습니다. 마치 '공중을 걷는 것' 같았다는 표현이 맞을 거예요.
실제로 그랬어요. 내 발이 땅에 닿는다는 감각이 없었습니다. 그냥
그를 바라보면서 곧장 그리로 걸어갔습니다. 나는 프라사드(공물)를
평상 가장자리에 내려놓았습니다. 그는 나를 바라보며 무슨 말인가를
했지만, 알아들을 수가 없었습니다. 나는 인도 사람들 무리의 끄트머리
에 앉았습니다.

그는 헌신자들 중 한 명을 부르더니 나를 가리켰습니다. 그 사람이
사라지더니 이내 내가 앉을 돗자리를 가지고 돌아왔는데, 내가 콘크리트
위에 앉아 있었기 때문이었습니다. 그는 항상 사람들의 안녕을 챙기는

K.K. 샤와 그의 조카 키란. (사진 프라바티 마커스)

분이었습니다. 콘크리트 위에 앉아 있는 것을 보고, 나에게 돗자리를 가져다주라고 했던 것입니다. 그는 나에게 다른 말을 하지 않았습니다. 거기에 아마 20~30분 정도 있었을 거예요. 나는 프라사드—퓨리와 감자—상자를 받아들고, 입을 벌린 채 거기에 앉아 있었습니다.

그런데 그가 나를 부르더니 통역을 통해서 "가라, 그리고 다시 와라. 나가는 길에 사원을 지날 때마다 그 앞에서 절을 하라."라고 말했습니다. 나는 안으로 들어오는 길에는 그렇게 하지 않았지요. 물론 나는 그렇게 행했습니다. 전에는 그런 일을 한 적이 없었습니다. 그것은 완전한 변신의 시작이었습니다. 나는 마하라지 앞에 절을 하고, 신발을 챙겨 다리를 건너 보왈리로 돌아가기 위해 걷기 시작했습니다. 아직 이른 시간, 아마 9시쯤이었을 것입니다. 나는 매우 들떠 있었습니다.

그리 멀리 가지 않았을 때, 인도 청년이 달려와서 말했습니다. "나이니탈에 가면 K.K. 샤를 만나야 합니다. 그는 탈리탈 꼭대기에 있는 정부 건물에서 일합니다. 모두가 그를 알고 있습니다." 그때 마하라지가 대사관용 차량을 타고 지나갔습니다. 그는 차창 밖으로 나를 바라보고 있었습니다.

보왈리까지 걸어가서 나이니탈로 가는 버스를 타고 가서 K.K.의 행방을 알아내려고 애쓰면서 남은 오후 시간을 보냈습니다. 그는 집에 없었지만, 그의 여동생 비나가 차와 약간의 간식을 내왔고, 잠시 후 라메슈와 다스가 왔습니다. 그는 나에게 에블린 호텔로 가야 한다고 말했습니다. 나는 짐을 챙겨 에블린으로 방향을 바꾸었습니다. 그렇게 지낸 첫날이 아직도 기억 속에 생생하게 남아 있어요.

라구 : 스물다섯 살이 되던 1970년 11월, 인도에 가기로 했습니다.

내가 도착했을 때, 람 다스는 마하라지가 어디에 있는지 몰랐습니다. 나는 18세기 프랑스 식민지였던 폰디체리로 갔습니다. 그곳은 이국적이고 매혹적인 해변 마을로, 성자 스리 오로빈도와 그의 영적 동반자인 마더가 자리잡고 활동하는 곳이었습니다.

잠시 동안이나마 아쉬람의 마더를 만날 수 있었습니다. 그녀는 아주 나이가 많았고, 일종의 근육 질환을 앓고 있다고 했습니다. '아, 거룩한 여성을 만나러 왔는데, 늙어빠진 몸뚱어리나 보고 간다면 얼마나 끔찍할까.'라고 생각했지요. 나는 빛으로 가득 찬 방으로 안내받았습니다. 마더는 나와 눈을 맞추었고, 그녀의 몸 따위는 보이지도 않았습니다. 이원성을 넘어선 한 인간을 보게 된, 나의 첫 영적 체험이었습니다. 참으로 심오한 경험이었지요.

그런 다음 묵타난다의 아쉬람으로 갔는데, 그곳에서 람 다스는 마침내 마하라지에게 갈 수 있는 정보를 제공해 주었습니다. 몇 년이 지난 지금도, 마하라지가 뒷방에서 그의 평상이 있던 안뜰로 나오려고 문을 여는 소리가 들리는 듯합니다. 그를 보자마자 가장 먼저 든 생각은 '아, 이게 바로 람 다스가 그렇게도 끌렸던 까닭이구나. 우와!'라는 것이었습니다. 다음으로 떠오른 생각은, 언제나 그를 알고 있었으며, 언제까지나 알게 될 것이며, 그 존재는 언제나 거기에 있었다는 '앎'이었습니다.

마하라지는 "여기 오기 전에는 어디에 있었는가?"라고 물었습니다.

나는 "스와미 묵타난다의 아쉬람에 있었지요."라고 말하려고 했지요. 하지만 내가 무슨 말을 하기도 전에 그가 먼저 나를 바라보며 영어로 "마더, 마더"라고 말하는 것이었습니다.

마하라지를 본 바로 그 순간, 나는 비로소 내 집에 왔다는 사실을 확실히 알아차렸습니다.

예수는 누구인가

소규모 서양인 그룹이 마하라지와 함께하는 매우 강력한 다르샨을 하는 그 기간 동안, 마하라지는 특별히 예수에 대한 이야기를 하기 시작했다. 이로 인해 서양인들은, 심지어 기독교 전통에서 자라지 않은 사람들조차, 십자가를 목에 걸고 다니기 시작했다. 마하라지는 그의 생애 마지막 몇 년 동안, 서양인들이 그와 함께 있었을 때, 예수에 대해 자주 이야기했고, 하누만과 예수가 어떻게 하나인지에 대해 이야기했다.

하누만은 시바 신의 화신인 원숭이 신으로, 마하라지와 밀접하게 연관된 힌두교 신이다. 하누만은 라마 신에 대한 헌신으로 유명하다. 그의 유일한 소망은 항상 라마를 섬기는 것이었고, 그의 위대함은 라마와의 완전한 연합에서 비롯된다. 하누만은 힌두교 서사시인 『라마야나』에서 중요한 역할을 담당한다. 라마가 그의 아내 시타(악한 라바나에게 납치된)를 찾는 데 도움을 준 하누만의 업적을 자세히 설명하는

타오스 하누만. (LSR 재단 아카이브)

'순더칸드'('아름다운'이라는 뜻 : 라마가 사악한 라바나에게 아내 시타를 납치당했을 때 하누만은 그녀를 찾기 위한 모험에 나선다. 하누만이 이때 보여준 헌신에 대해 자세하게 기록된 라마야나 제5장) 장이 낭송되었을 때, 마하라지는 눈물을 흘렸다. 하누만이 그의 가슴을 열어 찢음으로써 그의 가슴 속에 라마와 시타가 살고 있음을 드러내어 보여주는 사진이 있는데, 그것은 내면의 신적 사랑을 표현한 '예수의 성심(Sacred Heart of Jesus)'*을 연상시킨다.

예수는 언제나 대화 속에 들어가 있었다. 마하라지가 언젠가 에이브러햄 링컨에 대해서 말한 적이 있었다. 링컨은 대통령이 되었지만, 그는 그리스도가 진정한 대통령이라는 것을 알고 있었다고 했다. 그는 모든 사람 안에 있는 그리스도의 반영을 보라고 말했다.

한 서양인이 "스리 라마를 순수한 마음으로 사랑하려면 어떻게 해야 합니까?"라고 물었을 때, 마하라지는 "그리스도의 축복을 받으면 람 Ram을 순수한 마음으로 사랑하게 될 것입니다."라고 대답했다.

아나수야 (그녀의 일기에서):

1971년 5월 14일

그가 십자가를 달라고 했다. 그것을 벗어서 그에게 주었다. 그는 그것을 자기 머리에 갖다댔다.

이샤(예수), 하누만, 람, 크리슈나는 모두 하나다. 청소부가 와서 그의 발을 만졌다. 마하라지는 모든 사람이 신이며, 모든 사람 안에는 신이 깃들어 있다고 말했다. 마하라지는 우리가 신으로서 모두를

---

* 인류를 향한 예수 그리스도의 거룩한 사랑.

사랑하고, 서로 사랑해야 한다고 말했다.

　나에게 자신 앞에 앉으라고 하면서, '한 분이신 구루'가 있다고 말했다. 나는 모든 창조물에 연민을 가져야 한다. 신은 하나이다—'이샤와 람은 하나이다.'라는 것을 모든 사람에게 반복하였다. 신은 사랑이다. 그러니 차이점을 보지 말고 모두 똑같이 사랑하라. 그리스도는 사람들이 그에게 못을 박았을 때 고통을 느끼지 않았다. 그는 우리 모두에게, 특히 미첼에게, 이해가 되는지를 물었다. 우리는 이해하지만 경험해 본 적은 없다고 말했다. 나에게도 이해가 되는지 물었다. 나는 마음으로는 이해하지만, 아직 가슴으로는 이해하지 못한다고 말했다. 그는 "아니!"라고 하면서, 모든 것은 하나이므로, 만물을 신(God)으로서 사랑해야 한다고 말했다. 그의 눈이 감겼다. 그는 가슴에 손을 얹었다. 그가 눈을 뜨고는, 눈 깜짝할 사이에 마음으로 수천 수만 킬로미터를 여행한다고 말했다. 모든 종교는 다 똑같으니, 람과 그리스도와 하누만 사이에 어떤 차이가 있다고 생각하지 말아야 하고, 우리 모두는 신께로 인도된다고 말했다. 예수는 세상에 위대한 공헌을 했다.

　미첼은 가장 좋은 명상 방법이 무엇인지 물었다. 마하라지는 예수가 행한 것처럼 행하여 모든 사람에게서 신을 보라고 말했고, 십자가 위에서 예수는 오직 사랑만을 느꼈다고 했다. 모든 사람을 불쌍히 여기고, 모든 사람을 하나님으로 여기고 사랑하라.

　만약 당신이 하나님을 충분히 사랑한다면, 분리란 없을 것이다. 짐 Jim은 어떻게 해야 분리감에서 벗어날 수 있는지를 물었다. 마하라지는 분리란 없다고 했다. 다른 사람들의 악한 생각을 마음에 담지 말고, 악은 보지도 말고 듣지도 말라고 했다. 차이점을 보면, 신을 깨달을 수 없다. 내면의 사랑을 찾는 법을 배워야 한다.

라구 (그의 일기에서):

1971년 5월 30일

람 다스 : 그리스도는 어떻게 명상을 하였나요? 이 질문을 받은 후, 마하라지는 울기 시작했고, 그의 눈에서 눈물이 흘러내렸다. 마하라지는 그리스도와 인류를 위한 그의 강력한 사랑이 느껴져서, 감동의 눈물을 흘린 것 같다. 그런 모습을 직접 보게 된 것은 우리 모두에게 강력한 경험이었다. 그리스도가 형상으로 나타난 것 같았다.

그러고 나서 그는 이렇게 말했다. "그리스도는 사랑 속에서 자신을 잃어버렸습니다. 그는 모든 존재와 하나였습니다. 그는 세상 모든 사람을 향한 큰 사랑을 갖고 있었습니다. 그분은 그분의 영이 온 세상에 전파될 수 있도록 십자가에 못 박히셨습니다. 그는 하나님과 하나였습니다. 그는 종교를 위해 자신의 몸을 희생했습니다. 그는 결코 죽지 않았습니다. 그는 결코 죽지 않았습니다. 그는 아트만 (atman 불변하는 본질적 자아, 영혼)입니다. 그분은 모든 사람의 마음속에 살아 계십니다."

람 다스 : 그가 몸을 입고 환생할까요?

마하라지 : 그는 세상 전체입니다.

람 다스 : 왜 그렇게 비방을 받았나요?

마하라지 : 모든 성인들이 다 그렇습니다. 그는 모든 것 속에서 오직 사랑만을 봅니다. 악한 것은 말하지도 말고 듣지도 말고 보아서도 안 됩니다. 우리는 모든 곳에서, 모든 사람 안에서 사랑을 보아야 해요. 모든 것 안에서 좋은 것을 보아야 해요. 그리스도가 살아 있었을 때, 사람들은 그를 무시했지요. 그가 십자가에 못 박힌 후에, 사람들은 그를 숭배하기 시작했습니다. 그는 모든 존재의 가슴 속에 계십니다.

라다 (그의 일기에서):

1971년 10월 24일

그가 두 번째로 우리를 불렀을 때, 그는 우리에게 크리스천 노래를 부르게 했다.

마하라지가 람 다스에게 : 누구도 두려워해서는 안 돼요. 당신이 진리 안에 살면, 신께서는 언제나 당신과 함께하지요. 두려워하지 마세요.

람 다스 : 그리스도는 아무것도 두려워하지 않으셨습니다.

마하라지 : 그리스도께서는 죽음을 두려워하지 않으셨습니다.

마하라지는 울기 시작했고, 자기 손을 자기 머리에 얹었다. 그리고 말했다. "몸은 죽습니다. 사랑 말고는 세상에 영원한 것은 없습니다. 당신이 순수한 가슴과 생각을 지니고 있다면, 당신은 신을 사랑하는 것입니다. 당신이 신을 사랑한다면, 어떻게 내가 당신에게 퓨리를 만들지 못하게 할 수 있겠습니까? 어떤 곳에서는 사두들에게만 음식을 준비하게 합니다. 그러나 여기서 나는 모든 신자들에게 음식을 만들도록 허락합니다. 왜냐하면 그들은 순수한 가슴을 갖고 있고, 신이 보시기에 모두가 평등하기 때문입니다."

람 다스 : 우리는 너무 순수하지 못한 것 같습니다.

마하라지 : (두 번) 나는 당신이 순수하지 못하다는 것을 믿지 않습니다. 나는 당신이 순수하고 하나님을 사랑한다는 것을 압니다.

람 다스는 울었다.

마하라지 : 신을 사랑한다면 순수하지 못한 모든 것을 극복하게 됩니다. 우리 모두의 피는 하나이고, 팔, 다리, 가슴도 모두 하나입니다. 우리 모두에게는 같은 피가 흐릅니다. 신은 하나이십니다. 두려워하지 마세요. 사람들은 그리스도가 죽을 때까지 그리스도를 믿지 않았습니

다. 람 다스는 요기이므로, 아무것도 두려워해서는 안 됩니다. 가슴은 결코 늙지 않습니다.

크리슈나 다스 : 그 당시, 나는 나를 해방시켜 줄 명상 수련법을 찾으려고 애썼습니다. 그래서 명상법들에 관심이 많았지요. 깨달음이라는 게 너무나 멀게 느껴져서, 우리는 400년 정도는 곧추앉아서 숨을 쉬어야 한다고 생각했습니다. 어느 날 마하라지와 함께 앉아 있는데, 행복(나는 행복과 깨달음을 같은 것이라고 생각했어요)이란 것이 어딘가 다른 곳에 있다고 생각해 왔다는 것을 알아차렸습니다. 깨달음, 자유, 열반은 어딘가 다른 곳, 나와는 아무 상관도 없는 곳에 있다고 믿고 있었어요.

마하라지가 그리스도처럼 명상하라고 말하면서, 그리스도는 사랑 속에서 자신을 잃어버렸다고 했을 때, 그리스도의 사랑 안에는 모든 사람이 포함되는 것이지요. 그의 사랑이 미치는 곳은, 어딘가 다른 곳이 아니었습니다. 모두가 포함되었고, 거기에는 나도 포함되었습니다. 그의 사랑 안에 말입니다. 그리고 마하라지와 함께하는 순간들 속에서 우리는 사랑을 경험했습니다. 아무런 조건이 없는, 광대하고 모든 것을 포함하는 사랑을 느꼈습니다. 교황은 예수가 사랑 속에서 자기 자신을 잃어버렸다고 말한 적이 없습니다. 가톨릭 신자로 자란 내 친구들에게는 죄책감과 수치심과 죄가 자리잡고 있었습니다. 하지만 마하라지가 그렇게 말하자, 내 생각이 바뀌었습니다. 모든 사람, 모든 것들을 다 포함하는 사랑, 거기에는 예외가 없습니다. 사랑 속에서 자신을 잃어버리는 그는 최고의 아트만이 되었습니다. 그는 이 모든 것의 하나됨을 사랑으로 인식했던 것이지요.[1]

훨씬 후에 그룹이 상당히 더 커졌을 때, 어느 날 마하라지는 서양인들에게 십자가를 찾아오라고 했다. 그들은 앙글레이지(외국인)들의 집을 일일이 찾아다녔지만, 단 하나의 십자가도 찾아내지 못한 채 돌아왔다. 한 헌신자가 그 이야기의 나머지 부분을 녹음했다.

이안 (그의 일기에서):

우리는 우리의 실패를 보고하기 위해 긴장하면서 그의 방으로 들어갔다. 그는 후광 속에서 밝게 있었고, 아름다운 상자 하나를 가져다가 거기에서 여러 개의 십자가와 성자의 메달을 꺼내 목에 걸었다. 그는 낄낄 웃으며, 그것들을 사트상에 참가한 사람들에게 나누어주었다. 그 자리에 있는 모든 사람들에게 충분히 돌아갔다. 그는 자못 궁금하다는 표정을 지은 채 우리를 바라보았다.

"이것들이 어디서 왔지? 아, 내가 이것들을 어디서 구한 거지? [낄낄, 낄낄] 그리스도께서 그것들을 나에게 보내셨군! 그분이 그것들을 소포로 보내셨어!"

마하라지가 예수에 대해 이야기할 때마다 생성되는 기이한 분위기는 말로 표현하기 어렵다. 자주 있었던 일은 아니지만, 그때마다 그는 예수와 함께 있는 것 같았고, 우리도 모두 예수와 함께 있는 것 같았다. 그는 예수께서 가난한 사람들을 어떻게 도우셨는지를 말했고, 예수와 하나가 될 때까지는 우리 모두가 가난한 자들임을 말해주었다. 언제나, 언제나, 그의 귀결점은 '모두가 하나'라는 것이었다.

마하라지의 헌신자들은 종교와 사회 계층이 다양했다. 깨달은 스승인 싯다로서, 그는 오래전에 브라민이라는 끈을 잘라버리고, 사회 계층이나 카스트 제도에서 가장 높은 것과 가장 낮은 것 사이에 아무런 차이를 두지 않았다. 우리 서양인들은 믿음을 바꾸어야 한다는 어떠한 압력이나 강제도 경험한 적이 없었고, 그런 것이 있었다면 '모두가 하나'라는 인식이 더 깊고 넓게 자리잡지 않으면 안 되겠다는 다짐이나 의무감 같은 것뿐이었다.

7

카우사니에서의 여름 수련회
1971년 여름

세상을 이해하려면
때로는 세상과 떨어져 있을 필요가 있다.
―알베르 카뮈

카우사니는 알모라에서 북쪽으로 50킬로미터 정도 떨어진 고지대에
위치한 역으로, 히말라야의 높은 봉우리인 트리술, 난다 데비, 판체출리
의 장엄한 전경으로 유명하다. 아나샥티 아쉬람('간디 아쉬람'으로도
알려져 있음)은 히말라야 산맥이 내려다보이는 능선에 자리잡고 있다.
마하트마 간디가 1929년에 자신의 주석 『아나삭티 요가 Anashakti Yoga』
를 집필했던 곳이기도 하다. 그는 이 지역을 '인도의 스위스'라고 불렀다.

1971년 여름, 람 다스가 카우사이에 온 것은 경치를 보기 위해서가
아니라 명상 수련회를 하기 위해서였다.

람 다스 : 나는 마하라지에게 말했습니다. "나는 무닌드라 선생님을

카우사니에서 식사 장면. 왼쪽에서 오른쪽으로: 드와르카나트, 이안, 테니, 크리슈나 다스, 람 다스, 발라람 다스, 라구. 라메슈와 다스 사진.

알고 있는데, 그가 카우사니에서 제게 명상을 가르쳐준다고 했어요."

마하라지는 "그대가 원한다면."이라고 말했습니다. 그것은 '죽음의 키스'*입니다. '그대가 원한다면.' 그는 내가 명상하는 것을 좋아하지 않았어요.

나는 카우사니에 가서 몇 사람을 데려갔습니다.— 드와르카나트, 라구, 대니, 라메슈와, 크리슈나 다스. 테니는 이미 거기에 와 있었습니다. 우리는 언덕에 올랐고, 무닌드라는 자신의 어머니가 아파서 이번 여름에는 거기에 없을 것이라는 쪽지를 보내왔습니다. 우리들 대부분이 많이 아쉬워했습니다. 나는 "우리 그냥 여기에 있자."라고 말했습니다.

그들 중 한 명이 카인치로 내려가서 마하라지에게 전후 사정을 이야기하자, 그는 '람 다스와 함께하는 명상'을 위해 더 많은 사람들을 카우사니로 보내기 시작했습니다. 물론 나는 화가 났어요. 점점 화가

---

* '실패로 이어질 가능성이 큰 일'이라는 뜻.

났습니다. 우리는 '간디 아쉬람'으로 이동하여 수련을 했습니다. 나는 교사였기 때문에 명상을 하지 않았습니다. 우리는 모두 즐기고 있었습니다. 함께 노래하고 이야기하고 햇볕을 쬐면서 산들을 내려다보았습니다. 가을에 카인치에 돌아왔을 때, 마하라지는 "여기 명상 선생님이 오셨네요. 명상 선생님이 오셨어요."라고 말했습니다. 나는 너무 화가 났지만, 내색을 할 수도 없었습니다.

람 다스는 카우사니에서 여름을 지내기 위한 자신의 계획이 변경된 것에 대해 당황했을지도 모르지만, 다른 사람들에게는 놀라운 기회였다.

락스만 : 델리에 도착해서 형을 만난 후, 우리는 산기슭을 향해 떠났습니다. 마하라지가 카인치에 없었으므로, 우리는 카우사니로 향했습니다. 거기에서 나는 하얀 옷을 입은 사람들이 모여 있는 모습을 보았는데, 나는 히피 나팔바지를 입고 있었어요. 확실히 내가 다른 부류라는 것이 티가 났습니다. 나는 람 다스에게 그런 말을 하자, 그는 그건 단지 겉모습일 뿐이고 우리도 사실은 하얀 옷을 입고 있는 것이나 다름이 없다고 말했습니다.

나는 작은 방으로 안내되어 들어갔는데, 바닥에는 5센티 두께의 매트가 깔려 있었고 그게 전부였습니다. 우리는 단순하게 살았고, 단순하게 먹었고, 말도 하지 않은 채 노래만 불렀습니다. 주말에는 '스리 람 자이 람'을 반복하고, 미국의 영적 부흥 노래도 불렀습니다. 나는 마음이 밝아지고 고양되었습니다. 음식은 매우 간소하고 제한적이었습니다. 몸무게가 10킬로 이상 줄어든 것 같았었어요. 가장 어려웠던 일은, 내 방에서 나와 맨발로 울퉁불퉁한 돌 위를 지나 안뜰 건너편의 식당으로 가는 것이었습니다. 연약한 서양인의 발을 가지고 있었기에 별 느낌 없이 그 돌 위를 걸을 수 있게 되기까지 한 달이 넘게 걸렸습니다. 그렇게 되자, 진짜 요기가 된 것처럼 뿌듯했습니다.

그 3개월은 우리 모두를 깎고 다듬는 멋진 시간이었습니다. 나는 온전히 나 자신을 맡겼고, 활짝 열렸습니다. 일주일에 한 번씩 모든 사람이 람 다스와 인터뷰를 가졌습니다. 정말 멋진 시간이었지요. 그는 나와 눈을 맞추며 질문했습니다. "내면에 있거나 당신을 괴롭히거나 방해하는 것이 있거나 풀려야 할 것이 있다면 지금 말해주세요. 어떤 비밀이라도 다 좋습니다."

나는 내 마음, 내 몸 전체를 들여다보고 있었습니다. '내가 집착하는 것이 있다면 무엇이지? 털어버려야 할 비밀이 있다면, 그건 뭐지?' 하지만 그런 것은 아무것도 없는 것 같았습니다.

람 다스는 그럴 때마다 "괜찮아요. 다음번에 무엇인가가 올라오면 그때는 말해 주세요."라고 말하면서, 환한 미소를 지어 보였습니다.

나는 다음 주까지 기다리기가 힘들 지경이었습니다. 람 다스의 시선에 고무되어 한껏 고양되었고, 다음번엔 무엇인가가 드러내어 보여줄 것이 생길 것이라고 생각하곤 했습니다.

무라리 Murari와 룩미니 Rukmini(Tom과 Linda Spiritoso)는 1971년 6월 필라델피아에서 인도로 왔다. 그들은 람 다스의 강연 테이프를 들었다. 몇 년 후 그는 인도로 가기로 결정했고, '크리슈나 의식'*에 참여하게

---

* ISKCON(국제 크리슈나 의식 협회)의 주도로 펼치는 '크리슈나 의식 운동'을 가리킨다. 잠자는 크리슈나 의식을 되살려 앎과 행복으로 가득 찬 영적 세계에서 우리의 본래 위치를 되찾는 것을 목적으로 한다.

되었다.

룩미니 : 인도에서의 첫 달은 일종의 정서적, 심리적, 육체적 재난이
자 문화적 충격이었습니다. 온전한 정신을 유지하기 위해 무라리와
나는 '감각 만족'('크리슈나 의식' 용어를 사용하자면)에 심하게 빠져
있었습니다. 우리는 많이 자고, 많이 먹고, 물건들을 사들이고 있었습니
다. '그것'이 일어난 것은 최근의 일이었습니다. 우리는 옷 가게에
들어갔다가 '쾅!' 하고 한 대 얻어맞은 느낌이 들었습니다. 천장 가까이
에 마하라지의 큰 사진이 걸려 있었습니다. 『지금 여기에 살라』에서
람 다스가 마하라지를 찾으려는 모든 시도를 단념하라고 했기 때문에,
우리는 어떤 시도도 하지 않고 있었습니다.

알고 보니 옷 가게 주인이 헌신자였습니다. 그는 우리에게 카인치에

앞줄 왼쪽에서 오른쪽으로: 투카람, 마리암, 피터 브롤리, 라구, 비쉬왐바르, 무라리, 안나푸르
나, 뒷줄 왼쪽부터 오른쪽으로: 라비 다스, 카를로스 비쉬와나트, 드와르카나트, 시타, 대니,
람 다스, 룩미니, 이안, 하리남 다스.

가면 아마 마하라지를 만날 수 있게 될 것이라고 말했습니다. 우리는 이틀 만에 카인치에 도착했지만 마하라지는 그날 아침 브린다반으로 막 떠났고, 크리슈나 다스와 발라람 외에는 아무도 없었습니다. 실망 스럽기도 하면서 한편으로는 안도감이 들었습니다. 내가 '안도감이 들었다'라고 말하는 이유는, 마하라지를 찾지 말라는 람 다스의 조언을 기억하면서, 그를 만나게 되더라도 어쩌면 쫓겨날 수도 있겠다는 생각에 완전히 겁을 먹고 있었기 때문입니다. 우리가 거절을 당한다면 우리는 마치 하나님으로부터 천국에서 추방당한 것처럼 느끼게 될 것 같았어요.

그러니 딱히 마하라지를 만나기 위해서 카인치에 간 것은 아니었습니다. 다행히도 크리슈나 다스와 발라람 다스는 우리에게 카우사니에 가서 람 다스를 만나보라고 조언해 주었습니다. 설득이 필요하지 않았습니다. 다음 날 아침 우리는 그곳에 갔고, 시원한 그곳에서 3주 동안 머물렀습니다. 딱 떨어진 일정 같았습니다! 마하라지는 자기를 만나기 전 우리를 준비시키기 위해 람 다스에게 먼저 보냈던 것입니다!

아나슈아 : 람 다스 일행은 무닌드라 수련회에 참여하기 위해서 카우사니로 올라갈 예정이었습니다. 어느 날 마하라지는 나를 바라보며 "무엇을 할 건가?"라고 물었습니다.

"당신과 함께 여기에 머물고 싶습니다."

나는 '마하라지와 함께 여기에 있을 수 있는데 왜 그들은 카우사니로 올라가는 걸까?'라고 의아해했습니다. 그 시점에 나는 마하라지와 완전히 사랑에 빠져 있었습니다.

그는 "강 위쪽에 쿠티르(오두막)가 있어. 쿠티르에 머물 수 있어.

거기에서 명상을 할 수 있지. 누군가에게 음식을 가져오라고 할게. 음식을 직접 요리할 수 있나?"라고 말했습니다.

"네, 음식은 제가 직접 요리할 수 있어요."

그는 그렇게 관심을 보여주었습니다. 그래서 나는 강 위쪽에 있는 쿠티르에서 여름 동안 수행만 하고 지내면서, 매일 마하라지를 보러 내려오려고 했습니다.

그런 다음 대니와 나는 델리로 갔습니다. 그는 비자 문제가 있었던 것 같고, 나는 우편물을 찾으러 갔던 것 같아요. 마하라지는 나에게 사리를 사라고 100루피를 주었는데, 내가 쿠르타(남성용 긴 셔츠)와 파자마 바지를 입고 있었기 때문입니다. 나는 사리 하나와 펀자브 의상 하나를 샀습니다. 대니와 나는 그곳에서 한 침대에서 잠을 잤어요. 성관계만 하지 않았을 뿐, 깊은 관계가 된 셈이지요.

우리가 델리에서 돌아왔을 때, 마하라지는 나를 자신의 방으로 부르더니 "대니와 함께 살기로 결정했나?"라고 물었습니다.

"아니, 아닙니다."

"아냐, 그랬잖아. 그대들은 계속 함께 지내기로 했어."

"아니, 그렇지 않았습니다, 마하라지."

"나한테 거짓말하면 안 돼." 그러면서 그는 "그대들은 함께 살아야 해. 그대는 그 사람과 함께 카우사니에 가서 그 사람과 함께 살아야 해."라고 말하는 것이었습니다. 그는 우리가 숙소를 찾는 동안 숲속의 민박집에 우리가 머물도록 산림청장인 소니 씨를 소개해 주었습니다.

갑자기 나는 카우사니로 올라가서 대니와 함께 지내게 되었습니다. 그 여름 동안 쿠티르에 머물 수 없다는 것이 정말 슬펐지만, 다른 한편으로는 대니를 사랑했습니다. 마하라지는 어떻든 우리가 함께 살아야 한다고 말했는데, 한두교도에게는 정말 엉뚱한 일이었습니다.

대부분의 힌두 구루들은 사람들에게 그렇게 하라고 말하지 않습니다. 그는 평범한 힌두 구루가 아니었고, 바로 그 점이 우리가 그를 만나게 된 이유라고 생각합니다. 그는 문화적 면에서든 인지적 면에서든 그 어떠한 한계와 경계에서도 벗어나 있었습니다. 우리가 결국 카우사니로 이끌리게 된 내력은 이렇습니다.

카우사니에서 내려오다

때로 누군가는 어떤 이유에선지 카우사니에서 내려오곤 했다. 예를 들어 여권 발급을 위해 델리로 가거나 '명상 수련회'에서 잠시 떠나 휴식을 취하기 위해 나이니탈에 있는 에블린 호텔로 갔다. 카우사니에서 나이니탈로 가는 도중에 버스는 카인치 아쉬람을 통과한다. 어쩌다 누군가가 카인치에 들르면, 거기에 마하라지가 있을 때도 있었다!

라구 : 나는 여권을 갱신하러 델리에 있는 캐나다 대사관에 가기 위해 카우사니에서 내려왔고, 도중에 카인치에 들렀습니다. 마하라지는 야외에서 평상에 앉아 있었습니다. 그는 나를 바라보았고, 대뜸 "그대는 결혼했나?"라고 물었습니다.

"아니, 난 결혼하지 않았어요."

"결혼하지 않은 것이 확실해?"

"네, 결혼하고 싶지 않아요. 그냥 신과 결혼하고 싶어요."

그 대답에 그는 크게 웃음을 터뜨렸습니다.

잠시 후 그는 "티베트인 라마승이 하는 다르샨에 참여한 적이 있나? 그에게 가르침을 받은 적이 있어?"라고 물었습니다.

"아니요, 나는 단 한 사람의 티베트인도 만난 적이 없습니다."

"그렇군. 자오(Jao, 가라)."

델리로 내려갔더니, 캐나다 대사관 고등판무관이 라디오 방송국에서 일하던 당시 나의 전 상사였던 제프 스털린의 친구였다는 걸 알게 됐어요. 고등판무관은 저명한 불교학자인 제임스 조지였습니다. 그는 대사관저에서 하는 점심 식사에 나를 초대했습니다. 나는 "티베트 난민을 캐나다로 보내고 있다는 것이 사실인가요?"라고 물었습니다.

그는 그렇다고 대답하고는 "사실상 문제는…"이라고 말을 이어갔습니다. 그러고는 칼루 린포체와 함께 걸었고, 다른 방에서 나온 승려 일행과 점심을 먹으러 가게 되었습니다.

나는 정말 놀랐습니다. 내가 생각할 수 있었던 것은 '와우, 마하라지는 미래를 알고 있구나. 그는 무슨 일이 일어나고 있는지 모든 것을 알고 있네."라는 것이었습니다. 정말 놀라 자빠질 일이었습니다.

나는 점심을 먹으러 들어가, 지난 세기의 위대한 티베트 싯다 중하나인 칼루 린포체 바로 맞은편에 앉았습니다. 영적으로 고양된 것은 말할 것도 없고, 존경받는 린포체와 함께 있다는 것 자체가 크나큰 영광이었습니다.

어느 순간 나는 그에게 말했습니다. "히말라야에서 명상을 하니까 마음이 너무 편안했어요. 그러나 지금 이렇게 델리에 있으려니 중심을 잡기가 어려운 것 같습니다. 진짜 변화가 되려면 산에서 지내야 하는 건가요?"

칼루는 나에게 고대 인도의 일곱 싯다들에 대해 이야기해 주었습니다. 한 사람은 실을 잣는 사람이었고, 한 사람은 점토 항아리를 만들었습니다. 그들은 자신들의 일에 집중했고, 자신들이 하고 있는 일과 하나가 되었습니다. 그는 수행을 하기 위해 동굴에 있어야만 하는 것은 아니라고 말했습니다. 여기에서, 바로 여기에서 해야 한다고 했습니다. 나에게는 큰 가르침이었습니다. 나는 카우사니로 돌아가는 길 내내 마약에 취한 것 같은 느낌이었습니다.

그리고 또, 그렇습니다, 마하라지는 저를 결혼하게 했습니다.

발라람 다스 : 장마가 시작되었고, 카우사니는 여느 때와 마찬가지로 추웠습니다. 나는 위빠사나 코스를 하지 않았기 때문에, 명상을 하지 않았습니다. 그 프로그램은 나에게 맞지 않는 것 같았어요. 모두가 명상을 하고 있는 동안, 나는 누워서 책을 읽고, 시장에 나가 어슬렁거리고, 차를 마셨습니다. 나는 거기에 있는 책을 거의 모두 읽었습니다.―『라마야나』,『바가바드 기타』,『마하바라타』, 스리 크리슈나 프렘의『카타 우파니샤드의 요가』.『카타 우파니샤드』에 나오는 '나치케타와 야마 이야기'에 가장 마음이 끌렸습니다. 마하라지는 그 이야기를 좋아했습니다. 나는 문화 관련 연결망을 짜나가기 시작했습니다. 인도 지도를 유심히 살펴보는 데 몇 시간씩 보냈지요. 나는 영국에서 발행된 멋진 펼침 지도를 가지고 있었고, 거기에는 작은 마을과 철도 지선까지 자세하게 표시되어 있었습니다. 엄청난 양의 정보가 있어서 자못 흥미로웠습니다.

나는 명상을 하지 않았기 때문에, 7월(혹은 8월 초)에 카우사니에서 나이니탈로 돌아왔습니다. 에블린 호텔에는 하리남과 그의 아내 마리암, 그리고 기차에서 만난 패트라는 소녀가 있었습니다. 하리남은 카인치에서 하룻밤을 보내기로 약속을 잡았습니다. 모든 것이 정해졌습니다. 마하라지가 그에게 말했지요. "오늘 오도록 해. 그대는 여기에서 묵게 될 거야." 서양인이 그곳에 묵은 적은 없었기 때문에, 이변이 아닐 수 없었습니다.

다음 날 아침 패트, 마리암, 하리남과 나는 택시를 타고 카인치까지 갔습니다. 마하라지는 그의 작은 방에 있었습니다. 다음에 일어난 일은 나에게 정신적인 큰 동요와 대전환을 가져다주었습니다. 거기에서 나는 다르샨에 집중할 수밖에 없었습니다. 우리는 방에 앉아서 차를 마셨는데, 다다가 거기에 있었습니다. 나로서는 그를 처음으로 만난 것이었지요. 마하라지는 다다에게 하리남과 마리암을 조금 상류 쪽에 있는 숲속 쉼터의 집으로 데려가라고 하고는, 나에게 "그대도 여기에 머물고 싶은 건가?"라고 물었습니다.

"예!"

"그렇군. 다다, 그들 모두를 거기로 보내도록 하세요."

그래서 우리 넷은 모두 거기에 묵기로 했습니다. 하리남은 그게 자신만의 특별한 일이라 생각했기 때문에 조금 기분이 나빠진 것 같았지만, 일이 그렇게 돌아가는 것을 어쩌겠습니까?

잠시 후 마하라지가 나에게 "이름은 무엇인가?"라고 물었습니다. 나는 "피터."라고 대답했습니다.

그는 "피터, 피터."라고 인도식 발음으로 불러 주었습니다.

쉼터에 올라가려고 할 때, 그의 발을 만지러 갔는데, 그가 힌디어로 "베드로는 좋은 사람이다."라는 뜻으로 말했습니다.

단순히 멋진 말이기만 한 것이 아니었습니다. 웬일인지 가슴이 아파왔습니다. 깊은 슬픔이 밑바닥에서부터 치고 올라와, 벼락이 치는 것처럼 나를 강타했습니다. 나는 멍하니 있었습니다. 가슴을 연다는 것은 상처를 입는 일이었습니다. 하누만이 가슴을 찢는 그림이 있는데, 꼭 그랬습니다. 그것은 내가 사랑을 받고 있으며 사랑을 받을 자격이 있다는 것을 확인하는 놀라운 경험이었습니다.

그 일이 모든 것을 바꾸었습니다. 그때부터 나는 마하라지와 함께 있고 싶었고, 될 수 있으면 '몸으로 표현된 그'와 함께 있기를 원했습니다. 그가 가라고 하면 나는 일어나서 가곤 했지만, 차를 한잔 마시고 10분 이내에 다시 돌아오곤 했습니다. '가라'는 소리가 '오라'는 소리로 들릴 지경에 이르렀습니다. 그가 모두 다 내보낼 때면, 나는 먼저 자리를 뜨곤 했지만 모두가 다 떠나고 난 뒤에는 다시 돌아왔습니다.

일행(여성들도 몇 명 있었다)이 카우사니에서 수행을 하고 있는 동안, 나는 에블린 호텔에서 간염을 치료하고 있었는데, 마치 가족처럼 보살핌을 받았다. 쉬지 않고 내리는 장맛비로 인해 내 방은 벽에 곰팡이가 펴서 초록빛으로 변했지만, 카우사니를 오가는 사람들의 방문으로 늘 위로를 받았다. 6주가 끝나갈 무렵에도 나는 여전히 호텔에서 아픈 몸을 추스르고 있었는데, 라다와 모한이 봄베이에서 왔다. 라다 역시 심한 간염을 앓고 있었다. 모한은 카우사니의 사람들과 합류하기 위해 떠나갔고, 라다와 나는 함께 회복하는 시간을 가졌다. 호텔의 여러 계단을 올라갈 수 있게 되었을 때, 소식이 들려왔다. 마하라지가 카인치에 돌아왔다!

우리가 나중에 '나이니탈에서의 고무된 시간 Nainital High'이라고 부르게 된 날들이 우리를 기다리고 있었다.

8
나이니탈에서의 절정
1971년 가을

인생은 짧지만 커다란 축복이 따른다.
이제는 당신이 신을 만날 차례다.
—산트 키르팔 싱

장마철이 끝나갈 무렵, 마하라지가 카인치로 돌아왔다는 소식이
전해졌다. 물리적 차원에서 이루어진 나의 첫 번째 다르샨은 1971년
9월 7일 카인치에서 있었지만, 실제로는 1969년 여름이 지난 어느
날 첫 다르샨을 경험한 셈이다. 나는 오랜 친구와 마약을 했고, 입문식을
하듯이 내면의 사원으로 날아갔다. 그다음 날, 나는 여전히 너무 고조되
어 잠을 잘 수 없었고, 내려오기 시작하면서 내가 끌려가고 있는 낮은
아스트랄 영역이 두려워지기 시작했다. 나는 람 다스가 나에게 준
마하라지의 작은 흑백 사진 앞에 앉아 말라를 움켜쥐고 가슴에서 우러나
온 만트라를 반복하고 또 반복했다. "나는 두려워요 당신이 나를 도와주
셔야만 해요. 나는 무서워요. 당신이 나를 도와주셔야만 해요." 그리고
거기에 그가 있었다. 그가 사진 속에서 움직이고 있었는데, 푸른 빛을

나이니탈에서의 절정. 첫 줄 왼쪽부터: 람 데브, 라구, 대네, 다와르카나트, 비쉬왐바르, 둘째 줄 왼쪽부터: 칼, 우마, 안나푸르나, 아냐수야, 파르바티, 라다, 모한, 셋째 줄 왼쪽부터: M. L.샤, 라비 다스, 수리야 다스 (라비 다스의 뒤), 시타, 락스만, 카를로스 비쉬와나트, 크리슈나 다스, 투카람 (크리슈나 다스의 뒤), 람 다스, 라메슈와 다스 (람다스 뒤), K.K. 샤, 발라람 다스.

띤 공 속에 있었다. 나는 모든 것이 다 괜찮을 것임을 알아차렸다.

그 후 나는 더 큰 사진을 얻었다. 나는 항상 그 사진에 대고 이야기를 했고, 이따금씩 그를 만났다. 그렇다고 그의 영혼과 이야기를 나눴다는 뜻은 아니다. 아무튼, 누가 사진에게 말을 하겠는가? 마침내 카인치에서 마하라지를 만났을 때, 그가 나에게 가장 먼저 한 말 중 하나는, "당신은 항상 내 사진에 말을 걸곤 했어요. 질문을 많이 했지요!"였다.

마하라지와 함께하는 카우사니에서의 수련회가 끝나자, 갑자기 나이니탈의 에블린 호텔이 미니 아쉬람이 되었다. 아침이면 우리를 깨우는 종소리가 울렸다. 일요일이면 우리는 앞마당에 모였고, 람 다스가 성경과 힌두 경전 중 하나인 『예수 그리스도의 물병자리 복음 The Aquarian

Gospel of Jesus the Christ』이나 『게으른 사람이 깨닫는 법 The Lazy Man's Guide to Enlightenment』을 읽었다.

우리는 동화 속 나라 같은 나이니탈을 좋아했다. 가을에는 명절을 맞아 온통 반짝거리는 작은 전구들로 단장되었다. 호수 주변을 산책하며 나이나 데비 사원, 시바 동굴, 하누만 사원에 가볼 수 있었다. 우리는 보트를 타거나 인디언 옷과 종, 그림, 향과 같은 개인 푸자용 물품을 쇼핑할 수도 있었다. 하지만 대부분의 시간은 카인치에서 보냈다.

마하라지의 오랜 헌신자들에 따르면, 그가 그렇게 오랜 기간, 즉 7주 동안이나 한 장소에 머물렀던 것은 이번이 처음이었다! 낮 동안에는 마하라지와 더불어 충만해져 있었고, 밤에는 그에 대한 꿈을 꾸었다.

카인치로 가는 길은 쉽지 않았다. 처음에는 나이니탈에서 굽이굽이 18킬로미터의 산길을 달리게 된다. 도로는 겨우 2차선에 불과하고, 어떤 곳은 길이 너무 좁아서 앞으로 가기 전에 경적을 크게 울려야 했다. 지그재그의 산악도로여서 그렇게 미리 알려야 했다. 그래야 반대 방향에서 오는 자동차나 트럭이 충분히 넓은 곳에 정차하여 길을 양보받을 수 있었다. 길 한쪽 면에는 장마철 폭우로 인해 바위와 진흙, 나무가 도로로 굴러떨어져 쌓인 더미가 곳곳에 있었다. 길의 다른 쪽 면은 떨어질 듯 위험한 절벽이었다. 차를 타고 가다 보면 '죽은 메뚜기 떼', 곧 자동차와 버스가 썩어가는 시체처럼 계곡 바닥에 널브러져 있는 것을 볼 수 있었다.

그러나 그다음, 카인치 계곡을 따라 흐르는 강의 만곡 속에 자리 잡게 되면, 불현듯 사원의 붉은 첨탑과 남 카롤리 바바 아쉬람을 이루고 있는 흰색 건물이 눈에 들어온다. 아, 다시 집에 돌아온 것이다.

카인치, 길 쪽에서 본 광경.

우리는 버스나 택시, 또는 람 다스의 폭스바겐 밴을 타고 아침 8시쯤 다르샨 시각에 맞추어 도착했다. 우리는 마하라지의 주변에 둘러앉아 있다가 다르샨이 끝나면 안뜰을 가로질러 식사—엄청난 양의 매콤하게 튀긴 감자와 퓨리—를 하러 갔다. 나는 람 다스 옆에 앉아 내 앞에 있는 나뭇잎 접시를 바라보면서 간염에 걸린 내가 어떻게 마하라지가 나에게 준 엄청난 양의 매콤한 튀김과 한 상자 가득한 과자를 먹을 수 있을 것인지를 생각하고 있었다. 람 다스는 웃으며 "이건 음식이 아니에요. 프라사드에요."라고 말해주었다. 그래서 나는 그것을 먹었다. 두말할 필요도 없이, 우리 중 많은 사람이 소화제로 숯으로 만든 환과 인도 약초인 Liv 52를 달고 살았다.

음식을 먹고 난 후엔, 마하라지가 우리를 아쉬람의 뒤안에 있는 오두막(람 다스가 인도를 처음 여행하는 동안 머물렀던 곳)으로 보내 휴식을 취하게 했다. 우리는 낮잠을 자거나, 일기를 쓰거나, 강가 바위에 앉아 노래하고, 명상하고, 울곤 했다. 왜 눈물이 그렇게 났을까? 우리가 점차 깨닫게 된 것은, 마하라지의 밝고 찬란한 빛이 우리 내면의 어둠을 밝히고 있고, 우리의 불결함과 욕망이 때로는 완전히 제압당하는 것처럼 보인다는 것이었다.

그렇게 휴식 시간이 끝나면, 우리는 두 번째 다르샨을 위해 아쉬람 앞쪽으로 호출을 받았는데, 다르샨은 그날의 마지막 버스가 우리를 에블린 호텔로 다시 데려다줄 때까지 계속되었다. 우리는 마지막 차이와 과자를 먹고 프라사드 감자와 퓨리 한 상자를 받아 가지고 갔다. 우리 중 많은 사람이 호텔에서 함께 저녁을 먹었고, 특별한 저녁에는 K.K.가 와서 우리에게 구루를 찬양하는 노래인 아르티aarti를 가르쳐주었다. K.K.의 아름다운 목소리와 그의 가슴 속 깊은 곳에서 우러나는 깊은 헌신은 그런 밤들을 기억에 아로새겨 주었다.

라메슈와 다스 : 우리는 나이니탈에서 어울려 놀러 다니면서 온갖 종류의 관광 활동을 했습니다. 호수에서 보트를 타거나, 언덕을 걸어 오르거나, '눈 맛섭'인 곳까시 하이킹을 하여 멀리 히말라야 봉우리를 내려다보았습니다. 아쇼카 토키에 옛날 영화를 보러 가기도 했지요. 시내에 레스토랑이 몇 군데 있었지만, 우리는 대부분 호텔에서 식사를 했습니다.

어느 날 대니, 크리슈나 다스, 그리고 나는 호수에서 보트를 타고 마하라지에 대해 이야기하고 있었습니다. 그런 다음, 우리는 시장에 가서 K.K.의 집 근처에 있는 사진관에 들렀는데, 현지 성자들의 사진이 걸려 있었습니다. 다음날 카인치에서 마하라지가 우리에게 말했습니다. "호수에 있었지? 무엇을 하고 있었지?"

"아, 우리는, 마하라지, 당신에 대해 이야기하고 있었습니다."

그는 후욱 부는 소리를 냈습니다. 그래요, 그랬지요, 보트를 타는 동안 간자(ganja, 마리화나)를 들이마셨었지요.

그는 어떤 것이든 부정적인 의견을 말한 적이 없었습니다. 그는 단지 우리가 무엇을 하고 있었는지를 자신이 알고 있었다는 것을 우리에게 알려주려고 했을 뿐이었습니다.

그런 다음, 그가 "그대들은 내 사진을 보고 있었어."라고 말했습니다. 순순히 인정해야 했습니다.

그는 매 순간 무슨 일이 일어나고 있는지를 알고 있었습니다. 하지만 빼먹지 말고 우리가 알아야 할 것은, 우리가 항상 매우 자상한 보살핌을 받고 있다는 것이었습니다. 우리는 나이니탈 주변에서 그의 가족의 일원이 되어 K.K.의 가족을 알아갔고, 식사를 하러 그곳으로 건너가곤 했습니다. 나는 단체 사진을 찍고 싶었습니다. 그래서 우리는 나중에 우리가 '나이니탈 하이'라고 부르게 된 사진을 찍게 되었습니다. 사진관에 가서 부탁을 했더니, 사진사가 에블린 호텔 현관으로 거대한 뷰 카메라를 가져왔습니다. 렌즈에는 셔터가 없었습니다. 그들은 렌즈 뚜껑을 벗기고 숫자를 세었습니다. 나는 아직도 11x14 크기의 커다란 사진 원판을 가지고 있습니다.

라구 : 라메슈와 다스는 마하라지의 사진을 찍고 있었고, 마하라지의 사진으로 스탬프를 만들었습니다. 그는 사진 스탬프가 여러 장 이어진 시트들을 우리 모두에게 나누어 주었습니다. 누군가가 그것들을 마하라지에게 주기 시작했고, 그는 기뻐했습니다. 누군가가 마하라지에게 그 스탬프가 찍힌 시트를 주면, 그는 그것들을 다른 누군가에게 나누어주었습니다. 한번은 그가 스탬프 사진들을 달라고 하더군요.

남은 것이 시트 한 장뿐이어서 반으로 찢었습니다. 그것을 숨기려고 하지 않고 그가 보는 앞에서 그렇게 했지요. 무의식적인 행동이었어요. 나는 걸어 올라가서 그에게 내가 찢은 절반을 그에게 주었습니다.

그는 나를 바라보더니 그것을 다시 나에게 던졌습니다. "그건 아니지!"

그런 일이 있고 보니, 일주일 동안 기분이 저조했습니다. 죽을 맛이었습니다. 무슨 일이 생길 때마다 우리는 강으로 가곤 했지요. 나는 크리슈나 다스와 함께 강가 바위 위에 앉아 우리가 얼마나 쓸모없는 사람들인지 한탄하며 얼마나 많은 시간을 보냈는지 모릅니다. 자기 자신을 그런 시각에서 본다는 것은 정말 끔찍한 일이지요.

며칠 후 그는 다시 스탬프 사진들을 달라고 했고, 나는 똑같은 사진들을 가지고 있었습니다. 이번에는 그것들을 전부 그에게 주었습니다. 그는 돌아서서 그것들을 누군가에게 주었고, 그런 다음 그는 나를 돌아보더니 나에게 집게손가락을 들어 보였습니다. 그것은 무드라로서, "우리는 모두 하나입니다." 또는 "조심하세요!"를 의미했습니다. 그것으로 그 모든 사건은 막을 내렸습니다.

마하라지 스탬프.

아나수야 : 대니와 나는 카우사니에서 함께 여름을 보내고 있었는데, 어느 시점엔가 우리는 결혼해야 한다는 생각을 하게 되었습니다. 우리는 카인치에 와서 마하라지에게 우리의 결혼을 축복해 주는 시간을 내주실 수 있을지를 물었습니다. 그는 "사랑이 있는 곳에 결혼도 있으니, 더 이상 뭐가 필요하겠어?"라고 말했습니다.

그는 또 "미국에서는 결혼할 때 반지를 교환하지?"라고 물었습니다. 우리는 "예."라고 대답했습니다. 그는 대니에게 "그녀에게 반지를 사줘. 당신들은 이제 결혼한 거야."라고 말했습니다.

잠시 후 그는 우리를 다시 불렀고, 거기에는 인도인들이 몇 명 있었습니다. 그는 "방금 무슨 일이 일어났는지 그들에게 말해주세요"라고 말했습니다.

나는 "마하라지가 우리를 결혼시켰어요."라고 말했습니다.

그는 그것을 며칠 동안 가장 큰 우스갯거리라고 생각했습니다. 그는 그 이야기를 들은 인도인들이 짓는 표정을 보고는, 좋아했습니다.

9월 어느 날, 우리 모두 카우사니에서 돌아와 에블린 호텔에 도착했을 때, 그는 이렇게 말했습니다. "그대는 아쉬람에 와서 밤을 보내도 돼. 내가 그대를 쿠티르(뒤꼍의 오두막)에 머물게 하지 않았다고, 아직도 나에게 화를 내고 있군."

그러는 동안 여러 달이 흘렀고, 나는 카우사니에서 아름다운 여름을 보냈기 때문에, 이렇게 말했습니다. "그렇지 않습니다, 마하라지."

"그렇지, 그럴 거야. 내일 아쉬람에 와서 묵어도 돼."

우리는 다음날 다시 그리로 갔는데, 어떤 이유에서인지 거기에 묵을 수가 없었습니다. 그는 나를 놀리고 있었어요.

다음 주에 우리는 뒤쪽에 있는 방 중 하나에서 하룻밤을 묵었습니다. 대니는 방 한쪽 침대를 썼고, 나는 그 반대편 침대를 썼습니다.

밤중에 강렬한 꿈을 꾸었는데, 내가 침대에서 일어나 밖으로 나가는 꿈이었어요. 마하라지가 인도인 두 명과 함께 거기에 서 있었는데, 아기를 안고 있었습니다. 나는 속으로 생각했습니다. "정말 이상한 일이군요. 그가 아기를 안고 있다니! 한 번도 본 적이 없는 모습이야." 그는 나에게 따라오라고 손짓을 했습니다. 그는 아기를 안고 건물 앞을 한 바퀴 돌더니 우리가 자고 있던 방의 현관문으로 들어왔습니다. 인도인들은 밖에 남았습니다. 마하라지와 대니, 그리고 아기와 나만 방안에 있었어요. 그러다가 깨어났습니다.

대니는 같은 시간에 방 건너편에서 일어났고, 나는 그에게 꿈에 대해서 말했습니다. 5시에 아쉬람 문지기가 문을 두드리고 우리에게 차를 가져다주었습니다. 잠시 후 그는 우리를 불러내어 마하라지가 찾는다고 했습니다. 마하라지 옆에는 몇몇 인도인들과 함께 어린아이가 있었습니다. 그는 우리를 바라보더니 "이 아이를 미국으로 데려가겠나?"라고 물었습니다.

"원하신다면, 마하라지."

"그래, 그게 내가 원하는 거야."

아기의 부모들은 기뻐하는 것 같았습니다. 마하라지는 대니에게 이것저것 질문을 했습니다. "미국에서 돈을 얼마나 벌지? 이 아기에게 우유를 사줄 형편은 되겠지?"

부모가 아기를 우리에게 넘겨주려고 하니, 아기가 울기 시작했어요. 마하라지는 "안돼, 안돼, 안돼, 그렇지, 너는 갈 필요가 없어."라고 말했습니다.

하지만 그는 계속해서 우리에게 질문을 했습니다. "내가 너에게 아이를 준다면, 받아들이겠어?" 우리는 그렇다고 대답했습니다. "우유 많이 먹일 수 있지? 학자로 키울 수 있을까?" "그럼요."

그는 "그래, 그렇지."라고 말했고, 그게 전부였습니다.

2주 후, 나는 임신을 하게 되었습니다. 임신했다는 사실을 알았을 때, 나는 마하라지에게 "아기를 갖게 되면, 신으로부터 멀어지게 될까요?"라고 물었습니다.

그는 "그대가 아기를 갖게 되면, 애착을 갖게 될까? 진흙을 뚫고 올라와 꽃을 피우는 연꽃처럼 되어야 해. 자녀에게 집착하면 안 돼. 사랑하되, 집착하지는 말아야 해."

나는 밤새도록 그것에 대해 생각했습니다. 그것은 정말 어려운 명령이었습니다! 내가 어떻게 이 아기에게 애착을 갖지 않을 수 있겠어요? 다음날 나는 "마하라지, 아기에게 어떻게 집착하지 않을 수 있는지 나는 모르겠어요."라고 말했습니다.

그는 "신을 기억하고 믿음을 가져. 그러면 돼."라고 말했습니다. 나는 여전히 기다리고 있습니다.

발라람 다스 : 나는 마하라지뿐만 아니라 그곳 인도 사람들로부터 우리가 어떻게 받아들여졌는지에 대해 말하고 싶습니다. 우리가 문화적으로 그들에게 불쾌한 일을 한 것이 분명한데도, 그들은 웬일인지 신경을 쓰지 않았습니다. 그들은 "글쎄, 무엇보다도 고의로 그러는 것이 아니니까. 그냥 모르는 것뿐이지. 더구나 마하라지도 전혀 신경을 쓰지 않는 것 같거든." 하고 말하는 것 같았습니다. 그들은 분명 관대하고 너그러웠습니다.

나는 사원에 다니면서 인도 사람들이 자신들의 헌신을 표현하는 방식을 지켜보곤 했습니다. 인도인들이 사과를 가져다가 껍질을 벗기고 썰어서 나뭇잎 접시에 올려놓는 모습을 지켜보았습니다. 여러 차례 그런 모습을 보면서, '나도 할 수 있어.'라고 생각했습니다.

그래서 나는 사과를 집어서 스위스제 칼로 사과 껍질을 벗기고 잘라 접시 위에 올려놓았습니다. 마하라지는 거기 앉아서 몇몇 신사들과 이야기를 나누고 있었는데, 사과 조각이 담긴 접시를 자기 쪽을 향해 들고 있는 나를 바라보았습니다. 내가 이런 일을 하면 그는 놀라면서 나를 놀릴 것 같았습니다. 당신의 애완견이 당신에게 말을 한다면, 당신은 어떤 반응을 하게 될까요? "맙소사, 강아지가 말을 하네! 강아지가 지금 무엇을 하고 있는지 보세요. 너무 귀엽네요." 마하라지 가 나를 보고 짓는 표정이 그랬습니다. 마하라지는 어떻게 묘사할 수조차 없을 만큼 아름다운 표정, 너무 깊은 사랑으로 나를 바라보고 있었습니다.

그는 사과 한 조각을 집어 들고서는 씹기 시작했습니다. 그런 다음 그는 사과 몇 조각을 집어 인도 남자들에게 주었습니다. "그가 가져온 이 음식을 먹을 건가?"

인도 문화에서는 까다로운 일입니다. 서양인인 내가 음식을 준비했 습니다. 나는 어쩌면 이 신사들을 위해서 음식을 요리하기에는 자격이 없었을지도 모르지만, 마하라지는 망설이지 않고 곧바로 그것을 집어 들고 먹었습니다. 그들은 "오, 예, 바바, 우리는 그것을 먹을 겁니다."라 고 말했습니다.

마하라지는 남은 사과를 나에게 돌려주며 말했습니다. "이 사과들 로 나는 그대에게 막대한 부를 주고자 하네." 막대한. 그리고 그는 이렇게 말했습니다. "아압 자오, 피르 아아나 Aab jao, phir aana. 지금 가라, 그리고 다시 오라." 그 말은 내가 처음으로 배운 힌디어들 중 하나였습니다.

마하라지는 일어나서 안으로 들어갔습니다. 그러자 인도 사람들이 나에게 달려와 "오 마이 갓! 대단한 일이 벌어졌습니다. 방금 무슨

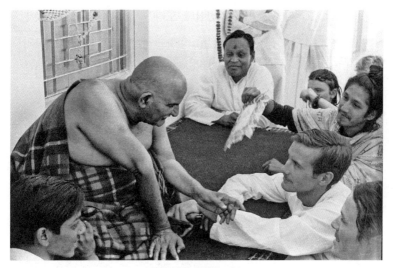
마하라지와 발라람 다스.

일이 일어났는지 아세요?"라고 말했습니다.

나는 "글쎄, 그분이 나에게 사과를 주었지요."라고 말했습니다.

그들은 매우 흥분했습니다. 그것은 큰 은덕이었습니다. 물론 그랬지요.

나는 매일 그 시간이 되면 다르샨을 가졌던 것을 기억합니다. 그 후 우리는 모두 돌아왔고, 모두가 밤마다 마하라지에 대한 꿈을 꾸었습니다. 정말 놀라운 시간이었고, 나는 완전히 변하고 있었습니다. 인도에 갔을 때, 나는 수염을 길렀고 머리를 길게 땋고 다녔습니다. 내가 가능한 한 많은 시간을 마하라지와 함께 있고 싶어 한다는 것을 깨달은 후, '그럼 내가 어떻게 해야 하지? 그렇게 되도록 나 자신을 이끄는 가장 좋은 방법은 무엇이지?'라고 생각했습니다. 나는 적응하고, 섞여 들어가고, 그러면 그분은 나에게 가라고 하지 않을지도 모를 일입니다. 나는 수염을 밀었고, 머리를 잘랐으며, 젊은 인도 남자들이 좋아하는 콧수염을 갖게 되었습니다. 이제 모든 것이 말끔해졌습니다. 그러다가 조끼를 얻었어요. 도티(긴 천 조각 하나로 된 남성복. 다리 사이에서 한쪽 끝을 올려 엉덩이를 감싸고 허리에 집어넣어 조여준다)와 조끼 밖으로 술이 달려 있는, 주머니에는 펜을 꽂을 수 있는 긴 흰색 셔츠. 그렇게 새로운 모습으로 변신했습니다.

또 그 시점에 나는 무슨 일이 어떻게 돌아가는지 이해하고 싶은 충동을 느끼고는, 힌디어를 배워야겠다고 마음먹었습니다. 인도에서 책을 두 권 샀는데 정말 형편없었어요. 나는 코네티컷주 뉴헤이븐에 계시는 아버지에게 편지를 썼습니다. "예일 협동조합에 가시면 온갖 교과서를 파는 곳이 있어요. 힌디어로 된 책을 모두 찾아서 보내주세요." 몇 달 후 나는 커다란 소포 꾸러미를 받았습니다. 나는 문자 시스템을 읽고 배우기 시작했습니다. 그곳에 있는 동안 내내 그랬습니다.

라다 (그녀의 일기에서):

1971년 10월 10일

오늘은 나에게 불행한 날이다. 사람의 마음이 신께 있지 않으면 이 세상의 슬픔에 영향을 받게 된다는 것을 알았다. 하루 종일 울었다 멈췄다 했다. 마하라지가 관심을 주지 않는 것 같아서 기분이 상한 것이다. 강으로 가서 '람'을 찬양하는 노래를 불렀고, 나는 라다가 아니며, 신만이 (가슴 속에 있는) 유일한 구루라고 생각했다.

마하라지는 누군가에게 내가 울고 있다면서 나를 데려오라고 말했다. 그는 내가 발을 문지르도록 내밀며, 나의 구루가 누구인지를 물었다. 나는 "하나님"이라고 얼른 대답했다.

그는 "누가 더 큰가, 구루인가 아니면 하나님인가?"라고 물었다.

나는 "둘은 하나이고, 똑같습니다. 어쩌면 구루가 더 위대한지도 모르겠어요. 구루는 인간의 모습을 취했고 우리가 그와 대화할 수

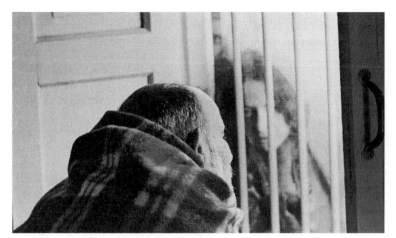
'사무실'에 있는 마하라지와 창 밖의 라다. 사진 발라람 다스.

있으니까요."라고 대답했다.

그는 내가 그에게 화가 났는지 물었다. 나는 웃음을 터뜨렸고, 그는 웃고 있었다. 그러다가 나는 다시 울기 시작했고, "난 마하라지를 항상 기억하고 숭배하고 싶어요."라고 말했다.

그는 내가 왜 울고 있는지 물었다. 나는 "신을 잊어버린 사람에게는 행복이 있을 수 없어요. 나는 항상 신을 기억하지 못하고, 그래서 고통스러워요."라고 대답했다. 마하라지는 나에게 결코 잊을 수 없는 은덕을 베풀어주었다. 그는 내가 매 순간 그를 기억하도록 노력해야 하며 자신이 도와주겠다고 말했다.

전에 내가 울고 있었을 때에는 그가 내 손을 잡아 끌어당겨서 내 머리와 손을 그의 무릎 위에 얹게 하였고, 그렇게 나는 그의 무릎에 엎어져서 울었다. 그의 친절과 사랑은 말로 다 표현할 수 없다. 이 같은 경우는 결코 본 적이 없다.

크리슈나 : 인도에는 몇 온스의 하시시(대마초의 일종)를 제공하는

대가로 생활비를 버는 히피들이 많았습니다. 내가 가진 돈은 확연히 줄어들고 있었고, 그래서 이 일이라도 해야 하는 것이 아닐까 생각했습니다. 너무 괴로워서 마하라지에게 말했습니다. 그는 나를 바라보면서 말했습니다. "항상 진실을 말해야 해. 그러면 전혀 두렵지 않을 거야." 나는 사실 망상에 시달리고 있었어요. 잡히면 어떻게 하지? 일종의 범죄 행위를 하겠다고 나선 꼴이었습니다. 그가 그렇게 말했을 때, 나는 비로소 그렇게 하지 않을 결심이 섰습니다. 날아갈 것 같았습니다.

미라바이 : 그가 크리슈나에게 했던 말은 내 기억에 항상 남아 있습니다. "항상 진실을 말하라, 그러면 전혀 두렵지 않을 것이다." 사람이 정직하고 투명해질 때 나오는 개방성의 자질을 발전시키면, 건전하고 안전한 세상에서 살아갈 가능성이 더 높습니다. 나는 그것을 알고 있습니다. 물론 두려워해야 할 일도 있지만, 속속들이 정직해지는 것은 우리 안에 강인한 힘을 키워주어 무슨 일이 닥치든 두려워하지 않게 해줍니다. 그것은 나에게 심원한 깨달음이었습니다.

카비르 다스 Kabir Das (Jim McCarthy)는 1970년 설날에 봄베이 항구로 배를 타고 들어갔다. 그는 그때까지 40개국을 방문했는데 대부분 제3세계였고, 인도에 대해서는 아는 바가 거의 없었다. 하지만 그는 곧 인도에 낚이게 된다. 알모라 근처의 히말라야 산기슭에 있는 디나파니에 자리를 잡았는데, 뱀에게 물려 상처가 덧나고 말았다. 카우사니에서 수련회가 끝나가고 있을 때였다. 그의 여동생 시타가 카인치에서 마하라지를 만나고 있던 바로 그 시각, 그는 나이니탈에 있는 영국 병원으로 택시를 타고 갔다. 병원에 입원한 지 며칠 후에 마하라지에 대한 소식을 들은 그는 자신의 상태를 살펴보았다.

카비르 다스 (그의 글에서):

"구루 나낙 Nanak이 오셨다! 구루 나낙이 오셨어!" 마하라지가 안마당 건너편에서 소리쳤다. 내가 시바 사원 옆 모퉁이를 돌았을 때, 그가 나를 향해 한 말이었다. 두 젊은 미국인이 팔짱을 끼고 서서 이 이상한 광경을 보고 있었다. 멀리서 작게 보이는 님 카롤리 바바는, 이른 아침 고지대의 추위에 대비해 격자무늬 담요를 덮은 채 베란다의 평상에 앉아 있었다. 우리가 평상에 다가가자 그는 재빨리 더 넓게 자리를 잡았다. 그는 나를 '구루 나낙'이라고 부르면서 앞뒤로 몸을 흔들었고, 나를 평상 가장자리의 계단 위에 올라서게 했다.

마하라지는 12명 정도의 인도인과 서양인에 둘러싸여 앉아 있었다. 그는 무슨 일이 있었는지 물었지만, 대답을 기다리거나 기대하는 것은 아닌 것 같았다. 그는 계속해서 질문을 퍼부었다. 어떤 경우에는 말문이 탁 막혀버렸다. (말로 설명되지 않는) 내 상태에 대해 몇 분간 걱정스런 관심을 보인 후, 그는 아픈 사람들에 대해 이야기하기 시작했고, 다음과 같은 아름다운 말을 잇달아 해주었다. "신께서는 우리가 섬길 수 있도록 하기 위해 병자와 아픈 사람의 모습으로 오신다." 그는 그날 아침 병자에게 세바(섬김, 봉사)를 하는 것의 중요성에 대해 오랫동안 이야기했다.

혼자서든 그룹으로든 사람들이 쉬지 않고 왔다. 축복을 내리는 고요함의 순간을 제외하면, 그는 평상 위에서 계속 말하고 움직이고 있었다. 그는 내가 캐나다인이고 시타가 내 여동생이라는 점을 언급했지만, '구루 나낙'에 대해서는 두 번 다시 언급하지 않았다. 3개월 후 브린다반에 있을 때 그는 나에게 '카비르 다스'라는 이름을 지어주 었다. 나는 그 이름을 내내 안고 살고 있다.

카우살리아 Kausalya (Karen Pettit)는 19세로, 시애틀에서 한 예술가 그룹을 위해 인물 모델로 일하고 있었다. 『지금 여기에 살라』가 출판되 자, 그 책은 그녀의 경전이 되었다. 그녀는 마하라지를 만나기로 결심했 다. 그녀의 남자친구는 '좌도 left-hand path'*, 즉 알리스터 크롤리Aleister Crowley**, 탄트라, 동굴에서 요기들과 어울려 빈둥거리는 것 등등에 관심이 있었습니다. 그들은 함께 인도로 가서 델리에서 하룻밤을 보내고 다음 날 나이니탈로 가는 버스를 탔습니다.

카우살리아 : 마하라지를 처음 만나 그의 주변에 머물면서, 나는 그의 관심과 인정을 받으려고 애썼습니다. 하지만 그러지 못했지요. 당시 그곳에서 가장 어린 사람이었던 것 같고, 십대 전체의 여왕 [가우살리아는 Miss USA였다]으로 뽑힌 직후였습니다. 대다수 사람 들은 매우 명상적이고 명상적인 장소에 있었는데, 나는 무엇을 해야 좋을지 알 수 없었습니다.
마하라지는 나를 짐짓 무시하는 것 같았습니다. 몇 주 동안이나 그랬습니다. 다들 이름이 있었어요. 모두가 그와 함께 특별한 일상을 보내고 있었습니다. 날마다 이런 생각이 들었습니다. '글쎄, 이렇게

---

* 흔히 좌도를 흑마술, 우도를 백마술이라고 하지만, 좌도와 우도는 서로 다른 원리를 의미할 뿐 선악의 구분은 아니라는 견해도 유력하다.

** Aleister Crowley (1875 ~ 1947) : 잉글랜드의 오컬티스트, 마법사이자 시인, 등산가.

멀리까지 왔는데, 그는 분명 나의 구루가 아니야. 결국 나를 알아보고는 잠자리에 데려가려고 할걸? 어쨌든 떠나야겠어." 그러면서도 여전히 머물렀습니다.

찰리는 요기들과 함께 동굴에 앉아 지내기 위해 다르질링으로 떠났습니다. 그는 사흘쯤 뒤에 돌아와서 말했습니다. "인도는 이제 알 만큼 알게 된 것 같아. 나는 떠날 거야."라고 말했습니다. 나는 아니었습니다. 그는 나에게 여행자 수표로 200달러를 주었고, 하나님의 은혜와 우리를 끊임없이 보살펴준 훌륭한 인도 헌신자들 덕분에 나는 그걸로 인도에서 10개월 동안 버틸 수 있었습니다.

내면의 성소에 들어가려면 어떻게 해야 할까? 고심하다가 어느 날 나는 '좋아, 시스템을 속여 볼까?'라고 생각했습니다. 모두가 버스를 타고 카인치까지 가기로 했는데, 나는 혼자 늦게, 택시를 타고 가야겠다고 생각했습니다. '아무리 그래도 인사라도 해주거나, 등이라도 한 번 두드려주거나, 뭔가를 줬어야 하는 거 아냐?' 내가 그곳에 도착하자 다다가 "마하라지에게 당신이 왔다고 말할게요."라고 말했습니다. 나는 입구에 서 있었거든요. 마하라지는 자기 방에 있었습니다. 그는 창문을 열고 나를 한 번 쳐다본 다음 바로 앞에서 거세게 창문을 닫았습니다.

'오케이, 그래, 알았어요. 나 같은 건 신경 쓰지 마세요.' 나는 강가에 앉아 울었습니다. 나는 포기했지요. 혼자서 생각이 많았지요. '그래, 내가 여기 있는 목적은 이게 아니지. 그가 나에게 이름을 지어주든, 내 머리를 쓰다듬어 주든 쓰다듬어 주지 않든, 내가 그에게서 무엇을 얻을 수 있는가가 내 목적이 될 수는 없어. 목적은 그와 함께하는 것 자체야.'

브린다반에서 몇 주가 지난 어느 날, 나는 공상에 잠겨 있었습니다.

드와르카가 나를 치면서 "마하라지가 방금 당신에게 이름을 지어주었어요."라고 말하고는 가버렸습니다. 뭐? 그가 그랬다고? 마하라지는 내 머리를 쓰다듬고, 장미와 프라사드를 주었습니다. 그는 나에게 몇 가지 질문을 했습니다. 내 시간이 온 것입니다. 티아라*가 먼저 완전히 부서져야만 했던 거지요.

락스만 : 모두가 마하라지를 각자 다르게 보기 때문에 이는 나의 개인적인 견해입니다만, 나는 그가 그의 몸 안에 있는 것이 아니라고 생각합니다. 그토록 전지全知한 분이 어떻게 몸 안에 들어갈 수 있겠습니까? 나는 그 점에 대해서는 내 마음을 포장할 수가 없었습니다. 그래서 다르샨을 할 때도 무리의 뒤쪽에 서 있었습니다. 나는 그에게서 떨어져 있기를 좋아했는데, 그 이유는 내 주변 어디에서나 그의 존재를 느꼈기 때문입니다. 그를 본다는 것은 그와 내가 분리되어 있다는 것을 받아들인다는 뜻입니다. 그가 거기에 있고 내가 있다는 것은, 있을 수 없는 일입니다. 그와 나는 하나이니, 나는 온전히 혼자여도 우리는 하나입니다.

가을이면 카인치에서는 두르가 푸자Durga Puja('신성한 어머니'를 숭배하고 악에 대한 그녀의 승리를 축하하는 9일간의 축제로 Navratri 라고도 함)의 한 부분으로 성대한 하반havan, 불 의식이 열립니다. 불 주변을 거닐면서 불 속으로 코코넛을 던지는데, 이는 내 에고를 죽이는 것을 나타냅니다. (물론 에고를 죽이는 일이 그것으로 다 되는 것은 아니겠지요.) 그런데 갑자기 목에 뭔가 걸리는 것 같더니, 혀가 움직여지지 않았습니다. 매우 불편해졌습니다. 혀가 계속 뒤로 말리는 것이었습니

---

* 보석 등을 박아 넣은 왕관형 머리 장식.

다. 목이 붓고 혀가 굳어서 너무 겁이 났습니다. 그래서 속으로 마하라지에게 말하기 시작했지요. "마하라지, 당신이 어떻게 내게 이렇게 할수가 있지요? 내가 당신을 얼마나 사랑하는지 당신은 알고 있잖아요. 내가 여기 당신의 아쉬람에서 죽게 내버려둘 셈인가요? 왜 당신은 내게 이런 짓을 하는 거지요?"

나는 이 매우 불편한 상황을 되돌리려고 혀를 앞으로 내밀어 보려고 애썼습니다. 두려움으로 가득 차 있었지만, 가까스로 숨을 쉬고 있기는 했습니다. 완전히 겁에 질려, 람 다스에게 가서 무슨 일이 일어나고 있는지 말했습니다.

람 다스는 나를 바라보더니, 말했습니다. "믿을 수 없군요. 우리 모두가 쓸모없는 존재들인 줄로만 알았는데, 우리 중에 케카리 무드라 kechari mudra를 얻은 사람이 있다니!"

이런! 갑작스레 내 자존감이 하늘 높은 줄 모르고 날아오르기 시작했습니다. 너무나 급작스럽게 내가 특별한 존재가 된 것 같았지요. 그런데 케카리 무드라는 무엇일까요? 영겁의 세월 동안 수행을 해온 요기들이나 그런 경지에 이르는데, 그들의 혀가 목구멍으로 내려가서 호흡이 멈추고 지복에 들어가게 된다는 것이었습니다. 그래요, 람 다스, 당신 덕분에 중요한 것을 하나 알게 되었네요. 너무나 달콤했습니다. 3개월 동안 나는 혀 뒤쪽으로 달콤한 넥타를 계속 맛보았습니다. 음, 좋았지요. 그리고 그것은 마하라지와 나의 유대를 끊임없이 상기시켜 주었습니다. 실제로 나에게 일어난 일입니다.

람 데브 : 모한과 나, 그리고 두 명의 서양인이 한 무리의 인도 사람들과 함께 마하라지 주변에 앉아 있었습니다. 마하라지와 모한은 미국의 탈지 우유 가격에 대해 이야기를 나누었고, 이야기가 꼬리를

물고 이어졌습니다. 그는 모한에게 "미국에서 우유 1kg은 얼마입니까?"라고 물었습니다. 모한은 x루피라고 대답했고, 마하라지는 "여러분들은 믿을 수 있나? 미국에서 우유 가격이 얼마나 비싼지 믿을 수 있어?"라고 물었습니다.

"와, 마하라지. 정말 비싼 가격이죠."

그들은 늘 이런 식이었고, 그래서 나는 이 사람이 어쩌면 내가 생각하는 그런 사람이 아닐지도 모른다는 생각을 하게 되었습니다. 어쩌면 그는 결국 늙어가는 한 노인네에 지나지 않을 수도 있습니다. 나는 그곳에 아주 짧은 기간 동안만 머물렀고, 이제 막 스탠포드에서 박사학위를 취득한 상태였으며, 자신을 꽤 똑똑한 사람이라고 자부하고 있었지요. '도대체 왜 여기서 미국 탈지 우유 가격 얘기를 끝없이 해야 하는 거지?'라는 생각이 들었습니다.

그런데 갑자기 내 마음속에 번개가 치는 것 같았고, 그것은 웬지 마하라지에게서 비롯된 것이 틀림없다는 느낌이 들었습니다. 결코 내 상상의 소산이 아니었습니다. 그런 경험을 해보지 않은 사람에게는 어떻게 설명하기가 어렵습니다. 마치 마하라지가 니에게 이렇게 말하는 것 같았습니다. "물론 우리는 중요한 것들을 놓고 이야기할 수 있어. 신과 사랑에 대해서도 얼마든지 이야기할 수 있지만, 그런 것들은 마음을 분주하게 만들 뿐이지. 언제나 입수할 수 있는 사랑의 바다가 있으니, 아무리 사소한 것에 대해 이야기한다고 해도, 언제든 우리는 사랑의 바다로 뛰어들 수 있어." 강렬한 지복의 씻김이 나에게 덮쳐오는 것 같았습니다. 나는 그 다르샨 이후 몇 시간 동안이나 이런 지복 상태에 있었습니다. 그것은 나에게 진실로 하나의 큰 교훈이었습니다.

룸미니 : 마하라지와의 첫 번째 만남은 무라리와 내가 카우사니를 떠난 후 브린다반에서 이루어졌습니다. 우리는 그의 존재에 대해 전혀 아는 바가 없었습니다. 마하라지는 거대한 산처럼 나무 벤치에 눕거나 앉아 있었습니다. 그는 흰옷을 걸치고 있었는데, 정말, 정말 크고, 무섭고 위엄 있어 보였습니다. 강렬한 인상이었습니다. 유일한 서양인들이었던 우리는 그의 발치에 앉았고, 가슴 두근거리며 우리가 어디에 있었는지, 미국에서 무엇을 했는지, 우리의 관계가 어떠했는지를 묻는 그의 질문에 답했습니다. 그러고 나서 그는 우리에게 "가라!"고 말했습니다.

처음 만남 이후, 그는 우리에게 다른 어떠한 말도 하지 않았고 프라사드와 함께 거의 즉시 우리를 돌려보내곤 했습니다. 다섯째 날 우리는 그에게 영적인 삶에 대해 질문하기로 결심했는데, 그날 그는 브린다반을 떠났습니다!

몇 주 후 무라리는 인도를 떠났습니다. 우리는 구루들에 대해서, 또 마하라지와의 관계에 대해 혼란스러워했습니다. 고엔카와 함께하는 불교 명상 코스를 수강한 후, 람 다스의 조언에 따라 나는 인도에 혼자 남아 있었고, 앞으로의 여행에 대해서 아무 생각이 없었습니다. '크리슈나 의식 운동'에 참여하겠다는 생각은 사라졌습니다.

그럼에도 혼란스러운 느낌은 여전히 남아 있었고, 어떤 박티 모델을 따를 것인지 이것저것 따져보곤 했습니다. 불교 수업은 일정한 과정을 밟는 것이었지만, 그대로 따라갈 수 있는 궤도가 있는 것은 아니었습니다. 어떤 형식도 없고, 주목해야 할 초점도 없이, 그저 몸의 감각 작용을 지켜보라는 것이었습니다. 내가 몰두해 왔던 4차원적 기질은 한쪽으로 치워두어야 했습니다. 코스가 끝날 무렵, 나는 명상 수업 중에도 위빠사나 명상과 박티 수행의 장점과 단점에 관한 글을 머릿속으로 쓰고 있었습니다.

이런 혼란 속에서 카인치에 도착했습니다. 그는 작은 방에 담요를 덮고 앉아 있었는데, 사랑이 넘쳐나 보이긴 했지만, 아주 왜소해 보였습니다. 그는 내 이름을 물었고, 나에게 프라사드를 주었으며, 사트상에 참가한 20명 정도의 사람들과 함께 안마당 건너편에 있었던 람 다스 쪽으로 가라고 했습니다.

모두들 이미 식사를 한 후여서, 마하라지는 그들을 불러 모았습니다. 나는 감자와 퓨리가 산처럼 쌓여 있는 곳에 혼자 앉아 있었습니다. 가끔씩 마하라지가 무엇인가를 말하면 모두가 웃으면서 나를 쳐다보곤 했습니다. 나는 밥을 먹을지, 앉을지, 건너갈지, 아무것도 모르는 채 다른 누군가의 말에 전적으로 따르지 않으면 안 되었고, 그런 나를 모두가 비웃는 것처럼 보였습니다.

그때 갑자기 그가 나를 불렀습니다. 나는 행복한 강아지처럼 벌떡 일어나 깡충깡충 뛰어갔지요. 그는 나를 '람 다스의 첼라(chela, 제자)'라고 하면서, 그에게 나를 돌봐주라고 말했습니다. 그는 내가 편지를 쓴 것에 대해 지적했는데, 물론 그런 것을 그에게 말해 준 사람은 아무도 없었습니다. 그는 또 내 마음속에서 일어나고 있는 혼란을 이미 읽었는지, "그대는 구루를 찾아 인도에 왔지만, 지금은 성자가 있다는 것조차 믿지 않지."라고 말했습니다. 이틀 전, 믿음의 상실로 인해 깊은 수렁에 빠진 기분이었던 나는 무라리에게 "뭘 제대로 아는 사람은 아무도 없어."라고 편지를 쓴 적이 있었습니다. 마하라지가 내 두뇌를 열어 다시 정렬하는 것 같았습니다. 그는 내 머리를 여러 번 때리고, 내 코를 비틀더니 밥을 먹으라면서 돌려 보냈습니다.

10월 한 달 내내 나는 나이니탈에서 람 다스와 함께 지내며 사트상을 했습니다. 대부분의 경우 마하라지는 나를 무시했으며, 때로는 린다라는 내 이름을 매우 사랑스럽게 말하며 웃었습니다. 마하라지는 사람들의 이름을 짓기 시작했고, 그래서 모든 사람이 이름을 받고 싶어서 '욕망-질투-집착-집중 여행'을 하고 있었습니다. 침체되는 기분을 느끼는 동안, 나는 내가 믿을 수 없을 만큼 불결하다는 느낌과 내가 이름을 받을 만큼 가치가 없다는 것을 확신하면서도 마하라지를 만나러 가고 싶은 마음에 충동적으로 시달리곤 했습니다. 나는 전날 밤 구루로부터 만트라를 받는 것이 신성한 일이라는 것에 대해 읽으면서 마하라지께 만트라를 요청하는 것에 대해 생각했습니다. 한 달 동안 내내 내 안에서는 '온전한 내맡김'에 대한 느낌이 커져 갔습니다. 나는 마하라지와 함께 있는 것 말고는 아무것도 원하지 않았고, 12월에 미국으로 돌아갈 계획을 서서히 포기해 가고 있었습니다.

　어느 날 나는 눈물을 흘리며 달려 내려갔습니다. 그는 다다와 함께 방에서 나오고 있었습니다. 나는 마하라지의 발 앞에 쓰러졌고, 마하라지는 마치 나를 기다리고 있었다는 듯이 사랑이 가득한 표정으로 미소를 짓고 있었습니다. 꿈만 같았습니다. 다다가 나에게 원하는 것이 무엇인지를 물었고, 나는 "만트라."라고 대답했습니다.

　마하라지는 "그대는 크리슈나를 믿는가?"라고 물었습니다.

　"예."

　"옴 크리슈나야 나마."

　나는 나의 만트라를 반복했습니다.

　"그대 이름이 뭐지?"

　"린다예요."

　"이제부터는 룩미니라고 하도록 해."

　정말 놀라운 일이었습니다. '크리슈나 의식 운동'*과 연관된 마하 만트라 Maha Mantra(헤어 크리슈나 헤어 람)로 어려움을 겪었는데,

이 운동을 그 당시에는 부정적인 시선으로 바라보게 된 참이었지요. 바로 그 때문인지 마하라지는 나에게 다른 크리슈나 만트라를 준 것입니다. 그는 또 나에게 크리슈나의 아내인 룩미니의 이름을 주었는데, 그가 언젠가 나에게 이름을 지어준다면 그 이름일 수 있겠다고 생각했던 이름이었습니다. 그런데 그가 그 이름을 나의 머리 속에서 따악 뽑아낸 것이었습니다.

나는 울기 시작했고, 마하라지는 내 눈물을 닦아주었습니다. 나는 사랑과 감사로 취한 듯이 거기에 앉아 있었습니다. 마하라지 또한, "그대의 목표는 달성되었어."라고 말했습니다. 다르샨 전체가 마치 내가 창조한 드라마처럼 전개되었습니다. 구루가 거울이라면, 바로 그때가 나에게는 그랬습니다.

분노에 대한 가르침

마하라지는 강의를 한 적이 없고, 어떠한 공식적인 방식으로도 '가르치지' 않았지만, 그에게서 무언가 배울 수 있는 상황은 항상 일어나고 있었다.

카비르 다스 : 특정한 상황이 요구될 때, 마하라지는 매우 진지했습니다. 분노라는 것을 드러내야 하는 시점에서도 그랬지요. 카인치에서의 지복에 찬 어느 가을 날 있었던 일은 우리를 극적으로 변화시켰습니다. 우리 서양인들은 오후 동안 아쉬람 뒤편에서 천막을 치고 있었는데, 갑자기 마하라지의 커다란 고함 소리가 들렸습니다. 마하라지가 그렇

---

* 1966년 뉴욕에 세워진 크리슈나 의식 국제협회에 의해 주도된 운동으로 '신의 사랑을 실천하는 것'을 목표로 한다. '하레 크리슈나 운동'으로도 알려졌다.

게 크게 고함치는 소리는, 이번이 처음이었습니다. 2층 베란다의 전망 좋은 자리에서, 우리는 아쉬람을 두 부분으로 분리하는 벽 너머를 볼 수 있습니다. 마하라지는 그의 '사무실'에 있었고, 누군가가 바바에 의해서 저질러진 소란을 중계방송해 주었습니다.

마하라지의 한 면을 보여주는, 너무 자주는 보고 싶지 않은 장면이라고 생각했습니다. 두렵고도 놀라운 경험이었습니다. 마하라지가 보통 사람들처럼 그렇게 화를 낸다고? 진정한 성인이라면 그런 감정은 일찌감치 초월했어야 하는 거 아냐? 그런 심정이었지요.

나중에 우리는 많은 양의 감자가 창고에서 썩고 있었다는 것을 알게 되었고, 책임을 맡고 있었던 오랜 헌신자였던 아쉬람의 일꾼이 자신의 카르마를 받고 있다는 것을 알게 되었습니다. 우리가 그날의 마지막 다르샨을 위해 마하라지에게 갔을 때는, 아무 일도 일어나지 않은 것 같았습니다. 마하라지는 언제나 그랬듯이 사랑과 미소가 가득했습니다. 그는 우리에게 말하기를, 성자는 결코 자신의 가슴에서 그 누구도 쫓아내지 않는다고 말했습니다. 어떤 사람은 더 이상 바바와 함께 지내지 못하도록 "자오(가라)"라는 말을 들었습니다. 그 사람은 그날 종일 밖에 서 있었지만 다시 들어오라는 소리를 듣지 못했습니다. 그 후에도 그 사람은 2년 넘게 가끔씩 아쉬람에 와서는 문밖에서 울곤 했습니다. 아쉬람은 그가 타고 가야 할 버스가 아니었습니다!

모한 : 나이니달에서 라다와 나는 싸우곤 했습니다. 그런 다음 날이면 마하라지는 "그대들은 어젯밤에 내 생각을 하고 있었어."와 같은 말을 하곤 했습니다.

나는 그런 말을 들으면 기분이 좋았습니다. 그가 툭, 툭, 툭 하고

등을 두드려주는 것 같았습니다. 그러다가 그가 우리의 다툼에 대해 알고 있다는 것을 깨달았습니다.

그러던 어느 날 그는 우리에게 "화내지 마시오."라고 훈계했습니다. 그러고는 "그대들 사이는 아무 문제가 없어. 곧 아이가 생기겠네."라고 못을 박았습니다.

그는 모든 것을 알고 있었고, 여전히 나를 사랑했습니다. 나에 대해 모든 것을 알고 있으면서도, 여전히 나를 사랑할 수 있다는 것—그것이 가장 놀라운 점이었지요. 나는 그를 위해 아무것도 하지 않았습니다. 나는 의심 많은 사업가이자 전직-사기꾼이었습니다. 그는 나에게 한푼도 요구하지 않았습니다. 그 점이 나에게는 중요했습니다. 그가 뭔가를 요구했다면, 나는 그를 신뢰하지 않았을 테니까요.

마하라지는 나를 위해서 매우 중요한 한 가지 특별한 일을 했는데, 그 일로 인해 분노가 크게 줄게 되었습니다. 나는 매우 열심히 일했고, 큰 진전을 이루었으며, 훨씬 더 행복해졌습니다. ('다른 모든 사람들과 마찬가지로'라고 덧붙일 수 있겠지요).

마하라지는 그 감자 사건을 일으킨 샤르마에게 고래고래 소리를 지르고 있었습니다. 내 생각에는, 있을 수 없는 나쁜 일이었습니다. 그런 다음 마하라지는 그를 아쉬람에서 영원히 추방했습니다. 죽음보다 더 나쁜 운명이지요. 나는 충격을 받았습니다. 그는 정말로 분노 속에서 자신을 잃은 것처럼 보였습니다. 그런 다음 그는 멈췄습니다. 그는 분노의 끝판을 보여주었다가 중립적 입장으로 돌아섰습니다. 그는 화를 내지 않았습니다.

그 정도로 분노를 표출했다면, 진정되기까지 나라면 며칠은 걸렸을 것입니다. 그러나 그는 이렇게 말했습니다. "누구도 그대들의 가슴 속에서 쫓아내지 마시오. 싫은 사람들과 억지로 어울려야만 하는 것은 아니지만, 그들을 가슴속에서 쫓아내지는 마시오." 그것은 분노에 대한 엄청난 가르침이었고, 나는 그런 것이 필요했기 때문에 그것을 보게 된 것이라고 생각했습니다. 결코 기분 좋은 일은 아니었습니다. 내 안에서는 그것으로 완전히 매듭이 지어졌습니다. "어떻게 그가 그럴 수 있었을까? 우리 바바가 그런 사람인가?" 그런 의심은 정말 끔찍한 일이었습니다. 하지만, 사실 분노는 없었습니다. 그는 화를 내지 않았습니다. 그는 그것을 가르침으로 삼고 있었을 뿐입니다. 그는 우리에게 윙크를 하며 미소를 지었습니다.

람 다스 : 나는 나이니탈의 에블린 호텔에서 서양인들과 함께 살았습니다. 주로 히피들이었고, 선량한 사람들이었으며, 마하라지와 함께 있기를 원했습니다. 그들은 자신들을 위해 그를 원하고 있었습니다. 마하라지의 뜻이나 시간은 아랑곳하지 않고 무조건 그를 만나려고만 했기 때문에, 화가 났습니다. 인도인들도 그를 만나고 싶어 했지만 서양인들 때문에 밀려나고 있었지요. 나는 그런 것이 내 잘못이라고 생각했어요. 서양인들은 정말 조심성이 없었습니다. 그들은 단지 마하라지에게 가고 싶어 했을 뿐이었습니다. 그들을 말리는 것은 고양이를 우리에 가둬두려는 것이나 마찬가지였어요. 나는 줄곧 책임감을 느꼈지요.

그러던 어느 날 밤, 나는 내 방문에 '나는 명상을 하려고 합니다.'라는 메모를 붙였습니다. 라다와 모한이 끔찍한 싸움을 벌이고 있을 때였습니다. 그들은 나를 찾아왔지만, 메모 때문에 들어올 수 없었습니다. 다음날 마하라지는 그들에게 "람 다스는 어디에 있었지?"라고 물었습니다.

그 전날 나는 마하라지가 그 불쌍한 샤르마에게 화를 내는 것을 보았습니다. 다다가 나를' 만나러 다시 왔고, 나는 얼굴을 찡그렸습니다. 다다는 "마하라지가 미친 듯이 화내는 걸 보셨나요?"라고 물었습니다.

나는 "그럼요, 그러면서도 그는 우리들에게 화를 내지 말라고 말했지요."라고 말했습니다.

우리는 모두 사원 뒤쪽에 있기로 되어 있었지만, 나는 샤르마를 버스 타는 데까지 동행해 주기 위해서 아쉬람 앞쪽으로 나갔습니다. 뭔가 긴장이 최고조에 이른 것 같은 시간들이었어요. 나중에, 샤르마는 내가 가는 곳마다 따라다니며 돈을 요구했습니다.

다음 날, 모한과 라다와 함께 있는데, 마하라지가 말했습니다. "그대들은 알고 있지? 누군가에게 미친 듯이 화를 낸다는 것은 그 사람을 그만큼 사랑한다는 뜻이야." 그러고는 나를 바라보았습니다. 그는 샤르마를 아주 많이 사랑했음이 틀림없었습니다.

그때 나는 돈을 만지지 않았습니다. 락스만이 대신 지갑을 가지고 다녔습니다. 우리는 호텔에 묵고 있었고, 서양인들과는 아무 말도 하지 않았습니다. 나는 그들에게 너무 싫증이 났습니다. 그들은 내 자금을 통제하고 있었고, 나는 그들에게 돈을 요구하지 않았습니다. 그들 모두가 사원으로 가기 위해서 버스를 탔는데, 나만 남겨지게 된 때가 있었습니다. 나는 나만의 세계에 빠져 있었고, 아무도 내 생각은 하지 않았기 때문이었습니다. 하는 수 없이, 아름다운 숲길을 따라 카인치까지 걸어갔습니다. 사원에 도착했을 때, 모두가 마하라지와 함께 웃고 떠들면서 식사를 하고 있었습니다. 내가 오는 것을 보고, 투카람이 나에게 음식 한 접시를 내밀었습니다. 나는 정말 화가 났습니다. 그래서 음식이 담긴 접시를 그의 얼굴에 던졌는데, 아주 만족스러웠습니다, 아주 만족스러웠습니다.

그때 건너편에서 "람 다스, 람 다스, 람 다스, 도대체 뭐가 문제야?" 라는 소리가 들립니다.

난 그냥 우… 너무 화가 났어요.

마하라지는 "무슨 일이냐고?"라고 말했습니다.

"나는 저 사람들에게 정말 싫증이 났어요. 모두 다 저속하고 불순해요."

그는 우유 한 잔을 가져오라고 하여 나에게 마시라고 했습니다. 나는 진정되었습니다. 나는 그에게 "당신 외에는 다 싫어요."라고 말했습니다.

그러자 그는 나에게 우유를 더 먹게 하고 나에게 주변을 돌아보라고 했습니다. 나는 거기에 있는 서양인들이 얼마나 아름다운지를 보았습니다. 아, 다들 얼마나 아름다웠는지요! 나는 결국 사과 조각을 모두에게 나눠주면서 그 일을 수습했습니다. 그는 화를 낸 상태에서는 누구에게도 음식을 나누어주어서는 안 된다고 말했고, 그래서 나는 돌아다니며 모든 사람에게 사랑으로 음식을 나누어주었습니다. 진심으로 사랑을 담아서 그렇게 했습니다. 그 후 나는 서양인들과 그들이 치렀던 희생에 대해 감사하게 되었습니다. 그들을 마하라지에게 이어준 다리 역할을 하게 된 것이 너무 행복했습니다.

전반적으로, 카인치에서 7주 동안 거의 매일 행해졌던 마하라지와 함께하는 다르샨은 박티 경험의 핵심에 흠뻑 젖게 만들어 주었다. 그것은 또한 우리를 하나의 사트상으로서 단련시켜서, 지금까지 40년 넘게 지속된 유대관계로 나아가게 만들었다. 우리는 자주 만나지는 못했지만, 함께 모여 있으면 마치 시간이 전혀 흐르지 않는 것 같았다.

다행히도 마하라지와 함께했던 릴라(놀이)는 카인치가 겨울 동안 문을 닫았을 때에도 끝나지 않고 브린다반으로 계속 이어졌고, 그것은 크리슈나 신과 함께 춤을 추는 멋진 시간이었다.

9

브린다반에서 크리슈나와 함께 놀기

1971년 겨울

크리슈나 경이 소치는 사람이었을 때의 이야기가 생각난다. 매일
밤 그는 우유 짜는 소녀들을 숲으로 초대하여 함께 춤을 춘다. 칠흑
같은 밤, 그들 한가운데에서는 불길이 이글거리며 탁탁 소리를 내고
타들어 가고, 음악의 비트는 더욱 빨라진다. 소녀들은 사랑스러운
주인과 함께 춤추고, 춤추고, 또 춤을 춘다. 크리슈나는 이 소녀
저 소녀 짝을 바꿔가며 춤을 춘다. 소녀들이 소유욕을 품는 순간,
그녀들 각자가 크리슈나를 자신만의 유일한 파트너라고 상상하는
순간, 그는 사라진다. 우리가 신을 두고 질투하지 말아야 하는 이유가
바로 여기에 있다.

　　　　　　　　　　　　　—얀 마텔, 『라이프 오브 파이』

10월 하순이 되자 카인치 계곡에는 매서운 추위가 왔다. 우뚝 솟은
산기슭에서는 해가 매우 짧아졌다. 어느 날 사원에 도착하여 보니
마하라지는 사라지고 없었다. 그는 훨씬 더 따뜻한 평원인 브린다반으로
내려간 것이었다.

브린다반은 마하라지의 다른 중요한 아쉬람이 있는 매혹적인 장소였

다. 1970년대 초, 브린다반은 아마 수천 년 전과 비슷한 모습이었을 것이다. 거리에는 두 바퀴가 달린 마차와 자전거 인력거보다 소가 더 많았다. 야무나강의 만곡부에 위치한 마을 전체는 크리슈나 경의 어린 시절 놀이터로 크리슈나가 놀던 소리가 곳곳에 울려 퍼졌던 곳으로 알려져 있다. 이곳에서 크리슈나는 마을의 소를 방목하고 다른 소치는 사람들에게 장난을 치면서 하루를 보냈다. 라사 릴라 Rasa Lila—크리슈나 의 사랑놀음. 소 치는 여성들인 고피들gopis과 추는 춤을 통해 그는 각자에게 형상으로 나타난다—는 인간의 영혼과 신 사이에 이루어지는 사랑의 교류를 상징한다. 크리슈나는 브린다반에서 라다, 고피와 함께 지금도 여전히 놀이를 즐기고 있다고 전해진다.

브린다반은 마투라 역에서 10킬로미터 정도 떨어져 있고, 델리에서는 고속열차로 2~3시간 거리에 있는데, 그 열차는 보통 새벽 직전에 마투라 역에 도착한다. 이른 새벽 기차에서 내려 브린다반으로 가는 길을 따라 기차가 달리는 소리를 들으면서 걷노라면, 하루의 시작을 알리는 붉은 태양과 함께 화려한 꼬리를 활짝 펼치고 거만스럽게 주위를 걷고 있는 공작들을 보게 될 것이다. 마하라지의 아쉬람과 하누만 사원은 포장도로가 끝나는 지점에 있었다. 사원들 너머는, 브린다반 전체를 도는 신성한 산책로의 일부이다. 사람들을 환영하는 인사말은 라데 샴Radhe Shyam (라데는 크리슈나가 사랑하는 라다이고, 샴은 크리슈나의 또 다른 이름이다.)으로, 사랑하는 자와 사랑받는 자의 하나됨을 상기시켜 준다.

산에 있을 때면 마하라지는 히말라야처럼 광대하고 무거운 존재로 느껴지고, 심지어는 시바 신처럼 여겨질 때도 있었지만, 여기 브린다반 에서는 어쩐지 훨씬 더 다정하고 사랑이 많아 보였다. 마하라지는 우리 모두를 그의 고피로 삼아 크리슈나로 현현했다.

그는 우리 가슴 속의 비밀을 알고 있었다. 나는 인도 담배인 저품질의 비디beedi를 피웠는데, 대부분 라구와 어울리기 위해서였다. 나는 담배를 피우기 위해 사원 건물들 중 하나의 모퉁이를 어정거리곤 했다. 담배를 끊고 싶었지만 나쁜 습관을 버리기가 쉽지 않았다. 어느 날 내가 아쉬람에 들어가자, 마하라지가 소리쳤다. "파르바티, 담배 좀 그만 피워! 내가 당신을 체포했어. 나는 가슴을 파헤치는 CID(CIA와 동등한 인도의 기관)다." 그는 즉시 나를 불러 자기 앞에 앉혔고, 내 무릎 위에 자신의 발을 올려놓고 내 손을 붙잡았다. 나는 담배 뭉치를 넘겨주었다. 점심 식사 후, 마하라지는 나를 불러 더 이상 비디를 피우지 않게 된 것을 축하해 주었다. 즉시 힘이 났다!

룩미니 : 11월 초에 마하라지와 우리 일행 대부분이 브린다반으로 갔습니다. 마하라지는 나에게 전혀 관심을 주지 않았습니다. 내 안에서는 에고가 온갖 전쟁을 벌이고 있었습니다. 분노, 질투, 내가 여기에서 무엇을 하고 있는 것인지에 대한 의구심 등등.

이 무렵 박티베단타 스와미 Bhaktivedanta Swami ('크리슈나 의식 운동'의 구루)가 델리에서 축제를 열고 있었습니다. 갈까 말까 고민하는데 갑자기 "룩미니, 룩미니."라고 부르는 소리가 들렸습니다. 나는 달려갔습니다. 마하라지는 나에게 축제에 가고 싶은지 물었습니다. 그러고는 나에게 '하레 크리슈나' 성가를 불러달라고 요청했는데, 첫 대목에 그만 눈물이 터져나오고 말았습니다. 주체할 수가 없었습니다. 그런데 그의 눈에도 눈물이 가득 고여 있었습니다. 그는 내 손을 잡고 눈물을 닦아주며 내 손가락을 어루만졌습니다. 나는 라다가 크리슈나와 사랑을 나누는 것 같은 느낌이 들었습니다.

그 다르샨으로 인해 헌신의 마음이 커졌고, 마하라지는 나에게 크리슈나 같은 존재가 되었습니다. 그는 나에게 자주 '하레 크리슈나'를 노래하게 했고, 나는 그를 위해 춤을 추곤 했어요. 그는 내 남편이 누구인지를 물었고, 나는 그를 기쁘게 하려고 "크리슈나"라고 대답했습니다. 한번은 그가 내 이름을 누가 지었느냐고 물었을 때, "크리슈나"라고 대답했지요. 나에게는 그가 바로 크리슈나 같은 존재였기 때문입니다. 그의 세세한 마음 씀씀이로 인해 나의 헌신은 10배나 증가되었습니다. 그를 위해 '마하 만트라'를 영창함으로써 모든 부정적인 것들이 떨어져 나갔습니다. 나는 정화되었어요. 델리 축제에 나를 보낸다는 것은 하레 크리슈나 운동과 스와미 박티베단타에 대해 내가 가진 강렬한 부정적 카르마를 수행하는 일이었습니다. 마하라지는 그 모든 과정을 통해 그곳에 있었지요… 그리고 지금도 여기에 있습니다.

라다 (그녀의 일기에서):

내 머리는 그의 무릎 위에 있었고, 나는 사랑 속에 녹아버렸다. 그는 내 손을 잡아 담요 아래로 넣었고, 때로는 양손으로 내 손을 잡아주었다. 그의 다리는 매우 부드러웠고, 발은 믿을 수 없을 정도로 아름다웠으며, 손도 마찬가지였다. 그는 나의 주인이다. 그는 내 생각을 하는 것처럼 보인다. 그의 발치에 앉아 그를 바라보고, 그의 등에 비비고, 그의 손을 잡는 그 친밀함은 말로 다 표현할 수 없다. 모든 것이 너무도 자연스럽다. 그는 나를 안팎으로 다 알고 있다. 크리슈나, 나의 주, 최고의 연인, 우리가 생각하는 일반적인 방식이 아니라, 고피들이 크리슈나를 사랑하고 그가 그들을 사랑하는 형언할 수 없는 방식이다.

바드리나스 다스 : 나는 브린다반에서 그 문으로 걸어 들어갔고, 평상이 있는 곳까지 갔습니다. 그러고는 평상 위에 있는 담요 위에 나의 머리를 얹었습니다. 유대인은 우상에게 기도하지 않고, 사람에게도 마찬가지입니다. 그것은 우리의 전통에 반하는 것입니다. 하지만 나는 마음이 열렸습니다. "무슨 일이 있어도 이 경험에 나를 맡깁니다." 그때 마하라지가 나왔습니다. 마음씨 좋은 할아버지 같았어요. 나는 어떤 의심도 들지 않았습니다. 그가 내 마음을 빼앗거나 나를 통제하거나 혼란스럽게 할까 봐 걱정할 필요가 없다고 느꼈습니다. 그는 내 머리를 두드려주었어요. 웃으며 농담을 던지기도 했습니다. 그는 다정하고 친절하며 자연스러웠습니다.

우리는 마하라지를 보기 위해 거의 매일 그곳을 오갔습니다. 우리는 흰옷을 입고, 꽃을 들고, 기쁨이 충만하여 걸어가곤 했습니다. 나는 인도 음식이 낯설었고, 입맛에 맞지 않았습니다. 마하라지의 아쉬람에는 갔지만, 음식은 먹지 않았습니다. 마하라지는 나를 불러서 말했습니다. "그대는 우리의 음식을 먹지 않는데, 왜 먹지 않는 거지?"

"마하라지, 배가 고프지 않아요."

"그대가 왜 내 음식을 먹지 않는지 알아. 그대는 어젯밤에 저녁 식사로 코카콜라와 쿠키를 먹었어."

나는 생각했습니다. '이런, 나를 졸졸 따라다니기라도 한단 말인가? 누군가가 나를 지켜보고 있기라도 하는 거야? 도대체 웬일이야?' 미국인들은 저녁식사로 코카콜라와 쿠키를 먹는다고 생각했을지도 몰랐습니다. 그러다가 나는 그가 아주 온건한 방식으로 나에게 자신의 실체를 보여주고 있다는 것을 깨달았습니다. 그 순간 (그리고 오늘까지도) 나는 그가 나를 알고 있었고 사랑해 왔다는 것, 나 또한 그를 사랑해 왔고 지금도 그러하다는 것을 느꼈습니다. 그 이후로 나는 모든 사람을 사랑하는 길을 걷고 있습니다.

나는 열흘 동안 마하라지와 함께 거기에 있었습니다. 그것뿐이었습니다. 하지만 그와 함께 있음으로써 내게 필요한 것을 얻은 것 같은 느낌이 들었습니다. 해를 거듭하며 나는 계속 확장되는 마하라지의 사트상의 일부가 됨으로써 끊임없는 축복을 받았습니다. 그것은 내 삶의 큰 부분이며, 우리는 모두 한 가족입니다.

어느 날 카인치에서, 마하라지는 "미국에서 어머니가 오고 있다."라고 말했다. 모두들 그 어머니가 누구인지 추측해 보려고 애쓰면서, "힐다." 라고 말했다. "아니, 힐다는 아니야." 많은 이름이 언급되었지만, 최종적으로 라다가 "조안"이라고 말했고, 그도 "조안"이라고 했다. 라다가 조안에게 편지를 썼는데, 마하라지가 그녀가 올 것이라고 말했다는 것을 그녀에게 알려준 편지였다. 조안은 그 편지를 결코 받지 못했지만. 한편, 안자니 Anjani (Joan O'Connell)는 인도로 향하고 있었다. 두 형제인 폴 Paul (Uddhav)과 네이비드 앤더슨 David Anderson과 함께 뉴욕을 떠나 봄베이로 오고 있었다.

안자니 : 당시 우리 선생님이셨던 힐다 찰턴은 사이 바바(그녀의 구루)에게 우리를 보냈습니다. 그때 우리는 어떻게 해야 마하라지를 만날 수 있는지를 알지 못했기 때문입니다. 우리는 먼저 봄베이로 날아갔는데, 그곳에서 우리는 이미 푸타파르티에 와 있던 에드와 크리스의 메시지를 받기 위해 아메리칸 익스프레스로 가기로 되어 있었습니다. 거기 가면 우리가 무엇을 해야 할지 알게 될 테니까요. 공항에 도착했을 때, 스튜어디스가 우리에게 와서 말하기를, "당신들

마하라지와 함께하고 있는 안자니.

은 오늘 오후에 델리행 비행기가 예약되어 있어요."라는 것이었습니다.

"와, 우리가 인도에 오긴 왔구나. 일이란 이렇게 굴러가야 해."

그렇게 생각하고, 같은 날 델리로 날아갔습니다. 우리는 이제 무슨 일이 일어날지 궁금해졌습니다. 나는 "봄베이에 있는 아메리칸 익스프레스로 메시지를 보내기로 되어 있으니, 델리에 도착하면 먼저 아메리칸 익스프레스로 가자."라고 말했습니다. 실제로, 내가 모르는 발라람이라는 사람이 나에게 보낸 메시지가 있었습니다. "마하라지가 며칠 내에 오리라 예상됩니다. 브린다반에 있는 자이푸리아 바완으로 오세요."

우리는 마투라까지 3등석 열차를 탔습니다. 그런 경험은 처음이자 마지막일 것입니다. 열린 창문을 제외하면 뉴욕의 지하철과 비슷했습니다. 날아드는 먼지, 열기, 그리고 빽빽이 들어차 있는 사람들.

우리는 마투라에서 내려 브린다반으로 가는 버스를 탔습니다. 브린다반에서는 시장을 통과해서 걸어갔습니다. 소와 개와 수레, 그리고 인력거가 넘쳐났습니다. 15세기로 돌아간 것 같았지요. 우리는 사람들에게 "자이푸리아 바완"이라고만 말하고 있었고, 그때마다 우리는 이 길 저 길로 보내졌습니다. 곧 날이 어두워지기 시작했고, 나는 '아, 안돼. 오늘 밤 우리는 소들과 함께 외양간에서 자게 될지도 모르겠네.'라고 생각하게 되었습니다. 우리가 배낭을 메고 비틀거리며 돌아다니고 있을 때, 갑자기 내가 아는 사람인 람 데브가 다가왔습니다. 그런데 나는 그를 캘리포니아 출신의 데일로 착각했습니다. 나는 비명을 지르면서 그에게 달려가 말했습니다. "자이푸리아 바완으로 가려면 어떻게 해야 하죠?" 모퉁이를 돌기만 하면 되는 곳이었습니다. 그는 우리를 그곳으로 데려갔습니다.

하루 이틀 뒤 라다는 긴 포대기로 감싸는 듯한 옷차림인 사리를 차려입게 한 뒤, 나를 마하라지에게 데리고 갔습니다. 차우키다르(경비원)가 문을 열어주었고, 마하라지는 베란다에서 내려다보고 있었습니다. 그는 평상에 앉아 있었고, 서양인들은 모두 안마당 건너편 현관에 앉아 있었습니다. 우리는 그에게 달려 나아가 무릎을 꿇고 경의를 표했습니다. 많이들 울고 웃었고, 마하라지는 평상에 앉아 껑충껑충 뛰듯이 하며 이렇게 말했습니다. "미국에서 어머니가 오셨어요! 미국에서 어머니가 오셨어요!"

비슈와나트Vishwanath, 또는 비쉬Vish(Daniel Miller)는 필라델피아에서 룩미니, 무라리와 친구였다. 2년 동안 그들을 보지 못했는데, 인도에 처음 왔을 때, 룩미니를 만나게 된다(그녀가 거기에 있는지 전혀 몰랐다). 그녀는 그를 브린다반에 있는 마하라지에게 데려갔다. 그곳에서 그는 진짜 하누만을 만나고 있는 듯한 다르샨을 하게 된다.

비슈와나트 : 한번은 마하라지 앞에 앉아 있었는데, 나는 마치 '진창에 빠진 듯한' 부담감에 시달리고 있었습니다. 나는 생각했습니다. '당신이 눈을 마주치며 나를 바라본다면, 이 모든 것이 다 타버릴 거예요. 나는 당신이 그럴 수 있다고 생각해요.' 내가 그런 생각을 하자마자, 그는 휙 돌아서서 나를 들여다보았습니다. 나는 그의 시선을 1,000분의 1초 동안 바라보았을 것입니다. 그러나 그 1,000분의 1초 동안에 깊은 우주를 들여다보는 것 같았습니다. 너무 압도적이어서 감당할 수가 없었습니다.

동아리 친구들이 모두 여기에 있다

자이 고팔 Jai Gopal (Jai Uttal)은 십대부터 인도 음악을 배우기 시작한 탁월한 뮤지션이다. 우리는 종종 그를 천상의 뮤지션인 간다르바 Gandharva*라고 부른다. 1970년대 초로 돌아가 본다면, 캘리포니아에서 그와 그의 친구들—강가다르(마크 게르하르트), 캐슬린 해일리,

---

* 한자로 음역하면 '건달바'. 말의 꼬리와 두 다리를 지닌 인간이나 어깨에 황금 날개를 달고 새의 다리를 지닌 반인반수의 모습을 하고 있다고 한다. 신들의 악사로 유명하며, 하늘과 땅을 자유로이 돌아다니며 인간이나 신들에게 장난을 건다고 한다.

자나키 라토드, 고빈드(찰리 번햄)—은 동아리 친구들로, 함께 인도로 가기로 했다.

　　자이 : 리드대학 신입생 등록 전날 밤, 알리 아크바르 칸이 인도 클래식 음악 콘서트를 열었습니다. 나는 여러 해 동안 알리 아크바르 칸의 음악을 들어왔습니다. 마약을 하고 기타를 연주하면서 그가 행하는 대로 따라 했지요. 강가다르와 나는 그날 밤 메스칼린 환각제를 먹었고, 음악가들이 무대를 떠난 후에도 우리에게는 콘서트가 멈추지 않고 계속되었습니다. 천지 우주의 진정한 음악을 듣고 있는 것 같았습니다! 나는 몇 달 후 리드대학을 중퇴하고(음악과 종교는 실패했습니다!) 알리 아크바르 칸이 학생들을 가르치느라 함께할 수 없었기 때문에 베이 에어리어로 이사하여 인도로 가기 전 대략 1년 반 동안 칸사히브와 함께 공부했습니다. 내가 인도에서 돌아왔을 때에도 공부는 물론 칸사히브와 그의 가족과의 관계는 계속되었습니다. 몇 년 전에 일어난 그의 죽음은 아직도 여전히 매우 고통스럽습니다.
　　캘리포니아에 있던 이 시기 동안, 나는 '아난다 마르가'라는 요가 모임에 참여했고, 우리는 버클리에 아쉬람을 가지고 있었습니다. 구루인 아난다 무르티는 우리에게 '깨달음'을 보장해 주었습니다. 내가 그를 오해했을지도 모르지만, 이것이 열여덟 살의 자이가 믿고 싶었던 것이고, 우리는 진짜 미국인들이었습니다. 우리는 보증을 받았던 것입니다! 우리는 보증의 대가로 매일 해야 할 일이 있었습니다. 이런 것들이지요, '깨달음? 그게 뭐지? 어떻든 신을 기억하고 주변 사람들에게 친절을 베풀 수 있으면 되는 것 아냐? 단 일초 동안이라도 나는 박티가 진짜 무엇인지 느낄 수 있으면 되는 거지.' 아시다시피, 실제로 단순해 보이는 것들이라도 사실은 전혀 단순하지 않습니다. 하지만 그 당시엔 '깨달음'이란 것을 마치 가방 안에 집어넣을 수 있는 어떤 물건처럼 생각했던 것이 사실입니다!

우리가 소위 구루라는 분들의 모임에 참여하면 그는 무드라를 짓고 그럴듯한 무엇인가를 행할 것이고, 우리가 그 존재 앞에 있으면 깨달음이 우리 것이 될 것이라는 메시지를 받게 됩니다. 그것이 인도에 가게 된 동기였습니다. 찰리의 이모가 세상을 떠나면서 찰리에게 유산을 물려주었고, 그는 자신과 나, 강가다르, 캐슬린, 자나키를 위해 인도행 비행기표를 샀습니다. 우리의 계획은 그 행사에 가서 깨달음을 얻어 새롭고 성숙해져서 돌아오는 것이었습니다!

뉴델리 공항에 내리면서 "와, 19년간의 유배 생활을 드디어 벗어났네."라고 느꼈던 기억이 납니다. 뼛속 깊이 그렇게 느꼈습니다. 나는 마침내 집에 돌아온 것이었습니다. '아난다 마르가' 조직의 승려가 되기 위해 우리보다 3개월 먼저 인도로 간 미국인 남성이 있었습니다. 그는 공항에서 우리를 만나 "아난다 무르타는 다수를 살해한 혐의로 감옥에 갔습니다. 추정에 따르면 자신의 승려들 30~40명을 살해한 것으로 알려졌으며, 나머지 승려들은 목숨을 부지하기 위해 도망쳤습니다."라고 말했습니다.

충격적이었지만, 이 소식은 일종의 해방감을 안겨주었습니다. 우리는 이제 아무 일정 없이 델리에 있게 되었습니다. 우리는 구루를 위한 공연을 계획하고 있었기 때문에, 모두 악기를 가지고 있었습니다. 이제 무얼 하지? 나는 뉴델리를 이리저리 돌아다니다가 피카딜리 서점에 들어가 둘러보고 있었는데, 주인이 나에게 다가와 말했습니다. "람 다스가 읍내에 있어요. 그는 팰리스 헤이츠 호텔에서 강연을 하고 있어요." 나는 미국에서부터 람 다스를 알고 있었기 때문에 즉시 그를 만나러 갔습니다. 호텔에 도착했을 때, 사람들이 말하기를

"람 다스는 그의 스승을 만나기 위해 브린다반으로 3일 전에 떠났습니다."라고 하는 것이었습니다. 그것도 좋은 일인 것 같았습니다.

우리는 마투라로 가는 기차를 타고 브린다반으로 갔습니다. 그곳에서 우리는 마하라지가 일주일 동안 모두를 돌려보냈다는 것을 알게 되었습니다. 강가다르, 찰리와 나는 자이푸리아 바완의 잔디밭으로 나가서 노래를 부르고 즉흥 연주를 시작했습니다. 그때 빨간 쿠르타를 입은 남자가 자기 방에서 나와 내려오면서 "당신들 히피들은 여기 인도에서는 그러면 안 돼요. 당신들 방으로 가요!"라고 외쳤습니다. 그것이 나의 사랑하는 형제 크리슈나 다스와 평생 관계의 시작이었습니다.

1971년 12월, 그곳에 있다는 것은 정말 놀라운 일이었습니다. 매일 밤 우리는 모두 옥상에서 아르티를 행하고 키르탄을 몇 곡 불렀습니다. 중앙에는 큰 제단이 있었고, 다양한 신들과 여신들, 그리고 마하라지가 있었습니다. 나는 아르티가 믿을 수 없을 만큼 감동적이고 아름답다고 생각했습니다. 그리고 당시 브린다반은 얼마나 천상의 영역이었는지요. 모든 집들이 다 하나의 사원이었습니다. 키르탄은 문자 그대로 모든 곳에 있었습니다!

일주일이 지나자, 나는 '좋아, 마하라지를 보러 가야겠어. 별거 아니야. 구루들이란 뭐 다 그렇고 그렇겠지 뭐!'라고 생각하게 되었습니다. 그러나 나는 나도 모르게 거리를 쏜살같이 달려가서 다른 서양인들이나 인도인들보다 가장 먼저 그곳에 도착했습니다! 마하라지는 아직 나와 있지 않았습니다.

나는 안마당에 앉았고, 키르탄에 빠져들었습니다. 마침내 마하라지가 그의 방에서 나왔습니다. 갑자기 열매가 맺히고 있었어요, 펑, 펑! 한 번에 수십 개의 대화가 이루어졌습니다. 마하라지는 자나키에게 몸을 돌려 그녀의 구루가 누구인지 물었고, 그녀가 "아난다 무르티." 라고 말했을 때, 나는 다소 놀랐습니다. 마하라지는 "아, 철도 직원인 아난다 바바. 당신들 미국인들은 너무나 쉽게 속아."라고 말했습니다. 그거, 참 강렬한 발언이었습니다. 안 그런가요?

그렇게 3주 정도가 지나갔고, 나는 날마다 사원으로 달려갔지요. 나는 그가 나의 구루라고 생각하지 않았습니다.─그런 것은 문제조차 되지 않았습니다. 하지만 그는 천 퍼센트의 자력을 지닌 사람이었습니다.

어느 날 나는 마하라지에게 바칠 얼마간의 열매를 갖게 되었습니다. 오디처럼 보였습니다. 그것들을 씻어서 가방에 넣었는데, 가방이 뜯어지면서 모두 바닥에 떨어졌어요. 나는 그것들을 주워서 다시 하나씩 깨끗하게 씻었습니다. 어쨌든 큰일이 되어 버렸지요. 두 번 씻어야 했으니 말이에요. 이번에는 주의 깊게 포장했습니다. 뭔가 특별한 일을 하려고 해서가 아니었습니다. 단지 더러운 것을 그에게 드리고 싶지 않았기 때문이었습니다. 마하라지는 포장을 열고 열매를 하나씩 집어 먹으며 나를 바라보았습니다. 그는 웃으며 열매에 대한 힌디어 단어를 계속 반복하면서 나를 바라보았습니다. 그런 다음 그는 내 머리를 몇 번 두드렸습니다. 나는 완전히 뒤집어졌습니다. 땅에 발을 딛고 있는 것 같지 않았습니다.

다르샨을 마친 후, 나는 마약에 취한 듯 프라사드를 들고 호텔로 걸어가고 있었습니다. 옆의 아쉬람에 사는 코끼리가 낮은 담장으로 다가와 나를 호기심 어린 눈으로 바라보자, 나는 그에게 바나나를 주었습니다. 코끼리는 그것을 꿀꺽 삼킨 다음 몸뚱이를 옆으로 돌리고 뒷다리로 쪼그려 앉았습니다. 그 한쪽 앞다리를 다른 쪽 다리 앞으로 들어 올려 크리슈나처럼 교차하고 머리를 기울이고 몸통을 프랑스 빵처럼 내밀었습니다. 코끼리가 나에게 크리슈나 신의 다르샨을 실제

왼쪽부터: 람 다스, 자이, 우드하브, 강가다르,
마하리지.

로 준 것 같은 느낌이 들었습니다. 마하라지는 그 순간 나를 열어서
현실의 틈새를 볼 수 있게 해준 것입니다. 결코 잊지 못할 것입니다.
코끼리는 나에게 크리슈나 신이 되었던 것입니다.

　그 주간들이 끝나갈 무렵, 어느 날 아침 사원에 왔는데, 마하라지가
밤에 떠났다는 소식을 들었습니다. 사람들은 그가 어디로 갔는지,
언제 돌아올지 몰랐습니다. 나는 비탄에 잠겼습니다. 내가 얼마나
그에게 애착을 갖게 되었는지를 깨닫지 못했습니다. 어떤 면에서는
이것이 나의 영적 삶의 시작이었습니다. 내 속에 감춰져 있던 엄청난
고뇌의 샘이 내 가슴의 문으로 밀물치며 흘러나왔습니다. 마하라지가

떠났기 때문이 아니라, 떠날 때 그가 강제로 그 문을 열어젖혔기 때문입니다. 그 순간 나는 내 가슴 깊은 곳으로부터 나의 실재하는 감정들을 노래하기 시작했습니다. 갑자기 나의 잠자던 부분이 고통스럽고 불쌍하게 깨어났습니다. 그리고 그때, 이런 느낌이 일어났습니다. '마하라지는 어디에 있지? 나는 마하라지를 사랑해. 난 마하라지가 필요해. 나는 마하라지를 원하고 있어. 그는 어디에 있는 거지? 그 사람은 내가 존재한다는 걸 알고 있기나 하는 걸까?'

약 30년 전 나는 싯디 마(마하라지의 헌신자 중 한 사람)와 함께 브린다반에 있었는데, 그녀는 마하라지가 매일 '람 람 람 람…'을 반복해서 쓴 공책을 나에게 보여주고 있었습니다. 그녀는 '람 람 람'의 글씨가 세로가 아닌 가로로 쓰여진 페이지에서 멈추었습니다. 나는 "그때 무슨 일이 일어났지요?"라고 물었습니다. 마는 "아, 그날이 네가 온 날이구나, 자이 고팔."이라고 말했습니다. 나는 울기 시작했습니다. 마치 7세기 동안 고인 눈물이 나에게서 쏟아져 나오는 것 같았습니다. 그녀가 내가 그곳에 도착한 날을 알고 있다는 사실, 심지어 내가 관심을 받았다는 사실만으로도 나를 무너지게 하기에 충분했습니다.

자나키Janaki는 14세 때 버클리의 아시아예술협회에서 시타르 콘서트에서 시타르 소리를 처음 들었고, 그 음악을 배우고 싶어 했다. 그녀는 인도의 현악기인 사로드sarod로 시작하여 성악으로 옮겨가 알리악바르 대학에서 공부했으며, 그곳에서 자이와 강가다르를 만났다. 그들은 진지한 음악도이자 진지한 명상가였다. 람 다스가 그들이 사는 공동주택에서 몇 차례 워크숍을 열었기 때문에 마하라지에 대해 들어본 적이 있었지만 그를 만나게 될 것이라고는 전혀 생각하지 못했다.

자나키 : 우리는 마투라에서 기차에서 내려 마하라지의 아쉬람으로 갔습니다. 푸자리(사제)가 문으로 와서 운전사에게 우리를 자이푸리아 바완으로 데려가라고 말합니다. 그곳에서 크리슈나 다스를 만났습니다. 사람들은 모두 흰색 옷을 입고 말라를 지니고 있었고, 아난다 마르가 분위기를 풍기고 있었던 것으로 기억합니다. 나는 '오, 아니야, 이런 분위기에 바로 함께할 수는 없어.'라고 생각했습니다.

우리가 다르샨을 위해 사원에 갔을 때, 캐슬린과 나는 사리를 차려입었습니다. 다른 사람들도 모두 이 일에 열중했기 때문에 우리는 긴장했습니다. 나는 지성적인 버클리 출신이었고, 우리 중 누구도 종교적인 사람은 없었습니다. 요가를 하는 것은 또 다른 분야였고, 어떤 한 사람에게 깊이 빠지는 것은 내가 지향하는 바가 아니었습니다. 다른 사람들이 그러는 것도 보기가 힘들었습니다.

우리는 뒤쪽에 앉았습니다. 마하라지는 우리를 바라보며 캐슬린에게 "산스크리트어로 노래해."라고 말했습니다.

캐슬린은 "그렇게 할 수 있는 건 내가 아니라, 그녀예요."

"오, 좋아요."

그는 곧추앉은 다음 손짓으로 나오라고 말합니다.

"이름이 뭐지?"

"자나키."

"이름이 좋군." 그는 정말 매력적이었습니다. "그대의 구루는 누구지?"

"아난다 무르티였는데, 이젠 아니에요."

"아니, 아니야. 그대의 구루가 실제로 누구냐고?"

"아무도 없어요, 마하라지. 나의 구루는 없습니다."

"좋아, 좋아."

나는 인도 음악 강의를 통해 배운 노래 중 하나인 '아칸다 만다라'를 불렀습니다. 아칸다 만달라카람 야프탐 야프탐 예나 차라차람 타트 파담 다르쉬탐 예나 타스마이 쉬리 구라베 나마하. 존재하는 만물의 정체성의 가장 깊은 핵심으로 들어가게 하는 산스크리트어 노래입니다. 그 노래에서는 "구루란 무엇입니까?"라고 묻고, 계속해서 구루는 육체 안에 있는 사람이 아니라고 말합니다. 구루란 우리 모두가 그 일부를 이루고 있는, '무한한 매트릭스'입니다. 나는 이 노래를 매일, 하루에도 여러 번씩 불렀고, 그것이야말로 내가 정말로 알고 있는 것이었고, 앞으로도 계속 알아가야 할 것이었습니다. 이 모든 것은 하나의 진실에 이르게 됩니다. 온 우주는 신의 사랑의 무한한 매트릭스라는 것입니다.

그는 열심히 노래를 듣고 있었습니다. 그러고는 "그대의 구루는

자나키, 카비르, (모름), 카를로스 비쉬와나스, 그리고 마하라지.

누구인가?"라고 물었습니다.

"**사람**은 누구도 나의 구루가 아닙니다."

그는 그 대답을 좋아했습니다. 그는 다른 사람들에게 "그녀가 하는 말을 들었지요? 그녀가 하는 말을 들었지요?"라고 말했습니다. 그는 그 일을 반복적으로 언급하기 시작했습니다.

다음날 우리가 돌아왔을 때 마하라지는 나에게 같은 질문을 다시 했습니다. 거의 매일 그랬습니다. 그는 인도 사람들에게 "이 미국 여성이 산스크리트어를 말할 수 있는데, 당신들이 못한다면 부끄러워 해야 한다."라고 말했습니다. 그들은 내가 할 수 있는 산스크리트어 노래가 몇 곡밖에 없다는 사실을 모르는 것 같았습니다.

우리는 한 달 동안 인도를 여행하기로 했는데, 그게 불가능하다는 것이 밝혀졌습니다. 우리 모두는 귀국을 포기하고 비자가 어떻든 그대로 머물기로 결정했습니다. 자이, 강가다르, 고빈드, 캐슬린은 4개월 동안 머물렀다가 떠났지만, 마하라지는 나를 몇 년 동안 더 머물게 했습니다. 그가 내 비자를 주선해 주었고, 나는 영주권을 받았습니다.

강가다르는 아난다 마르가 그룹에 속해 있었고, 자신이 '신의 주소를 가지고 있다.'라고 생각했다. 그는 인도에 가서 구루를 만나고 싶어 했다. 그의 머리를 때려 깨달음의 상태인 사마디에 빠지게 해줄 구루를. 그것이 뜻한 대로 되는 일이 아니라는 것이 명백해지자, 그는 친구들과 함께 브린다반으로 갔다.

강가다르 : 호텔에는 내가 캘리포니아에서부터 알고 있던 사람들이

모두 있습니다. 람 데브, 비슈왐바르, 람 다스, 크리슈나 다스, 안자니, 발라람. 우리와 함께 비행기에 탔던 여성용 속옷 세일즈맨도 호텔에 있습니다. 묵타난다 수련회에서 나를 쫓아낸 사람도 호텔에 있습니다. 나는 '이건 너무 이상한 일이야. 나는 어디에 있는 거지?'라고 생각하고 있습니다. 정말 꿈같은 일입니다. 나는 거리의 모퉁이에 있는 마지막 호텔 방을 얻습니다. 이 남자는 새벽 4시에 바깥에 나가 큰 소리로 '라데 샴*'을 부르기 시작하고, 기침을 콜록거리고 몸을 떨면서 아침을 시작합니다. 우리는 과일과 꽃을 사서 구루를 만나려고 아침 일찍 사원에 갑니다.

나는 '만약 그가 정말로 신이라면 어떨까? 어쩌면 그럴지도 몰라. 우리는 이 사람을 만나기 위해 인도에까지 왔지. 어쩌면 이분이 그 사람일지도 몰라.'라고 생각하고 있습니다. 나는 '그래, 뭐, 그냥 지켜보는 거지 뭐.'라는 심성입니다. 들어가 보니, 아름다운 하누만 동상이 있습니다. 나는 주위를 둘러보고 있습니다. 그 남자는 어디에 있지? 나는 한 남자를 보고, 그에게 엎드려 절을 하는데, 그는 정원사입니다. 그러다가 다른 남자를 만나서 거기로 가는데, 그는 문지기입니다. 그가 작은 문을 열어주어 들어가니, 거기 뒤쪽에 담요를 두른 마하라지가 햇빛을 받으며 평상 위에 앉아 있습니다. 처음 그를 봤을 때, 나는 '아, 불쌍한 이 노인은 눈이 먼 사람이구나.'라고 생각했습니다. 그런데 그가 금방 눈을 뜨고 나에게 시선을 보내는데, 나는 그것을 가슴으로 느낍니다.

그는 웃으면서 이것저것 질문을 합니다. 그는 "그대의 구루에게 무슨 일이 일어났지? 무슨 일이 일어났어?"

---

* Radhe Shyam. 크리슈나 다스의 앨범에 실린 찬가 중 하나.

내 생각에, 우리 중 누구도 거기에 대해 말한 적이 없었습니다. 우리 다섯 명은 다섯 가지 다른 대답을 했지요. 한 사람은 우리에게 구루가 없다고 말합니다. 또 다른 사람은 그 구루가 감옥에 있다고 말합니다. 그는 "크리슈나는 감옥에서 태어나고, 다시 감옥으로 돌아간다."라고 말합니다. 그래서 나는 생각합니다. '아 젠장. 바바 아난다 무르티는 진짜 크리슈나예요. 그가 감옥에 있다고 해도 기어코 찾아가는 것이 좋겠지 뭐.'

그런데 누군가가, 그는 많은 미국인들을 속여먹은 미친 사람이라고 말합니다. 마하라지는 미국인들이 사람을 너무 쉽게 믿는다고 하면서, "그 구루가 누구지?"라고 묻습니다.

소를 몰고 길을 따라 걷고 있는 한 남자가 보입니다. 마하라지는 "그가 구루입니다."라고 말합니다. 나는 넘겨다보면서 생각합니다. '아, 저 사람이 구루란 말이지. 그러면 그리로 가야지.'

그때 그가 말합니다. "미국인들이 구루야. 왜냐하면 그들은 사람을 상자에 담아서 달에 보냈잖아."

통역사가 나를 돌아봅니다. 내가 지금 정말 혼란스러워한다는 것을 알기 때문입니다. 마하라지는 "다 알다시피, 성자들은 모든 사람을 다 성자로 보지."라고 말합니다.

그 시점에서 마하라지는 우리에게 노래를 불러달라고 요청했습니다. 고빈드가 노래를 이끌었습니다. 자나키가 노래를 이끌었습니다. 마하라지는 그녀가 부른 '아칸다 만다라'라는 노래를 좋아했고, 거기에 온 모든 사람을 위해 그날 적어도 10번은 부르게 했습니다. 그러고는 우리를 식사하러 보냈습니다. 우리는 우리 앞에 나뭇잎 접시를 놓고 땅바닥에 모여 앉았습니다. 사람들은 음식이 담긴 양동이를 들고 이리저리 뛰어다녔습니다. 한 번도 그렇게 배가 불러본 적은 없었던 것 같습니다. 너무 행복했습니다. 행복으로 만땅이었습니다. '이 사람은 도대체 누구지? 그리고 이 사람이 지금 내 머릿속에 들어와 있는 거 아냐?'라고 생각했던 기억이 납니다.

다음날 나는 내가 가져온 과일을 마하라지에게 바치고, 그의 발에 머리를 얹어 놓고, 그는 나를 자리에 앉게 합니다. 내 옆에는 구루다트 샤르마가 가부좌를 틀고 앉아 있습니다. 마하라지는 그의 머리를 때린 다음, 나에게 구루다트의 맥박을 재보라고 말합니다. 우리가 델리에 있었을 때, 누군가가 나에게 말하기를 어떤 사람이 정말 삼매 상태에 빠져 있는지 알고 싶다면 그의 맥박을 재보면 알 수 있다고 말한 적이 있었습니다. 삼매에 들면 맥박이 뛰지 않는다는 것입니다. 그래서 마하라지가 "그의 맥박을 재어 보라."라고 말했을 때, 나는 '글쎄, 거기에 대해서는 그냥 생각만 그렇게 했을 뿐인데요'라고 생각했습니다. 그러다가 나는 누군가의 맥박을 재는 방법을 모른다는 것을 깨달았습니다!

마하라지는 웃고 또 웃고 있습니다. 그는 「세 얼간이들 Three Idiots」이라는 영화에서처럼 내 손가락을 붙잡고 그 남자의 눈을 찌르며 "자, 그를 깨워 봐. 그를 깨워 봐."라고 말합니다. 구루다트는 눈꺼풀을 파르르 떨며 거기 앉아 있고, 두 남자가 그를 들어 올려 데리고 갑니다. 그날 하루 종일 마하라지는 나를 보내어 그가 여전히 그 상태에 있는지를 확인하게 합니다.

그는 "그대는 그렇게 할 수 있어?"라고 말했습니다.

"못해요, 하지만 그러고 싶어요."

하지만 그 이후로는 하루 종일 나를 거의 완전히 무시했습니다. 다음날 우리가 왔을 때 그는 사라지고 없었습니다.

발라람이 가는 곳으로 따라가면 그가 마하라지를 찾아낼 것이라고 생각했고, 그래서 발라람이 짐을 꾸려 기차역으로 갔을 때 우리도 알라하바드행 표를 샀습니다. 먼저 우리는 음악을 연주하기 위해 타지마할로 갔습니다. 그런 다음 알라하바드로 갔고, 마하라지가 다다의 집에 있다는 사실을 확인했습니다. 나는 정말 복을 받았습니다. 열흘 동안 다다의 집에서 거의 매일 마하라지를 볼 수 있었던 것입니다.

고빈드 Govind (Charlie)는 자이와 고등학교 친구였으며, 둘 다 음악과 영성에 빠졌다. 그는 아난다 마르가의 패거리에 합류했다. 스물한 살이 되었을 때, 당시로서는 큰 돈이었던 6,000달러를 상속받았다. 그 돈으로 자신과 다른 사람들을 위한 티켓을 구할 수 있었다. 고빈다는 자신의 바이올린과 플루트를 들고 일행과 함께 인도로 떠난다.

고빈드 (찰리) : 마하라지와의 교류는 활발하지 않았지만, 나는 그에게 강렬한 인상을 받았습니다. 그 자리에 한 여성이 있었는데, 내 생각에 그녀는 호주인이었고, 그녀의 남자친구는 인도인이었습니다. 그녀와 나는 고엔카와 함께하는 명상 수련회에 참여하기 위해 함께 여행을 떠났고, 그동안 약간의 낭만적인 관계를 가졌습니다. 그녀가 임신했을 때, 혈통에 대한 혼란과 질투심이 좀 있었습니다. 나는 이 삼각관계에 관해 마하라지를 만나 상의하려고 생각하고 있었는데, 그 즈음에 부름을 받았습니다. 무슨 일이 있었는지에 대해서 이야기를 주고받았고, 그는 그 아기가 내 아기가 아니라고 하더군요. 우리 둘 사이에 무슨 일이 일어났는지 내가 꽤 솔직하게 말했기 때문에 그는 우리를 위해 통역을 하고 있던 다다에게 "그 사람이 얼마나 정직한지 보세요. 얼마나 정직한지 모르겠습니다. 정말 사랑스러워요."라고 말했습니다. 그 말이 나에게 영원히 각인되었습니다.

이름 게임

미라바이 : 내 이름은 린다였지만, 마하라지는 나를 이름으로 부르지 않았습니다. 그러던 어느 날 그는 나에게, 진심으로 사랑을 담아 "그대의 이름은 미라바이야."라고 말했습니다. 그는 라다에게 미라바이에 대해 말해주라고 했습니다. 미라바이의 이야기에는 다양한 버전이 있지만, 공통된 것은 그녀가 시바 신을 따르는 가문에 속하고 크리슈나에 헌신한 공주라는 것입니다. 그녀는 세속적인 공주가 되기를 원하지 않습니다. 그녀는 크리슈나에게 기도하고 노래하는 데 모든 시간을 바치고, 그녀의 남편은 이를 못마땅하게 여깁니다. 그는 그녀가 시바 신을 숭배하고 가문 내에서 자기 역할을 하게 하려고 애쓰지만, 그녀는 응하지 않습니다. 그가 이 상황에서 벗어날 수 있는 유일한 방법은 그녀를 제거하는 것입니다. 그는 그녀에게 바구니를 보내는데, 바구니 안에는 독사가 들어 있습니다. 하지만 미라바이의 순수함으로 인해 뱀은 꽃잎으로 변하지요. 그는 다시 그녀에게 유리잔에 독을 담아 보내고, 그녀가 그것을 마시자, 그녀의 순수함으로 인해 독은 넥타가 됩니다.

라다는 미라바이에 대한 이야기들을 들려주었습니다. 그녀가 얼마나 순수했는지, 신을 얼마나 사랑했는지, 그리고 미라바이가 헌신적인 사랑의 화신임을 그 이야기들이 어떤 식으로 표현하고 있는지…. 그녀는 신을 자신의 연인처럼 사랑했습니다. 남편이 계속해서 자신을 죽이려고 했음에도 불구하고, 나는 그 이야기들에 완전히 빠져들었습니다. 마하라지는 나에게 이름을, 그것도 아름다운 이름을 지어 주었습니다! 나는 당신, 마라하지를 사랑해요! 당신을 사랑해요! 그 순간부터 내 생각과 가슴 속에서 나는 미라바이가 되었습니다. 나는 다시는 나 자신을 린다라고 생각하지 않게 되었습니다.

그러나 내 옆에 앉아 있던 존은 그 이야기를 듣더니 갑자기 벌떡 일어나 사원 경내를 뛰쳐 나갔습니다. 우리 중 누구도 일찍이 그렇게 한 적이 없었습니다. 마하라지는 어리둥절한 표정을 지으면서, 람 다스를 시켜 그를 다시 데려오라고 했습니다. 존은 울고 있었습니다. 마하라지는 람 다스에게 "그가 왜 도망쳤지? 왜 울고 있는 거지?" 하고 물었습니다. 람 다스는 "그는 아내를 신에게 빼앗기고 싶어 하지 않습니다."라고 대답했습니다.

이 순간이 바로, 마하라지와 함께한 시간 중에서도 가장 좋아하는 순간입니다. 그는 고개를 꼿꼿이 세우며 "그 사람은 도대체 왜 그런 식으로 생각하는 거지?"라고 말했습니다.

마하라지는 존에게 말했습니다. "그대는 크리슈나야. 그대는 그 이름으로 불려야 해."

그 말에 존도, 나도, 얼어붙었습니다. 그 이후로 나는 스스로 이런 질문을 수없이 했습니다. "미라바이, 왜 너는 그런 식으로 생각하는 거지?"

크리슈나 : 『지금 여기에 살라』가 출간되었습니다. 우리는 마하라지를 우리끼리만 경험하고 있었는데, 갑자기 사람들이 비행기를 타고 몰려오기 시작했습니다. 인도와 어떤 관계도 없었고, 인도를 좋아하지도 않았고, 인도 사람들을 좋아하지도 않았지만, 그들은 마하라지를 좋아했습니다. 아쉬람은 점점 고등학교처럼 변해갔습니다. 우리는 이것을 '은덕 입기 시합'이라고 불렀습니다. 가십과 험담이 많았습니다.

규모는 훨씬 더 커졌지만, 응집력은 더 약화된 것으로 보였습니다. 나는 인도인들과 사두들과 함께 있었던 시절이 그리워졌고, 신성한 장소로 가고 싶었습니다.

그날 아침 나는 미라바이와 논쟁을 벌였습니다. 마하라지는 브린다반을 떠날 준비를 하고 있었고, 나는 사트상을 떠나 인도로 나가고 싶었습니다. 그녀는 계속 사트상을 하고 싶어 했습니다. 인도로 나가면 마하라지가 돌아왔을 때를 놓칠 수도 있습니다. 우리는 논쟁을 끝내고 다르샨에 참여했습니다. 그리고 그가 그녀를 부릅니다.

라다는 무리에 끼여 통역사 샤르마와 함께 앉아 있습니다. 5분쯤 지나 마하라지가 나에게 미라 옆에 앉으라고 했습니다. 통역사는 "마하라지가 그녀에게 미라바이라는 이름을 지어 주었습니다. 당신은 미라바이가 누구인지 아나요?"라고 말했습니다.

나는 몰랐습니다. 마하라지는 라다에게 미라바이에 대한 이야기를 나에게 들려주라고 했습니다. 나는 '맙소사, 내가 미라바이의 남편 역할을 맡아야 하다니! 아내를 크리슈나에게서 지켜내려고 질투심을 발동하는 왕 역할이라니!'라고 느끼기 시작했습니다. 그렇게 느꼈던 것은, 우리가 이른 아침에 했던 논쟁 때문이었습니다. 나는 무서웠습니다. 미라바이에게 아름다운 이름이 주어졌다는 사실에 기쁘기는커녕, 내가 이야기 속의 나쁜 놈 같다는 생각에만 사로잡혔습니다. 나는 슬픔에 압도되었습니다.

나는 북받치는 감정을 주체하지 못하고 자리에서 일어나 마하라지에게 절을 한 다음, 가능한 한 빠르게 사원 밖으로 걸어 나갔습니다. 나는 하누만 상 앞에 서서 걷잡을 수 없이 울기 시작했습니다. 그때 람 다스가 나와서 말했습니다. "도대체 무슨 일이지? 왜 그러는 거지?"

"나는 내 아내가 크리슈나와 함께 있지 못하도록 방해하는 남편이 되고 싶지 않습니다."

람 다스는 다정하게 "내 생각엔 당신이 실수한 것 같네요."라고 말했습니다. "돌아가요. 마하라지가 당신에게 할 말이 있답니다."

나는 다시 들어가서 눈물을 닦고 마하라지 앞에 앉았습니다. 그는 "무슨 일이지? 뭐가 잘못된 거지?"라고 말했습니다.

나는 내 아내를 크리슈나로부터 지키는 그런 사람이 되고 싶지 않다고 그에게 불쑥 말했습니다.

그는 정말 정이 뚝뚝 떨어지는 듯한 표정으로 나를 바라보더니 "왜 그런 식으로 생각하는 거지?"라고 말했습니다. 나는 그 말을 결코 잊지 못할 것입니다. 그 순간부터 그 말은 나의 만트라가 되었습니다. 그는 이렇게 말했습니다. "미라바이의 진짜 남편은 크리슈나였고, 그러니 당신의 이름은 크리슈나야. 그러니 당신은 그 이름으로 불려야 해."

결혼 생활은 10년 동안 지속되었으며, 훌륭한 아들과 손녀를 갖게 되었습니다. 나는 스스로에게 묻곤 합니다. "왜 그런 식으로 생각하는 거지?"

의심할 여지 없이

스티븐 슈와르츠Steven Schwartz 는 항상 파리에서 살기를 원했기 때문에, 로스쿨을 마친 후 여행을 계획했다. 11월에는 인도로, 3월에는 파리로 갈 예정이었다. 그는 1971년 12월 봄베이에 도착하여 고아를 거쳐 전국을 여행했다. 그는 고엔카에 대해 알게 되어, 보드가야에서 열린 코스에 참여했다. 그는 『지금 여기에 살라』를 읽었기 때문에 마하라지에 대해 알고 있었다. 그런데 명상 과정 중에 만난 크리슈나 다스와 수난다가 그에게 마하라지를 만나려면 브린다반으로 가라고 말해주었다.

스티븐 : 인도를 떠나 파리로 가기로 한 날이 일주일밖에 남지 않았을 때였어요. 나는 마투라로 가는 기차를 탔고, 역에 내리자 거기에 도반들이 모두 모여 있었습니다. 30명 정도였어요. 나는 크리슈나 다스를 보고 선로 건너편에서 소리쳤습니다. "여기서 뭐 하는 거예요?"

그는 "마하라지가 우리에게 델리로 가서 사이 바바를 만나라고 했어요."라고 말했습니다.

나는 "글쎄, 나는 마하라지를 만나러 가려고 해요. 일주일밖에 시간이 없고, 사이 바바는 이미 만났어요."

내가 도착했을 때 투카람과 시타는 자이푸리아 바완에 있었습니다. 투카람은 "마하라지를 위해 뭔가를 가져왔나요?"라고 말했습니다. 나는 속으로 '이런 멍청이! 성자를 만나러 간다면서 과일 한 조각도 준비하지 않다니.'라고 생각했습니다. 투카람은 자신의 천 가방에서 오렌지 한 다발을 꺼내 나에게 주었고, 우리는 마하라지를 만나러 갔습니다. 나는 그에게 엎드려 절하며 오렌지 하나를 드렸는데, 그는 그 오렌지를 곧바로 나에게 도로 던졌습니다.

그는 "그대는 질문이 있군 그래."라고 말했습니다.

내 질문은 내가 일정을 변경하여 항공권을 바꾸고 계속 머물러야 할지, 아니면 가야 할지 하는 것이었습니다. 그런데 내가 질문을 하기도 전에 그는 "가, 뉴욕으로."라고 말했습니다.

나는 투카람을 바라보았더니, 그는 "그가 '뉴욕으로 가라'고 하네요. 뉴욕으로 돌아가세요."라고 말했습니다.

"그럼, 언제 가야 하나요?"

"나흘째 되는 날이야. 나와 함께 3일 동안 머물다가 뉴욕으로 가야 해."

"가, 뉴욕으로."라는 말을 듣자마자 몸이 먼저 반응하여 마음이 멈추어 섰습니다. 완전히 마음이 멈추어 섰습니다. 나는 내가 집에 돌아왔다는 것을 깨달았습니다.

그 후 3일 동안, 나는 종일토록 사원에서 시간을 보냈습니다. 마하라지가 거기에 있었지만, 그는 누구도 부르지 않았습니다. 나는 무슨 일인가가 일어나기를 기다리고 있었습니다. 나는 아침에 거기에 가서 몇 시간 동안 앉아 있었고, 가끔 투카람에게 "안녕하시죠? 우리가 여기서 무엇을 하고 있는 거지요?"라고 말하곤 했습니다.

"그냥 앉아서 침묵하세요. 그가 당신과 이야기하고 싶게 되면 당신을 부를 겁니다."

그 며칠은 이런 것이 도대체 무엇인지에 대한 한 가지 의문뿐이었습니다. 들여다보면 볼수록 더욱더 텅 비어 갔습니다. 나는 아무 일도 일어나지 않았다는 것, 그리고 점점 더 아무것도 존재하지 않는다는 것을 깨달았습니다… 날이 선 것처럼 초조하지는 않았지만, 혼란스러웠습니다. '무슨 일인가가 일어나야 하지 않아?' 그러고는 '정말 지루한 일인지도 몰라.' 그러고는 또 '믿을 수 없을 만큼 아름다운 일이네.', 그리고 그다음에는 '이것이 바로 텅 빔이야. 텅 빔, 내가 무엇을 가져오든, 그 공간을 무엇으로 채우든, 다 텅 빔 자체야.'라고 생각했습니다. 끝없는 생각과 견해와 걱정과 비전과 환상으로 그 공간을 채우고 있었습니다. 나는 공간을 채우고 싶어 했지만, 그는 그 자리에 어느 것도 용납하지 않았습니다.

그곳에서 3일을 보냈습니다. 결국 나는 마하라지를 만나러 갔고, "내가 정말 가야만 하나요?"라고 말했습니다.

그는 "가, 뉴욕으로."라고 말했습니다.

"언제요?"

"지금!" 그가 나에게 건넨 말은 그 한마디뿐이었습니다.

떠나려고 하니 정말 서운했는데, 그는 두 번째로 "지금."이라고 단호하게 말했습니다. 투카람이 "가세요. 농담하시는 게 아닙니다." 라고 말했습니다.

파리가 아니었습니다. 나는 기차를 타고 델리로 돌아갔고, 그곳에서 하룻밤을 머문 다음 케네디 공항으로 날아갔습니다. 뉴저지에 있는 엄마에게 전화를 걸자, 엄마는 흐느껴 울기 시작했습니다. "엄마는 내가 집에 있어야 행복하다고 생각하시나 봐요. 뭐가 문제죠?"

엄마는 "오, 이렇게 되다니, 너무나 고마운 일이구나. 지난주부터 너를 찾으려고 얼마나 애를 썼는지 모르겠다. 네 동생이 정신병원에 입원해 있어. 그애는 자기 목숨을 끊으려고 했단다." 나는 바로 뉴욕에 있는 병원으로 갔습니다.

그 이후로 마하라지라는 존재는 누군가의 교사이자 구루이자 영적 가이드이기도 하겠지만, 나에게는 그 이상의 의미가 되었습니다. 내가 내 동생을 돌볼 수 있도록 길을 창조해 주고 동시성을 연출해 준 분이기도 합니다. 그 이후로 내 인생 전체 여정은 마하라지와 점점 더 친해지게 되는 과정이었고, 이제 나는 그를 나의 친구로 생각하게 되었습니다.

나는 그와 많은 시간을 보내지 못했습니다. 바로 그 며칠이 전부였습니다. 그러나 인도를 떠난 72년 3월 말부터 한 순간도 의심한 적이 없었습니다. 단 한 순간도 의심한 적이 없었습니다. 단 한 순간도 그리움의 순간이 아니었던 적이 없습니다. 몇 달이나 몇 년 동안 거기에 있었던 것도 아니고, 그렇게 강렬한 사랑에 빠진 것도 아니지만, 의심했던 순간은 단 한 순간도 없었습니다.

우리가 마하라지와 함께 시간을 보낸 장소는 곳곳이 나름대로 마법 같았다. 인도는 광대한 아대륙이지만, 모든 부분이 영적으로 다양한 색깔과 표현을 지니고 있다. 히말라야의 동굴부터 성스러운 강과 성스러운 평야까지, 진정 성자들의 땅이다. 나이니탈에 있는 사티 Sati의 '눈'에 의해 형성된 호수부터 크리슈나가 사랑의 춤으로 고피들과 하나가 된 브린다반의 야무나강 유역까지, 우리는 마하라지가 장소마다 가지고 있는 고유의 영적 에센스를 구현하는 것을 지켜보았다.

이제 우리는 마하라지를 따라 신성한 강들이 만나는 알라하바드로 향한다.

10
신성한 강들이 만나는 곳
1972년 1월

[바바가 몸을 떠난 후] 내가 아쉬람 방문을 중단한 후, 몇몇 열렬한 헌신자들은 "다다가 바바를 떠났다."라고 말하기 시작했다. 이런 말을 접할 때마다 내가 할 수 있는 유일한 대답은 "내가 바바를 떠나다니, 내가 언제 바바를 붙잡은 적이 있었던가요? 그분이 나를 붙잡았지요! 나는 그분을 결코 붙잡을 수 없어요. 그러니 떠날 이유도 없는 거지요." 그것이 전부이다.

　　　　　　　　　　　　　—다다 무케르지, 『그분의 은덕으로 By His Grace』

마하라지는 11월과 12월의 대부분을 브린다반에 머물렀다. (인도와 파키스탄 사이에 전쟁이 벌어졌던 3주 동안에는 그가 우리를 멀리 보냈지만.) 1월에 그는 인도 북부 평원에 있는 도시인 알라하바드로 갔다. 그곳은 원래 '공물을 바치는 장소'를 뜻하는 프라야그Prayag라고 불리던 곳이었다. 베다에는 창조주인 브라흐마가 희생 제의에 참여한 장소로 언급되어 있다. 알라하바드는 세 개의 성스러운 강 (Sangam이라고 불림), 즉 갠지스강, 야무나강, 그리고 지하로 흐르는 영적 강인 사라스와티의 합류점에 자리잡고 있다. 쿰바 멜라Kumbha Mela가 12년마다 이곳에서 열리며, 점성술이 가리켜 보이는 상서로운 날과 시각에 수천만 명의 힌두교도들이 신성한 강의 합류점에서 목욕을 하려고 모여든다.

람 다스와 '버스를 탄' 사람들은 1년여 전 멜라 지역에서 깜짝 만남을 가진 후 다다의 집에서 며칠을 보냈는데, 그 사트상은 이제 상당히 성장해 있었다. 우리는 마하라지의 인도인 헌신자 중 한 명이 소유한 큰 집에서 머물게 되었다.

다다가 매일 마하라지와 의사표현을 주고받는 방식은 우리에게 큰 가르침이었다. 그는 바바와 놀라울 정도로 조화를 이루었다. 다다는 음식을 서빙하고, 서양인들에게 이야기를 하고, 아내(디디), 어머니, 이모(그 집에서 함께 살았던)와 이야기를 나누다가 갑자기 몸을 돌려 마하라지에게로 가곤 했다. 그가 마하라지가 있는 곳으로 향하고 난 후에야 우리는 마하라지가 그를 부르는 소리를 듣게 되었다! 그는 마하라지의 가장 가까운 헌신자 중 한 명으로, 40년 이상을 마하라지와 함께 보냈다. 그는 또, 우리 서양인들과 기쁘게 주고받았던 놀라운 이야기들을 간직하고 있는 ·무한 용량의 보물창고였다.[1]

라마 수리야 다스 : 72년 2월, 사람들이 마하라지를 보기 위해 알라하바드로 간다는 소식을 들었습니다. 기차역에서 내린 서양인들은 모두 다다의 집으로 가고 있었습니다.

내가 걸어 들어갔을 때, 거실에서는 키르탄이 불려지고 있었습니다. 버팔로에 있는 대학에서 '하레 크리슈나'를 아주 약간 불렀던 것을 제외하고는 나의 첫 번째 키르탄이었습니다. 과자와 채식 메뉴가 저녁 식사로 주어졌습니다. 고엔카 코스에서는 전혀 키르탄을 하지 않았습니다. 내 친구 크리슈나 부시가 다다의 거실에서 키르탄을 이끌고 있었는데, 나도 그 속으로 빠져들었습니다. 서양인이 20~30명 정도 있었어요. 그중 절반이 고엔카가 이끄는 부다가야 위빠사나 명상 수련회에서 보았던 사람들이었습니다. 그 사람들이 모한과 라다 옆에, 투카람과 시타 옆에 앉아 있었습니다. 모두가 노래를 부르며 그루브를 타고 있었어요. 평상 위에 붉은 격자무늬 담요가 놓여 있었고, 많은 꽃이 있었습니다. 마하라지의 멋진 사진이 있었습니다. 나는 사진을 보면서 노래를 따라 부르는데, 이전과는 달리 가슴이 활짝 열렸습니다. 그곳이 내 집이었습니다. 그리고 나는 진실로 그 공간에서 마하라지의 다르샨을 하고 있었습니다.

그러다가 나는 거실로 들어가는 입구에서 몇몇 사람들이 들어오고 나가는 것을 보았습니다. 무슨 일이 있는 거지? 그들은 마하라지를 만나러 들어갈 것이라고 말했습니다. 나는 이미 다르샨을 하고 있었고, 마치 그가 거기 있는 것처럼 가슴이 열려 있었지요. 그래서 곧바로 벌떡 일어나지는 않았지만, 결국 나는 마하라지와 함께 있다는 그 기분을 안고 그 방에 혼자 들어갔습니다.

다다는 마하라지에게 벌레가 달라붙지 않도록 수건을 휘젓고 있었습니다. 그는 흰 셔츠에 검은 조끼를 입고 주머니에 말라를 넣고 도티로 몸을 감싸고 있는 백발의 인도 브라민 교수로, 온화한 파샤(대장)나 술탄(황제)처럼 보였습니다. 그는 점잖은 노신사였습니다. 마하라지는 우스꽝스러운 자세로 평상에 앉아서 나에게 미소를 보내며 환영해 주었습니다. 바바는 영어를 하지 못했습니다. 나는 절을 했지요. 다다가 마치 나를 기다리고 있었다는 듯이 "오, 당신이 왔군요."라고 말했습니다. 다다는 "마하라지가 이 프라사드를 가져가라고 하시는군요"라고 말하며, 나에게 바나나를 주었습니다.

이런 식이었습니다. 우리가 아쉬람에서 공부한 것이 바로 이것입니

마하라지와 다다 무케르지.

다. 바나나를 먹어라. 롱아일랜드에서 온 제프 밀러는 어떻게 생각할까요? "난 바나나가 싫어!" 바나나는 제프 밀러가 아기였을 때부터 먹지 않은, 지금까지 먹어 본 적이 없는 음식이었지요. 니는 '바나나, 원숭이, 하누만, 마하라지, 축복받은 프라사드'라는 식으로 연결지어 생각하지 못했습니다. 그런 연상과 개념이 생길 만큼 충분하게 알지 못했으니까요. 그는 내가 좋아하지 않는 것을 나에게 주었고, 그것을 프라사드라고 했습니다. 나는 프라사드가 '축복받은 음식이나 물건'을 의미한다는 것을 알고 있었습니다. 그는 나에게 축복을 해준 것이 틀림없습니다. 나는 다시 키르탄을 하는 데로 돌아갔습니다. 나는 이 바나나를 누군가에게 주었고, 그들은 그것을 나누어 먹고, 웃으며 말했습니다. "오, 제프는 자신의 프라사드를 포기했어요. 그는 한 조각도 먹지 않았어요." 사람들은 비판하지 않고 그냥 웃어넘겼습니다. 우리는 모두 함께 웃고 있었어요. 얼마나 멍청한 짓이었던가요! 정말 순진했습니다.

　나는 마하라지에 관한 이야기를 많이 알지 못합니다. 여기저기서 몇 주 동안 그와 함께 있었을 뿐입니다. 다다의 거실에서 마하라지를 처음 만났는데, 함께 키르탄을 했습니다. 바로 그 첫 다르샨에서, '위대한' 마하라지를 느꼈던 것 같습니다. 그런 다음 나는 그 방으로 들어가서 담요를 두르고 있는 인간의 모습을 한 노인네를 만났습니다. 그 방에 있던 마하라지는 일주일 후에 떠났지만, 위대한 마하라지는 떠나지 않은 듯했습니다. 그 방에 있던 그 사람은 1~2년 후에 죽었으나, 그 위대한 마하라지는 결코 떠나지 않았습니다. 이것이 나의 마하라지 입니다. 항상 바로 여기에 나와 함께, 우리와 함께하는.

　라마 수리야 다스가 자신에게 바나나를 주었던 '담요를 두른 바바'를 만나기 전에 경험했던 '위대한 마하라지'는, 지금 우리와 마하라지의 관계가 갖는 에센스를 담고 있다. 몸을 입고 있는 마하라지를 한 번도 만나지 않은 채 '위대한 마하라지'를 만났다고 고백하는 사람들이 수천 명에 이른다. 그들은 그와 함께 인도에 있었던 우리가 경험했던 것과 마찬가지로, 그와 똑같은 관계를 갖고 헌신하고 있다. 마하라지는 구루가 반드시 물리적인 몸을 지니고 있을 필요는 없다고 말했다. 위대한 싯다는 시간과 공간을 초월하여 사람들과 연결되고 사람들이 가는 길 위에 갑자기 나타난다.

　다음 이야기는 마하라지의 이름이 지닌 힘을 보여준다. 완전히 낯선 누군가에게 계속해서 "나의 구루, 님 카롤리 바바"라고 말하기만 해도, 예기치 못한 일들이 생길 수 있다. 그것은 또한, 우리네 삶에서 일어나는 일들 뒤에서 마하라지의 손길이 작용하고 있음을 보여준다고 할 수 있다.

크리슈나 프리야 : 나는 기차를 타고 있습니다. 차장이 나에게 다가와서 표를 보여달라고 하는데, 나에게는 표가 없습니다. 그는 나에게 이렇게 말합니다. "아가씨, 이곳이 인도이고, 3등석이지만, 기차표는 있어야 합니다. 어디로 갑니까?"

나는 구루를 만나러 알라하바드로 가고 있는 중이라고 중얼거립니다. 나는 사실 구루가 어떤 존재인지조차 알지 못합니다.

그는 "그래요? 그 사람이 누구인데요?"라고 묻습니다.

"잠시만요." 나는 내 공책을 꺼내듭니다. 거기에는 소소한 끼적거림들과 주소, 조리법, 멋진 서점의 위치, 멋진 남자의 이름 외에는 아무것도 들어 있지 않습니다. 공책을 뒤적거려 마침내 주소를 찾았고, 그래서 "아, 그 사람 이름은 님 카롤리 바바입니다."라고 말합니다.

그 사람은 바로 추궁을 멈추더니, 어디론가 사라졌다가 몇 분 후에 다시 와서 나에게 티켓을 건네줍니다. 이 열차는 지선 열차인데, 정차할 때마다 그는 나에게 차이를 사주고, 과자를 사주고, 땅콩을 사줍니다. 알라하바드에 도착할 때쯤에는 10개월 동안 먹은 것보다 더 많이 먹은 것 같았습니다. 나는 대체 무슨 일이 일어나고 있는지 전혀 이해하지 못합니다.

인력거를 타고 다다의 집으로 갑니다. 몸무게 40킬로그램에 기타를 둘러메고 곱슬머리에 술이 달린 구겨진 벨벳 망토를 입은 내가 거기에 어떻게 걸어 들어갔는지 아무 생각이 나지 않습니다. 마하라지는 거기에 없었지만 다다가 거기에 있었고, 다다의 아내, 어머니, 이모가 있었습니다. 얼마 후 서양인들 일행이 모두 도착했습니다. 한 동료가,

나이가 더 들었기 때문인지 거기에서 영향력을 가진 것으로 짐작되는 람 다스를 불렀습니다.

마하라지가 나타나기 며칠 전, 우리 예닐곱 명은 상암Sangam으로 갔습니다. 강이 합류하는 한가운데에 있는 모래톱에 보트를 갖다 대었고, 물속으로 잠겼다 올라왔다 하다가 다시 보트에 올라타고는 떠날 준비를 하고 있었습니다. 갑자기 보트 옆 물속에 한 남자가 말라(염주) 두 개를 손에 들고 서 있습니다.

나는 말라를 보고는 "얼마죠?"라고 물으면서 다가갑니다.

그는 "아냐, 아냐, 아냐, 아냐, 람 박타(람의 헌신자)."라고 말하고는 자신의 목에 걸려 있는 하누만 목걸이를 가리킵니다. 그는 고빈드의 손에 말라를 떨어뜨립니다. 수난다와 나는 보트에서 말라가 없는 유일한 두 사람입니다. 나는 쿼터 말라를 손으로 잡고, 그녀는 108개 구슬 말라를 잡습니다.

내 말라는 툴씨 구슬로 만들어졌습니다. 각 구슬은 손으로 조각되었으며, 사용할수록 빛이 납니다. 하나의 구슬에는 낙인으로 Ram이 새겨져 있고, 다음 구슬에는 Sita가 새겨져 있습니다. Ram Sita Ram Sita. 말라에 빠져 있다가 눈을 들어보니 그 남자가 사라지고 없습니다. 우리는 모두 정신이 나간 것처럼 놀랐습니다.

일 년 후 나는 브린다반에 있었고, 마하라지는 내 손목에서 말라를 빼내 가지고 놀기 시작했습니다. 그는 나를 보더니 "이 말라는 어디서 났지?"라고 물었습니다.

내가 대답하기도 전에, 그가 말했습니다. "당신은 이 말라를 알라하바드에서 얻었어."

"그래요."

"이 말라는 어디서 났지?"

내가 대답하기 전에 그는 "그대는 알라하바드의 상감에서 이 말라를 얻었지. 누가 이 말라를 주었지?"라고 물었습니다.

"한 사두가 나에게 이 말라를 주었습니다."

그는 나를 바라보며, "그대의 구루가 이 말라를 그대에게 주었던 거야."라고 말했습니다. 그러고는, 나에게 말라를 준 사람은 바로 자기 자신이라고 고백했습니다.

자이 : 우리가 알라하바드에 도착했을 때, 마하라지는 거기에 없었습니다. 우리는 매일 다다의 집에 가서 짧은 키르탄을 하면서 마하라지가 곧 도착하기를 기도하며 어울리고 있었습니다. 당시 서양인들은 꽤 숫자가 많았는데, 아마 50~60명 정도였을 것입니다. 내 여자친구 자나키는 카를로스를 만나 즉시 그와 사랑에 빠졌습니다. 그는 아주 잘생긴 댄서였고, 카리스마가 넘쳤으며, 머리가 무릎까지 내려왔고, 고대에서 온 신처럼 옷을 입었습니다. 게다가 나는 처음으로 심한 이질에 걸렸습니다. 나는 아팠습니다. 우울했습니다. "내가 왜 인도에 왔단 말인가?" 의심과 두려움이 이어졌습니다.

어느 날 밤, 놀라운 꿈을 꾸었습니다. 이른 아침 무렵에 나 혼자 알라하바드 기차역에 있었습니다. 기차가 들어오고, 마하라지가 평소 격자무늬 담요가 아닌 회색빛 담요를 두르고 혼자 플랫폼으로 내려왔습니다. 그는 자신의 팔과 담요로 나를 감싸주었고, 나는 울기 시작했습니다. 마하라지도 울고 또 울었습니다. 슬픔의 눈물이 아닙니다. 귀향의 눈물—마침내, 마침내 집으로 돌아왔다는 안도감에서 나오는 눈물이었습니다. 그 사람이 나에게 그런 말을 한 것인지, 내가 그에게 그런 말을 한 것인지는 알지 못합니다. 믿을 수 없을 만큼 깊은 심연으로부터 나온 말이었습니다. 그 순간부터 나는 그가 나의 구루라는 것을 알았습니다. 나는 우리의 오랜 연결, 그가 나를 평생 보호해 왔다는 것과 이 생애에 우리가 다시 함께하게 되었다는 것이 기적임을 깨닫게 되었습니다.

나는 변화된 의식 상태에서 깨어났습니다. 시계를 보니 약 1시 20분쯤이었어요. 뭔가 큰일이 일어난 것 같은 기분을 느끼며 다시 잠이 들었습니다. 늘 그랬듯이, 아침에 일어나 다다의 집으로 갔습니다. 모든 것이 아주 달라졌습니다. 대기 중에는 침묵이 흐르고 있었습니다. 누군가 나에게 마하라지가 새벽 1시 20분에 혼자 알라하바드 역에 도착했다고 말해 주었습니다. 온몸에 소름이 돋았습니다. 나는 그런 확증이 필요하다고 생각하지는 않았지만, 그것을 확증하게 되자 입을 다물지 않을 수 없었습니다.

무슨 일이 일어나고 있는지에 대한 나의 아주 작은 이해 속에서, 하나의 큰 변화가 시작되고 있었습니다.

여성용 속옷 판매원이자 람 다스의 말라 제작자인 마하비르 다스 Mahavir Das는 마침내 마하라지를 만나기 위해서 인도에 도착했다.

마하비르 다스 : 폴린과 나, 그리고 두 아이들은 인도에 가기로 결정했습니다. 그녀와 아이들은 사이 바바와 함께 머물기 위해 방갈로르에 들렀고, 나는 마하라지를 보기 위해 북쪽으로 올라갔습니다. 나는 브린다반에서 사원을 발견하고 문으로 들어갔고, 평상 위에 크고 강력하고 빛나는 이가 마치 군함처럼 앉아 있는 것을 보았습니다. 끓어오르는 인도의 태양 아래에서 담요를 두르고 앉아 있던 그가 나에게 오라는 손짓을 했습니다. 나는 그가 사람들을 쫓아낸다는

이야기를 들었기 때문에 두려웠습니다. 무엇보다 나는 아내를 속이고, 모든 사람에게 거짓말을 했으며, 변변치 않은 아버지였습니다. 나는 끔찍한 존재였고, 그가 나를 걷어차 쫓아내리라는 것을 감지하고 있었습니다. 내가 걸어 올라가자, 그가 나의 이름을 불렀는데, 의례적인 인사치레가 아니었다는 것을 나중에 다다가 말해주었습니다.

마하라지는 내가 들고 있는 가방을 보더니 "거기 안에 뭐가 들어 있나?"라고 물었습니다. 나는 그가 거기에 무엇이 들어 있는지 알고 있다는 것을 즉시 알았습니다. 나는 그에게 오렌지 더미를 주었고, 그가 나에게 크게 감사할 것이라고 생각했지만, 그는 그것들을 바로 다른 사람들에게 던져주었습니다. '저건 뭐지…? 이제 어떻게 해야 하지?' 그때 그는 모든 아이들이 내 아이들이고 모든 여성이 내 어머니라고 말하면서, 나의 아이들과 아내의 사진을 훑어보고 있었습니다. 적어도 그는 나를 쫓아내지는 않았습니다.

그 후 우리는 알라하바드에 묵었습니다. 거기에 있었던 마지막 날에는 멜라(축제)가 열리고 있는 상암에 가야겠다고 생각해서 일찍 일어났습니다. 나는 누군가가 나를 보기 전에 몰래 빠져나가려고 생각하고 있었는데, 거기에 다다와 마하라지가 있었습니다. 나르시스트인 나, 나는 그들이 나를 기다리고 있는 줄로 알았습니다.

마하라지는 "어디로 가는가?"라고 물었습니다.

"멜라에 갑니다."

그는 "이것을 가져다가 물을 채워서 가져와."라고 말했습니다.

더럽고 오래된 코카콜라 병이었습니다. '좋아, 그 사람은 내가 뭔가를 하길 원하는 모양이지 뭐. 마지막으로 구루를 위해 그가 시키는 대로 해야겠다.'

나는 상암으로 갔고, 내가 물속에 들어가려면 푸자리를 입어야 한다는 것을 알았고, 그래서 기도를 드렸습니다. 아마 아침 8시나 9시쯤이었을 것입니다. 나는 마르고 작은 인도 남자를 보고 그에게 1루피를 주었고, 그는 나를 물속에 빠뜨렸습니다. 나는 위로 올라왔습니다. …그런데 밤이었습니다!

나는 다다의 집으로 돌아갔고, 마하라지와 다다가 나를 기다리고 있었습니다. 마하라지는 나를 바라보며 "아주 좋아, 아주 좋아."라고 말했습니다. 나는 깨끗이 씻어서 갠지스강 물을 채운 콜라병을 그에게 주었습니다. 그는 "이리 와, 이리 와."라고 말하며 내 머리에 물을 붓고는 폭소를 터뜨리기 시작했습니다.

나는 "내일 집으로 가야 해요. 저와 함께 집으로 가시지요."라고 말했습니다.

그가 말했습니다. "그대는 어느 곳으로도 가지 않을 거야. 그대가 있는 곳엔 나도 있을 거야. 우리는 떨어질 수 없지. 이제 가. 집으로. 가."

어떤 사람들은 시간의 상실과 관련된 설명할 수 없는 경험을 했다. 오늘날까지도 마하비르 다스는 이른 아침 강에 빠졌다가 여러 시간이 지나 밤이 되어서야 올라온 것 사이에 무슨 일이 일어났는지 알지 못한다. 그러나 성수에 몸을 담금으로써 분명 그의 부정적인 과거가 정화되었고, 마하라지는 콜라병에 담긴 갠지스강 물을 그의 머리 위로 부음으로써 힘을 실어주었다. 이는 카르마 정화를 위한 또 하나의 방법이었다. (그 후 몇 년 지나지 않아 그는 이혼을 했고, 치유사가 되었으며, '자신의 삶에 대한 진실한 사랑'과 결혼했다.)

결혼

결혼은 마하라지가 우리 삶의 방향을 바꾸거나 우리를 특정한 길로 가게 하는 방법 중 하나였다. 헌신자들 중 일부는 미라바이와 크리슈나처럼 이미 부부인 상태에서 마하라지에게 왔지만, 대부분은 독신이었다. 독신생활이 영적인 이상으로 여겨졌지만, 우리 모두 피 끓는 젊은 히피 그룹이라는 것이 현실이었다. 피할 수 없는 짝짓기도 있었고—그중 일부는 확실히 마하라지가 밀어붙여서 성사되기도 했다.—몇몇은 '중매' 결혼을 했다.

미라바이 : 우리는 모두 보통 한 방에서 일곱 명 정도가 함께 잤기 때문에 어느 정도는 금욕생활을 할 수밖에 없었습니다. 마하라지는 우리를 퓨리로 보냈고, 우리 모두는 거기에서 한집에서 살고 있었습니다. 우리가 처음 도착했을 때, 그곳에는 존과 나와 카비르뿐이었습니다. 카비르는 해변에 갔다가 일사병에 걸렸고, 그날 밤 돌아오지 않았습니다. 그래서 존과 나, 둘만 하룻밤을 보냈지요.

몇 주 후, 람 다스가 방문했습니다. 그와 나는 둘 다 기분이 좋지 않았고 회충이 있다고 생각하여 검은색 회충약을 먹었습니다. 우리는 하루 동안 금식한 뒤 약을 먹고 다시 금식했습니다. 끔찍한 경험이었어요. 몇 주 후, 우리는 델리에서 만났습니다. 그 무렵 나는 증상이 계속되어 의사를 찾아갔습니다. 나는 임신 사실을 람 다스에게 가장 먼저 알렸습니다. "람 다스, 나 임신했어요. 당신은 어때요?" 그는 간염에 걸려 있었습니다.

나는 마하라지에게 가서 "마하라지, 나 임신했어요. 어떻게 해야 하지요?"라고 말했습니다. 물론 나는 그가 나에게 예비엄마 교육을 시켜주고, 특별한 수행법을 가르쳐줄 것이라고 생각했습니다.

그는 나를 똑바로 쳐다보며 "그대는 결혼을 해야 해."라고 말했습니다. 갑자기 그는 걱정 많은 삼촌이 되었습니다. "결혼식을 해야 하고, 반지도 껴야 해." 그건 색다른 수행법이었어요.

결혼식은 다다의 집 정원에서 열렸습니다. 누군가 불을 지폈습니다. 우리의 옷자락은 서로 묶여 있었고, 크리슈나 다스가 노래를 부르는 동안 우리는 불 주변을 걸었습니다. 마하라지는 거기에 앉아 있었고, 우리가 걷고 나자 그가 "그대들은 이제 결혼한 거야."라고 말했습니다. 많은 다과가 차려져 있었어요. 손님들이 도착하면 그들 모두에게 재스민과 장미로 만든 화환을 주었습니다. 결혼식이 끝난 후, 그들

크리슈나와 미라바이. 결혼식 날. (사진 발라람 다스)

모두가 자신들이 가지고 있던 화환을 신랑 신부에게 씌워 주었습니다. 꽃을 한가득 들고 함께 묶여 있는 우리는 마치 무르티(성상)처럼 보였습니다. 정말 멋진 하루였습니다.

람 데브는 다른 유형의 결혼—불교의 명상수행과 박티 곧 '헌신의 길'을 경험하였다.

람 데브 : 나는 마하라지에게 물었습니다. "마하라지, 내 마음은 항상 너무 바빠요. 불교 명상 교사들에게 가서 공부해도 될까요?"

그는 "그대가 원한다면."이라고 대답했습니다.

그는 거기에 크게 마음 쓰지 않는 것 같았지만, 나는 어쨌든 가겠다고 결정했습니다. 코스 중에, 내 마음이 슬로우 모션으로 진행되는 깊은 경험을 했습니다. 나는 생각했습니다. '와우, 정말 멋진 경험이야. 예전에 내가 느낀 사랑에다 이제는 고요한 마음까지 갖게 된 거야. 그러니 이제는 마하라지의 존재 자체인 넥타에 취할 수 있어."

알라하바드로 돌아와서 방에 들어갔는데 사람들이 노래를 부르고 있었고, 모두가 행복해했어요. 나는 그를 볼 수 있었습니다. 나는 형태, 모양, 움직임을 볼 수 있었지만, 아무것도 느끼지 못했습니다. 나는 사랑 자체인 '확장되고 텅 빈' 장소에 있었던 것일지도 모르지만, 다른 모든 사람들이 느끼고 있었던 감정의 조각들은 놓치고 있었습니다. 이런 일이 3일 연속으로 일어났습니다.

결국 나는 상암에 가기로 결정했습니다. 나는 거기서 "바바, 내 가슴을 열어 주십시오. 내 가슴을 열어 주십시오."라고 기도했습니다. 상암에서 어느 정도는 몰입할 수 있었습니다. 나는 물에 들어갔다

나왔고, 정말로 효과가 있었어요! 나는 고요한 마음을 갖고 있었고, 가슴속에서 무엇인가가 솟아나 꽃잎처럼 열렸습니다. 모든 나무의 잎사귀 하나하나가 빛나고 있었습니다. 정말 놀라운 느낌이었습니다.

돌아가서 마하라지를 보게 된다는 것이 정말 흥분되었습니다. 나는 인력거에 올라타고 나서야 깨달았습니다. '잠깐, 프라사드(공물)를 구할 만한 곳이 마땅치 않네. 어떻게 하지?' 그런 생각이 들었을 때, 바로 길가에 영적 그림을 파는 남자가 있었습니다. 그림이 별로 마음에 들지 않은 것들뿐이었어요. 그러다가 라마야나에서 람이 하누만을 껴안는 장면을 아주 감미롭게 표현한 그림을 보았습니다. 나는 그것을 구입하여 다시 인력거에 뛰어올랐고, 곧바로 다다의 집으로 향했습니다.

당시에는 사람들이 너무 많아서 늦게 가면 앞자리를 잡을 기회가 거의 없었습니다. 그러면 뒤쪽에 앉아 프라사드를 앞으로 전달해야 합니다. 그런데 이날은 웬일인지 바로 앞쪽까지 좁은 통로가 뚫려 있었습니다.

예전에는 그에게 프라사드를 바칠 때마다 대개 '나는 가난하고 무가치하며 당신의 도움이 엄청 필요하니 이것을 받아주시고, 나에게 친절을 베풀어주세요.'라고 생각하곤 했습니다. 이제 나는 내가 사라지고 없고 그 또한 사라지고 없는 의식 상태에 있었습니다. 그냥 평상 위에 그림을 놓아 드렸을 뿐입니다. 그는 그것을 집어 들고 바라보더니 울기 시작했습니다. 내 상상일지도 모르지만, 내게 일어난 일을 전부 알고 있는 것 같았어요. 곧바로 그 방의 앞쪽에 앉아 있던 모든 사람이 흐느껴 울기 시작했습니다. 사랑이라는 감정의 물결이 흘러넘쳤습니다. 갑자기 마하라지가 평상에서 뛰어내려 다다에게 그 그림을 주고 힌디어로 뭔가를 말했습니다. 다다는 문을 쾅 닫고 나가서 한 시간 동안 다시 나타나지 않았습니다.

우리는 몇 주 후에 브린다반에 갔는데, 브린다반에 있는 하누만 사원 뒤쪽에 그 그림이 있었습니다. 액자에 담겨 있었어요. 그 액자는 그가 몸을 떠난 후에도 오랜 동안 그 사원에 있었습니다.

아버지께 약을 드리라

마하라지와 함께 지낼 당시 우리들 대부분은 10대 후반과 20대였을 정도로 꽤 어렸다. 이제 엄마와 할머니가 된 나는, 내가 문자 그대로 지구 반대편에 있었을 때, 부모님의 심정이 어땠을지 어렴풋하나마 이해하게 되었다. 당시에는 휴대폰, 이메일, 문자 메시지가 없었다. 전화가 있는 곳이 드물어서 전화를 걸려면 몇 시간 혹은 며칠이 걸릴 수도 있었다. 부모님들 중 일부는 우리를 '집'으로 유인하려고 애썼다.— 어머니는 나를 자신이 알고 이해하는 세계로 다시 데려가려고 베이글 빵이 찍힌 즉석 폴라로이드 사진을 보냈다. 어떤 부모들은 호기심을 참지 못하고 인도로 날아와서 자녀가 무엇을 하고 있는지를 직접 확인하기도 했다. 그들은 자녀들을 통해 '부름'을 받았다고 할 수도 있다. 마하라지는 이 기회를 이용하여 많은 가족들을 정화시켜 주었다.

라구 : 1971년 12월 아버지가 인도에 도착했을 때, 락스만, 파르바티, 그리고 나는 아버지와 함께 브린다반으로 갔습니다. 내부 건물 주변에는 큰 벽이 있었는데, 벽 바깥쪽에는 하누만 성상과 신발을 벗을 수 있는 장소가 있었습니다. 아버지는 우리 모두가 신는 슬리퍼 대신 끈이 달린 신발을 신고 있었기 때문에 한동안 거기에 계셨습니다.

내가 먼저 안으로 달려갔고, 마하라지가 "네 아버지가 오셨구나!"라고 말했습니다. 아버지가 들어오자 마하라지는 이렇게 말했습니다. "아주 좋은 분이시네. 너를 보시겠다고 캐나다에서 먼 길을 오셨구만. 아버지는 너를 많이 사랑하지만, 너는 아버지만큼 아버지를 사랑하지 않는구나. 아주 약간. 아주 약간."

이에 대한 뒷이야기 중 일부는 아버지와 내가 잘 지내지 못했다는 것입니다. 아버지가 인도에 온다고 했을 때, 나는 겁이 났습니다. 나는 아버지에 대해 분노를 느꼈습니다. 내가 어렸을 때, 아버지는 정말 폭군이었습니다. 그래서 아버지가 마하라지와 함께 내 앞에 앉아 있다는 것이 나에게는 너무나 신기했습니다.

"그 사람이 너한테 돈을 주었지? 너는 아버지가 돈을 주기 때문에 좋아하는 거야." 이쯤 되면 나는 아버지 앞에서 하얗게 질릴 수밖에 없지요. 마하라지는 "아버지는 무슨 일을 하시지?"라고 묻습니다.

"광고업에 종사하십니다."

"돈은 얼마나 벌지?"

"모르겠어요, 아마 30,000달러 정도." 당시에는 꽤 큰 액수였습니다.

그러고 나서 마하라지는 아버지에게 말합니다. "나에게 돈을 좀 주실래요? 나도 당신의 아들이에요. 내게 미국 돈을 좀 보여주시겠어요?"

아버지는 그에게 5달러짜리 지폐를 주었고, 마하라지는 그것을 파르바티에게 주었다가 다시 가져갔습니다. "나는 그 돈을 그녀에게 주지 않을 겁니다. 원하신다면 당신이 그녀에게 돈을 주십시오. 라그빈드라 다스가 당신에게 파르바티와 결혼하게 될 거라고 말하지 않던가요?" 그 순간 나는 아무런 생각도 나지 않았습니다. 전혀.

"에드, 파르바티에게 100달러와 사리를 주세요." 그는 파르바티에게 나의 아버지의 발을 만지게 했습니다. 그런 다음 그는 내 동생과 나에게 아버지의 발을 만지라고 했습니다. "하나님을 사랑하려면 아버지를 사랑하고 공경해야 해."

그리고 나서 마하라지는 나에게 "네 아버지에게 그 약을 드렸니?"라고 물었습니다.

"약이라고요? 네, 아버지가 감기에 걸려서, 내가 아스피린을 좀 드렸어요."

"아니! 람 다스가 나에게 주었던 작은 알약 말이야."

"LSD?"

아버지가 "LSD?"라고 말을 받았습니다.

마하라지가 말했습니다. "그가 가져다주지 않았니? 왜 안 돼? 아버지가 인도에 계시는 동안 아버지를 잘 보살펴 드려야 해."

그는 아버지에게 이렇게 말했습니다. "당신은 아들들을 보기 위해서만이 아니라 당신 자신의 진실을 찾기 위해 여기에 오신 것입니다. 아들들을 만나니 어떠세요?"

아버지는 "글쎄, 아이들은 행복해 보이네요."라고 말했습니다.

미하라지는 "행복이 전부입니다. 베나레스로 가세요, 일주일 안에 알라하바드에서 만나요."

나는 약간의 환각제를 찾았고, 아버지는 베나레스의 불타는 강기슭 계단에서 100미터 정도 떨어진 하우스보트 위에서 그것을 먹었습니다. 그들은 수천 년 동안 하루도 빠짐없이 24시간 내내 시체를 화장해 왔습니다. 그는 죽는 것이 두렵지 않다고 생각했습니다. 제2차 세계대전 당시 폭격기 조종사였던 아버지는 환각제를 먹었습니다. 우리는 베나레스의 거리를 걸었습니다. 우리는 불타는 가트로 걸어갔고, 화장하는 광경을 보았습니다.

일주일 후 우리는 알라하바드에서 마하라지를 만났습니다. 그가 그 여행에 대해 한 말은 "갠지스강은 아주 깨끗해."라는 것뿐이었습니다. 그런 다음 그는 아버지에게, 다리가 좋지 않아 총을 쏴 안락사시키도록 되어 있었던 말에 대해 이야기했습니다. 아버지는 말에게 밤새도록 치료용 점토를 발라주어 결국 말을 구해주었습니다. 마하라지가 자신의 과거 이야기를 하자, 아버지는 흐느끼며 그 자리에 쓰러졌습니다.

그 후 우리는 친구가 되었습니다. 처음으로 우리는 진짜 가족이 되었습니다. 내 남동생과 여동생과 그들의 배우자들도 모두 헌신자가 되었습니다. 심지어 엄마도 결국 인도로 가서 싯디 마와 함께 다르샨을 했습니다. 마하라지는 나에게 깨진 가족을 고쳐준 기적을 선물해 준 셈입니다.[2]

마하라지 앞에 앉아 있는 라구, 락스만, 다사라타, 파르바티.

프라바티 (그녀의 일기에서)

1972년 1월 5일

오늘 라그빈드라 다스는 베나레스에서 그의 아버지를 돌보라는 마하라지의 명령을 그대로 실천했다. 에드는 환각제를 먹었다. 우리는 즉각적인 깨달음을 기다렸다. 결국 마하라지는 그에게 환각제를 주라고 말했다. 그는 거기 앉아서 책을 보고 있었다. 마침내 우리는 산책을 하기 위해 하우스보트를 떠났다. 강 위쪽으로 불타는 가트를 지나, 씻는 가트, 목욕하는 가트를 지나갔다. 강가 마Ganga Ma 사원으로 올라가며, 기념품 가게들이 모여 있는 골목길을 통과했다. 죽은 소를 지나쳤다. 죽은 사람, 장작더미에 쓸 장작 비용을 충당하기 위해 루피를 던지는 사람들, 그리고 흰색 시트에 싸인 시체를 보았다. 에드는 모든 것이 죽음을 대면하게 하는 풍경에 충격을 받았다. 우리 모두를 위한 한 가지 레슨, 죽음이 기다리고 있었다.

제3부

두 번째 물결

1972. 3~1973. 9

11

오고 또 가고

1972년 봄/여름

평생 남을 것은, 여행 중 경험한 것에 대한 기억들과
그것을 처리하는 과정, 그리고 그 경험으로 인해
당신이 당신 자신의 현재 삶 속에서
실제로 얼마나 향상되었는가 하는 것이다.
—오프라 윈프리[1]

1972년 2월과 3월에는 서양인을 대상으로 한 '비자 멜로드라마'가
본격적으로 펼쳐졌다. 대니와 아나수야는 인도를 떠났다. 람 데브와
몇몇 사람들은 미국으로 강제 송환되었다. 캐나다인은 비자가 필요하지
않았지만, 미국인은 확실히 필요했다. 마하라지는 때로 '비자 게임'에
깊이 개입하여 사람들을 고위 공무원에게 보내어 체류 허가를 받아내기
도 하고, 대개는 갱신 신청이 거부되곤 하는 지역 사무소로 보내기도
했다. 일부는 네팔로 보내어 새 비자를 다시 신청하게 했다. 2월에
그는 람 다스, 라다, 모한, 라메슈와 다스를 델리로 보내어 비자 문제를
해결하게 했다.

연장을 얻으려는 모든 시도에도 불구하고 우리 중 일부는 떠나가야

했다. 마하라지는 내가 머물던 초기에 때가 되면 람 다스가 떠날 것이라고 말했다. 아니나 다를까, 라구와 나(마하라지는 알라하바드에서 우리를 결혼시켰다), 미라바이와 크리슈나, 라다와 모한, 람 다스는 모두 1972년 3월 초에 함께 떠났다. 우리는 로마에 잠시 머물게 되었는데, 가장 가까운 공항 레스토랑으로 달려가 파스타를 먹었다. 그곳에서 우리는 런던으로 날아가서 잠시 머물렀다가 각자 자기 갈 길을 갔다.

람 다스가 떠난 후 인도의 풍경이 바뀌게 된다. 마하라지는 람 다스를 '총사령관'이라고 불렀는데, 이제 그 총사령관이 더 이상 없게 된 것이다. 이때 이후로 마하라지에게 온 많은 서양인들은 람 다스에 대해 들어본 적이 없거나 만난 적이 없었지만, 『지금 여기에 살라』를 읽은 사람들도 있었다. 그리하여 그곳에 서양인 '장로들'은 점차 없어졌다. 모든 유형의 계층 구조가 사라지고, 상황이 느슨해지기 시작했다.

카우살라, 수난다, 락스만, 비쉬왐바르, 마하라지. 사진 발라람 다스.

첫 번째와 두 번째 '물결' 속에 있었던 일부 사람들은 이제 '가르침'이 줄어들었다고 말했다. 람 다스와 일행들이 명상과 다양한 영적 관심에 대해 마하라지에게 물었던 유형의 질문들을 이제 더 이상 아무도 하지 않게 되었다는 의미이다. 그리고 이 시점에서는 많은 서양인들이 힌디어를 충분히 배웠기 때문에 인도인들 중 한 명이 번역자로 활동할 필요가 없게 되었다. 마하라지가 일상적인 관심사—집, 직장, 학교, 건강, 어린이 등에 대해서—는 물론 정치와 시사 문제에 관해 이야기해도, 서양인들은 마하라지가 인도 헌신자들과 교류할 때 이상으로 내용을 잘 이해했다.

1972년 봄

수난다 : 락스만과 나는 서로에게 빠져들었습니다. 어느 날 밤 우리는 결혼하기로 결정했습니다. 비슈와 카우살리아도 결혼하기로 했는데, 우리 넷은 택시를 타고 브린다반으로 갔습니다. 거기에는 몇 사람밖에 없었는데, 마하라지는 우리에게 많은 시간을 허락해 주었습니다. 우리가 걸어 들어가자 그는 "그들은 결혼했어, 결혼했어." 라고 말했습니다. 그리고 그는 결혼 상대가 누구든 가리지 않고 한데 어울리게 만들었습니다. 나중에 들은 바에 따르면, 그는 "그게 무슨 차이가 있어?"라고 말했다고 합니다.

브린다반은 무척 더웠습니다. 그는 하얀 천을 옷처럼 두르고 있었는데, 굉장히 우아해 보였습니다. 그가 하얀 옷을 감싸쥐고 서 있는 것을 보니 존재감이 대단했습니다. 그가 걸을 때마다 땅이 흔들리는 듯한 느낌이 들었습니다.

케쇼리는 위빠사나 명상을 하고 있었고, 마하라지는 '붓다 명상'이라고 말했습니다. 그러고는 "내가 붓다야."라고 말했습니다. 나는

마하라지의 손. 사진 크리슈나 다스.

그의 손을 맞잡고 비비고 있었는데, 갑자기 그가 눈을 감았습니다.
나는 그의 손이 붓다 무드라가 되어가는 것을 느꼈습니다. 그는 정말
파워가 넘치는 상태여서, 감히 그의 손을 잡고 있을 수가 없었습니다.

비자가 만료되어 우리는 떠났고, 락스만은 집에 갈 준비가 되어
있었습니다. 우리는 델리로 갔는데, 인도를 떠나는 길에 임신을 하게
되었습니다. 내 딸과 나는 둘 다 '인도 산産'이 되었습니다.

사라스와티 : 한번은 재미로 그의 손금을 본 적이 있었습니다.
그는 나에게 무엇을 보았는지 물었고, 나는 웃으며 "신을 직접 뵙게
될 것입니다."라고 말했습니다. 그는 "용케 맞혔네, 맞혔어!"라고
유머러스하게 대꾸했습니다.

우리 모두에게는, 마하라지가 우리에게 쏟아부어 준 특별한 사랑을 받을 자격이 없다고 느끼는 순간들이 있었다. 우리의 욕망, 우리의 도덕적 결함, 우리의 개인적인 문제가 떠올라 바바가 우리에게 항상 비추고 있는 빛을 차단했던 것이다. 마하라지는 우리를 무시하거나 우리에게 이름을 지어주지 않거나 바나나를 되가져가는 등 우리의 특정한 집착들을 극복하는 데 효과가 있을 만한 모든 방법을 동원하여 우리의 감정을 되비추어 보게 했다.

크리슈나 도브러 : 브린다반에서 마하라지를 처음 만났을 때 그가 말했습니다. "플루트를 가지고 있군. 연주해 봐." 배경에서는 키르탄이 진행되고 있었지요. 나는 키르탄을 연주해야 할지 아니면 나만의 밴드 곡을 연주해야 할지 고민했습니다.

간신히 몇 소절을 깩깩대며 할 수 있었습니다. 그는 "아주 좋아."라고 하면서 나에게 물었습니다. "플루트를 최초로 연주한 사람이 누구지?"

"크리슈나."

그는 나를 바라보며 "크리슈나."라고 말했습니다.

다르샨이 끝나고 그에게 절을 하러 갔는데, 그가 내 머리를 가볍게 치며 "크리슈나."라고 말했습니다. 내 인생 전체가 내 앞에서 번쩍 빛을 발하는 순간이었습니다. 마치 구슬이 한 가닥으로 묶여 모두 일렬로 늘어서 있는 것 같았습니다.

나는 왜 징병 대상에서 빠져나오게 되었는지를 알았고, 그 모두가 은덕이었습니다. 내 인생을 지탱해 주었던 모든 것이 그 순간 정점에 이르렀습니다. 물론, 당시의 나는 위빠사나를 할 수 없었습니다.

마하라지가 내 관심을 끌었고, 나는 사랑에 빠져 그의 뒤꿈치만을 바라보며 나아갔습니다. 나는 나 자신과 나의 해방을 그토록 심각하게 생각해 왔는데, 그 모든 생각을 내려놓았습니다. 예수의 제자들 역시 이와 같았을 것이라고 느꼈습니다.

물론 그가 나에게 전혀 관심을 기울이지 않았던 시기도 있었고, 나는 '글쎄, 그 사람은 마침내 내가 쓸모없고 여기에 속하지 않는다는 것을 알게 된 거야. 나는 내가 이 일을 할 만큼 순수하지 않다는 것을 충분히 알고 있어.'라고 생각하기도 했습니다. 그것은 궁색해져서 다음과 같이 구걸하는 것이나 마찬가지였습니다. "제게 프라사드 좀 주세요. 저를 보세요, 제가 여기에 속해 있다는 유대감을 좀 갖게 해주세요." 하지만 아무것도 없었습니다. 아무것도. 하지만 나는 그와 동시에 심한 죄책감을 느꼈습니다. 나에게 가장 소중한 것을 준 사람에게 어떻게 무엇인가를 더 바랄 수 있겠습니까?

내가 무가치하다는 느낌이 절정에 달했을 때, 마하라지는 나를 바라보고 **숨을 거칠게 몰아쉬면서**, 평상 위에서 바나나 하나를 집어 나를 향해 손을 뻗었습니다. 내가 그것을 잡으려고 손을 뻗자, 그는 그것을 내 뒤에 있는 사람에게 주었습니다. 그리고 나는 깨달았습니다. 그 순간 나는 내가 여전히 사랑스러운 사람이며, 그까짓 바나나 따위는 필요하지 않다는 것을. 물론, 내가 그것을 깨달은 후에는, 내 룽기* 위에 매일같이 프라사드, 잘 익은 복숭아 더미가 쌓여 있었습니다.

우리가 마하라지로부터 배운 심오한 교훈 중 하나는 섬김에 관한

---

* 좁은 천을 늘어뜨려서 허리를 동여매어 입는 인도 전통 의상.

것이다. "모든 사람을 사랑하고, 모든 사람을 먹이고, 신을 기억하라."는 그의 명령은 박티 요가뿐만 아니라 카르마 요가의 핵심이기도 했다. 사람은 세상에서 어떻게 살아가는가? 음식의 형태를 취하든, 노인을 돌보든, 명상 센터를 시작하든, 영적인 메시지를 담은 책을 쓰거나 영화를 만들든, '가난하거나 고통받는 사람'을 돕는 것은 무엇이든 '모든 사람을 먹이는 일'이다. 카인치에 있는 마하라지의 사원은 매우 볼품없는 계곡 안에 지어졌으며, 이곳에 오는 모든 사람에게 주어지는 프라사드—어디에나 있는 감자와 퓨리—는 마을 사람들에게는 그날의 중요한 끼니일 경우가 많았다. 물론 그들은 아쉬람의 공기 속에서 사랑과 평화 또한 '먹고' 있었다. 우리들 대부분은 가능한 한 많이 흡수했고, 모든 사람에게 '먹이'를 제공할 정도는 아니었지만 일부 서양인은 인도에 있는 동안에도 마하라지와 함께 섬기는 일에 몰두했다.

4월에 마하라지는 브린다반을 떠나 카인치로 돌아왔다. 그리고 늦봄에는 일부 서양인들이 아쉬람에 살고 있었지만, 대부분은 여전히 나이니탈의 에블린 호텔에 머물고 있었다.

드와르카나트 : 72년 4월과 5월, 우리는 날마다 나이니탈에서 카인치를 오갔습니다. 나는 나이니탈의 호텔로 돌아가는 길이 불편할 때가 많았습니다. 어느 날 나는 멀리 가버리고 싶은 생각을 도저히 참지 못하고 모두가 떠나기로 되어 있는 시각에 버스를 타지 않았습니다. 그 대신 아쉬람 위로 나 있는 길을 걸어갔습니다. 그날 밤 나는 숄을 두른 채 풀밭에 누워서 잠을 잤습니다. 아침이 되어 시끄러운 동물 소리, 근처에서 풀을 뜯고 있는 버팔로 소리에 잠에서 깼습니다. 산속에 호랑이, 표범이 살고 있다는 경고를 늘 들어온 터라, 혹시라도

사고가 생길까 봐 두려웠습니다. 나는 약간의 불안 속에서 다시 카인치로 돌아갔지만, 그날 밤 내가 호텔에 돌아가지 않았다는 사실을 들먹이는 사람은 아무도 없었습니다.

당시 카인치에 머물고 있는 인도인 가족이 있었습니다. 사히 부부는 그들의 사랑스러운 십대 딸과 매우 지루해하는 그녀의 남동생과 함께 거기에 있었는데, 나는 그의 환대를 받았습니다. 그날 내가 아쉬람으로 돌아왔을 때, 미스터 사히는 내가 한 파티에 참석하지 않았다는 것을 구루다트와 마하라지와 함께 이야기하고 있었습니다. 갑자기 나는 내가 아쉬람에 살고 싶은지에 대한 질문을 받았습니다. 나는 방을 옮겼고, 그해 여름 내내 그 방에 묵었습니다.

곧 다른 서양인들도 아쉬람에서 묵게 되었습니다. 발라람이 가장 먼저였고, 나와 함께 방을 쓰게 되었습니다. 사라스와티도 들어왔고,

마하라지와 드와르카나트. (사진 발라람 다스)

드라우파디도 들어왔지요. 서양인들이 버스를 타고 나이니탈로 돌아가고 있을 때, 나와 아쉬람에 살고 있는 사람들은 다르샨을 할 기회를 갖곤 했습니다.

당시 사히 부부는 아쉬람 방문객들 사이에서 특권을 누렸는데, 사히 부인은 '인드라 쿠티르(오두막)' 뒤쪽에 그녀가 사용할 수 있는 부엌이 제공되었습니다. 다르샨을 마치고 그녀가 쌀, 콩, 야채 등 모든 음식을 준비하는 동안, 나는 그녀와 함께했습니다. 무엇보다도 그녀는 자신이 직접 만든 음식을 마하라지께 드리기 위해 요리를 했고, 다음으로는 우리 서양인들이 모두 먹을 만큼 충분히 음식을 만들었습니다. 우리는 감자와 퓨리보다는 좀 더 다양한 것을 먹고 싶어 했습니다. 나는 그녀가 그렇게 하도록 도왔습니다.

사히 부부가 떠나야 할 날이 왔습니다. 다음 날 아침, 그녀의 부엌문은 잠겨 있지 않았고, 물품도 여전히 거기에 남아 있었습니다. 나는 스스로 부엌으로 들어가서 서양인들을 위한 음식을 요리했습니다. 그때 마하라지는 부엌을 퓨리를 만들 때 부엌으로 썼던, 오두막과 인접한 방으로 옮기라고 말했습니다. 음식 재료들은 늘 남을 만큼 제공되었는데, 실로 놀라운 일이었습니다. 나는 실제로 그렇게 하라는 어떤 말이나 요청에 따라 요리를 한 것이 아니었고, 음식 재료 또한 따로 요구한 적이 없었습니다.

어느 시점에선가 우리도 차이를 만들기 시작했습니다. 그러다가 다르샨 이전에는 차이를, 아침식사로는 차이와 달리아(죽)를 만들었지요. 오전 다르샨과 점심 시간에도 차이, 오후에도 차이를 제공했습니다. 그리고 아쉬람에 묵고 있는 우리 일행은 뒤쪽 부엌에서 식사를 했습니다. 온종일 그렇게 일을 했습니다.

래리 브릴리언트 박사 Dr. Larry Brilliant (Subramaniam)와 그의 아내 일레인 Elaine (Girija)은 자신들의 첫 번째 인도여행을 호그 팜과 함께 런던에서 네팔까지 육로로 여행하였다. 그들은 람 다스가 샌프란시스코의 유니테리언 센터에서 세 차례에 걸쳐 강연했을 때 처음 만났는데, 우연히 래리가 인턴십 기간 동안 문을 열었던 바로 그 밤에 진행된 강연이었다. 첫 번째 강연이 끝난 후, 기리자는 앨러미다 카운티의 청소년 보호관찰소로 출근하여 동료들에게 말했다. "나는 람 다스의 강연을 들으러 갔었지요. 그가 무슨 말을 했는지는 아무것도 기억나지 않지만 정말 좋았어요!"

기리자 : 우리가 인도에 있었을 때 람 다스는 『지금 여기에 살라』의 초판을 우편으로 받아 웨이비 그레이비에게 전달했습니다. 우리는 호그 팜 버스에 그 책을 가지고 탔습니다. 나는 서문을 읽고 감동을 받았는데, 그후 우리는 네팔로 갔고 포카라에서 머스탱까지 트레킹을 하게 되었습니다. 우리가 돌아왔을 때, 웨이비는 심하게 앓고 있었습니다. 래리는 웨이비를 미국으로 데려가기 위해 떠났고, 나는 친구와 함께 인도로 돌아갔습니다. 우리는 자신을 정화하고 싶었고, 명상을 공부하기로 결정했습니다. 고엔카 명상 수련회를 마친 후 나는 스스로 수련회에 한 번 더 참가하기로 했습니다. 나는 델리에 세 번째로 수련회에 갈 생각을 하고 있었는데, 크리슈나 다스가 친구 집에서 우리와 함께 머물고 있었습니다. 그는 "나는 나이니탈 행 버스표를 구하려고 해요. 오시겠어요?" 바로 그것이었습니다.

래리 박사 : 나를 마하라지에게로 초청해 준 사람은 기리자였습니

다. 그녀가 전화해서 "이리로 와요."라고 했고, 나는 "아니, 당신이 여기로 오지."라고 말했습니다. 그녀는 "이분은 람 다스의 구루란 말이야. 정말 훌륭한 분이야. 난 새 이름을 받았어." 우리는 합의에 이르렀습니다. 그녀는 크리스마스에 샌프란시스코의 집으로 돌아갈 것이고, 결혼생활을 유지할 것이며, 모든 것을 팔아 인도로 돌아갈 참이었습니다. 그리고 실제로 그렇게 했습니다.

그런데 나는 그렇게 하기가 싫어졌습니다. 글쎄, 만약에 마라하지가 "오, 닥터 아메리카."라고 불렀고 (나중에 그는 나를 실제로 이렇게 불렀다), "나는 당신을 기다리고 있었어, 당신은 멋져."라고 말했다면, 좋아했을지도 모릅니다. 하지만 물론 그는 그렇게 하지 않았습니다. 나는 정말로 기리자가 사이비종교에 사로잡힌 줄 알았습니다. 나는 우상을 좋아하지 않았습니다. 내가 얼마나 그들을 싫어했는지 모릅니다. (그의 집은 우상으로 가득 차 있었습니다!) 내가 그의 발을 만진다는 것은 생각조차 하기 싫었습니다. 완전히, 전적으로 거절당했다는 느낌을 받기까지는, 아마 일주일 정도 걸린 것 같습니다.

나는 기리자에게 떠날 것이라고 말했습니다. 이는 우리 관계를 끝내는 것을 의미했습니다. 그곳은 그녀가 머물 곳이었지, 나에게는 아니었기 때문입니다… 나는 울음이 터졌고, 진짜 슬펐어요. 나는 그날 마하라지를 보러 가지 않겠다고 말했지요. 그녀는 카인치로 갔고, 나는 나이니탈의 호수 주변을 산책했습니다. 배를 타고 호수로 나갔고, 성인이 된 후 한 번도 해본 적이 없는 일을 하고 있었습니다. 나도 모르게 기도를 하고, 징표를 구하고, 담요를 두르고 있는 그 뚱뚱한 남자가 누구인지, 내가 거기에 속해 있는지 알아내려고 애쓰고 있었습니다. 하지만 아무런 징표도 없었습니다. 나는 오직 나만이 알아볼 수 있는, 아주 작고 하찮은 징표라도 보여 달라고 신께 간청하고 있었습니다.

나는 기리자에게 떠나겠다고 말하고, 짐을 꾸렸습니다. 그녀는 "글쎄, 적어도 그분께 작별 인사는 해야 하지 않아?"라고 말했습니다.

"물론이지." 내가 말했습니다. "그래, 이곳은 나에게 맞는 장소가 아닐 수 있어. 하지만 예의는 차려야지."

우리는 나이니탈에서 일찍 택시를 탔고, 그날 아쉬람에 온 첫 번째 사람들이었습니다. 우리는 택시에 짐을 그대로 둔 채 기다리라고 말하고는 아쉬람에 들어갔습니다. 기리자와 나는 마하라지의 평상 앞에 앉아 그가 나오기를 기다렸습니다.

평상 위에서 사람들은 사과와 꽃으로 만다라를 만들고 있었고, 힌디/산스크리트어로 Ram이라고 표기했습니다. 우리가 기다리는 동안 사과 한 개가 떨어져서 매트 위로 굴러갔습니다. 그 순간 나는 그 사과를 집어 들고 만다라를 완성하려고 손을 뻗었습니다. 내가 손을 내리는 순간 마하라지가 문을 열고 들어서는 바람에 내 손을 밟았습니다. 이제 나는 결코 하고 싶지 않은 일을 하고 있었습니다. 하는 수 없이 그의 발을 만지게 된 것입니다. 그는 나를 꼼짝하지 못하도록 밟고 있었습니다. 나는 그렇게 작은 사람이 어떻게 그렇게 큰 힘을 쓸 수 있는지 믿을 수 없을 정도였습니다. 나는 손을 빼낼 수 없었고, 그는 웃기 시작했습니다.

마하라지는 "그대는 어제 여기에 없었어."라고 말했습니다. 나는 그가 이전에 한 번도 나를 아는 척한 적이 없었기 때문에 적어도 알아준 것 같아 기뻤습니다. 그는 "그대는 어디 있었지?"라고 물었습니다.

나는 대답하지 않았습니다.

그는 농담을 했습니다. "말을 타고 있었나?" 그는 웃고 있었습니다. 그러다가 잠시 진지해지더니, 나를 바라보며 말했습니다. "호수에 있었나?"

나는 움츠러들었습니다. 그런 다음 그는 그가 NSA(국가안보국)보다 도청 실력이 더 낫다는 것을 깨닫게 해주는 말을 늘어놓았습니다. 그는 "수영하고 있었나?"라고 말했습니다. 하지만 그 호수는 너무 오염되어 있었습니다. 영국인들이 떠난 이후로 그 호수에서는 아무도 수영을 하지 않았습니다.

내가 대답하지 않자, 그는 "오오, 그래, 신께 말을 걸고 있었군. 무엇을 요청한 거지? 징표를 구하셨나? 사인을 달라고 간청했나?"라고 말했습니다. 그때부터 나는 울기 시작했습니다.

그는 자리에 앉았지만, 그의 발은 여전히 내 손 위에 있었습니다. 그때부터 그는 나를 때리고 껴안고 내 수염을 잡아당기기 시작했습니다. "사인을 요청하셨나? 하나님께 표징을 구하셨나?"

그즈음 다른 사람들(투카람, 시카, 크리슈나 다스, 라비 다스)이 나타났습니다. 기리자가 나를 껴안았고, 그러자 그들은 모두 내 주위로 모여들었습니다.

우리 중 누구도 거기에 대해 실제로 이야기한 적은 없지만, 우리 모두는 그런 경험을 했고, 그것이 진정한 입문이었습니다. 『바가바드 기타의 요가 The Yoga of the Bhagavad Gita』를 비롯한 스리 크리슈나 프렘의 책들은 구루에 의한 첼라 입문이 어떤 것인지에 대해 설명합니다. 그들은 몇 가지 산스크리트어 만트라를 가지고 있고, 향을 피울 수 있는 향을 가지고 다녔습니다. 그러나 나의 입문은 그렇게 시작되었습니다. 가슴을 여는 것보다 더 중요한 것은 머리를 깨뜨리는 것입니다. 왜냐하면 가슴이 열리지 못하게 가로막는 것은 머리이기 때문입니다.

택시는 여전히 기다리고 있었습니다. 짐도 그대로 있었습니다. 택시비는 매우 비쌌습니다.

시바야 Shivaya (Alan Cain)가 『한 요기의 자서전 Autobiography of a Yogi』을 읽었을 당시, 그녀는 그리니치 빌리지에 살고 있었다. 그 책에서는 때가 되면 스승은 나타나게 된다고 씌어 있었다. 며칠 후 그는 「빌리지 보이스 The Village Voice」*에서 요기 라마야가 마하바타르 바바지의 크리야 요가를 가르치기 위해 인도에서 막 도착했다는 기사를 읽었다. 앨런은 날마다 바바지의 사진 앞에 앉아 그에 대해 묵상했다. 어느 날 그는 방에 누군가가 자신과 함께 있는 것 같은 느낌이 들었는데, 아니나 다를까, 눈을 뜨자 바바지가 거기에 앉아 있었다. 앨런은 텔레파시로 그에게 "인도에 가보고 싶은데, 정말 겁이 나요."라고 말했다. 바바지는 손을 들어 축복하며 말했다. "너는 인도로 갈 것이며, 아무런 두려움도 없을 것이다."

시바야 : 나는 고엔카와 무닌드라와 함께 불교 수행을 하면서 여러 해를 보냈습니다. 알라하바드로 가는 버스가 생겼을 때인 71년도에 나는 보드가야에 있었습니다. 람 다스는 나에게 그 버스로 여행을 하지 말라고 제안했고, 나는 그것을 받아들였습니다. 그러던 어느 날 나는 델리의 거리를 걷던 중에 불교 명상 코스에서 알았던 친구인 마티 워스를 맞닥뜨리게 되었는데, 매우 내성적인 성격이었던 그가 거리에서 춤을 추며 이상한 행동을 하고 있었습니다. 그가 나를 보고는 빙그르르 몸을 돌렸습니다.

"와, 마티." 내가 말했습니다. "무슨 일이야?"

---

* 미국 뉴욕시 그리니치빌리지에 본거지를 둔 뉴스 및 문화 간행물로, 미국 최초의 대안 주간지.

그는 "나는 방금 남 카롤리 바바를 만나고 오는 길이야."라고
말했습니다. 그는 마하라지의 컬러 사진을 꺼내 들었습니다. "인도의
가장 위대한 성자이신 님 카롤리 바바. 오늘 밤 11시에 버스가 있어.
나이니탈로 가는 버스에 타. 내일 그를 만날 수 있을 거야."

구루의 됨됨이를 알고 싶으면 그 구루의 제자들이나 헌신자들을
보면 됩니다. 그들을 보면서 "내가 그렇게 되고 싶은가?"라고 물어보면
해답이 나오기 마련입니다. 나는 그를 바라보았고, 나는 '아니, 난
그렇게 되고 싶지 않아.'라고 생각하고는, 가던 길을 갔습니다.

나는 코넛 플레이스에 있는 환전소로 갔습니다. 당시에는 환전소가
야외에 있었습니다. 이 사람은 방 하나, 책상 하나, 의자 둘을 가지고
있었는데, 그의 책상 위에는 마하라지의 사진이 놓여 있었습니다.

나는 "저 사람은 누구예요?"라고 물었습니다.

"인도 최고의 성자이신 님 카롤리 바바."

"왜 그 사람의 사진을 가지고 있지요?"

"그의 헌신자들은 모두 이곳에 옵니다. 그분의 사진만 봐도 축복을
받을 정도로 대단한 성자이십니다."

나는 돈을 바꾸고 가던 길을 갔습니다.

나는 델리에 있을 때면 보통 마헨드라라는 친구와 함께 밤을 보내곤
했습니다. 우리는 밤늦게까지 신에 대해 철학적인 색깔을 칠하며
토론했고, 그의 아내는 훌륭한 요리사였지요. 환전한 후에 마헨드라에
게 갔는데, 저녁 식사를 기다리는 동안 마헨드라가 이렇게 말합니다.
"길을 가다가 여기에 들렀던 친구들의 책을 가지고 있어. 웨이비 그레이
비를 알아? 래리 박사는?" 그가 책을 가져와서 내가 펼쳐 들었는데,
님 카롤리 바바의 8x10 광택 사진이 있는 페이지였습니다. "저 사람이
님 카롤리 바바야. 인도 최고의 성자지."

9시 30분쯤에 그의 아내가 들어와서 저녁식사가 준비되었다고 말했습니다. 나는 "마헨드라, 나는 저녁식사를 하지 못할 것 같아. 11시 버스를 타야만 하거든. 오늘 세 번이나 이 얼굴이 내 앞에 나타났 단 말이야. 한 번이면 잊어버릴 수 있어. 두 번이면 생각해 볼 여지가 있겠지. 하지만 세 번이나 나타났어. 난 오늘 밤 나이니탈에 가야 해."

아침이 되었습니다. 나이니탈에서 카인치 행 버스를 탔습니다. 머리를 삭발하고 있었는데, 버스에 타고 있던 인도 남자가 간디 모자를 가지고 있었습니다. 나는 머리에 감샤(천 조각)를 두르는 데 익숙했습 니다. 그는 간디 스타일의 모자를 집어들어 나에게 주었습니다. 내가 아쉬람으로 걸어 들어갔을 때, 마하라지는 평상에 앉아 있었습니다. 주위에는 15~20명의 헌신자들이 앉아 있었는데, 마하라지가 벌떡 일어나 소리를 지르기 시작했습니다. "간디, 간디, 간디 님이 오셨네. 오세요, 오세요, 간디 님!" 그가 웃고 있었고, 모든 사람이 흥분해서 떠들었습니다. 물론 나도 웃고 있었지요. 정말 엄청난 웃음 축제가 벌어지고 있었습니다. "자, 간디, 여기 앉아. 너무 좋군. 간디 님이 여기 있어요." 멋진 입장이었습니다. 나는 휩쓸려 날아가버릴 것 같았습 니다.

그날 또 다른 새로운 사람들이 왔고, 모두가 그에게 어디에 머무를지 를 물었습니다. 그는 모두에게 나이니탈로 가라고 말했습니다. 하지만 나는 나이니탈에 가지 않았습니다. 로버트 프리들랜더는 "당신은 나와 함께 지내도록 해요. 보왈리에 방이 있어요."라고 말했습니다. 그는 방만 갖고 있었던 것이 아닙니다. 강력한 환각제가 가득 담긴 가방을 가지고 있었습니다. 그날 밤 나는 정신적 타격(히트)을 당했고, 손가락으로 무드라를 하고 있는 마하라지 사진을 정면으로 보면서 앉아 있었습니다. 말할 필요도 없이, 그 사진을 보는 동안 환각에 빠졌습니다. 나의 전 생애를 통해서 단 한 번도 해본 적이 없는, 내가 생각할 수 있는 모든 것이 나를 관통해서 흘러가고 있었습니다.

새벽 3시쯤, 나는 일어나서 카인치로 걸어가면서 내내 키르탄을 불렀습니다. 카인치에 도착했을 때, 너무 지쳐서 문 앞에서 잠이 들었습니다. 잠에서 깨어나 보니, 다르샨을 하러 가는 사람들이 나를 넘어가고 있었습니다.

나는 안으로 들어갔고, 마하라지는 나를 다시 간다라고 부르면서 환영해 주었습니다. 나는 여전히 환각 상태에 있었습니다. 번쩍번쩍 하는 섬광을 경험하고 있었고, 그와 너무 가까이 앉고 싶지 않았습니다. 나는 그 손가락으로 인해 밤새도록 많은 일을 겪었습니다. 나는

유명한 손가락 무드라. (사진 발라람 다스)

시바야 (마하라지 뒤쪽의 민머리). (사진 크리슈나 다스)

정말로 이 존재와의 믿을 수 없는 연결을 느끼고 있었지만, 내 머릿속에
어떤 의심도 남기고 싶지 않았습니다. 나는 '마하라지, 당신과 내가
어떻게든 연결되어 있다면, 내가 밤새도록 보았던 그 무드라를 보고
싶어요.'라고 생각했습니다. 그는 누군가와 이야기를 하고 있었는데,
돌아서서 그 손가락을 들어 올렸다가 바로 제자리로 되돌아갔습니다.
전류가 찌르르 하고 나를 관통해 퍼져나갔습니다. 짧은 한 순간이었을
뿐이지만, 직접적인 것이었습니다.

　이제 나는 우리가 연결되어 있다고 느끼기는 했지만, 무엇인가
더 많은 것을 원했습니다. 며칠 동안 거기에 있다가 나는 다다에게
"만약에 내가 마하라지의 개인적인 청중이 될 수만 있다면 정말로

흥미로울 것 같다는 생각이 들어요."라고 말했습니다. 어느 날 오후, 다다가 나에게 다가와서 "마하라지가 지금 당신을 볼 거예요."라고 말했습니다.

다다와 내가 안으로 들어갔는데, 마하라지는 사무실에 앉아 있었습니다. 나는 그토록 행복해하는 간디 스타일의 웃음을 웃고 있었는데, 그는 정말 거친 목소리로 "그대는 무엇을 원하지?"라고 하는 것이었습니다.

나는 "무엇을 해야 할지 모르겠어요."라고 말했습니다.

그는 "침묵을 유지해. 그만 가."라고 말했습니다.

다다가 나에게 "그는 이제 당신에게 침묵하라고 하시네요. 말하지 말고, 침묵해요."라고 말해 주었습니다. 나는 내내 묵언수행을 하려고 애썼습니다. 마하라지를 직접 만났을 때만 말을 했습니다.

1972년 여름

우리가 마하라지의 '기적'에 대해 말하는 것은, 그것들이 멋진 스토리를 만들기 때문이다. 그러나 우리는 기저 그 자체에는 진실로는 관심이 없었다. 그가 우리에 대해 모든 것을 절대적으로 알고 있다는 사실을 깨닫고 처음 충격을 받은 이후, 우리는 그에게 전지전능함을 기대했다. 우리는 그의 현존에 의해, 능력과 사랑과 가슴으로부터 나오는 지혜가 경이롭게 결합되어 있다는 사실에 의해 훨씬 더 깊은 인상을 받았다. 물론 인도 헌신자들은 마하라지가 눈앞에서 하누만으로 변했다는 이야기, 아픈 사람을 낫게 한 이야기(심지어 죽은 사람도 다시 살린 이야기), 불임 여성에게 사과를 주었는데 그러고 나서 임신했다는 이야기, 그리고 동시에 두 장소에 나타났다는 이야기를 들려주었다. 뭔가 기적적인 일을 대면할 때마다, 마하라지는 신께서 그 일을 행했다고만 말하곤 했다.

서양인 중 한 명은 마하라지와 함께 다소 기적적인 시작을 경험했다. 마하라지와 '영국인' 시타 'English' Sita (Heather Thompson) 의 첫 만남은 런던에서 이루어졌다… 그런데 그는 정작 인도에 있었다. 그녀는 런던대학교 학생이었고, 불교에 상당히 흥미를 느끼고 있었다. 그녀는 '간달프의 가든'에서 열린 어느 선사의 강연을 들으러 갔다가 인도에서 막 돌아온 이언 Iain을 만났고, 그는 그녀에게 마하라지에 대한 이야기를 들려주었다. 그녀는 생각했다. '그래, 그분은 아주 멋진 노인네라는 말로 들리네, 그러나 나는 힌두교에는 흥미가 없어. 나는 직접적인 접근 방식인 선禪을 좋아해."라고.

'영국인' 시타 : 5개월 정도 후에 마하라지에 대한 이야기를 다시 들었고, 나는 똑같은 반응을 보였습니다. 담요를 두른 멋진 노인이라고 상상했지만, 실제로 관심은 없었습니다.

다음 날 나는 런던에서 대학으로 가는 버스를 타고 있었습니다. 매일 그 버스를 타기 때문에 그 노선에 대해서는 아주 잘 알고 있었습니다. 그리고 내가 이 늙은 부랑자를 보았던 지역은 런던에서 몇 안 되는 곧고 넓은 거리 중 하나였습니다. 버스에는 남자가 딱 한 명 타고 있었는데, 그는 내 맞은편에 앉아 있었지요. 버스 안내원은 위층에 있었습니다. 이층 버스였어요. 버스가 멈췄고, 이 늙은 부랑자가 버스에 올라탔는데, 뜨내기 노동자처럼 누더기옷을 겹겹이 입고 있었고, 면도도 하지 않았고, 머리는 잿빛이었습니다. 그는 격자무늬 담요를 팔 아래쪽에 껴들고 있었습니다. 버스가 사실 비어 있었는데도 불구하고 그는 내 앞에 서서 "좀 비켜요. 당신 옆에 앉고 싶어요."라고 말하는 듯 아름다운 미소를 나에게 던졌습니다. 나는 비켜주었고, 그가 허리춤을 추스르고 자리에 앉자 좌석이 내리눌려지는 것 같았습니다.

그 당시에 나는 매우 수줍음을 탔기 때문에 그 사람을 다시는 쳐다보지 못했어요. 나는 그에게 매료되었지만, 빤히 쳐다보는 것은 예의가 아니었습니다. 나는 고개를 돌려 창밖을 내다보며 혼자 '얼마나 아름다운 미소인가! 얼마나 멋진 노인네인가.'라고 생각했습니다. 혼자 '노인네'라고 말하다가 '아, 그래, 담요를 두른 노인네'라고 고쳐 생각했습니다. 다시 그를 보려고 고개를 돌렸는데… 그는 거기에 없었습니다!

나는 버스 노선을 너무 잘 알고 있었습니다. 그동안에 버스 정류장은 없었습니다. 어떤 이유에서든 버스가 멈춰서 그 사람이 내렸다면, 이 일은 적어도 2~3분은 걸렸을 것이기 때문에, 내가 모른다는 것은 불가능했습니다. 게다기 거리에는 사람이 거의 없었기 때문에, 특색이 있는 그의 모습은 너무나도 확연히 눈에 띄었을 것입니다.

다음날 몇몇 친구들이 찾아와서, 전날 아침에 내가 마하라지를, 담요를 두른 이 노인네를 만나러 인도로 가야 한다는 강한 느낌을 받았다고 말했습니다. 그들은 나에게 인도행 티켓을 살 돈을 주고 싶어 했습니다.—반드시 그 돈으로 인도행 비행기 티켓을 사고, 그렇지 않으면 돈을 자신들에게 돌려줘야 한다는 단서를 붙여서. 나는 한 달 정도 남은 대학 과정을 마쳐야 했습니다. 결국 시험까지 마치고 비행기 티켓을 샀습니다.

그 당시 영국 학생들은 학기 중에는 일을 하지 않고 여름 방학 동안에만 일했습니다. 비행기 티켓은 있었지만, 인도에 체류할 만큼의 돈이 없었고, 부모님은 내가 가는 것을 원하지 않았기 때문에 돈을 달라고 할 처지가 아니었습니다. 도무지 방도가 없었습니다. 마지막 남은 길은, 지방 당국에 대학에서 집까지의 교통비 초과분을 신청하는 것이었습니다. 돈을 조금 더 청구하면 될 것 같다고 생각했지요. 모든 것을 항목별로 정리했는데, 5달러 정도면 적정선인데 너무 많다는 생각이 들었습니다. 결국 수표가 왔고, 25파운드나 되었습니다. 요청한 것에 비하면 아주 큰 금액이었습니다.

나는 '그자들이 잘못 계산한 거겠지. 전화를 해보는 게 나을 것 같아.'라고 생각했습니다. 그 시절 우리 집에는 전화가 없었습니다. 노퍽에 있는 집으로 돌아갈 때마다 나는 항상 시내로 들어갔는데, 거기에는 아직도 공중전화가 있었습니다. 나는 공중전화 부스에 들어가 노퍽 카운티 당국에 전화를 걸었고, 그들은 자신들의 기록을 확인했습니다. 잠시 후 그들은 이렇게 말했습니다. "아, 당신이 모든 것을 항목별로 분류한 것을 확인했습니다. 계산에는 착오가 없습니다." 더 이상 따질 필요가 없었습니다. 그렇게 해서 인도로 갈 수 있는 여비가 주어지게 되었습니다.

나는 델리로 날아왔고, 인도에 와 있었던 이언이 공항으로 나를 마중 나왔습니다. 그다음은 첩보영화 같은 현실이 이어졌습니다. 적어도 그 당시 나에게는 그렇게 보였습니다. 우리는 델리에서 하루를 보낸 다음 나이니탈로 올라갔다가 카인치로 곧장 향했습니다.

나는 "당신이 바로 런던에서 버스를 탔던 그 노인이지요?"라고 돌직구를 날리고 싶은 마음을 품에 안은 채 아쉬람으로 걸어 들어갔습니다. 그분 앞에 갔을 때, 그는 똑같은 담요를 두르고 있었고, 내게 똑같은 미소를 지어주는 것이었습니다. 나는 그 사람이 같은 노인네인지를 물어볼 필요가 없었습니다. 생애 처음으로 가슴이 정말로 열렸고,

"그래요, 그래요, 바바."라고 가슴으로 화답했습니다.

루미의 멋진 시가 있는데, 그중 한 줄은 이렇습니다. "처음부터 끝까지 당신과 나 사이에는 사랑이 흐르고 있습니다. 그런 사랑이 어떻게 소멸될 수 있겠습니까?" 그런 느낌이었습니다.

고팔 Gopal (Paul Singer)은 뉴욕시에 있는 로스쿨에서 석사학위를 취득했다. 당시 그는 람 다스의 녹음 테이프를 들었는데, 그것이 그 길로 가게 된 계기였다. 1972년 캘리포니아주 멘도시노에서 열린 수피 캠프가 끝날 때, 피르 빌라야트 칸은 일부 참석자들에게 개인적으로 다르샨을 선물했다. 그는 폴에게 "너는 인도로 가서 힌두교에 입문해야 해."라고 말했다.

고팔 : 일주일 후 여자친구와 나는 라마 재단으로 차를 몰고 갔고, 람 다스가 우연히 그곳에 있었습니다. 나는 그에게 피르 빌라야트의 다르샨에 대한 내 경험을 들려주며 그의 조언을 구했습니다. 그는 잠시 생각하다가 아주 지혜롭게 말했습니다. "내 생각엔 당신의 인생 여정의 다음 단계는 인도에서 시작되어야 할 것 같네요." 잠시 후 그는 나를 바라보며 덧붙였습니다. "이번 여름에 인도에 가신다면 에블린 호텔로 가서 샤 S. L. Sah를 찾아가, 내가 보냈다고 하세요." 나는 직접 차를 몰고 그 지역을 돌아다녔고, 내 폭스바겐 밴을 팔았으며, 에어 인디아 비행기 티켓을 샀습니다. 델리로 날아가서 나이니탈로 올라갔으며, 에블린 호텔에서 샤를 만났습니다.

다음날 아침 일찍 에블린 호텔에 묵고 있던 서양인 6~7명이 자신들과 함께 가자고 했습니다. 낡은 택시를 타고 간 우리는 마하라지에게 프라사드로 바칠 과일을 사기 위해 보왈리에 들렀습니다. 웅장한 녹색 산과 폭포, 계곡 아래로 이어지는 가파른 절벽이 있는 좁고 구불구불한 길을 내려간 후, 우리는 카인치에 도착했습니다. 다리를 건너던 기억이 납니다. 벨트에 구부러진 칼을 차고 있는, 구르카 전사처럼 보이는 차우키다르(경비원)가 있었습니다. 그 사람이 무서워 보였습니다. 나는 "나마스테"라고 인사했고, 효과가 있는 것 같았습니다.

우리가 도착했을 때, 평상 앞에 8~10명이 앉아 명상을 하고 있었습니다. 나는 평상 위에 과일을 올려놓고 앉았습니다. 5분 정도 지나자 쾅 하고 문이 열리더니 마하라지가 담요를 날리며 들어왔고, 평상 위에 자리를 잡았습니다. 그는 여기저기로 사람들에게 과일을 던지고, 힌디어로 이 사람 저 사람에게 이야기를 하고, 다다는 수건으로 그에게서 파리를 쫓느라 바빴습니다.

그러고 나서 그는 조용히 있었습니다. 한참을 침묵한 후, 나를 바라보며 통역사를 통해 "미국에서 오셨나?"라고 물었습니다.

"예, 그렇습니다."

"여기 인도가 마음에 들어?"

"여기 인도가 정말 좋아요."

"저기 있는 저 사람이 그대의 여자친구야?"

나는 돌아보았습니다. 호주에서 온 한 여성이 내가 두고 온 여자친구와 눈에 띄게 닮았습니다. 그녀도 나를 보고 약간 놀라는 것 같았습니다. 그 시점에서는, 마하라지가 이전에 사람들을 서로 결혼시켰다는 사실을 나로서는 알 도리가 없었습니다. 나중에야 그녀가 나에게 어느 정도 관심을 갖게 된 이유를 알게 되었습니다.

나는 마하라지를 보기 위해 돌아섰습니다. 하지만 혼란스러운 그 순간, 내가 대답하기도 전에 마하라지는 나를 바라보았고, 그의 눈에서 빛의 파동이 방사되고 있었습니다. 중심에서 동심원을 그리며 나오는 열의 파동처럼 가깝게 다가오면서 점점 더 빨라졌습니다.

척추 밑바닥이 윙윙거리기 시작했고, 갑자기 빠르게 가속하는 엘리베이터를 타고 위로 올라가는 듯한 강렬한 에너지의 돌진을 느꼈으며, 그것이 내 심장에 닿았습니다. 이 모든 일이 45초 정도 만에 일어났습니다. 내가 마하라지의 시선을 붙잡고 있는 동안에는 훨씬 더 길게 느껴졌습니다. 그러다가 나는 모두에 대한 사랑을 느꼈습니다. 누군가가 우리 모두 아침을 먹으러 가야 한다고 하더군요. 나는 배고프지 않다고 말했습니다. 나는 떠나고 싶지 않았습니다. 어떤 사람이 "당신은 이해하지 못하는군요. 아침을 먹어야 해요."라고 말해 주었습니다. 그리고 그들은 나를 아쉬람 뒤쪽으로 안내했습니다.

그 첫 순간 이후, 마하라지는 나에게 전혀 관심을 기울이지 않았습니다. 어떻게 그럴 수 있을까요? 이때가 나의 인생에서 가장 심오한 순간이었습니다. 하지만 마치 '나'는 존재하지 않았던 것처럼 내가 이 상황을 통제할 수 없다는 것이 명백했기 때문에, 며칠 후에 나는 뭔가 유용한 일을 하는 것이 좋겠다고 결정했습니다. 나는 드와르키나트에게 갔고, 서쪽 부엌에 들어가 쌀이 담긴 큰 쟁반에서 돌을 골라내는 일을 맡았습니다. 그것은 명상적인 수련이었고, 나는 그 일을 즐겼으며, 황동 냄비를 새끼줄과 재로 닦았습니다. 나는 한두 주 동안 이 일을 했고, 결국 '그 사람은 왜 나에게 관심을 주지 않는 걸까?'라는 감정의 롤러코스터에서 벗어났습니다.

그러던 어느 날 오후 다르샨을 할 때였습니다. 나는 평상 앞에 앉아 있는 서양인들 뒤에 서 있었는데, '이 사람은 여자친구와 막 헤어졌군', '저 사람은 황홀경에 빠졌어', '저 사람은…' 하고 볼 수 있었습니다. 마치 그들 모두가 머리 위에 자신들의 생각이 담긴 말풍선을 달고 있는 것 같았습니다. 동시에 나는 내 가슴속에서 연민이 솟아나는 것을 느꼈고, 알지도 못했던 이 사람들을 향해 사랑이 느껴졌습니다.

그 순간 마하라지는 갑자기 나를 올려다보며 다시 사랑을 방사했고, 사람들의 머리 위로 나에게 바나나를 던졌습니다.

그것은 우리의 첫 만남의 연속선 상에 있는 일이었지만, 깊고도 지속적인 교훈과 더불어 내가 다음 4개월 동안 숙성시켜 가야 하는 숙제이기도 했습니다.

때로 마하라지는 특정 서양인을 매우 구체적인 방식으로 지도했다. '환각제의 시기'를 겪은 후 1968년에 람 다스를 만난 랄프 아브라함 Ralph Abraham (Vyed Vas)은 철학과 요가 수행을 접하기 위해 인도로 가기를 원했다. 이것은 수학 분야의 종신 교수직이라는 그의 신분과 잘 맞는 일이었다. 그는 인도로 부름을 받은 대부분의 서양인들보다 연장자였다.

랄프 : 1972년에 학교가 휴교하였을 때, 인도의 여러 아쉬람을 둘러보아야겠다는 생각을 하게 되었습니다. 나는 암스테르담에 있는 람 다스에게 달려갔고, 그는 나에게 에블린 호텔에 가는 방법을 알려주었습니다. 나는 에블린에 도착했고, 다음날 버스를 타고 카인치로 갔습니다. 나는 그곳에서 울려 퍼지는 바잔(찬양)과 그 분위기에 질려 방문을 뒤로 미루었습니다. 히말라야의 '하워드 존슨 호텔'* 같은 곳이라고 생각했습니다. 2~3일 연속으로 갔다가 디나파니 근처

---

* 미국의 호텔 브랜드. 15개 주에 걸쳐 200여 개 호텔이 있다.

동굴로 이동하기로 결정했습니다. 2주 후에 나는 즉시 동굴을 떠나 돌아가라는 요구를 받는 악몽에 시달리기 시작했습니다. 나는 카인치로 가는 길을 알려주는, 밀림의 사두를 몇 킬로미터 따라갔습니다. 나는 사람들이 "캘리포니아에서 온 그 교수는 어디 계시죠?"라고 말하는 소리를 들으면서 아쉬람으로 걸어 들어갔습니다.

나는 6개월 동안 머물렀습니다. 마하라지는 나에게 해야 할 프로그램을 주었습니다. 나는 산스크리트어 고전을 유창하게 읽는 인도 헌신자와 함께 특정 고전의 영어 번역본을 공부하라는 과제를 받았습니다. 마하라지는 사람들을 시켜 나에게 줄 책들을 델리에서 가져오게 했습니다. 책 한 권이 도착했고, 마하라지가 그 책의 앞뒤 표지의 안쪽에 'Ram Ram Ram Ram Ram'이라고 써서 나에게 건네주었습니다. 나는 내가 무엇을 해야 할지를 직감했습니다.

특히 『요가 바시스타 Yoga Vasistha』라는 책은 요가 전통 안에서 후기 신비서에 속하는 책으로, 진동의 원리를 다루고 있습니다. 나중에 알게 되었지만, 카슈미르에서 시바 신을 모시는 전통에 속하는 일종의 의식 모델에 관한 것이었습니다. 생각이 무엇인지, 생각이 한 마음에서 다른 마음으로 어떻게 전달되는지, 그리고 사물들이 더 높은 수준에서 어떻게 연결되어 있는지를 설명하는 책이었습니다.

나는 마하라지를 다시 보지 못했지만, 그는 수학과 혼돈 이론에 대한 나의 연구에 새로운 방향을 제시해 주었습니다.

서양인들은 분명 인도에서 '외국인들'이었지만, 라비 칸나는 미국인 못지않게 회의적인 젊은 인도인이었다. 그는 히피 생활을 시작하기 위해 집을 떠나 히치하이킹으로 카트만두로 갔다. 마을의 팬케이크

가게에서 일하던 중 그는 한 친구와 함께 서양 헌신자들 중 한 명인 차이타냐를 만나 마하라지에 대한 이야기를 듣게 된다.

라비 칸나 : 9월 초가 되면 날씨가 추워집니다. 보통 여름에 카트만 두에 왔다가 겨울에는 고아로 이동합니다. 나와 함께 히치하이킹하던 남자 짐은 고아로 가는 길에 마하라지가 누구인지 알아보기 위해 잠시 들르고 싶어 했습니다. 당시 나는 매우 냉소적이었고, 이러한 구루들 모두에게 관심이 없었습니다. 그들은 모두 사기꾼이었고, 멍청한 미국인들은 거기에 낚여 털리고 있는 중이었습니다. 하지만 나는 함께 여행 중이기에 "괜찮아."라고 말했습니다. 돈이 더 드는 일도 아니었고, 시간만 좀 할애하면 되었으니까요. 나는 그가 카인치로 가는 동안 나이니탈에 머물기로 했으나, 나이니탈에 도착했을 때 바로 출발하는 버스가 있어서 그와 함께 가게 되었습니다.

아쉬람에서 현장을 운영하는 인도 사람들은 이 인도 히피가 어떤 녀석인지, 혹시 미국인들을 발라 먹는 녀석은 아닌지 의심의 눈초리로 나를 쳐다보았습니다. 그들은 서양인들을 보호해 주려는 것 같았고, 계속해서 "가, 가, 가. 밖으로 나가."라고 외쳤습니다. 그러다가 마하라 지가 나왔고, 나는 그가 있던 곳으로 다시 갔습니다. 나는 그를 보았고, 그게 전부였습니다.

바로 그것이었습니다. 내게 무슨 일인가가 일어났습니다. 이것이야 말로 내가 평생 찾고 있던 것이었습니다. 나는 몇 번이나 집에서 뛰쳐나온 전력이 있었습니다. 첫 번째로 집을 나온 것은 밤 12시였습니 다. 나는 뭔가를 찾고 있었고, 행복하지 않았습니다. 그런데 나는 그를 보았고, 그 즉시 느낌이 왔습니다. 이곳은 내가 있어야 할 곳이고, 나는 떠나가지 않을 것이라는 것. 그는 "이리 와. 그대는 누구지?

나이마, 수일, 라비 칸나. 카인치 계곡, 나이마의 집에서.

어디에서 왔지?"

"카트만두."

"거짓말을 하고 있군. 가."

나는 갔습니다. 한 무리의 사람들이 보왈리에 머물고 있었고, 그들은 우리에게 공간을 제공해 주었습니다. 짐은 곧 떠났지만, 나는 머물렀습니다. 다음날 나는 그리로 다시 갔고, 그는 나를 다시 쫓아냈습니다. 그런 일이 4~5일 동안 계속되었습니다. 날마다 내가 가기만 하면 그 사람은 나를 쫓아 보냈습니다. 나는 상당히 낙담했지만, 포기할 생각은 없었습니다. 그후 그는 드라우파디에게 "카우사니에 갈 수 있도록 그에게 돈을 좀 주게."라고 말했습니다. 그는 또 그녀에게 대마초를 살 돈도 나에게 좀 주라고 말했습니다.

당시에는 카우사니까지 버스로 10시간을 가야 하는 험난한 길이었습니다. 저녁에 도착해서 게스트하우스에 묵었지요. 그러고는 아침에 첫 버스를 타고 돌아왔습니다. 그는 "내가 그대에게 카우사니로 가라고 하지 않았나?"라고 말했습니다.

"그렇습니다, 마하라지. 하지만 제가 거기에 얼마나 오래 머물러야 하는지는 말씀하지 않으셨죠." 그렇게 해서 그는 나를 용납하기 시작했습니다.

대부분의 인도 헌신자들은 나를 좋아하지 않았습니다. 여기 이런 놈이 있어, 일종의 히피 스타일이고, 대마초를 피우지. 어떻게 그런 놈을 마하라지가 받아들였지? 아쉬람에 살고 있는 인도인들과 그곳에서 일하는 사람들도 나를 별로 좋아하지 않았습니다. 왜냐하면 그들은 나를 믿지 않았기 때문입니다. 주로 나는 카비르와 드와르카나트와 라비 다스와 어울렸지요. 드와르카나트와 라비 다스가 요리하고 있던 서쪽 주방에서 식사 준비를 도우면서. 그는 더 이상 나를 쫓아내지 않았습니다.

라비 칸나 : 나는 사람들을 위해 통역을 시작했습니다. 다다와 다른 사람들은 선택적으로 통역을 하곤 했습니다. 많은 일들이 계속되었고, 편집도 뒤따라 진행되었습니다. 그의 말은 무엇이든 직설적이었습니다. 때로 그는 나에게 "이봐, 그러지 마…"라고 소리쳤습니다. 어떤 경우, 그는 나의 통역 때문에 사람들이 더 잘 이해하게 된 것을 즐거워했습니다. 계속되는 가십이나 뉴스, 정치인에 대한 그의 논평, 혹은 삐딱한 언어 등이 나를 통해 비로소 이해되는 경우가 많았거든요.

이라 로즈 : 어느 날 우리 모두 평상에 앉아 있는 마하라지 앞에서 다르샨을 하고 있었는데, 라비 칸나가 진지한 표정으로 말했습니다. "마하라지가 여러분 모두 피곤해 보인다고 말씀하시네요. 휴식을 취해야 합니다. 각자 집으로 돌아가세요."라고 말했습니다. 그래서 우리는 모두 일어나 자리를 떠났습니다.

약 한 시간 후 라비는 얼굴에 활짝 미소를 지으며 내가 있는 하얀 집으로 왔습니다. 나는 "뭐가 그렇게 우스워요?"라고 물었습니다.

"아무것도 아니에요."

"라비, 나한테 허튼 소리하지 마세요. 뭔가 웃기는 일이 있지요?"

"글쎄, 그 말은 정확하게 마하라지가 말한 것이 아닙니다."

"그분이 뭐라고 말했는데요?"

"마하라지가 실제로 말한 것은 '이 사람들은 모두 허접 쓰레기들이야. 신에 대해서는 눈곱만큼도 생각하지 않지. 그들이 원하는 것이라고는 섹스하고, 돈 쓰고, 아이스크림 먹는 것뿐이야. 그놈들을 내 시야에서 치워버려!'라는 것이었지요. 무슨 말을 해야 할지 몰라서 '다들 피곤해 보이네요. 마하라지가 쉬어야 한다고 말씀하네요.'라고 했던 것이지요."

마하라지는 그가 어떠하리라고 사람들이 기대했던 것과 같은 그런 '거룩함'의 이미지를 지니고 있지 않았다. 마하라지에게는 도둑 같은 헌신자들이 있었다. 그는 방황하는 동안 종종 다리 밑에서 밤을 보내기도 했고 법을 어긴 사람들이 숨어 들어가는 은신처에 머물기도 했는데, 그때 만난 사람들이 찾아오는 경우가 있었던 것이다. 그의 언어는 아무리 좋게 말해도 '삐딱한' 것이었다. 초기에 그는 헌신자들의 이

집 저 집을 다니면서 엄청난 양의 음식을 먹어치웠다. 그들의 정성을 무시하지 못해 때로는 하루에 30끼니 분을 먹기도 했다. 그는 또 여성과 남성을 분리시키는 힌두교의 '규칙'을 따르지 않았다.

그는 우리 서양인들로 하여금 인도 헌신자들이 절대 하지 않을 일을 하게 함으로써 인도 헌신자들을 뒤흔드는 것을 좋아했다. 언젠가 우리가 그 앞에 앉아 있었고 그도 땅바닥에 앉아 있었을 때였다. 내 눈에는 히말라야처럼 거대해 보이던 그가 갑자기 어린아이처럼 보였다. 나는 다가가서 그의 머리 위에 키스를 했다. 마하라지 주위에 둘러있던 인도 여성들이 놀라서 숨을 몰아쉬었다! 다음 순간 마하라지는 인도 여성들을 자신과 함께 앉게 했고, 나를 부르더니 자신의 머리 정수리를 가리키면서 다시 한 번 키스를 하라고 하는 것이었다!

12
천지의 음악
1972년 가을

당신은 하늘과 땅입니다.
낮에도, 밤에도 당신은 혼자입니다.
당신은 존재로 태어난 모든 것입니다.
그리고, 누군가가 가져와 바친 이 꽃들이기도.
—랄라Lalla의 '네이키드 송 Naked Song'

이 무렵에는 인도에서 서구로 돌아온 사람들이 많아졌고, 입에서 입으로 소문이 퍼졌다. 『지금 여기에 살라』가 많은 구도자들의 손에 들리게 되었다. 인도를 떠난 서양인들은 주로 비자 문제 때문이었고, 일부는 새로운 비자를 받기 위해 필요한 만큼의 시간을 두고 인도를 떠나 있다가 돌아왔다. 그런가 하면 아기를 낳거나, 대학이나 직업을 새로 시작하거나 다시 시작하거나, 증거 서류를 갱신하는 사람들도 있었다. 인도로 돌아가 다시 마하라지와 함께할 시간이 충분히 남아 있다고 느낀 사람들도 있었다. 앞일을 우리가 어찌 알겠는가.

우리 그룹은 퀘벡 동부 마을에 있는 마커스 '농장'에서 함께 살고 있었고, 거룩한 삶을 산다는 것이 무엇을 의미하는지에 대한 우리의 생각을 굳게 붙잡고 있었다. 우리는 인도의 생활 방식을 서구 세계에 접목하려고 정말 열심히 노력했으나, 쉬운 일이 아니었다. 새 시어머니가 아름다운 가죽장갑을 선물로 주었을 때 속상했던 기억이 난다. 가죽이라니! '신성하지 않은' 소에서 얻은 가죽!

미라바이, 아나슈아, 수난다는 그 농장에서 아기를 낳았다. 우리는 인디언식으로 세운 큰 천막에 불을 피우고 둘러앉아 바가완 다스와 함께 노래를 불렀다. 인도에서 돌아온 많은 도반들이 농장으로 왔다. 저마다 자신들의 영토를 찾아가는 과정에서 들르는, 일종의 쉬어가는 집이었다. 사트상 모임들이 샌프란시스코 베이 에어리어에서, 뉴욕과 보스턴에서도 열리고 있었다. 해안에서 해안으로, 마하라지에 대한 소문이 퍼지고 있었다.

우리가 모두 동의했듯이, 인도에서 마하라지의 영적 가족으로서 살다가 탐욕스러운 물질주의적인 서구로 다시 돌아오게 되면 문화 충격을 피할 길이 없었다. 우리는 서서히 깨닫게 됨에 따라, 중도의 길—'세상' 속에서 명상과 헌신의 실천을 계속하면서 영적 감수성을 거스르지 않을 수 있는 일을 찾아야 했다. 다행스럽게도 여전히 인도로 향하는 사람들이 있었고, 서구로 돌아온 우리를 위해 새롭게 편곡된 '박티 히트곡'을 가지고 돌아오는 사람들도 있었다.

데바키 Devaki (Louise Markus)가 인도에 있는 그녀의 오빠 라구와 락스만으로부터 편지를 받았을 때, 17세였다. 그 편지에는, 그녀가 인도에 올 거라고 마하라지가 말했다는 내용이 적혀 있었다. 그러나 데바키는 라구가 해주었던 나병 환자, 전갈, 거미에 대한 공포스런 이야기 때문에 인도에 가기가 두려웠다. 그녀는 이미 사진을 통해

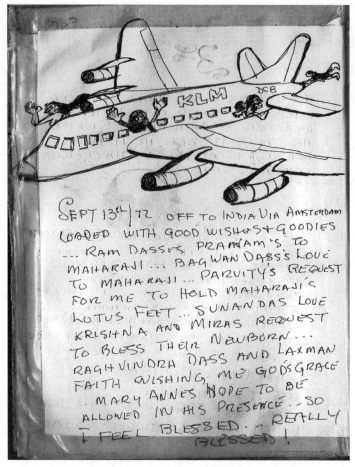

데바키의 아빠 다사라타의 일기에서. (파르바티 마커스 제공)

마하라지와 연결되어 있다고 느꼈기 때문에 인도에 갈 필요를 느끼지도
않았지만, 남자친구 브루스는 정말로 가고 싶어 했다. 다사라타
Dasaratha (또는 Das)라는 이름을 받은 그녀의 아버지는 동료들―루이
스, 브루스, 그들의 친구 해롤드 해리스―을 위해 마하라지와의 두
번째 라운드를 주선하기로 결정했다.

데바키 : 파르바티가 계란 없는 초콜릿 케이크를 구워서 가져왔는데 정말 좋은 생각이었지요. 왜냐하면 그 케이크는 거기에 도착하고 나서 마하라지에게 건네줄 티켓이었기 때문입니다. 나는 매우 흥분되었습니다. 신부가 연인을 만나러 가는 것처럼 다리를 가로질러 달려갔던 기억이 납니다. 그는 내 머리를 가볍게 두드려 주었습니다. 우리는 항상 손을 잡고 있었고, 나는 항상 그의 발 앞에 앉아 있었습니다. 나는 열여덟 살이었습니다. 솔직히 말해, 나는 다른 누군가가 있는지도 의식하지 못했습니다.

나는 다른 사람들에게도 이름이 주어졌다는 것을 알고 있었습니다. —나의 오빠는 라그빈드라 다스였습니다. 대단한 이름입니다. 나의 다른 오빠의 이름은 락스만이었습니다. 어느 날 내가 거기 앉아 있었는데, 마하라지가 나의 이름을 물었습니다. 나는 "루이스"라고 대답했는데, 그는 "루쉬?"라고 하는 것이었습니다. 그러자 다다가 "루이스"라고 말했지요. 그는 "루쉬?"라고 계속 말했습니다. 그러자 토론 마당이

마하라지와 데바키. (LSR 재단 아카이브)

벌어졌습니다. 마하라지와 다다는 이름을 주거니 받거니 내뱉고 있었습니다. 이 이름, 저 이름. 그들은 마침내 데바키라는 이름에 안착했습니다. 그렇게 해서 나의 이름을 얻게 된 것입니다. 나는 이 사람 저 사람에게 말하고 다녔습니다. 사람들은 저마다 자신만의 마하라지를 갖게 마련인데, 나의 마하라지는 나의 이름을 정확하게 발음하지 못해서 나에게 힌두 이름을 지어준 거라고. 당신은 자신의 이름이 무엇인지 알고 있나요? 그것은 모든 것을 의미하고 또 아무것도 의미하지 않습니다. 하지만 아이러니한 점은, 그 이름이 나와 그 사람을 이어주는 구실을 한다는 점입니다.

브루스 그라노프스키 Bruce Granofsky는 『지금 여기에 살라』에서 마하라지의 사진을 보고, 자신과 루이스가 인도로 가게 되리라는 것을 즉시 알아챘다. 그들은 체류비와 비행기표를 구하기 위한 400달러를 모으기 위해 5개월 동안 일했다. 브루스는 비행기 타는 것을 무서워했으나, 고통스러운 비행을 마치고 델리에 도착했고, 우기의 폭우를 뚫고 택시를 타고 나이니탈로 갔다. 산 내음이 그에게 고향을 생각나게 했고, 그는 그곳의 모든 것을 사랑했다.

브루스 : 다음날 아침 우리는 마하라지를 보러 갔습니다. 흥미로웠습니다. "그대는 이름이 뭔가?"와 같은 많은 질문이 쏟아졌고, 모든 사람에게 오렌지와 과일이 건네졌습니다. 그는 나와 루이스의 관계를 물었고, 루이스가 "친구"라고 말했습니다. 나는 그 말에 상처를 받았고, 그래서 "아니에요, 우리는 연인이에요. 그 사람은 나의 여자입니다."라고 말했습니다.

우리는 서너 번의 밤을 나이니탈에서 보냈던 것 같습니다. 우리는 에블린 호텔에 묵으면서 크리슈나 다스의 방에서 놀곤 했습니다. 칠럼(Chillum: 흡연 파이프)이 이 방 저 방으로 옮겨졌습니다. 나는 대마초를 피우지 않습니다. 기본적으로 나와는 맞지 않은 것 같았습니다. 불쾌한 환각 여행을 경험한 적이 있습니다. 나는 편집증에 환각을 더한, 치유하기 힘든 대마초 경험을 했던 것입니다. 칠럼이 이리저리 옮겨졌고, 나는 단지 맛을 보고 싶은 충동을 느꼈습니다. 한 모금을 흡입했고, 나의 시스템 안에 아무것도 남기지 않으려고 아주 재빨리 내뱉어 버렸습니다. 다행히 불쾌한 환각은 없었습니다.

다음날 아침 마하라지는 나에게 "그대는 어젯밤에 대마초를 피웠어."라고 말했습니다. 내 머릿속에 폭탄이 터지는 것 같았습니다. 나의 첫 반응은 이랬습니다. "잘못된 추측이네요, 노인님. 나는 대마초를 피우지 않습니다." 나는 머릿속으로 그것을 완전히 부인했습니다. 다른 사람들은 모두 대마초를 피우고 있었지만, 나는 아니었습니다. 나는 마약을 피우는 히피가 아니라는 점에 확실히 자부심을 갖고 있었습니다.

발라람이 아주 빠르게 손가락으로 내 얼굴을 찌르면서 말했습니다. "마하라지에게는 거짓말을 할 수 없어요. 그에게는 거짓말을 할 수 없다고요. 그는 알고 있어요."

그것이 나로 하여금 더욱 더 부인하게 만들었습니다. 기본적으로 내가 말하고자 한 것은 마약에 취하지는 않았으나 한 모금은 흡입했다는 것이었어요. 인도에서 돌아온 지 4개월이 지나서야 나는 스스로 그것을 인정했습니다. 나는 그 일을 여러 해 동안 두고 두고 음미했습니다.

그런 다음 그는 나를 쳐다보았고, "너는 대마초를 피우지 못해.

브루스의 일기장에 그려진 카툰. 왼쪽부터: 다사라타, 해롤드, 마라하지, 데바키.

너에게 맞지 않아."라고 말했습니다. 그는 알았습니다. 나는 그 부분을 이해했습니다. 무엇이 진실이고, 무엇이 거짓말이고, 무엇이 거짓말이 아닌 것인지, 무엇이 자부심인지 등등, 배워야 할 것들이 많았습니다. 그리고 그것이 그가 일하는 방식이었습니다.

많은 부모들

크리슈나 다스 : 나는 마하라지와 함께 사원에서 살면서 간염에서 회복 중이었습니다. 어느 날은 몸이 좋지 않아서 온종일 방에 틀어박혀 있었지요. 다음날 내가 밖으로 나왔을 때 마하라지가 말했습니다.

"아팠나?"

"네, 기분이 좋지 않았어요."

"네 어머니는 언제 인도에 오시지?"

뭐라고요? 그런데 다음날 나이니탈에 있는 호텔의 M.L.로부터 한 통의 편지를 받았는데, 나의 어머니가 전화하셨고 내가 전화하기를 원한다는 내용이 적혀 있었습니다. 나는 전화를 걸기 위해 나이니탈로 갔습니다. 엄마는 "너를 만나러 가고 싶다!"라고 말했어요.

"진짜? 좋아, 마하라지에게 물어보아야 해." 엄마가 어떤 심정이었을지를 어떻게 상상할 수 있겠습니까? 나는 엄마가 나를 보러 올 수 있는지 아닌지를 나의 구루에게 물어보아야만 했습니다! 나는 "내일 전화할게요."라고 말했습니다.

나는 사원으로 돌아갔고, 마하라지는 "엄마에게 오라고 해."라고 말했습니다.

나는 공항으로 마중 나갔습니다. 나는 긴 머리에 빨간 긴 옷을 입고 맨발로 이리저리 돌아다녔는데, 그것은 공항에서 내가 쉽게 눈에 띄도록 하기 위해서였습니다. 엄마는 인도에 있는 동안 내내 놀라움과 두려움으로 입을 벌리고 있어서인지 턱이 늘어진 것처럼 보였습니다. 나는 엄마의 손을 잡고 이리저리 이끌어야 했는데, 엄마는 기병의 말과 같았습니다.

우리는 마하라지가 우리를 오라고 할 때는 언제든 그를 만나러 갔습니다. 그는 엄마에게 매우 매우 친절했습니다. 나는 엄마에게 그분을 위해 가장 좋은 스웨터를 가져오라고 말했습니다. 그는 즉시 아름다운 캐시미어 스웨터를 입고 인도 헌신자들을 바라보았습니다.

"불쌍한 사람들아. 당신들은 바로 여기에 살고 있는데도, 나에게 아무것도 가져오지 않았지. 이 여성은 아주 먼 곳에서 이 스웨터를 가지고 왔어." 이것이 바로 그가 사랑을 베푸는 방법이었고, 그들은 그것을 알고 있었습니다. 그에게 야단을 맞았다면, 그것은 당신이 진실로 그와 친했다는 뜻입니다. 그가 처음으로 나를 '재간동이'라고 불렀던 때를 기억합니다. 나는 거의 녹아내려 사라진 듯했습니다. 지금 나는 품안에 있는 거거든요!

마하라지는 엄마에게 "아들에게 돈을 줄 건가요?"라고 물었습니다. 엄마는 말했습니다. "글쎄요, 아들 녀석은 일을 해야 하겠지요."

마하라지는 "걱정하지 마세요. 일할 거예요."라고 말했습니다. 당시 나는 빨간 옷을 입고 거기 앉아 있었는데, 그가 무슨 말을 하는지 몰랐습니다. 일을 한다?

마하라지는 내가 자신의 아들이라고 말했습니다. 이는 그가 나를 엄마에게서 떼어내려는 것이 아니라 그가 나에 대해 어떻게 생각하는지를 엄마가 알기를 원했다는 것을 의미합니다. 매우 아름다운 일이었습니다.

마지막 날에 우리는 차를 타고 델리로 운전해서 갈 예정이었습니다. 그는 평상에 앉아 있었습니다. 그가 앉은 자리는 어디든 우주의 중심인 듯한 느낌이 들었습니다. 엄마는 몸을 돌려 사원 안을 바라보다가 쓰러져 주체할 수 없이 흐느껴 울었습니다. 나는 엄마를 부축해서 일으켜 차에 태워야 했는데, 엄마는 움직일 수 없을 정도로 울고 또 울었습니다. 우리들 대부분이 경험했던 그런 순간이었습니다. 우리가 어떤 가면을 쓰고 살든, 내가 나를 누구라고 생각하든, 그 모든 것이 무너지고 처음으로 가슴 속에서 깊은 사랑을 느끼는 순간입니다.

엄마는 인도에서 예루살렘으로 가고 있었는데, 마하라지는 엄마에게 예수의 무덤 위에 놓을 꽃 몇 송이를 주었습니다. 나의 작은 유대인 엄마. 나는 마하라지에게, 엄마가 떠날 때 공항에서 무릎을 꿇고 엄마에게 절을 하라는 지시를 받았습니다. 그렇게 하는 순간, 나를 바라보는 엄마의 눈빛은 정말 놀라웠습니다. 우리가 함께했던 가장 아름다운 순간 중 하나입니다.

엄마는 평생 불평과 걱정을 달고 사시면서도 다른 사람들을 위해 좋은 일을 하려고 애썼습니다. 엄마는 자신의 방식대로 많은 사람을

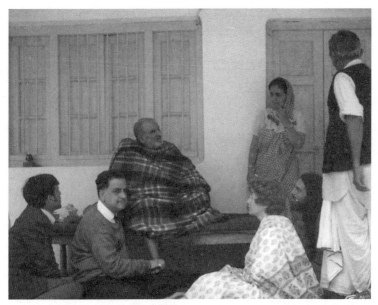

실비아, 크리슈나 다스의 어머니 (앉아 있는). (사진 크리슈나 다스)

도왔습니다. 하지만 누군가 엄마에게 인도 여행에 대해 묻는 순간, 엄마는 180도 방향을 바꾸어 부드러워지면서 완전히 다른 공간으로 들어갑니다. 나머지 모든 시간 동안, 엄마는 그것과 전혀 상관 없는 사람처럼 보였으나, 엄마가 실제로 무엇인가를 느꼈던 것 같습니다. 나는 엄마가 왜 거기에 갔었는지를 알 것 같았습니다. 엄마는 내가 왜 거기에 있었는지를 이해했습니다.[1]

부모와의 모든 만남이 순조롭게 진행된 것은 아니다. 기리자의 어머니는 인도에 왔고, 기리자는 래리와 함께 엄마를 모시고 브린다반에 있는 마하라지를 만나러 갔다. 그들이 아쉬람에 도착했을 때, 그녀의 어머니는 차에서 내리기를 거부했다! 그리고 크리슈나 프리야의 아버지는…

크리슈나 프리야 : 마이클과 룩미니는 나이니탈에 갔다가 돌아와 서는 경찰이 나를 찾고 있다고 말했습니다. 내 사진이 인도의 모든 경찰서에 붙어 있었던 것입니다. 그들은 질문을 받았습니다. 플로렌스 클라인이 아쉬람에 머물고 있는지 알고 있었나요? 아버지는 내가 구루에게 세뇌당했다는 편지를 경찰에 보낸 모양이었습니다. 내가 주문에 걸려서 정신이 나갔다는 것이었습니다. 마이클과 룩미니는 플로렌스 클라인을 전혀 모른다고 말했습니다.

마하라지는 그 이야기를 듣고는 거기에 대해 계속해서 말했습니다. 며칠 동안 그는 계속해서 "그녀는 마음을 자신의 구루에게 도둑맞았 어. 그녀는 마음을 구루에게 도둑맞았어."라고 말했습니다. 그는 그렇게 하는 것을 좋아했습니다. 아버지는 임종하는 날까지도 그런 생각에 사로잡혀 지냈습니다.

이름의 파워

마하라지로부터 이름을 받는 것은 '큰일'이었다. 어떤 사람들은 그것을 '입문'이라고 불렀는데, 특별히 그가 만트라를 주면 더욱 그러했다. 그것은 분명 자신에 대해 새로운 방식으로 생각하게 되는 시작이었고 신, 구루, 자아가 실제로 하나임을 기억하는 데에 이바지했다. 우리는 신성의 한 측면과 밀접하게 연관된 한 이름을 받게 되고, 이름이 뜻하는 대로 성장해 나아갈 수 있게 된다.

비두라 Vidura (Francis X. Charet)는 가톨릭 신자로 자랐으며, 한때는 베네딕트 수도원에 몸담기도 했다. 그는 투카람 및 다른 사람들과 함께 몬트리올 시내에 조직을 설립하고 그곳에서 미국에서 온 징집 기피자들을 돕는 일을 했다. 투카람이 인도에서 잠시 동안 돌아와 있었을 때, 그는 프랜시스에게 자신과 함께 돌아가자고 권유했다. 비두라는 마하라지에게 이름을 받고 싶은 마음이 간절했다.

비두라 : 1972년 9월 초, 카인치에 들어서면서 나는 마하라지 주변에 모여 있는 적은 무리 속에서 투카람을 찾으려고 했습니다. 그런데 하이톤의 목소리가 저쪽 방향에서 들려왔는데, 마하라지가 나를 오라고 내게 신호를 보내고 있었습니다. 몇몇 사람들이 달려와서 나를 그에게 안내했습니다. 그는 웃으면서 나를 바라보며 말했습니다. "그대는 캐나다에서 왔군."

"예."라고 대답하고, 계속 두리번거리며 투카람을 찾았습니다.

마하라지는 몸을 굽혀 내 눈을 똑바로 바라보며 자신을 가리켰습니다. 그는 "그대는 나를 만나러 여기에 왔어."라고 말했습니다. 그리고 내 긴 머리를 옆으로 쓸며 "귀걸이는 어디에 있지?"라고 덧붙였습니다.

"나는 귀걸이를 하지 않아요."

그는 "시바 신을 따르는 사람들은 모두 귀걸이를 하지."라고 말하면서 내 정수리를 가볍게 두들겼습니다. "그대는 매우 영리하고 이해력이 뛰어나네."

그는 다시 내 머리를 두드리고 머리를 잡아당기며 웃었습니다. 나는 매사가 이런 식인가? 일이 어떻게 돌아가는 거지? 라고 생각했습니다.

다음날 아쉬람에서였습니다. 문이 활짝 열리더니 그가 나왔습니다. 그는 즉시 손가락으로 나를 가리키며 나의 이름이 비두라였다고 말해 주었습니다. 나는 비두라가 누구였는지 아무런 생각이 없었습니다. 그는 나에게 가까이 오라고 손짓하며 "그대는 이름이 무엇인가?"라고 물었습니다.

내 주변의 모든 사람이 "그에게 당신 이름이 비두라라고 말하세요."라고 목청 높여 말했습니다.

"제 이름은 프랜시스예요." 나는 대답했습니다.

"아니, 당신의 이름은 비두라라니까."라고 그가 소리쳤습니다. 똑같은 과정이 여러 번 반복되었습니다. 며칠 뒤 그가 감자를 저장해 놓는 방에서 나오더니 갑자기 나를 붙잡고 몸을 휙 돌리더니 내 얼굴을 직시해서 바라보면서 "그대 이름은 뭐지?"라고 물었습니다.

나는 완전히 경계가 무너졌고, 그를 초조하게 바라보며 침을 꿀꺽 삼키며 "비두라."라고 말했습니다.

"그래."라고 그가 말했습니다.

그 만남의 강렬함은 이후로 계속 남아 있었습니다. 나는 서로 다른 출처에서 비두라에 대한 스토리를 들을 수 있었습니다. 그는 『마하바라타』 안에서 두드러진 인물이었는데, 다른 출처에 따르면 죽음의 신 다르마카야 야마의 화신이었습니다. 야마는 지구상에 태어나 부당한 고통을 겪은 한 요기로부터 저주를 받았습니다. 그 요기가 바로 만물의 균형을 회복하기 위해 태어난 비두라였습니다. 그의 아버지는 베다의 저자인 뱌사였고, 어머니는 수드라(낮은 카스트) 여성이었습니다. 비두라는 이 두 카스트의 결합으로 태어났기 때문에 공식적인 왕실 지위를 차지한 적이 없습니다. 그러나 그는 위대한 조언자이자 드리타라슈트라 왕의 조언자가 되었으며, 지혜의 화신으로 여겨졌습니다. 비두라는 '보는 것'이라는 뜻을 지닌 어원 vid에서 유래되었으며, '사물을 깊이 보는 것'을 의미합니다.

그 스토리를 들었을 때 정말 깊은 감동을 받았습니다. 마하라지는 힌두 전통의 신화적 인물이나 역사적 인물이 가진 속성에 따라 우리의 이름을 지어줌으로써 각 사람의 원형적인 핵심을 정의해 주는 것 같았습니다. 내가 그 이야기들을 모두 풀어내기까지는 시간이 걸렸지만, 진실로 공감이 되었습니다.

앞으로 점프해 보겠습니다. 2008년에 나는 영성과 심리학에 관한 컨퍼런스에 참가하기 위해 델리로 갔습니다. 고다드 칼리지가 후원자 중의 하나였습니다. 콘퍼런스가 끝난 후 나는 리시케시로 가서 근처에 있는 님 카롤리 바바 아쉬람과 스리 하누만 만디르에 들러 오랜 헌신자들을 만났습니다. 마하라지가 나에게 준 이름을 언급했을 때 한 친구가 나에게 말했습니다. "비두라, 쿠티르(오두막)는 델리로 가는 길 비즈노르 근처에 있어. 고고학적 발굴을 통해 세상에 드러난 고대 인도의 한 부분이야. 넌 거기로 가야만 해. 근처에 살고 있는 헌신자가 아쉬람을 방문해서 너에게 길을 가르쳐줄 수 있을 거야."

나는 델리로 돌아가는 길로 다른 길을 택했고, 멀리 갠지스강이 보이는 곳, 길고 먼지가 많은 도로 끝에서 비두라 쿠티르로 가는 길을 찾았습니다. 사원의 문은 잠겨 있었지만, 주변에 모였던 일부 현지인들이 푸자리를 데리러 달려갔습니다. 그가 도착했을 때, 그는 나를 보고 약간 놀랐고, 나는 내가 방문한 이유를 설명하려고 시도했습니다. 처음에 그는 이해하지 못하고서 이렇게 말했습니다. "예, 그렇습니다. 이곳은 비두라 쿠티르이지요. 당신이 원하는 것이 무엇인가요?"

"님 카롤리 바바로부터 비두라라는 이름을 받았습니다."

갑자기 그의 얼굴이 밝아지면서 그는 "아, 그럼 안으로 들어가세요." 라고 말했습니다.

나를 제단으로 인도하면서, 그는 등불을 켜고 등불을 내 머리와 어깨 주변으로 쉬쉬 돌리며 의식을 행했습니다. 그런 다음 그는 벽을 따라 있는 패널과 비두라의 삶의 여러 단계를 묘사하는 인형이 있는 작은 제단으로 구성된 사원을 안내해 주었습니다. 투어는 마하트마 비두라의 거대한 성상 앞에서 끝났습니다. "여기 보세요."라고 말하면 서 그는 백발에 수염이 난 조각상을 가리켰습니다.

"맙소사," 나는 말했습니다. "수염만 빼면 우리는 정말 너무 똑같네 요!"

"그래요," 그가 말했습니다. "당신을 보았을 때 나는 고민했어요. 비두라는 말년을 여기서 보냈지요."

그 후, 우리는 갠지스강이 내려다보이는 야외에 앉아 차이를 마셨습 니다. 나는 비두라라는 이름을 얻은 것에 대해, 처음 그 이름을 받았을 때 어떤 고민을 했는지에 대해 생각했습니다. 이제 나는 비두라의 삶 전체를 시나리오처럼 펼쳐 볼 수 있게 되었습니다. 완전한 원을 그릴 수 있게 된 것입니다. 나는 마하라지가 "그대 이름은 뭐지?"라고 말했던 이유를 알 것 같았습니다.

우리는 무슨 일이 일어나고 있는 것인지 단서조차 잡지 못할 때가 너무 많다. 마하라지는 우리가 즉시 받아들이지 못하는 이름을 주기도 했고, 그의 주변에서 일어나는 일들이 우리 마음에 들지 않을 수도 있었다. 하지만 그럼에도 불구하고 그에게는 거부할 수 없는 뭔가가 있었다.

미나크시 : 나는 카인치에서 그 다리를 건너갔고, 마하라지는 서양인들에 둘러싸여 평상 위에 앉아 있었습니다. 나는 이 사람에게 어떤 말을 하거나 아무것도 물어볼 필요가 없다는 것—즉각적인 상호 커뮤니케이션을 깨달았습니다. 그는 내가 이곳에 오기 전 미국에서 무엇을 했는지 물었습니다. 나는 택시를 운전했다고 말했고, 그는

그것이 너무 우스꽝스럽다고 생각했습니다. 나는 그를 정말 좋아했습니다. 하지만 나는 서양인들을 둘러보며 생각했습니다. '내가 인도에 온 이유는 많은 미국인들과 어울리기 위해서가 아니다. 나는 여기서 무엇을 하고 있는 거지?'

그는 '가서 케쇼리와 함께 지내세요.'라고 말했습니다. 나는 보왈리에 있는 그녀의 방에 묵었고, 그녀는 마하라지가 어떻게 사람들을 결혼시켰는지에 대해 이야기했습니다. 내 생각은 이랬습니다. '좋아, 난 여기서 너무 벗어나 있는 셈이네. 나는 서양인들과 어울리고 결혼에 관해 이야기하려고 인도에 온 것이 아니야. 나는 겨우 열여덟 살이야.'

다음날 거기 갔을 때, 마하라지가 가장 먼저 한 일은 나의 이름을 바꾸는 일이었습니다. 그때 그는 "그대는 주방으로 가는 것이 좋겠어. 청소도 했으면 좋겠고."라고 말했습니다. 모두가 나를 그 새로운 이름으로 불렀습니다. '그 사람은 사람들을 결혼시키고, 이름도 바꾸고, 부엌에서 청소해야 한다고 말하면서 보스 노릇을 하고 있네. 내가 이런 곳에서 무엇을 하고 있는 거지? 나는 여기 앉아 있는 이 남자가 정말 좋긴 해. 진짜 내 집에 온 듯 편안하고, 진심이 담긴 일들이 일어나고 있어. 어쨌든 충격적인 곳이긴 해.'

그래서 나는 떠났고, 언덕 위에 있는 아름다운 기독교 아쉬람인 사탈로 갔습니다. 거기에 3~4일 정도 있었는데, 떨어져 있을 수가 없었지요. 나는 마하라지에게서 떨어져 있을 수가 없었습니다.

참다운 스승이 한 말은 반드시 이루어진다고 한다. 마하라지는 우리 중 많은 사람들에게 자신이 미국에 와서 우리와 함께 머물 것이라고 말했다. 그는 라다에게 자신이 미국에 있는 그녀의 집에 머물 것이고 그녀가 그를 위해 차파티를 요리해 줄 것이라고 말했다. 나는 '더블 로티'(인도식 토스트)를 준비하기로 했다. 그는 아나수야에게, 미국에 와서 그녀와 대니와 함께 살 것이고 그녀는 그를 위해 요리를 할 것이라고 말했다. 람 다스가 우리 모두 '가슴으로' 그를 미국으로 데려갈 것이라고 했을 때, 마하라지는 아니라고 하면서, 실제로 비행기를 타고 진짜 올 것이라고 말했다. 그는 쿠르타(인도 셔츠)와 바지를 입고 올 것이다. 물론 그것은 우리 집에 누가 오든 그들이 곧 마하라지인 것처럼 존중되고 음식을 대접받아야 한다는 뜻이었다. 그가 어떤 모습을 취할지 우리로서는 전혀 알 수 없을 것이기 때문이다.

그가 하는 말의 파워는 부정할 수 없었다. 그의 헌신자가 아니었던 사람들조차도 그의 말들이 가진 힘을 인정했다.

시타 : 자나키는 우리가 마하라지를 위해 노래할 수 있도록 두 개의 고품질 탬부라스tambouras*를 만들었습니다. 어느 날 오후, 내가 노래를 부르고 있는데, 마하라지가 "시타는 노래를 공부하러 베나레스로 갈 서야."라고 말했습니다.

나는 베나레스에 도착하자마자 즉시 마을 최고의 성악 교사인 아미야 바타차리아에게 안내를 받았습니다. 나는 노래를 배우고 싶다고 말했고, 그는 흔쾌히 동의했습니다. 나는 매일 수업 받기를 원하며, 그의 월수입의 두 배 가량을 주겠다고 했습니다. 아미야 바부는 다음 날 '테스트'를 위해 오라고 말했습니다. 그는 음계를 불렀고, 나는 각 음표에 대해 "아아"라고 부르는 그의 노래를 따라

---

* 그리스의 전통 현악기.

시타의 이마 위에 '람'이라고 쓰는 마하라지. (사진 크리슈나 다스)

해야 했습니다.

그러다가 마하라지와 두르가 푸자를 함께하기 위해 카인치에 갔는데, 그가 "그 벵골 교사는 매우 훌륭해. 그 사람이 너에게 좋은 음악을 가르쳐줄 거야."라고 말했습니다. 그는 또 "그의 집에는 좁은 계단이 있지."라고 말했습니다. 나는 마하라지가 아미야 바부의 방으로 이어지는 좁은 계단에 대해 알고 있다는 사실에 놀랐습니다.

나는 성악 레슨을 시작하고 싶었으나, 베나레스로 돌아와 음악 선생님 집에 도착했을 때 선생님은 "나는 너에게 노래를 가르칠 수 없어."라고 말했습니다. '테스트'를 통해 타고난 재능이 너무 없고, 음치였으며, 자신의 노력이 소용이 없으리라는 것을 알았다는 것입니다.

나는 그의 방을 떠날 때 충격을 받았습니다. 나는 좁은 계단에서 굴러떨어졌고, 계단에 앉아 울기 시작했습니다. 얼마 안 있어 그가 나를 발견했습니다.

"무슨 일이야? 무슨 일이 있었어?"

나는 눈물을 흘리며 말했습니다. "님 카롤리 바바의 말로는 당신이 제게 좋은 음악 선생님이 될 거라고 하더군요."라고 말했습니다.

그가 말했습니다. "내가 좋은 음악 선생님이 될 수 있다고 님 카롤리 바바가 말했다면, 그렇게 될 거야. 그래, 레슨을 시작하도록 하자."

완벽한 마스터

프레마난다 Premananda (Tom Forray)는 브롱크스에 있는 고등학교 학생으로, 환각제를 먹고, 『티베트 사자의 서』를 읽었으며, 신과 영성에 대해 강한 호기심을 갖고 있었다. 그는 이어 『어느 요기의 자서전』을 접하게 되었고, '자아실현 동지회'에 가입했다. 그는 크리야 요가를 하고 있는 열일곱 살짜리 아이였다. 메허 바바가 미국에 왔을 때, 그는 여행 중에 톰이 살았던 곳 바로 근처에 있는 브롱크스 동물원을 방문했다. 몇 년이 지난 후에도 사람들은 메허 바바 로켓을 착용하고 돌아다녔고, 그의 책을 읽고 강연을 들었으며, 이것이 바로 톰이 인도에, 메허 바바의 아쉬람에 가고 싶게 된 이유였다.

프레마난다 : 1970년 헌터 칼리지를 졸업하자마자 나는 친구 바비와 함께 유럽으로 갔습니다. 우리는 그리스에서 헤어졌습니다. 나는 인도 여행을 준비하기 위해 비수기 동안 그리스의 한 섬에 집을 구했습니다. 인도에 가는 것은 좀 무서웠습니다. 갈 준비가 되었을 때 나는 그리스에서 이라크로 갔다가 그곳에서 화물선을 타고 페르시아만을 통과했습니다. 그들의 관심사는 메카로 가는 순례자들을

실어가는 것이었습니다. 우리는 산에서 온 염소 목동들, 원시 부족들에 대해 이야기했습니다. 이틀 동안은 무서워서 욕실을 사용할 수 없었습니다.

우리는 마침내 봄베이에 도착했는데, 배에서 내렸을 때도 무섭기는 마찬가지였습니다. 거지들, 냄새, 전체 풍경이 너무나 인상적이었습니다. 그날은 인도의 큰 명절인 시바라트리 Shivaratri*였습니다. 여기저기서 대마초를 섞어 만든 요구르트 음료인 봉 라씨를 팔았습니다. '신을 보게 되는' 음료라고 했습니다. 우리는 그것을 마시고 비틀거렸습니다. 우리는 표지판을 읽을 수도 없었고, 무엇을 하고 있는지, 어디에 있는지도 알지 못했고, 결국 두렵고 무서운 여행이 되고 말았습니다.

우리는 곧장 메허 바바의 아쉬람으로 내려갔고, 그곳에서 경이로운 시간을 보냈습니다. 당시에는 그의 원래 제자 중 많은 수효가 아직 살아 있었습니다. 나는 그곳에 4~5개월 동안 머물렀습니다. 그때 내 친구 바비가 나에게 다음과 같은 편지를 보냈습니다. "안녕, 나는 히말라야 북쪽의 알모라라는 곳에 있어. 인도 남부와는 전혀 다른 풍경이지. 너도 이리로 와."

나는 알모라로 갔습니다. 높은 산봉우리들이 시선을 꽉 채우는 아름다운 곳이었습니다. 거기에는 영국의 식민지 시대 유물인 에반스 웬츠의 스투파 stupa**가 있었고, 흑마술이 여전히 성행하고 있었습니다. 네팔인, 티베트인, 사두들이 이리저리 뛰어다녔습니다. 나는 그곳이 좋았지만 비자가 만료되어 가고 있었고 유일한 지역 사무소는 나이니탈에 있었습니다.

---

* 시바 신을 기리는 날.
** 사리를 봉안하여 보관하는 반구형 혹은 봉분 모양의 구조물.

나는 나이니탈에 가서 경찰서를 발견했습니다. 흰색 옷을 입고 있었고, 삭발에 수염도 없었습니다. 경찰서장이 올려다보며 "예, 무엇을 도와드릴까요?"라고 말했습니다.

"비자 연장을 원합니다. 나는 영적인 구도자입니다."

당시는 인도인들이 미국인들에 대해 매우 분노한 시기였습니다. 닉슨이 파키스탄을 지지했기 때문입니다. 자신들과 똑같이 민주주의를 신봉하는 우리가 그렇게 배신한 것에 심한 상처를 받았던 것이지요. 그는 나에게 소리치기 시작했습니다.

"당신네 미국인들은 내 나라에 와서 이것도 저것도 다 할 수 있다고 생각하지요?" 그는 내 여권을 들여다봅니다. "겨우 3~4일이 남았네요. 지금 델리로 가서 미국으로 돌아가는 편이 나을 거예요. 이 사무실에서 나가시오. 다시는 당신 얼굴을 보고 싶지 않소. 나가시오!"

나는 깜짝 놀랐습니다. 경찰서 밖에 서 있는데, 갑자기 아쉬람 옷을 입은 한 무리의 서양인들이 보입니다. 나는 그들에게 내 사정을 이야기합니다. 그들은 내가 자신들의 바바를 만나러 가면 기분이 훨씬 나아질 것이라고 제안합니다. 하지만 그것은 메허 바바의 뜻과는 달랐습니다. 그는 나른 스승에게 가지 말라고 합니다. 괜히 혼란스러워진다는 것입니다. 그래서 나는 '아니, 아니, 다른 바바는 보고 싶지 않아.'라고 생각합니다. 하지만 이 사람들에게는 뭔가가 있는 것 같아서, 나는 "알겠습니다."라고 대답했습니다.

언덕과 골짜기를 지나자 갑자기 강에 다다랐고, 다리를 건너가자 멋진 아쉬람이 있었습니다. 나는 안뜰로 들어갔고, 평상에 앉아 있는 작은 노인과 그의 발치에 앉아 있는 한 무리의 서양인들을 보았습니다. 모두 킥킥거리며 웃고 있었지요. 작은 노인은 그들을 꽃으로 때리고, 그들에게 과일을 던지고 있었습니다. 그런데 내 심장이 쿵쾅쿵쾅

뛰었습니다. 여기에서는 지금 무슨 일이 일어나고 있는 걸까?

그날 그는 내가 그곳에 있었을 때에는 자주 하지 않았던 일을 했습니다. 그는 한 명씩 사무실로 들어와서 자신에게 질문을 하게 했습니다. 내가 들어갈 차례가 되어 바바의 발을 만지고 있는데, 다다가 "그대의 질문은 무엇인가?"라고 물었습니다.

어떤 질문이라도 할 수 있었는데, 나는 "비자 문제가 있는데, 내가 무엇을 해야 할까요?"라고 물었습니다. 그가 나를 바라보는데, 나는 아주 기묘한 느낌을 받았습니다. 그가 내 머릿속에 있는 것 같았습니다. 그리고 실제로 내 안에서 무슨 일인가가 일어나고 있다고 느꼈습니다. 그는 다다를 통해 이렇게 말했습니다. "그에게 내일 아침에 돌아가라고 전하세요." 나는 그의 발을 만지고, 감사하다고 인사를 한 뒤, 자리를 떴습니다.

나이니탈로 돌아가서 방을 잡고, 진짜 갈등에 빠졌습니다. "미국으로 돌아가서 집에 가라는 뜻인가요, 아니면 내가 당신의 사무실로 돌아가야 한다는 뜻인가요?" 바보처럼 왜 그렇게 묻지 않았을까요? 나는 밤새도록 그것과 씨름했습니다. 경찰서가 있는 정거장은 나이니탈에 있는 버스 정거장에서 멀지 않았습니다. 나는 "제기랄. 나는 인도에서 쫓겨나고 있어. 안 돌아가고 싶은데."라고 말했습니다.

나는 경찰서로 걸어 들어갔고, 정확하게 똑같은 모습을 봅니다. 같은 사람이 서류를 보다가 눈을 들어 "예?"라고 말했습니다.

나는 움츠러들며 "비자 연장에 관해 묻고 싶어요."라고 말했습니다.

그는 "아 물론이죠. 들어와서 앉으세요."라고 말했습니다. 그는 한 소년을 불러 차이를 가져오라고 했고, 나에게 비디를 권합니다. 우리는 비디를 피우고 차이를 마십니다. 그는 자신이 미국인들을 얼마나 사랑하는지 모른다고 말합니다. 나는 그에게 내가 영적인

프레마난다 (민머리). 키르탄을 부르고 있는 그룹과 함께.

구도자임을, 그래서 여기에 머물고 싶다고 말합니다. 그는 "물론이죠, 문제 없습니다."라고 말합니다. 그리고 내 여권을 가져가더니 도장을 쾅 찍어 줍니다… 일 년짜리!

나는 감격해서 울기 시작합니다. 바바가 그 공무원을 그렇게 만든 것이 분명했습니다. 우리 모두가 애초에 그러한 참자아로 돌아가기 사랑이 넘치는 사람이 되게 한 것입니다. 나는 다시 아쉬람으로 달려갑니다. 똑같은 장면이 펼쳐져 있습니다. 그는 평상에 앉아 있고 여러 분들과 놀고 있습니다. 갑자기 나의 마음이 급해졌습니다. '자, 잠깐만요, 예, 그는 나를 위해 기적을 행했습니다. 그런데 왜일까요? 어쩌면 그 사람은 나를 소유하고 싶기 때문에, 나를 사로잡고 싶기 때문에 그런 것이 아닐까요. 보세요, 메허 바바는 이런 무리들 속으로 들어가지 말라고 합니다.'

내 마음은 질주합니다. '하지만 메허 바바도 이 행성 위에는 다양한 수준의 구루와 성자들이 많이 있다고 말했지. 그러나 어느 시대에나 다섯 명의 완벽한 사람, 다섯 명의 완벽한 마스터가 있다고 했어. 어쩌면 마하라지는 그 다섯 명 중 하나가 아닐까?' 멀리서, 몇십 미터쯤 떨어진 곳에서, 마하라지는 하던 일을 멈추고 나를 바라보았습니다. 그는 주먹 쥔 손을 들고 손가락을 하나씩 펴면서 다섯까지 헤아립니다. 내 마음이 폭발했습니다! 그러더니 그는 나한테 오라고 손짓을 하고는, "앉으라."고 말합니다.

나는 떠나지 않았습니다. 매일매일이 사랑, 울음, 기쁨, 웃음, 행복, 놀라움의 연속이었습니다. 시간이 지나도 나는 그가 진실로 완벽한 구루, 완전한 사람이라는 것을 의심하지 않았고, 우리가 함께 해야 할 일이 있다는 것도 의심하지 않았습니다.

결국 도달하게 되는 곳은 언제나 사랑이었다.

발라람 다스 : 72년 디왈리 (가을에 열리는 빛의 축제)에 대한 아름다운 추억을 가지고 있습니다. 우리는 등불을 설치했습니다. 종일 작은 점토 접시에 넣을 면 심지를 말았습니다. 그런 다음 그것들 모두에 기름을 채워야 했지요. 우리가 등불을 만들 때, 마하라지는 이렇게 말했습니다. "미국에서는 이런 일을 어떻게 하지? 손으로 만드나?" 우리는 "아니오, 바바."라고 말했습니다. 그는 "당신들은 그것을 기계로 하겠지!"라고 말했습니다. 물론 오늘날에는 아쉬람에서도 모두 형광등을 사용합니다.

해가 질 무렵 우리는 기름 등잔에 불을 붙이기 시작했고, 그것을 담벼락 위와 창문과 선반 위에 설치하기 시작했습니다. 모두가 이리저리 뛰어다니면서 미친 듯이 불을 켰습니다. 사람들이 이리저리 뛰어다

나는 동안 마하라지는 혼자서 정원을 오르락내리락 걷고 있었습니다. 하늘은 황금빛으로 물들어 아름다웠습니다.

모든 불이 켜지자 그가 나에게 다가왔고, 나는 엎드려 절을 했습니다. 그는 나의 어깨와 목에 자신의 발을 올려놓고는 말했습니다, "발라람은 나의 매우 중요한 헌신자이지." 내 입으로는 그런 식으로 이야기한 적이 거의 없었습니다. 너무나 다정했던 그 손길들. 사랑받는다는 그 느낌은 어디에도 비교할 대상이 없었습니다. 그런 사랑을 느끼게 되면, 어느 누구도 변화되지 않을 길이 없을 것입니다.

13

길을 따라서
1972~1973년 겨울

카비르는 말한다. 들어보세요, 친구여.
세상에서 만족스러운 것이 하나 있는데,
그것은 바로 그 손님과의 만남입니다.
—카비르, 『카비르의 노래』

1973년 알라하바드의 다다는 '겨울 캠프'를 열지 않았다. 마하라지
는 1월과 2월에 사라졌다가 3월에 브린다반으로 돌아왔다. 이 기간
동안 오직 두 명—크리슈나 다스와 드라우파디—만이 그를 만나는
데 성공했다. 도반들은 인도의 다른 지역, 다른 아쉬람들, 혹은 명상코스
를 탐색하기 위해 여기저기로 돌아다녔다.

크리슈나 다스 : 마하라지는 늘 그랬듯이 어디론가로 사라졌습니
다. 나는 드라우파디와 함께 델리로 갔고, 인도의 오랜 헌신자들에게
그가 어디에 있을 것 같냐고 물었지만 아무도 모르고 있었습니다.
알면서도 말해주지 않았을지도 모릅니다만. 그러다가 우리는 자신의
보스가 어디로 갔는지에 대해서 말해줄 수 있을, 헌신자 중의 한

사람인 운전기사에게 뇌물을 주었습니다. 아무래도 우리는 바르만이 마하라지와 함께 있을 것이라고 생각했습니다. 운전기사는 바르만이 봄베이로 갔고, 어느 호텔에 묵고 있다고 말해주었고, 그래서 우리는 비행기를 타고 봄베이로 갔고, 그 호텔로 가서 온종일 로비에 앉아 망을 보았습니다.

마침내 그날 저녁 바르만 씨가 나타나서 말했습니다. "크리슈나 다스, 당신이 여기 있군요! 여기서 무엇을 하고 있는 거지요?"

우리는 마하라지가 봄베이에 있다는 소식을 들었다고 말했습니다.

"정말로, 봄베이에요?! 글쎄, 나는 해야 할 일이 좀 있어요. 내 방으로 올라와서 음식을 주문하고, 편히 쉬세요. 내가 돌아오면, 그때 그분을 찾아보도록 합시다."

이거 참, 마하라지의 행방을 그가 몰랐다면 그 누구도 알 리 없었습니다. 상심해서 창밖을 내다보고 있는데, 그때 갑자기 방문이 열리는 것이었습니다, 돌아보니, 마하라지가 있었습니다! 그래서 우리는 그 호텔에 방을 구했고, 그는 매일 우리와 어울렸습니다.

믿을 수 없을 만큼 많은 일들이, 거의 대부분 침묵 속에서 일어났습니다. 어느 날 그는 우리에게 오라고 불렀습니다. 그는 침대 위에 앉아 있었고, 바르만 씨도 거기에 있었습니다. 나는 눈을 감은 채 오랫동안 바닥에 앉아 있었습니다. 갑자기 마하라지가 자리에서 일어나더니 나를 바라보며 말했습니다. "용기를 낸다는 것은 정말 대단한 일이야."

내가 생각할 수 있는 것이라곤, '무슨 일이 일어난 거지? 나로서는 도저히 감당할 수 없을 것 같아!'라는 것이었습니다.

바르만이 말했습니다. "아, 하지만 바바, 신은 자신의 헌신자들을 돌보십니다."

마하라지는 그를 한번 쳐다보더니, 다시 나를 돌아보며 "용기를 낸다는 것은 정말 대단한 일이에요.”라고 말했습니다. 그리고 그는 다시 눈을 감았습니다.

나는 그것이 무엇을 의미하는지 전혀 몰랐습니다. 이해할 만한 단서가 아무것도 없었습니다. 하지만 그 후 나는 몇 번인가, 그가 나에게 해준 그 말을 기억하려고 애썼던 것 같습니다. 용기를 낼 가능성도, 행동을 할 가능성도 전혀 없었고, 완전히 길을 잃고 낙심할 때마다 나는 가까스로 그가 그런 말을 했다는 것을 기억에 떠올렸고…, 그것으로 충분했습니다.

봄베이 여행을 마친 후 마하라지는 브린다반으로 돌아왔다.

브루스 : 당시 나는 겨우 열여덟, 열아홉이었고, 몸을 관통해서 흐르는 호르몬으로 충만했으며, 여자친구를 아주 많이 사랑했지만 드러눕히지는 못했습니다. 성적으로 좌절감을 느끼며 4개월 동안 주저앉아 있었고, 그것은 내 안에 많은 분노를 불러일으켰으며, 나와 루이스 사이에 상당한 긴장감을 조성했습니다. 그래서 마하라지의 손이 어떤 식으로든 그녀의 가슴을 스쳤다는 말을 들었을 때는 ‘이제 끝장이야. 그는 사기꾼인 거야. 우리는 여기서 나가야 해.’라는 생각이 들었습니다. 나는 짐을 꾸렸고, 정말 짜증이 났습니다. 질투심도 일었 습니다. —그 사람은 그녀를 만지는데 나는 그녀를 만질 수조차 없다고?

나는 본채 옆에 있는 다르마살라 (dharmasala: 구도자들이 머무는 건물)에 있었습니다. 그곳에는 나 혼자뿐이었습니다. 다른 사람들은 아쉬람 안에서 다른 편에 있었습니다. 한 무리의 사람들이 “고팔라, 고팔라…” 찬가를 부르고 있었습니다. 나는 그 노래를 좋아하지 않았습니다. 그렇게 사람들이 모여서 노래를 부른다는 것은 대개 마하라지가 어디론가 나갔다는 것을 의미했습니다. 마치 휴식시간 같았지요.

나는 정말로 질려버렸습니다. 나는 샤워를 했고, 인도에 온 지 몇 개월 만에 해방감을 느꼈습니다. 그곳은 바로 사원 옆이었습니다. "엿 먹어, 마하라지."라고 욕을 퍼붓고 있는 것 같았습니다. '당신이 그럴 수 있다면, 나는 이럴 수 있는 거지.' 우리는 이제 당신들과 상관없는 사람들이라는 것을 모두에게 소리쳐 말해주고 싶었습니다.

샤워를 마친 후 나는 마당과 입구가 내려다보이는 창문 앞의 작은 테이블에 앉아 마하라지가 여자들, 남자들과 섹스를 하는 상스러운 그림을 그리고 있었습니다. 칠흑 같은 어둠, 전면적인 분노, 지하에서 활동하는 사악한 언론.

어쨌든, 나는 온갖 분노와 자기 의로움에 휩싸여 거기에 앉아 있었는데, 누군가 나를 향해 걸어오고 있는 것이 보이는 것이었습니다. 마하라지! 다다가 그의 팔을 잡고 있었습니다. 나는 그가 지나가는 것을 바라보고 있었고, '뭐지? 그가 여기서 뭘 하는 거지? 여기 있으면 안 되잖아.'라고 생각했습니다. 사람들은 모두 옆에서 고팔라 노래를 부르고 있었으니까요. 거기에는 단 한 사람의 서양인도 없었습니다. 그런데 그가 바로 내 창문을 향해 걸어오고 있었어요! 나는 거기 앉아서 "워, 워, 워."라고 오지 말라는 암시를 보냈습니다. 나는 상스러운 카툰을 보고 있었는데, 그에게 이 카툰을 보여줘야만 한다고 생각하고 있었습니다. 그런데 나의 일부는 '아니, 하지 말자. 이것은 인도 사람이 보라고 한 것이 아니잖아.'라고 계속 생각했습니다.

그는 바로 내 창가로 왔고, 나는 그가 샤워실 바로 뒤에 있는 옆방에서 이야기하는 것을 들었습니다. 불과 30분 전만 해도 나 혼자 그곳에서 즐기고 있었는데 말입니다. 그때 뭔가 번쩍 하고 생각이 났습니다. '브루스, 이건 마하라지를 혼자 독점할 수 있는 기회야.' 나는 언제든 "가라!"라는 그의 한마디에 떠나야 하는 신세가 될 수 있었습니다.

나는 그 문을 열고 들어갑니다. 그는 평상 위에 앉아 있고, 그의 옆에 서 있는 두 사람은 파리를 쫓기 위해 누더기 조각을 흔들고 있습니다. 나는 그의 앞에 무릎을 꿇었습니다. 그의 무릎에 머리를 얹고는 그에게 나의 모든 분노를 쏟아 놓았습니다. 나는 심지어 샤워하면서 혼자 즐기던 모습을 묘사하기도 했습니다. 나는 그에게 아무것도 숨기지 않았습니다. 나는 말했습니다, "이거, 이게 나의 분노입니다. 그래요, 당신은 그녀를 만졌고, 나는 그것에 대해 분노합니다." 나는 그에게 그 모든 것을 다 말했습니다. 그는 내 머리를 두드리며 "아주 좋아!"라고 말하고는 일어나서 자리를 떴습니다. 그것이 내 분노의 끝이었습니다. 그리고 그 힘은 대단했습니다.

그것은 선물이었습니다. 물론 그는 나를 위해 왔습니다. 그게 내가 그것을 받아들이는 방식이고, 나는 나르시시스트입니다. 그는 분명 나를 위해 왔고, 나를 기다렸고, 그 일을 하고 떠났습니다. 그것이 내가 그를 보았던 마지막 시간이었습니다.

운명의 주조

마하라지는, 브루스에게 그랬던 것처럼, 때로는 우리의 분노나 절망을 부드럽게 없애기도 하고, 때로는 우리를 특정 방향으로 강렬하게 밀어붙이는 등, 여러 가지 방법으로 우리의 삶을 주조했다. 마하라지가 나에게 푸리(아, 그 해변!)로 가라고 말했을 때가 기억난다! 나는 그가 "가라!"고 한 것에 대해 흥분했다. 그러나 라구는 보드가야에서 위빠사

나 코스를 수강할 예정이었고, 마하라지는 나에게 마음대로 사라지지
말고 그와 함께 있으라고 말했다. 이것은 간단한 사례이다. 래리 박사의
경우는 사정이 많이 다르다. 그는 마하라지가 그를 밀어넣고자 했던
그 길을 따르기 위해 전 생애를 바쳐야 했다.

래리 박사 : 73년 3월, 우리는 마하라지 앞에 앉아 있었습니다.
그는 각 사람에게 그들이 걸어야 할 길에 대해 이야기하고 있었습니다.
내 차례가 되자 그가 말했습니다, "미국 박사, 돈이 얼마나 있지?"

나는 잠시 생각하다가 말했습니다. "500달러를 가지고 있어요."

"아냐, 지금 가진 돈을 말하는 것이 아냐. 미국에 돌아갔을 때를
의미하는 거야. 미국에는 얼마나 가지고 있지?"

내가 미국에 가지고 있던 돈은 모두 500달러뿐이었습니다.

그는 웃고 또 웃으며 말했습니다. "여기서도 500달러, 거기서도
500달러. 당신은 의사가 아니네. 의사로 돌아가지 말아야겠네." 그는
웃으면서 노래를 부르듯 말했습니다. "당신은 의사가 아니야." 어머니
가 나를 두고 했던 말이 그 말이었습니다. 돈이 없다니, 너는 진짜
의사가 아니야.

그런 다음 그는 이 노래 가사를 "Tum to doctor nahin (당신은
의사가 아니야)"에서 "UNO 닥터, UNO 닥터"로 바꿔 불렀습니다.
나는 이해하지 못했습니다. 우리는 UN이라고 부르지만, 인도인들은
UN의 본래 의미를 살려 UNO (United Nations Organization)라고
부릅니다. "UNO 닥터, UNO 닥터. 당신은 UN 의사가 될 거야.
당신은 동네마다 돌아다니며 주사를 놓아줄 거야. 천연두는 근절될
거야. 그것은 인류에게 주신 신의 선물이지."

이렇듯 낄낄대며 웃으며 노래하다가 장난꾸러기 요정이 흙가루를 뿌리듯이, 그가 말했습니다. "이제, 가. WHO(세계보건기구)로 가. UN으로 가. 일자리 구하러 그리 가라고."

무슨 일자리? 나는 천연두에 걸린 사례를 경험해 본 적이 없었습니다. 미국에서 천연두는 내가 의과대학에 들어가기 20년 전인 1949년에 이미 근절되었습니다. 인도는 세계에서 아직도 천연두가 남아 있는 4개국 중의 하나였지만, 천연두를 다른 나라로 퍼뜨리고 있었습니다. 따라서 인도가 먼저 천연두를 근절해야 했습니다.

마하라지에게 그 말을 들은 지 얼마 지나지 않아 나는 WHO에서 일하는 어떤 사람을 만나게 되었습니다. 나는 말했습니다. "아, 이거 정말 재밌네요. 나의 구루가 내가 WHO에서 일하기로 되어 있다고 했는데 말이지요."

"아, 의사세요? 글쎄, 천연두 프로그램은 없지만, 천연두 프로그램을 시작해 보라고 이곳에 파견된 니콜 그라스라는 여성이 있어요. 다른 나라들은 천연두가 가장 문제이지만, 인도는 그렇지 않아요. 인도에서는 어린이들이 설사와 호흡기 질환으로 죽어가고 있지요."

나는 그와 함께 WHO로 갔고, 그는 나를 자기 사무실로 데려갔습니다. 나는 아쉬람에서 입던 흰옷 차림 그대로였고, 수염을 기르고 있었으며, 머리는 허리 중간까지 내려와 있었습니다. '꾀죄죄함'이 다소 심했지요. 사람들이 나를 쫓아냈습니다.

기리자와 나는 아쉬람으로 돌아갔습니다. 마하라지가 "일자리를 구했어?"라고 물었습니다.

나는 "아니오."라고 대답했습니다.

그는 "돌아가. 가서 일자리를 찾아. 지금."

나는 다시 인적자원부에 들어갔고, 또다시 쫓겨났습니다. 이런 일이 계속되었습니다. 우리는 계속해서 아쉬람으로 돌아갔고, 마하라지는 나에게 일자리를 구하라고 하면서, 우리를 델리로 몰아내곤 했습니다.

10번, 12번, 15번을 반복하고 나자 나는 점점 더 회의적으로 되었고, 더 이상 흥미를 가질 수가 없었습니다. 그때껏 천연두에 걸려 고생하는 사람의 사례를 한 번도 본 적이 없었습니다. 훈련도 전혀 되어 있지 않았습니다. 아직 일자리도 없었습니다. 인턴십을 마쳤지만 레지던트 과정을 하지 않았고, 카인치 뒤에 있는 작은 진료소를 운영해 본 경험을 제외하고는, 의료인으로서의 직업을 가진 적이 없었습니다. 경력이라고는 거의 없었습니다.

나는 머리를 다듬었고, 바르만은 나에게 셔츠와 넥타이, 그리고 자신의 재킷 중 하나를 주었습니다. 바지가 잘 맞지 않았지만, 몇 번씩 되풀이하다 보니 조금씩 더 단정하게 되었습니다.

나는 니콜을 만났는데, 아주 멋진 사람이었습니다. 그녀가 말했습니다. "미안해요. 당신의 모습이나 당신이 아무 데서도 일한 적이 없다는 사실, 우리가 단지 CDC(질병 통제 센터) 경력자나 대학 졸업자인 미국인들만을 뽑는다는 사실을 제쳐 놓더라도, WHO는 당신만큼 어린 사람을 고용한 적이 전혀 없어요. 당신처럼 아무 경험이 없는 사람을 고용한 적도 없고요. 인도에 살고 있는 미국인도 고용된 적이 없습니다. 당신을 위한 일자리는 없는 거지요."

나는 돌아가서 마하라지에게 그녀가 말한 내용을 그대로 전했습니다. 그는 다시 돌아가서 내 일자리를 구하라고 말했습니다. 나는 다시 갔습니다. 이번에는 WHO의 핵심 멤버라 할 만한 영국계 인도인인 보이어 부인이 리셉션 데스크에 있었습니다. 그녀는 내가 일자리를 얻게 될 것이라고 말했다는 히말라야의 구루에 대해 관심을 가졌습니다. 대기실에 가서 기다리려고 하는데, 한 미국인이 앉아 있었기 때문에 그의 옆에 앉았습니다.

그는 "아, 미국인이세요?"라고 물었습니다. 뭔가 의심하는 투였습니다.

나는 "예."라고 대답했습니다.

"왜 여기에 오신 거죠?"

"천연두 근절 프로그램을 위해서 일하려고 왔습니다. 천연두는 근절될 것입니다. 그건 신이 인간에게 주신 선물입니다."

"누가 당신에게 그런 말을 해주었나요?"

"나의 구루, 히말라야에 살고 있지요. 그는 세계보건기구(WHO) 천연두 근절 프로그램에 참여하라면서 나를 보냈습니다. 당신은 무슨 일을 하나요?"

"D. A. 헨더슨입니다. 천연두 근절 프로그램 책임자로 일해 왔지요. 나는 제네바에서 일하고 있는데, 인도는 우리의 문젯거리예요. 여기에는 아직 프로그램이 하나도 없기 때문입니다. 나는 그라스 박사가 도착하기를 기다리고 있고, 그러면 함께 간디 여사를 만나러 가려고 합니다. 차 한잔 마시러 가시지요. 당신을 인터뷰하고, 그것을 문서로 남길게요."

내 생각에, 우리가 WHO를 17번째 방문했을 때였던 것 같습니다. 카인치로 돌아온 우리는 니콜로부터 "즉시 델리로 오세요. 흥미로운 일이 생겼네요."라는 연락을 받았습니다.

기리자와 나는 언제나처럼 버스를 탔습니다.

니콜은 "어제 당신을 채용해야겠다는 생각이 들었습니다. 어쩌면 당신의 구루가 나에게 말을 걸었던 것인지도 모르겠습니다."라고 말했습니다. 반은 냉소적이었지만, 반은 매우 진심을 담아 그렇게 말했습니다. "우리는 당신을 의사로 채용할 수가 없습니다. 타자는 칠 수 있나요?" 예. "내가 당신에게 P2 자리를 준다면 관심이 있나요?" P2는 말 그대로 기록을 담당하는, 가장 낮은 수준의 일자리였습니다.

나는 "당연히 받겠습니다."라고 말했습니다. 마하라지는 내가 P4로 일할 것이라고 말하지 않았습니다. 그 사람은 단지 일자리를 얻으러 가라고 했을 뿐이지요.

그녀는 D.A.에게 전화를 걸어, 이렇게 말했습니다. "난 비서가 필요해요. 나는 영어를 잘하지 못합니다. 인도인들은 프랑스어를 못해요. 힌디어를 하는 이 미국인 남자를 고용하려고 합니다. 이런 류의 고용에는 인도 정부의 승인이 필요하지도 않아요."

나는 마하라지에게 돌아가서 무슨 일인가가 구워지고 있는 중이라고 말했습니다. 그는 "그대는 일자리를 얻을 거야."라고 말했습니다.

그 후 니콜은 이렇게 말했습니다. "당신의 보안 허가*를 받는데 어려움을 겪고 있습니다." 보안 허가라고? UN을 위해 일하려면 그런 허가를 받게 되어 있는 모양이었습니다. 나는 마틴 루터 킹과 함께하는 행진에 참여한 적이 있었습니다. 마틴 루터 킹과 함께 체포된 일도 있었습니다. 베트남 전쟁에 반대하는 행진이었습니다. '그래, 그렇다면 허가는 끝났어.'라고 생각했습니다.

우리는 카인치에 가서 마하라지에게 보안 허가에 문제가 있다고 말했습니다. 나는 그에게 베트남 전쟁에 반대하는 행진에 대해, 마틴 루터 킹에 대해 이야기했습니다. 우리 의과대학생 20명 정도가 흰 가운을 입고 청진기를 매달고는 그의 주위에 밀집대형을 만들어 마틴 루터 킹을 보호하고자 했지요. 그는 "누가 당신에게 보안 허가를

---

* 기밀정보 (국가나 조직의 비밀) 또는 제한 구역에 접근할 수 있도록 허용하는 일.

내주지?"라고 물었습니다. 나는 전혀 몰랐습니다. 내 생각에 그럴 만큼 지위가 높은 사람은 프로그램 책임자인 핸더슨(D. A. Henderson) 뿐이었습니다. 그는 "핸더슨이라면, 철자가 어떻게 되지?"라고 물었습니다.

그 순간 제네바에서는 D.A.가 미국 대사관에서 리셉션에 참석하고 있었고, 미국에서 온 공중 위생국장이 그 자리에 있었습니다. 그는 D.A.에게 모든 나라가 천연두 근절 프로그램을 돕고 있는지 물었습니다. D.A.는 러시아는 백신을 제공하고, 캐나다는 돈을 제공하며, 체코는 역학자들을 파견해 준다고 대답했습니다. 그는 "아, 그렇군요. 미국은 어떻게 하고 있지요?"라고 물었습니다.

D.A.는 "별로."라고 대답했습니다. 이어 그는 이렇게 말했습니다. "내가 왜 이런 얘기를 꺼내는지 모르겠지만, 우리가 가장 낮은 등급으로 채용하려고 하는 아이가 있는데, 반전 운동에 참여한 전력이 있어서 보안 허가를 받지 못할 수도 있어요."

공중 위생국장은 "보안 허가는 누가 주나요?"라고 물었습니다.

"내 생각엔 바로 당신입니다. 당신은 그럴 수 있다고 생각해요."

공중 위생국장은 칵테일 냅킨을 집어들고 물었습니다. "그 아이 이름이 뭐지요?" 그는 냅킨 위에 "훌륭합니다. 일을 시작해도 좋소"라고 썼습니다. 그는 그것을 D.A.에게 주었고, D.A.는 그것을 제네바로 보냈습니다.

"일을 시작해도 좋습니다. 즉시 출근하게 하세요."라는 전보가 왔을 때, 우리는 마하라지와 함께 있었습니다.

처음에는 메모를 하고 문서를 편집하는 일을 했습니다. 그렇게 3주 정도가 흘렀습니다. 당시 WHO는 강력한 캠페인을 시작하고 있었는데, 인도가 지구상에서 엄청난 양의 천연두가 발생한 마지막 장소였기 때문이었습니다. 25개국으로부터 500명의 의사와 15만 명의 조사요원이 파견되는 대규모 프로젝트였습니다. 한 번에 30~40명이 넘지 않은 인원이 계속 몰려왔습니다. 첫 번째 조사를 위한 첫 번째 물결 시기에 러시아 의사들 중 한 명이 올 수 없었기 때문에, 역학자들의 담당 지역을 표시하는 멋진 지도에 구멍이 생기게 되었습니다. 회의에 참석하고 있었는데, 그들은 누가 그 구멍을 채울 수 있는지 물었습니다. 니콜이 말했습니다. "래리?"

반응은 다소 엇갈렸습니다. 웃는 사람들도 있었지만 의사들 중

닥터 래리. 왼쪽 아래는 마하라지. (사진 발라람 다스)

한 명이 "그를 현장으로 데려가지요."라고 말했습니다. 바로 그거였습니다. 우리는 20개월 동안 집집마다 찾아다녔습니다. 10억 건이 넘게 집으로 전화를 걸었습니다. 그리고 천연두는 근절되었습니다.

마하라지가 행동으로 옮기라고 했던 그 일이 수십 년 후에 현실로 나타나게 되리라고 도대체 누가 알 수 있었겠는가?

카비르 다스 : 아쉬람에서는 건축 공사가 진행 중이었고, 매일 아침 인부들은 작업장으로 가는 도중에 바바를 지나쳐 가곤 했습니다. 인도인들은 대부분 카스트 의식이 매우 강하지만 마하라지는 카스트 제도가 가진 이원성과 편견을 뛰어넘었습니다. 그는 일꾼들이 오면 한 명씩 불러 그들의 도시락통에 담긴 로티(차파티, 둥근 납작빵)를 하나씩 달라고 하는 버릇이 있었습니다. 물론 그들은 너무 기뻐하며 그 말에 응했습니다. 마하라지는 자신을 위해 한두 조각의 빵을 남겨두기도 했지만, 그가 모아두었던 빵의 대부분은 주위에 모인 모든 사람들에게 프라사드로 분배되었습니다.

어느 날 아침, 부유한 노인 헌신자가 바바에게 자신이 억만장자가 되도록 축복을 해 달라고 간청했습니다. 마하라지는 이 요청에 매우 즐거워했고, 그 남자와 어울려 놀면서 당신은 이미 부자이기 때문에 그런 축복은 필요 없다고 말했습니다. 바바는 그러면서 외국인들과 놀고, 자신이 좋아하는 노래를 부르게 하고, 아쉬람 직원에게 지시를 내렸습니다. 그 노인은 마하라지에게 계속 졸라댔습니다.

그 사이에 일꾼들이 왔다 가곤 했습니다. 로티가 모아져서 이리저리 분배되었습니다. 나는 내 몫을 받았고, 조금씩 뜯어 먹으면서 남은 것은 손에 쥐고 있었습니다. 노인이 하도 졸라대자 마하라지는 마침내 양보하여, 노인에게 부자가 되라고 축복하지는 않겠지만 대신 그의 손주들에게는 축복을 해주겠다고 말했습니다. 노인은 그렇게 해 달라고 말했습니다. 마하라지는 그에게 축복을 상징하는 무언가를 주고 싶어 했습니다. 그는 누군가 프라사드를 가지고 있는지 물었습니다. 나는 주저하지 않고 내 손에 든 로티 한 조각을 내밀었고, 바바는 그것을 받았습니다. 그는 그것을 노인에게 건네주었고, 그는 기뻐했습니다.

　바로 그때 누군가 내 어깨를 두드렸습니다. 다른 인도인 헌신자였습니다. 주의 깊게 지켜보고 있었던 그가 나에게 속삭였습니다. "그 로티 조각을 뜯어먹지 않았어?" 나는 그랬다고 대답했습니다. 그는 노인에게 뭔가 속삭였습니다. 그러자 노인은 갑자기 손에 뜨거운 불씨를 쥐고 있기라도 한 듯이, 로티를 다시 내게 돌려주었습니다. 그때 한 외국인이 바로 그 조각을 먹었어요! 나는 그에게서 가로채어 씹어 먹었습니다. 나중에야 두 번 축복받은 그 로티의 '의미'를 깨달았습니다. (카비르는 아직 수백만장자가 되지는 않았지만, 그의 손자들은 아마도….)

사두

사두sadhu라는 단어는 '선한 사람' 또는 '거룩한 사람'이라는 뜻으로, 대개는 '이번 생에서 해탈을 목표로 하는 요기'를 나타낸다. 사두라는 단어의 어근 사드sadh는 '목표에 도달하는 것'을 뜻하고, 사다나 sadhana는 '영적 수행'을 의미한다. 마하라지는 사두였지만, 오래전에 목표에 도달한 분이다. 서양인들이자 그의 헌신자들인 우리의 수행은 엄격한 규율과 금욕의 형태보다는 박티 곧 헌신의 길을 따른다. 하지만 잠시 동안 출가의 길을 택한 사람들도 있었다.

사두 우마Uma (Marcelle Hanselaar)는 네덜란드에서 미술 학교를 중퇴하고 1967년 그녀의 연인 샴부와 함께 히치하이킹을 하여 인도로 갔다. 자신들을 자유롭게 해줄 진리를 찾아가는 길이었다. 1970년에 그들은 암스테르담으로 돌아갔다. 샴부는 그의 새로운 여자친구와 함께 그곳에 머물렀고, 우마는 1971년에 히치하이킹을 하여 혼자 인도로 돌아온 후 자신의 구도를 계속했다.

사두 우마 : 나는 시바 신을 따르는 기리 사두가 되었고, 명상을 하고 사람들이 나에게 가져다주는 것으로 살았습니다. 나는 신의 보호를 받고 있다는 강한 믿음이 있었지만, 워낙 보호받는 환경에서 자라온 터라 힘들 때가 종종 있었습니다. 더 심각한 것은, 여러 해 동안 만난 교사들과 승단의 위계질서에 환멸을 느꼈다는 것이었습니다. 나는 나의 동기에 회의를 품기 시작했습니다. 그래서 인도를 떠나기로 결심하고 그 전에 하리드와르의 갠지스강에서 목욕을 하기로 했습니다.

델리로 가는 버스에서 한 프랑스인을 만났는데, 그는 님 카롤리 바바라고 불리는 사두의 작은 사진을 보여주었습니다. 사진 속의 바바가 웬지 마음에 와 닿았습니다. 그래서 인도에 작별인사를 하기 전에 길을 우회하여 비말탈로 가서 먼저 그에게 경의를 표하기로 했습니다.

버스와 도보로 긴 여행을 한 끝에, 오후 늦게 사원에 도착했습니다. 그렇게 많은 서양인들이 모여 있을 줄은 상상도 하지 못했습니다.

사두 우마.

그들이 매우 낯설게 느껴졌고, 그들을 보고 약간의 위축감을 갖게
되었지만, 그들은 나를 친절하게 맞아주었습니다. 그들은 나에게
음식을 가져다주고, 자신들과 함께 바바지를 친견(다르샨)하라고 했습
니다. 나는 앉아서 지켜보았고, 어느 순간 마하라지가 나에게 손짓을
하며 더 가까이 오라고 했습니다. 그는 내 이름과 출신을 물었고,
내 제타스(jetas. 거룩한 불에서 나온 재를 물에 타서 '씻은' 레게 스타일의
머리 모양)를 너무 세게 두드려서 재 구름이 다 날아가 버렸습니다.
그는 킥킥 웃으며 나를 환영했습니다. 그는 나에게 잠시 머물러도
괜찮다고 말했고, 나는 사원 문 밖에서 둔니(불)를 피우고 유지했고,
매일 음식과 다르샨을 위해 사원으로 들어갔습니다.

어느 날 그는 모든 헌신자들에게 각자 무엇이 필요한지 물었습니다. 돈이 필요하다는 헌신자가 있으면, 그는 다른 헌신자들에게 돈을 주라고 부탁했습니다. 어떤 헌신자는 담요가 필요했고, 그는 그것도 제공했습니다. 그는 나에게도 필요하거나 원하는 것이 있는지 물었습니다. 내 마음은 매우 고요해졌습니다. 나는 머리를 그의 발에 대고 엎드리면서 "당신의 축복을 원합니다, 바바지."라고 말했습니다. 그는 다시 한번 내 머리를 힘차게 두드렸고, 재가 날아다녔고, 모든 것이 고요해졌습니다. 내가 눈을 떴을 때는 저녁이었고, 나는 텅 빈 베란다에 연꽃을 가득 안고 앉아 있었습니다. 나는 정화되고 참해지고 차분해진 것을 느꼈습니다.

그 모든 세월 동안 나는 인도를 돌아다니며 사람들에게 진실을 보여 달라고 요청했습니다. 많은 사람들이 나를 도왔지만, 나는 내가 찾던 것을 찾지 못했습니다. 그런데 그것을 찾고, 그것을 살고, 그것을 실제로 경험할 수 있다는 확신이 들었습니다. 마하라지가 나에게 그 경험을 주셨습니다.

비자나 여권이 없었기 때문에, 마하라지는 나에게 남쪽으로 가라고 말했습니다. 그들은 모두 곧 브린다반 비하라로 갈 것이고, 나도 거기에 합류할 수 있을 것입니다. 브린다반에서 마하라지는 나의 둔니(불)를 위한 나무를 주문했습니다. 브린다반에서는 나무가 귀했지만, 그는 시바 신을 따르는 기리자*로서의 나를 존중했습니다. 하지만 한 건물 안에서 살면서 불을 유지하는 것은 나의 수행법이 아니었습니다. 마하라지의 헌신자 중 몇 사람이 나의 둔니에 참여했고, 우리는 밤늦게까지 우리의 질문과 탐구에 대해, 그리고 각자가 어떻게

---

* 히말라야 산의 딸이자, 시바 신의 신성한 배우자.

거기에 오게 되었는지에 대해 이야기했습니다.

마하라지는 치트라쿠트에 대해서, 자신이 어떻게 해서 거기에 다녀왔는지에 대해 이야기했습니다. 나는 사마디 체험을 한 후 명상 수행을 심화하고 싶다고 느꼈고, 그래서 치트라쿠트로 가기 위해 휴가를 냈습니다. 도착하자마자 비슈누의 몸체인 그 신성한 산을 한 바퀴 돌고, 그곳에 있는 유일한 시바 사원에서 밤을 보냈습니다. 그곳에서 어떤 사람이 몇 마일 떨어진 곳에 수행할 수 있는 동굴이 있다고 말해주었습니다. 나는 꽤 오랫동안 말라리아로 고생해 온 데다 인도에 불법 체류하고 있는 신세여서 이 동굴이야말로 나에게는 이상적인 해결책이었습니다. 동굴 근처에는 깨끗한 물이 있었습니다. 시바 사원에 있는 그 남자의 형은 근처 마을 학교의 교장이었고, 그는 나에게 하루에 한 끼씩, 일주일에 다섯 번, 산꼭대기에서 일하는 나무꾼들 편에 보내주겠다고 약속했습니다.

나는 시원하고 통풍이 잘 되는 동굴에 앉아 불을 피웠고, 입구 근처의 작은 벽감에 마하라지의 사진을 놓아두었습니다. 인간 방문객은 거의 없었습니다. 그러던 어느 날 아주 나이 많은 여성이 산에서 내려와 동굴로 들어오더니 인사도 없이 곧바로 마하라지의 사진 앞으로 갔습니다. 그녀는 사진을 보고 깔깔대며 말했습니다. "그의 코 위로 튜브가 꽂혀 있어요." 나는 그녀가 인사도 하지 않은 데에 짜증이 났고, 더욱이 나의 선생님을 비난하는 데에 더욱 짜증이 났습니다! 나는 그녀에게, 그게 사진의 속임수일 뿐이라고 말하고는 나가라고 했습니다. 그녀는 떠나기 전에 "그의 코 위에 튜브"라는 대사를 고집스럽게 몇 번 더 반복했습니다.

몇 달 후 산에서 내려왔습니다. 바바지에게 찾아가서 인도를 구하고 싶었기 때문입니다. 외로움과 병, 그리고 음식 부족으로 환상과 환각에 시달렸고, 그것들을 어떻게 받아들여야 할지 몰랐습니다. 하지만 마침내 평원에 도착했을 때, 마하라지가 몇 달 전에 세상을 떠났다는 말을 들었습니다. 사람들이 말하는 바에 따르면, 그는 어느 시기엔가는 코에 튜브를 꽂은 채 병원에 있었다고 했습니다.

그가 나를 버렸다고 느꼈고, 너무 화가 나서 사원에 있는 하누만 성상을 발로 찼습니다. 얼마 후, 나는 치트라쿠트로 돌아갔고, 몇 차례 꿈을 꾸었으며, 정글에 있는 사원에 가서 사람들에게 명상 수행에 대한 조언을 구했습니다. 나는 또, 마하라지의 발자취를 따라 그가 한동안 젊은 사두로서 지냈다는 빌라스푸르 방향으로 가기도 했습니다.

나는 1974년까지 인도에서 사두로 머물렀고, 그 후 유럽으로 돌아와서 이 모든 것을 예술가로서의 일상에 통합하려고 애썼습니다. 가끔은 여전히 쓰러지고 일어납니다. 그리고 그것 모두가 괜찮다는 것을 알고 있습니다.

사라스와티 Saraswati (Rosalie Ransom)는 아난다 무르티의 추종자로 인도에 갔고, 그가 체포되었을 당시 거기에 있었지만, 그녀는 그와 함께 놀라운 삼매 경험을 했기 때문에 그를 비난한 적이 없었다. 아난다 무르티가 체포된 후 사라스와티는 인도를 여행하던 중 미국에서 알고 지내던 고빈드를 만났다. 그는 빛나고 환하게 웃고 있었다. 그는 방금 님 카롤리 바바를 떠나 왔다고 말했다. 24시간 후 그녀는 브린다반에 있는 마하라지의 아쉬람으로 걸어 들어갔고, 마하라지를 보기도 전에 고양 상태가 되었다. 그녀는 모든 창조물이 그 아쉬람이며 그녀가 만나는 모든 사람이 구루라는 것을 깨달았다.

사라스와티 : 브린다반에 있을 때의 어느 날, 마하라지가 우리에게 나가라고 했습니다. "가라. 알라하바드로 가. 베나레스로 가. 치트라쿠트로 가." 그는 여러 장소를 말하고 있었습니다. 물론 나는 『어느 요기의 자서전』을 읽었습니다. 요가난다의 구루가 그를 세상에 보냈을 때, 그는 무엇을 해야 할지 몰랐기 때문에 나무 아래에 앉아서 기다렸습니다. 나도 무엇을 해야 할지 몰랐습니다. 돈이 한푼도 없었기 때문에, 요가난다처럼 나무 아래에 앉아서 기다렸습니다. 얼마 지나지 않아, 한 여성이 나타나서 말했습니다. "이봐요, 우리에게 여분의 티켓이 있어요. 우리와 함께 베나레스로 갈래요?" 그것이 베나레스, 알라하바드, 치트라쿠트에 가게 된 출발점이었습니다. 그가 언급했던 그 장소들 말입니다.

치트라쿠트는 내가 출가자로서, 사두로서 서약을 한 곳입니다. 나는 강가에 있는 작은 사원에 머물면서 푸자를 하고 있었는데, 한

마하라지와 사라스와티. 사진 크리슈나 다스.

인도인이 달려와서 나에게 말하기를, 한 자매가 언덕 위 작은 사원에 머물고 있는데, 많이 아프다고 했습니다. 우마는 성상도 없는 곳에 머물고 있었는데, 그녀는 정말 많이 아팠습니다. 그것이 그녀와의 긴밀한 관계의 시작이었습니다. 나는 그녀를 모델 삼아 출가를 하기로 했고, 그녀의 서약을 나도 그대로 따라 했습니다. 그녀는 나에게 모든 것을 과감하게 포기하고, 걷기 시작하고, 음식이나 숙박, 돈을 요구하지 않고… 현존에 집중할 수 있도록 용기를 북돋아 주었습니다. 아무것도 요구하지 말아야 합니다. 모든 것이 다 제공될 것입니다. 힘은 내면에서 나옵니다.

발이 갈라져서 피가 났습니다. 양 발가락의 윗부분에 상처가 생겼습니다. 그래서 더 악화되는 걸 막기 위해 백단향으로 감쌌습니다. 하루에 한 끼만 먹었는데, 우마가 그랬거든요. 드레드록스(레게 머리)를 한 그녀의 머리에 이가 있어서, 나는 드레드록스를 하지 않았고, 항상 머리를 가리고 다녔습니다. 나뭇가지를 칫솔로 사용했어요. 어디로 가야 할지 묻지 않았고, 그때그때 사람들의 제안을 받아들였어요. 한 곳에 3일 이상 머물지 않았고, 어떤 소지품도 가지고 다니지 않았습니다.

어느 시점엔가, 카자라호 외곽의 외딴 하누만 사원에 있었는데, 거기에는 에로틱한 조각상들이 아주 많았습니다. 나는 허용된 3일 동안 거기에 있었기 때문에 계속 여기저기 돌아다닐 준비를 하고 있었습니다. 하누만 사원의 계단에 앉아 있는데, 라비 다스가 갑자기 올라왔습니다. 어떤 이유에서인지 그는 나에게 온 모든 편지를 가지고 있었습니다. 편지는 순서대로 이런 내용이었습니다. "할아버지가 편찮으시다. 병환이 심해지셨다. 할아버지가 돌아가셨다. 네게 천 달러를 물려주었다." 돈을 물려받았다고? 글쎄, 어떻게든 처리해야 했습니다. 나는 델리에 가야 했습니다. 델리에서 도반을 만났는데, 마하라지가 돌아와서 다르샨을 하고 있다고 말했습니다. 나는 출가자였고 누군가를 더 이상 구루로 삼지 않기로 했지만, 적어도 경의를 표현하고 싶긴 했습니다. 그리고 그의 사진을 보는 순간, 웬지 집에 돌아왔다는 안도감이 들었습니다. 그것이 귀향의 첫 순간이었습니다. 그것으로 나의 방랑 사두 시절은 막을 내렸습니다.

나이마 셰아Naima Shea 는 『지금 여기에 살라』에서 마하라지의 사진을 보았지만, 특별히 끌리지는 않았다. 그녀는 스와미 사치다난다를 만났는데, 그는 그녀가 가진 영적 스승의 이미지와 훨씬 더 어울렸다. 키가 크고, 잘생기고, 날씬하고, 흘러내리는 긴 머리카락에 로브를 입고 있었다. 거기에 비하면 마하라지는 땅딸막한 노인네였을 뿐이다.

UC-버클리에서 대학을 마치고 평화 시위를 하던 중 최루탄을 맞은 경험을 한 후, 그녀는 미국 문화에 환멸을 느꼈다. 그녀는 라마 재단에 갔지만, 그녀가 추구했던 이상적인 공동체 생활이 아니었다. 그 후 누군가가 그녀에게 인도에 기고 싶은지를 물었다. 그녀는 1972년 3월 중순에 도착했다. 뉴델리 공항에서 버스를 내린 지 얼마 지나지 않아 그녀는 하얀 옷을 입은 한 서양인을 보고 람 다스가 어디 있는지 물었다. 그는 그녀에게, 람 다스는 방금 떠났지만 마하라지는 카인치에 있다고 말했고, 그래서 그녀는 그리로 향했다.

나이마 : 처음에는 절을 하고 발을 만지는 것과 같은 그 모든 것에 공감할 수 없었지만, 어울려 함께 있고 싶을 만큼은 흥미가 있었습니다. 어느 날 마하라지와 나는 눈이 마주쳤고, 둘 다 순수한

기쁨에서 웃기 시작했습니다. 얼마 지나지 않아 나는 그에게 사두가 되고 싶다고 말하기 시작했습니다. 온전한 출가자가 되고 싶었습니다. 나는 사리를 벗고, 숄을 몸에 두르고 머리카락을 풀었습니다. 그는 "아, 그대는 사두가 되고 싶군. 사두 서약을 하고 싶군. 오렌지색 옷을 입고 싶은 모양이야."라고 말하기 시작했습니다. 그는 나를 놀렸습니다. 나는 계속 "그래요, 마하라지."라고 말했습니다. 그는 가끔씩 "내가 로브를 얻어다 줄게. 지금 그 사람이 그대를 위해 염색을 하고 있어."라고 말했습니다. 나는 인도에서 남은 생애 동안 내내 '방랑 사두'가 될 것이라는 생각에 흥분했습니다.

　어느 날 그는 꿰뚫어보는 듯한 눈빛으로 나를 보더니, "옷을 입을 준비가 되셨나?"라고 물었습니다. 나는 그렇다고 대답했습니다. 그는 옷을 입는다는 것이 외부적인 것만을 뜻하는 것이 아니라고 확실하게 말해 주었습니다. 그것은 내면의 문제이고 가슴의 문제라는 것입니다. 옷을 바꿔 입는 것과 사두로서의 삶을 사는 것은 아무 관계가 없었습니다. 나는 그 환상, 사두가 되고 싶다는 그 영적 에고를 버렸습니다. 나는 내가 사두가 된다면 '더 영적인 사람'이 될 것이라고 낭만적인 생각을 하고 있었던 것입니다. 나에게는 실로 놀라운 가르침이었습니다.

14

담을 넘어서

1973년 봄

옳다는 생각, 그르다는 생각을 넘어서면
큰 들판이 펼쳐지리니
거기에서 당신을 만나리.

영혼이 그 풀밭 위에 파묻혀 누우면
세상은 말로 표현할 수 없을 만큼 충만해지리.
—루미

마하라지가 브린다반에 있을 당시 서양인들을 만나지 않던 시기가
있었다. 그들은 아쉬람 아래쪽의 자이푸리아 바반에 머물렀는데, 매일같
이 올라와서 사원 문을 두드려 들어갈 수 있는지를 확인했다. 그 이유
중 하나는—마하라지가 그렇게 하는 이유를 우리가 알고 있다고 대담하
게 가정한다면—비자 기간을 초과하여 체류 중이거나 여권 발급을
포기한 서양인들을 인도 관리들이 찾고 있었기 때문이다.

마하라지가 우리를 가리켜 자주 사용하는 애칭 중 하나는 badmash인
데, '장난꾸러기'나 '말썽꾸러기'를 뜻한다. 이 말은 범죄자들와 하층민

들을 가리키는 말이기도 했다. 마하라지는 비자 기한을 넘겨 체류하고 있는 사람들에게조차 badmash라고 부르곤 했다. 발라람 다스는 마하라지가 "자오(가라!)"라고 하는데도 꾸역꾸역 찾아오고 주변을 어슬렁거리면서 말썽꾸러기다운 면모를 보여주었는데도, 더 많은 다르샨으로 보상을 받았다고 할 수 있다. 하지만 '규칙'을 어긴 사람들은 때로 마하라지의 사나운 면을 마주 대하지 않으면 안 되었다.

주의 사항 : 마하라지가 누군가를 때렸다거나 때로는 반복적으로 그렇게 했다는 말을 들을 수도 있을 것이다. 하지만 그가 때린 것은 결코 신체적인 학대나 폭력이 아니었다는 점을 이해해야 한다. 그의 손길에는 엄청난 영적 에너지가 실려 있었다. 그가 처음으로 내 머리 위를 손가락 끝으로 만졌을 때를 기억한다. 내 몸의 모든 세포가 재배열되는 것 같았다. 다음 이야기는 크리슈나 프리야의 사례로, 그가 그녀를 때리면 그녀는 점점 더 깊이 신에 취한 상태에 빠지게 된다.

크리슈나 프리야 : 우리는 매일 브린다반 아쉬람에 갔지만 입장이 허락되지 않았습니다. 나는 개인적인 문제로 마하라지와 이야기하고 싶다는 생각이 절실했고, 그렇게 하려면 개인적인 다르샨이 필요했습니다. 이런 열망이 여러 날 동안 계속되었습니다.

그 당시, 하누만 성상 뒤에 서 있으면 벽 너머로 안뜰을 볼 수 있었습니다. 마하라지가 밖에 나와 평상 위에 앉아 있을 때는 그를 볼 수 있었습니다. 어느 날, 당시 문지기였던 트릴록이 가구를 옮기고 있었고, 그래서 안뜰로 이어지는 문을 열었습니다. 투카람은 트릴록을 놀리며 장난을 쳤습니다. 그는 문턱을 넘어갔다가 돌아왔습니다. 그들은 농담을 하며 웃고 있었습니다. 어느 순간 나는 투카람에게

"왜 그냥 들어가지 그래? 어서 들어가."라고 말했습니다. 그는 내가 알아차리기도 전에 내 어깨를 붙잡고는 자리를 바꿔놓고, "좋아, 네가 가."라고 말했습니다.

미리 계획한 일이 결코 아니었습니다. 나는 아쉬람 안에 들어와 있었습니다. 나는 문을 닫고 잠갔습니다. 나는 트릴록을 포함한 모든 사람을 바깥에 둔 채 곧장 마하라지의 사무실로 향했습니다. 마하라지 외에는 방에 아무도 없었습니다. 그는 완전히 흥분한 상태로 평상의 한쪽 끝에서 다른 쪽 끝으로 오가고 있었습니다. 나는 멍하니 서서 그에게 무슨 질문을 하려고 했는지조차 완전히 잊어버렸습니다. 나는 마하라지가 원치 않았다면 내가 거기에 있을 수 없다는 것을 알고 있었으며, 그 모든 것이 쇼라는 것을 알고 있었습니다. 나는 말썽꾸러기가 아니었습니다.

마하라지는 경비인 바이유와 바푸를 소리쳐 불렀습니다. 아무도 오지 않았습니다. 나는 그를 진정시키려고도 하지 않았습니다. 그는 나를 때리고 또 때렸습니다. "이 말썽꾸러기. 말썽꾸러기. 누가 나를 좀 도와줘." 그가 나를 때릴수록 나는 점점 더 취해 갔습니다. 이것은 완전히 마하라지의 릴라(유희)였습니다.

마침내 내가 경비들에 의해 방에서 쫓겨났을 때, 바바의 가까운 인도인 헌신자들이 달려왔습니다. 그들은 바바에게 나의 개인적인 다르샨을 허락해 달라고 간청했지만, 성공하지 못했습니다. 그들은 바바가 이 릴라를 창조했다는 것을 조금도 의심하지 않았습니다. 그리고 여러 해가 지난 후 트릴록은 그날이 자신의 인생에서 가장 위대한 날이라고 말했습니다. "하누만이 직접 내 귀를 닫아버렸거든!" 바바는 그에게 "너는 도대체 어떻게 생겨먹은 문지기냐?"라고 으르렁 댔습니다. 나중에 트릴록은 카인치에서 하누만 푸자리(사제)가 되었습니다.

다음 날 나는 어떻게 된 일인지 그의 평상 바로 옆에 앉아 있었고, 그런 일은 아주 드물었는데, 마하라지는 나를 쓰다듬고 칭찬했습니다. 사트상에 참여한 모든 사람은 전날 일어난 일 때문에 내가 큰 곤란을 겪고 있는 것이 아님을 알게 되었습니다.

며칠이 지나자, 우리는 다시 들어갈 수가 없게 되었습니다. 키가 190센티가 넘는 투카람이 담을 뛰어넘었지만, 아무도 눈치채지 못했습니다. 당시 나는 몰랐지만, 차이타냐가 이미 같은 짓을 했었고, 그들은 기둥 뒤에 숨어 있었습니다. 그들은 그냥 담을 넘어갔고, 그러니 이제 담은 문제 될 것이 없었습니다.

나는 키가 크지 않기 때문에 기타에게 손을 들어 올려 달라고 부탁했습니다. 그녀는 나를 담 위로 밀어 올렸습니다. 그때 하누만 푸자리는 묵언 수행 중이었기 때문에 아무 말도 할 수 없었습니다. 그는 내가 담 가장자리를 넘어가는 것을 보았습니다. 그는 "옴 옴 옴 옴"이라고 하면서 주의를 끌려고 했습니다. 나는 이미 날아가 버린 뒤였습니다. 차이타냐와 투카람이 나를 본 순간, 그들은 게임이 끝났다는 것을 알았습니다. 우리 모두 붙잡혀서 즉각적으로 쫓겨나기까지는 2분도 걸리지 않았습니다.

다음 날, 아쉬람 주변을 둘러싸고 있는 담의 높이가 두 배로 높아졌습니다. 그 담은 '크리슈나 프리야의 담'이라고 불렸습니다. 슬픈 점은 하누만 성상 뒤에 서 있을 때에도 더 이상 마하라지를 볼 수 없다는 것이었습니다. 담이 세워진 것이 전적으로 나의 잘못으로 되고 말았지만, 아무도 모르는 것은 나는 단지 형들을 따라 한 것뿐이라는 점입니다.

라비 칸나 : 우리는 브린다반에 있었습니다. 하지만 얼마 안 있어

그는 얼마 동안 서양인들에게는 출입을 하지 못하게 했습니다. 인도인 가족이 와서 허락을 받고 들어가면 다시 문이 닫혔습니다. 우리는 매일 와서 3~4시간 동안 거기에 머물렀다가 자이푸리아 바반으로 돌아갔습니다.

크리슈나 프리야가 담을 뛰어넘었을 때, 우리는 아쉬람에서 더

함께 걷고 있는 마하라지와 라비 칸나. (사진 발라람 다스)

멀리 쫓겨났습니다. 그러던 어느 날, 한 인도인 가족이 왔습니다. 문지기가 문을 열어 그들을 들여보내는 그 순간을 놓치지 않고 나는 발을 문틈으로 밀어넣었습니다. 나는 "우리가 여기에 있다는 걸 그에게 말하기 전에는 발을 빼지 않을 거예요."라고 말했습니다. 잠시 동안 그는 아무 말도 하지 않았습니다. 나는 "우리가 여기 있다는 걸 그에게 말해 주어야 해요."라고 말했습니다. 그는 말하지 않았고, 나는 계속 주장했습니다. 그러자 그는 문을 열고 나를 밀쳤습니다. 나는 뒤로 넘어졌습니다. 그는 문을 닫고 마하라지에게 내가 문제를 일으키고 있다고 말했습니다.

마하라지가 나를 불렀습니다. 그는 "그대가 잘못한 게 아니었나?"라고 말했습니다.

"그렇습니다, 마하라지."

그는 문지기를 불러서 "이 사람은 내 아들이야. 그가 오는 것을 절대 막지 마세요."라고 말했습니다. 그게 전부였습니다. 이것이 우리의 관계를 바꾸었습니다. 그때부터 나는 그의 개인 비서와 같았습니다. 나는 접근할 수 있었습니다. 모두가 다 내보내져도, 나는 그와 함께 있었습니다. 나는 그와 함께 여행도 했습니다. 놀라웠습니다. 몇 주 후에 그는 나를 아쉬람에 머물도록 초대했습니다. 저녁에 마하라지가 안으로 들어가고 나면 모두가 뒷담화에 열을 올렸지만, 나는 그런 종류의 것에는 정말 관심이 없었습니다. 그저 마하라지뿐이었습니다. 그가 내 관심의 전부였습니다.

안자니 : 나는 거의 1년 반 동안 인도에 있었는데, 72~73년 겨울에 인도를 떠나라는 통지서를 받았습니다. 그래서 나는 숨어 살게 되었습니다. 마하라지는 공무원들이 브린다반에 사람들을 찾으러 오기 직전

에 나를 산으로 보냈습니다. 나의 자매 레바티가 왔고, 우리는 나이니탈과 카우사니로 갔습니다. 거기에서는 마하라지의 헌신자들과 함께 안전하게 지낼 수 있었기 때문입니다.

브린다반으로 돌아왔을 때, 마하라지가 겨울을 보내기 위해 남쪽으로 향하고 있다는 것을 알게 되었습니다. 나는 "글쎄, 베나레스로 가서 고엔카 수행을 하자."라고 말했습니다. 하지만 베나레스에 도착했을 때, 간염이 심해져서 병원에 잠시 입원해야 했습니다. 병원에서 하는 것이라고는 하루에 한 번씩 와서 아직 살아 있는지 확인하는 것뿐이었습니다. 약도 없었고, 가족들은 침대와 침대 사이에서 요리를 했습니다. 약이나 음식이 필요하면 가족이 제공해야 했습니다.

가련한 여동생이 나를 보러 왔고, 나는 완전히 의식이 없었습니다. 그녀는 저녁에 외출했고, 불에 태워지기를 기다리는 시체들이 즐비한 풍경을 보았습니다. 그녀는 생각이 많아졌습니다. '아, 집에 가서 엄마에게 언니가 죽었다고 말해야 한다면, 그리고 베나레스에서 언니의 시신을 태웠다고 말해야 한다면….'

간염이 낫고 나서 우리는 브린다반에 갔습니다. 크리슈나 프리야가 담을 넘어간 것과 같은 일이 많았고, 마하라지는 모든 사람을 자이푸리아 바반으로 보냈습니다. 그들은 아쉬람에 들어가는 것이 허락되지 않았습니다. 우리는 '음, 우리는 무고해. 우리는 그런 일에 연루되지 않았어.'라고 생각했습니다. 그래서 우리는 아쉬람에 갔습니다. 다다가 나와서 마하라지는 아무도 만나지 않을 것이라고 말했지만, 우리는 사원 뒤쪽으로 돌아서 들어갈 수 있었습니다. 우리는 뒤쪽으로 가서 마하라지를 볼 수 있었습니다. 그는 안뜰을 이리저리 걸어 다녔습니다. 그런 다음 그는 뒤쪽 건물로 가서 옥상 위를 걸었습니다. 그래서 우리는 실제로 다르샨을 했지만, 우리가 원했던 종류는 아니었습니다.

그게 내가 그를 마지막으로 본 때였습니다.

　우리는 어떤 일이 일어날 당시에는 그 일을 제대로 이해하지 못하기 쉽습니다. 때가 되어야, '아, 그때 그 일은 이랬었지.' 하고 이해합니다. 지금도 나는 특정 사건을 전혀 다른 방식으로 기억하고, 그 사건의 의미를 새기고 있을 것입니다. 그가 한 일은 매우 개인적이고 매우 비밀스러웠습니다. 그는 어떤 이유에서인지 특정한 사람의 감정적인 반응을 다른 사람들에게 이야기하곤 했습니다. 그는 누군가의 손을 담요 아래로 잡고 있으면서, 그 사람의 과거사를 읽어내곤 했습니다. 어떻게 알 수 있을까요? 당신을 보지 않았으면서도, 당신에 대해 알고 있다는 것은 눈에 보이지 않는다고 해서 그가 보지 못하는 것은 아니라는 것을 뜻합니다. 심지어 당신이 '나쁜' 짓을 저지를 때에도.

　내가 정말 나빴을 때의 일입니다. 우리는 카인치에 있는 그의 사무실에 있었습니다. 나는 마하라지와 다른 서양 헌신자들 사이에 오가는 모종의 대화와 교류에 대해 매우 기분이 나빠졌고, 일어나서 걸어 나갔습니다. 매우 화가 났습니다. 나는 아쉬람의 뒤쪽으로 쿵쾅거리며 걸어가면서 울었습니다. 물론, 나는 '나빴어. 이렇게 나오는 것은 나쁜 일이야. 이렇게 떠나버리는 건 아니지.'라고 생각했습니다. 그래서 결국 나는 '돌아가야 해. 평생 이렇게 뒤쪽에 남아 있을 수는 없지. 아니면 강물에 빠져 콱 죽어버리든가.'라고 생각했습니다.

　그게 유일하고 확실한 선택이었습니다. 그래서 나는 다시 들어갔고, 그는 다른 사람들에게 모두 가라고 했습니다. 나는 그의 무릎에 머리를 얹고 울었고, 그는 나의 머리를 두드리며 "오, 정말 그대는 착해. 넌 정말 좋은 사람이야."라고 말했습니다. 내가 무슨 일을 저질렀든, 최악의 상황이라도, 다 괜찮았습니다. 그는 어떤 사람도 판단하지 않는 사람이었습니다. 그는 때로 화가 난 척하거나, 완전히 무시하거나, 누군가를 더 좋아하는 것처럼 가장할 수도 있지만, 그는 항상 바로 거기에 있었고, 항상 사랑이 있었습니다. 항상 너무나 많은 사랑이 있었습니다.

오랜 친구들

미라Mira (Karen Goetsch)와 기타Gita (Marci Gendloff)는 샌디에이고 출신의 친구들로, 델리에서 만나 사이 바바를 만나기 위해 남쪽으로 여행을 하기로 계획했다. 기타는 이전에 인도로 짧은 여행을 갔을 때 사이 바바를 만난 적이 있었다. 미라는 인도에 먼저 도착하여 보드가야에서 일련의 과정을 이수했는데, 그녀의 옛 남자친구가 나타나서 "나는 브린다반에서 오는 길이야. 그곳에서 라비 칸나라는 남자를 만났는데, 그가 마하라지의 아쉬람이 어디인지 알려주더라."라고 말했다. 그녀는 『지금 여기에 살라』를 읽었기 때문에 마하라지에 대해 알고 있었다.

미라 : 프란츠와 내가 브린다반에서 기차에서 내렸을 때, 라비 칸나가 우리를 만나러 왔습니다. 그는 우리를 바로 아쉬람으로 데려가 여기저기 안내를 해주었습니다. 이분이 하누만이고, 하누만이란 됨됨이가 이렇고 저렇고, 그에게는 이렇게 절을 하고 시계 방향으로 돌아서 걸어가야 하고…. 하누만 사원의 뒤쪽으로 가서 담 너머를 보니 『지금 여기에 살라』에 나오는 것과 똑같은 남자가 담요를 두른 채 큰 안뜰에 앉아 있었습니다.

"저분이 마하라지예요?"

"그래요, 저분이 마하라지예요." 그러면서 라비 칸나는 "우리는 자이푸리아 바반에 가야 합니다."라고 말했습니다.

우리가 인력거를 찾아 길을 걷고 있는데, 갑자기 뒤에서 잡아당기는 듯한 느낌이 들었습니다. 크리슈나 프리야가 말했습니다. "이봐요, 아가씨. 잠깐만. 잠깐만, 잠깐만, 잠깐만. 마하라지가 '그 아가씨는 어디 있지? 그 아가씨를 데려와.'라고 말했어요. 그가 당신을 찾고 있어요."

나는 그 문을 두드렸습니다. 문지기가 1분 후에 돌아와서 "마하라지가 말씀하시기를, 자이푸리아 바반에 가서 자리를 잡고 아침에 다르샨을 받으러 오라고 하십니다."라고 말했습니다. 대단했습니다. 완벽했습니다.

다음 날 아침 라비 칸나가 나를 과일 가게로 데려가서 사과와 꽃을 샀고, 인력거를 타고 아쉬람으로 갔습니다. 우리는 문을 두드렸고, 문지기가 우리를 보더니 다시 안으로 들어갔습니다. 그가 떠난 사이에 프란츠와 라비 칸나는 인력거 운임을 지불하러 자리를 떴습니다. 그들이 떠나자마자 문지기가 나타나서 문을 열었고, 나는 후우 소리와 함께 아쉬람으로 끌려 들어갔고, 문이 내 뒤에서 쾅 닫혔습니다. 나는 다른 사람들과 너무나 명백히 다르고 더없이 고상한 사람 앞에서 어떻게 처신해야 할지 알려줄 가이드도 없이 혼자 남겨졌지요.

마하라지가 평상에 앉아 있고, 인도인들 한 무리가 그에게 집중하고 있었습니다. 내가 가지고 있던 한 아름의 사과는 어떻게 해야 할까요? 나는 방해하고 싶지 않아서 그냥 뒤에 서 있었습니다. 그는 나를 올려다보며 나에게 가까이 오라고 손짓했습니다. 그는 나를 바로 앞에 앉혔고, 모든 과일과 꽃이 그의 무릎 위에 떨어졌습니다.

바르만 씨는 "그대는 어디에서 왔지? 어젯밤은 편안했어?"라고 통역을 해주었습니다. 매우 실제적이고, 사랑이 담긴 인사였습니다. 그러고 나서 그는 "이제 계획은 뭐지?"라고 물었습니다.

"내 친구가 며칠 후에 델리에 도착할 것입니다. 그녀를 만나러 갈 생각입니다."

"델리에 가서 그녀를 데리고 이리로 다시 와."

기타와 나는 밤 10시경 브린다반에 도착했습니다. 물론, 아쉬람은 닫혀 있었지만, 그가 우리 둘이 와야 한다고 말했기 때문에 나는 문을 두드렸고, 문지기는 우리를 들여보냈습니다. 마하라지는 그의 작은 방들 중 하나에 혼자 있었습니다. 나는 우리가 어떻게 소통했는지조차 알지 못합니다. 통역할 사람이 없었기 때문이지요. 하지만 어떻게든 우리는 그의 말을 알아들을 수 있었습니다. 그는 우리에게 바로 옆에 있는 고엔카 다르마살라에 머물도록 했습니다. 문지기가 열쇠를 가지고 있었고, 우리는 마치 마법과도 같이 새로 지어진 매우 크고 깨끗한 개인실로 안내되었습니다. 우리는 날아갈 듯한 기분이었고, 밤새 거의 잠을 자지 못했습니다.

마하라지와 미라 (오른쪽 끝). (사진 크리슈나 다스)

다음 날 아침, 고엔카 다르마살라에 대한 소식이 알려졌고, 서양인들은 모두 마하라지에게 메시지를 보내 거기에 머물게 해 달라고 요청했습니다. 다음 주부터는 모든 사람이 자이푸리아 바반에서 고엔카 다르마살라로 옮겨갔습니다. 얼마 후 그는 기타에게 이름을 주었습니다. 내 이름은 나중에 받았습니다.

고엔카가 문을 연 후, 마하라지는 다시 서양인들을 만나기 시작했고, 매일 다르샨이 있었습니다.

기타와 나는 고엔카의 옥상에서 잤습니다. 아름다웠습니다. 종소리들, '라다 크리슈나' 키르탄이 울려퍼지고, 공작이 울고, 매일 마하라지를 보았습니다. 내 인생에서 가장 놀라운 시간이었지요.

기타 : 미라는 델리에서 나를 만났고, 우리는 브린다반으로 갔습니다. 그곳에서 마하라지는 나의 마음과 영혼을 금세 사로잡았습니다. 며칠 후, 나는 왜 사이 바바에게 가고 싶은 마음을 잃었는지 이해할 수 없었고, 그래서 그에게 기도했습니다. 그날 밤 사이 바바가 꿈에 나타나서 내 이마에 키스를 하고, 내가 있어야 할 곳에 있다고 말했습니다. 그는 나를 놓아주었습니다.

몇 주 후, 마하라지가 홀리 축제 후에 카인치로 갔을 때, 그는 훨씬 더 쉽게 다가갈 수 있었습니다. 하루에 몇 시간씩 그와 함께 있는 것은 다른 어떤 것과도 다른 경험이었습니다. 마하라지와 함께한 처음부터 그는 나에게 연인, 아버지, 가장 친한 친구, 아이, 그리고 그 이상의 존재였습니다.

결국 그는 나에게 아쉬람으로 이사하라고 했고, 인도인들이 들어올 때 그와 함께 앉아 있는 것은 정말 멋진 일이었습니다. 나는 힌디어를 하지 못했기 때문에 내가 거기에 있는 것은 아무 문제가 되지 않았습니다. 이른 아침이면 나는 사원의 한쪽에서 명상을 했습니다. 마하라지의 방을 마주보고 있었습니다. 어느 날 아침 한 친구가 내가 체중이 늘고 있다고 말했고, 명상 대신 그녀와 함께 걸어야 한다고 말했습니다. 나는 그렇게 했습니다. 그날 아침 마하라지가 나왔을 때, 그가 처음으로 한 말은 "그대는 왜 거기에 없었어. 왜?"였습니다. 그 말은 내 우선순위를 바로잡았습니다. 밤에는 가끔씩 일어나서 그를 볼 수 있을지도 모른다는 생각에 그의 창문 쪽을 보곤 했습니다. 그와 함께 있고 싶은 열망이 너무 강했습니다.

밤에 문이 닫힌 후가 가장 좋은 시간이었습니다. 아쉬람에 있는 사람들뿐이었고, 그는 매우 편안했습니다. 나는 탄력 있는 실에 꿴 작은 말라를 가지고 있었습니다. 나는 그의 뒤쪽에 앉았고, 그는 손을 뒤로 하여 그 말라를 만지작거리곤 했습니다. 그는 정말 어린아이 같았습니다. 그런 단순하고 작은 것들이 정말 소중했습니다.

기타: 어느 날 미국에서 온 누군가가 나에게 비타민 C 파우더를 가져왔습니다. 마하라지가 감기에 걸렸을 때, 그에게 비타민 C 파우더를 물에 타서 주면서 말했습니다. "마하라지, 이거 마셔요. 몸에 좋을 겁니다."

그는 자신의 시스템 안에 무엇을 넣을지 매우 까다로운 사람이었습니다. 그는 말했습니다. "나는 그걸 마시지 않겠지만, 미국에 가면 그대와 위스키를 마실게."

몇 년 후 나는 한 친구와 버클리에 있었고, 우리는 술집에 갔습니다. 나는 와인 한 잔을 마셨고, 친구는 아일랜드 커피를 마시고 있었습니다. 나는 맛을 물어보고, 한 모금 마셔 보고, 안에 무엇이 들어 있는지 물었습니다. 위스키. 놀라움의 파도가 나를 덮쳤습니다.

"그래, 나는 항상 그대와 함께 있어. 그걸 잊지 말아. 내가 그대와 함께할 거라고 말했잖아."

마하라지와 기타 (중앙), 드라우파디 (오른쪽). (사진 발라람 다스)

　카인치에 있는 동안, 부모님으로부터 전보를 받았습니다. '할아버지가 돌아가셨다. 이스라엘에 묻히실 거다.' 오후 늦은 시각이었습니다. 저녁에 모든 것이 조용해졌을 때, 우리 몇 명만 앉아 있었습니다. 내 마음은 할아버지에게 가 있었습니다. 마하라지는 갑자기 말을 멈추고, 나를 바라보며, "자오! (가라!)"를 외쳤습니다. 그런 다음 라비 칸나를 보고서도 "가라!"고 했습니다.

라비는 말했습니다. "그가 왜 우리에게 가라고 했는지 이해가 안 가. 마하라지는 누군가가 죽는다고 해서 걱정할 필요는 없다고 말했잖아. 그저 몸일 뿐이고, 그러니 다 괜찮다는 것을 알아야 한다고 했어. 그는 계속해서 그 말을 반복했잖아."

나는 "그 이유를 알 것 같아. 지금 돌아갈 수도 있을 것 같아."라고 말했습니다. 우리가 돌아왔을 때, 마하라지는 나에게 괜찮은지 물었습니다. 나는 그에게 할아버지에 대해 말했고, 그는 그것이 단지 몸일 뿐이며 그것을 아는 것이 중요하다는 것에 대해 다시 반복했습니다.

마하라지는 나에게 하누만을 기리기 위해 매주 화요일에 100kg의 라두(인도 과자)를 구입하여 나눠주라고 했습니다. 내 돈이 거의 다 떨어졌을 때, 그에게 말하자, 그는 걱정하는 듯했고, "아, 이제 어떻게 할 거지?"라고 물었습니다. 나는 걱정하지 않는다고 말했습니다. 왜냐하면 나는 그와 함께 있을 것이기 때문입니다. 그 후 그는 나에게 돈을 주기 시작했습니다. 그가 몸을 떠났을 때, 나는 인도에 머물러 다른 스승들로부터 배워야 한다고 느꼈고, 그가 준 돈이 있어서 얼마 동안 그곳에 머물 수 있었습니다.

체포되다!

마하라지를 찾아온 사람들의 이야기를 들어보면 저마다 특별한 우여곡절이 있지만, 비슈누Vishnu (Frank Hutton)의 이야기는 좀더 특이하다. 마하라지의 다르샨을 받기 위해서 체포되어야 했기 때문이다!

비슈누 : 나는 첫 번째 아내와 함께 훔볼트 카운티(캘리포니아)에

살고 있었고, 학자금 융자를 받아 대학에 다녔습니다. 나는 돈이 없었습니다. 나는 하시시 밀수업자인 친구들을 알고 있었는데, 그들은 미국과 카이버 고개 위의 페샤와르 위쪽에 있는 지역을 6번이나 오갔습니다. 어느 날 그들은 "우리는 2주 후에 다시 인도로 들어갈 거야. 들어갈래? 우리가 비용을 지불하지. 가방 하나만 가지고 가면 돼. 우리는 한 달 동안 인도에 있을 예정이야. 너는 네가 찾고 있는 스승을 찾아갈 수 있을 거야."라고 말했습니다.

우리는 뉴델리로 날아갔습니다. 내 옆 좌석에는 아름다운 젊은 서양 여성이 앉아 있었습니다. 모든 젊은이들이 꿈꾸는 일이 이루어진 것입니다. 그녀는 1년 전 2주 동안 인도에 있었고, 그곳에 너무 감동해서 1년 동안 변호사 비서로 일하여 돈을 꼬박꼬박 모았으며, 이번에는 장기간 머물 예정이라고 했습니다. 당시 나는 밀수업자였기 때문에 모든 면에서 매우 조심스럽게 행동할 수밖에 없었습니다. 그런 나를 보고 그녀는 내가 CIA 일을 하는 모양이라고 생각하는 것 같았습니다.

그녀는 델리로 갔고, 친구들과 나는 육로로 국경을 넘어 파키스탄으로 가서, 카이버 고개 바로 아래에 있는 마을까지 갔습니다. 지역 주민들에게는 사실 국경이라는 것이 무의미했습니다. 우리는 2주 동안 머물렀고, 하시시 공장으로 가서 가방에 가짜 칸막이를 만들어 거기에 하시시를 넣었습니다.

우리는 계획대로 인도로 돌아오고 있었는데, 친구들이 갑자기 말했습니다. "우리는 지금 여기에 머물 수 없어. 바로 미국으로 돌아가야 해. 걱정하지 마. 몇 달 후에 다시 돌아올 거야."

하지만 이건 아니었습니다! 나는 인도에 하시시를 밀수하려고 온 게 아니었으니까요. 나는 마음이 끌려서 여기 온 거지, 다른 뜻이 없었습니다. 그러나 그들이 이미 내 몫으로 쓴 돈 때문에 나는 그들에게 의무감을 느꼈습니다. 좋든 싫든 그들의 일정을 따라야 했어요.

우리는 올드 델리의 맞은편에 있는 작은 여행사에 가서 티켓을 확정지었습니다. 미국행 비행기는 모두 오전 3시에 출발했습니다. 우리는 3시 조금 전에 공항에 있었고, 친구들은 "우리가 먼저 세관을 통과할 거야. 여기서 10분 정도 앉아 있다가 들어와. 비행기에서는 우리 옆에 앉지 마."라고 말했습니다.

나는 10분 정도 기다렸다가 가방을 들고 세관을 통과했습니다. 아무 문제가 없었습니다. 경사로를 올라가 비행기에 탑승했습니다. 통로를 걸어가면서 친구들을 찾았지만, 그들은 비행기에 없었습니다. 그때 "허튼 씨, 비행기 뒤쪽으로 와주시겠어요?"라는 안내 방송이 나왔습니다. 갑자기 어깨에서 무거운 짐이 들어올려진 것 같았고, 모든 것이 잘 될 것 같았습니다. 경사로를 따라 내려갔더니 가방이 있었습니다. 직원은 "그걸 들고, 우리와 함께 가야 합니다."라고 말했습니다. 우리는 세관 구역으로 들어갔고, 거기에는 나의 두 친구들, 어떤 남자와 그의 아내가 고개를 숙인 채 있었습니다. 한 직원이 가방에서 가짜 칸막이를 젖히고 하시시를 드러내어 보였습니다.

나중에 알고보니, 그 작은 여행사의 에이전트가 우연히 새벽 3시에 공항에 있었고, 우연히도 내 친구들이 잡혔을 때 세관 구역에 있었습니다. 그는 자신이 티켓을 확인했던 승객이 세 명이었다는 것을 기억했습니다. 그는 "원래 세 명이었는데, 나머지 한 남자는 어디 있지요?"라고 물었습니다. 그래서 그들이 나를 데려간 것이었습니다.

감옥에서 나온 후, (그것 자체가 또 다른 이야기입니다), 법원에 출두해야 할 날짜까지 한 달이 남아 있었습니다. 친구들은 전에 여기에 왔을 때, 코노트 서커스 뒤의 코카콜라 공장 근처에 있는 바네르지 부인의 집에 머물렀습니다. 그녀의 가족은 영국 식민지 시대에는 잘 살았지만, 영국이 떠나자 힘든 시기를 보내며 방을 세놓았습니다. 어느 날 나는 안뜰에 앉아 『지금 여기에 살라』에 있는 마하라지의 사진을 들여다보며 '어떻게 해야 당신을 찾을 수 있을까요?'라고 생각했습니다.

바네르지 부인이 걸어가다가 어깨 너머로 바라보며 말했습니다. "아, 그분은 정말 훌륭한 바바십니다. 그의 헌신자들은 항상 여기에 와서 머물러요. 사실, 그중 세 명은 당신이 여기 오기 전날 떠났어요. 그들은 브린다반에서 왔어요. 마하라지가 지금 브린다반에 있어요. 그를 보러 가지 그래요?"

다음 날 아침, 나는 타지 익스프레스를 타고 인도에 온 후 처음으로 혼자 길을 떠났습니다. 마투라에서 내려 통가를 빌려서 브린다반으로 갔습니다. 바네르지 부인은 헌신자들이 자이푸리아 바반이라는 곳에 머문다고 말했지요. 나는 통가를 모는 운전사에게 게스트하우스로 가는 길에 하누만 사원을 지나가 달라고 부탁했어요. 그러면 잠깐 들러볼 수 있을 테니까요. 그는 작은 문 앞에 멈췄고, 나는 모퉁이를 살펴보았습니다. 갑자기 8~10명의 아이들이 문에서 달려나와 통가를 에워쌌습니다. 나는 창문으로 연인들을 엿보는 모습을 들킨 톰이 된 것 같아 너무 부끄러웠습니다. 나는 운전사에게 "여기서 나가야 해요. 운전하세요."라고 말했습니다.

하지만 아이들은 "친구들이 안에서 기다리고 있어요."라고 말했습니다.

나는 그들이 잘못 짚었다고 생각했습니다. 나는 "그럴 리가 없어. 나는 여기에 아는 사람이 아무도 없어."라고 말했습니다.

"아니, 아니에요! 친구들이 기다리고 있어요." 그들은 내 손과 가방을 붙잡고 문자 그대로 통가에서 나를 끌어내어 아쉬람으로 인도했습니다. 당시에는 서양인 몇 명이 있었고, 놀랍게도 비행기에서 내 옆에 앉았던 미국인 여성이 있었습니다. 그녀의 새 이름은 기타였습니다.

나는 "당신은 불교 명상가가 되려고 했었지요. 당신을 여기서 보게 되다니, 재밌네요."라고 말했습니다.

그녀가 말했습니다. "당신을 만나다니 정말 재밌는 일이군요. 마하라지는 2주 동안 모든 사람을 다 나가라고 했어요. 새로운 사람이 오기만 하면, 하나같이 '자오, 자오!'라고 했지요. 아무도 머물 수 없었어요. 마하라지는 오늘 아침 다르샨을 위해 나와서는, '오늘 오는 서양인은 여기 묵을 수 있어.'라고 말했어요."

그들은 나를 자이푸리아 바반으로 보내지 않았습니다. 마법처럼 그날은 고엔카 다르마살라가 오픈하는 날이었기 때문에, 그들은 바로 그 사원에 나를 계속 머물게 했지요.

나는 평생 퍼즐 조각을 찾아다녔지만, 내 가슴에 진실로 와 닿는 것은 아무것도 찾지 못했습니다. 마하라지를 보았을 때, '바로 이것이다! 내가 찾던 것이 바로 이것이다.'라는 생각이 들었지요. 마음속에 내증이 있었습니다. '이것'이 뭔지는 몰랐지만, 나는 평상 위에서 내가 보고 있는 '본질'(the essence)이 바로 그 '본질'이라는 걸 알았습니다. 어렸을 때부터 직감적으로 내 가슴속에 간직했던 것을 확인하고 또 확신하고 있었습니다. 그가 나에게 직접 특별한 말씀을 하신 적은 없었습니다. 모든 전달은 내면으로 이루어졌습니다. 내가 처음 마하라지를 보고 그가 나를 쳐다보았던 바로 그때, 우주가 영원히 바뀌었습니다.

나는 법정에 출두하기 위해 델리로 돌아가야 했기 때문에, 머물 수 있는 날은 딱 4일뿐이었어요. 판사는 말했습니다. "오, 서양인 여러분, 정말 어리석군요. 왜 우리가 소에게 먹이는 것들을 밀수해 가는 거죠? 우리에게는 아무런 차이도 없지만, 우리는 유엔의 일원이므로, 우리는 미국이 원하는 마약 전쟁을 해야 합니다." 우리는 유죄 판결을 받았습니다. 200달러의 벌금, 그리고 인도 강제 출국 통지. 정말 가벼운 처벌이었지요. 나는 그렇게 집으로 돌아가게 되었습니다.

공항에서 붙잡히지 않았더라면, 친구들과 다시 인도에 돌아왔을 때쯤이면, 마하라지는 이미 자신의 몸을 떠났을 것입니다. 나는 그의 다르샨을 받을 수 있는 유일한 기회를 놓치고 말았을 것입니다. 사실, 아쉬람에 있는 사람들 사이에서는 마하라지가 나를 붙잡히게 하여 자신과 함께 할 수 있는 기회를 만들었다는 의견이 일반적이었습니다.

세상의 모든 돈

마하라지는 한때 '세상의 모든 돈은 내 것'이라고 말했다. 하지만 우리들 대부분은 인도에 있는 동안 돈이 많지 않았다. 마하라지는 항상 인도에 있는 동안 돈을 벌 수 없는 외국인 헌신자들의 재정 상태에 대해 걱정했다. 그는 현금이 넉넉한 사람에게 아무것도 없는 사람에게 특정 금액을 주라고 요청했다. 언젠가부터 부유한 서양인들로부터 기부받은 돈으로 '기금'이 모아지기 시작했고, 완전히 빈털터리인 사람들을 지원하는 데 도움이 되었다. 마하라지는 재분배 게임을 즐겼고, 이는 필연적으로 어떤 사람들에게는 돈에 대한 집착을 재고하게 만들었다. 람라니의 이야기는 돈과 관련된 마하라지의 유머와 게임의 또 다른 면을 보여준다.

람라니RamRani(Yvette Rosser)는 고등학교를 졸업한 후 유럽으로 가서 벨기에에 있는 어머니 가족을 방문했다. 그녀는 히치하이킹을 하며 유럽을 돌아다니다가 아프가니스탄으로 가는 길을 찾았다. 카불에서 몇 달을 보낸 후, 그녀는 1970년 12월 인도에 도착했다. 모든 것이 너무나 친숙하게 여겨졌다.

람라니 : 1972년 2월에 나는 카트만두의 스와얌부나트에 살고 있었습니다. 나는 작은 삼각형 모양의 남자에 대한 꿈을 꿨습니다. 격자 무늬로 된 옷을 입은 그가 멀리서 손바닥을 위아래로 움직이며 "여기로 와."라고 말했습니다. 나는 깨어나서 그 삼각형 남자가 누구인지 궁금했습니다. 그렇게 생생한 꿈을 거의 꾼 적이 없었습니다.

나는 테와리 티숍으로 내려갔는데, 누군가 『지금 여기에 살라』를 가지고 있었습니다. 책을 펼치니 마하라지가 들판에 앉아 있는 모습의 사진이 나왔습니다. 그는 담요에서 팔을 내민 채 격자무늬 삼각형 모양을 하고 있었습니다. 크리슈나 도브레르는 나에게 마하라지에 대한 모든 것을 말해주었지만, 나는 사티아 툴쿠 린포체를 찾아가 티베트인들과 함께 지냈고, 그것을 좋아했습니다.

나는 마침내 1972년 두르가 푸자 때 인도로 내려가 바라나시(베나레스)에서 고엔카 코스를 수강했습니다. 그곳에서 사라스와티와 님 카롤리 바바 헌신자들을 만났습니다. 2년 전에 가족에게 맡긴 아프가니스탄 강아지를 확인하기 위해 고아로 잠깐 여행을 다녀온 후, 마침내 브린다반으로 가서 내가 꿈에서 보았던 바바를 만났습니다.

마하라지는 평상에 앉아 있었습니다. 내가 도착하자마자 그는 내게 가까이 앉으라고 손짓을 했고, 그다음에는 더 가까이 앉으라고 손짓했습니다. 그는 내가 어디에서 왔는지, 이름이 무엇인지 여러 번 물었습니다. 그는 정말 다정하고 매우 세심했습니다.

모두가 나를 쳐다보고 있었기 때문에 다소 당황스러웠습니다. 고엔카 코스에 참여한 사람들 중 몇 사람의 얼굴이 눈에 띄었습니다. 얼마 후, 그는 모든 사람을 다 내보내면서 그들에게 나를 다르마살라로 데려가라고 말했습니다.

사원과 뒤쪽 다르마살라 사이에는 두껍고 밝은 파란색 나무문이 있었습니다. 이 문은 안쪽에서 잠겨 있었고, 작은 눈구멍이 하나 있었습니다. 구멍을 들여다보고 있자니, 마하라지가 문을 계속 바라보며 꿈속에서처럼 오라고 손을 흔드는 모습이 보였습니다. 바바는 웃고 또 웃었습니다. 그는 내 꿈속에서 나를 찾아갔다는 것을 나에게 보여주었고, 자신을 만나러 오라고 말했습니다.

다음 날 아침은 혼란스러웠습니다. 드와르카나트가 말했습니다. "바바는 밤에 떠났어요. 우리는 카인치로 가야 해요."

얼마 지나지 않아, 내가 가장 좋아하는 마하라지 이야기 중 하나가 일어났습니다. 인도에 있을 때 나는 돈이 많지 않았습니다. 그런데 델리에 있는 언니가 400달러를 보냈습니다. 나는 브린다반으로 가는 길에 100달러를 현금화했습니다. 여전히 20달러짜리 여행자 수표 15장, 300달러가 있었는데, 그것을 비닐봉투에 넣고 사두 가방 바닥에 처박아놓았습니다.

카인치에 도착했을 때, 농장 근처에서 쿠티르(오두막)를 빌렸습니다. 가끔 나이니탈에 가서 수표를 한두 장 더 현금화했습니다. 그 봉투를 들여다보지도 않았고, 세지도 않았고, 필요할 때마다 몇 장의 수표를 꺼내 현금화했습니다. 마침내 수표가 두세 장만 남았을 거라고 생각하게 된 시점이 왔습니다. 나이니탈에 있는 은행에 가서 남은 수표를 모두 현금화했습니다. 그러니 나이니탈에 가서 환전하는 일은 이제 끝난 셈이었습니다. 몇 달 동안 한 번도 안을 들여다보지 않았던 그 비닐봉투를 꺼냈습니다. 여행자 수표를 세어 보았는데, 15장이 들어 있는 것이었습니다. 300달러! 처음에는 400달러였습니다. 델리에서 100달러를 환전했고, 달마다 수표를 현금화했었습니다. 어떻게 이럴 수 있을까? 나는 충격을 받았습니다.

은행에서 한 신사가 말했습니다. "무슨 일이죠? 돈을 잃어버렸습니까?"

그 오래된 식민지 시대의 목조 건물 안에서 나는 땅이 흔들리는 것처럼 느꼈습니다. 나는 "이 돈을 세어 줄 수 있어요?"라고 말했습니다.

"300달러입니다. 얼마를 현금으로 드릴까요?"

"전부 다."

버스를 타고 카인치로 돌아왔을 때, 내 가방에는 두툼한 루피 뭉치가 들어 있었습니다. 마하라지는 항상 오후에는 다르샨을 하지 않았지만 평상 위에 나와 있었습니다. 내가 안뜰을 가로질러 걸어가자 그는 **"캬, 람라니, 파이사 밀 가야?"**라고 소리쳤습니다. "그러니까, 람라니, 돈 받았어?"라는 뜻이었습니다. 이 일을 여러 사람들에게 말하지 않았습니다. 나는 아메리칸 익스프레스*가 바바를 조사할까봐 조바심이 날 정도였습니다!

마하라지를 만난 지 이제 40년이 넘었습니다. 전체적으로 뭉뚱그려 말하자면, 그의 마법 담요를 타고 정말 멋진 여행을 했고, 바바는

---

* 약칭 아멕스. 다국적 금융 서비스 기업으로, 신용카드, 여행자 수표 등 금융업의 대부분을 다룬다.

어디에나 있습니다. 전 세계가 격자무늬입니다!

> **카비르 다스** : 그를 처음 만난 순간부터, 마하라지는 나를 아들처럼 대했습니다. 1년 반 후, 그는 내 주머니를 다 비우게 하더니 기금을 받는 일에 나를 앉히고는, 캐나다에 있는 아버지에게 연락해서 돈을 보내 달라고 요청하라고 했습니다. 한 달이 넘도록 답장이 없었습니다. 마하라지는 아버지로부터 소식을 받았는지를 계속 물으셨습니다. 어느 날, 내가 다시 한번 아무런 답변이 없다고 말씀드린 후(내가 매우 마지못해 보낸 요청이었습니다), 바바지는 나를 바라보며 말했습니다. "내가 진짜 너의 아버지야." 그는 평상에 앉은 자세로 몸을 굽혀 내 머리 위에 키스를 했습니다.

15

기쁨으로 충만했던 여름

1973년 여름

헤아릴 수 없는 모습으로, 헤아릴 수 없는 시간 속에서,
당신을 사랑했던 것 같네요.
생에서 생으로, 세대에서 세대로 이어지며 영원히.
—라빈드라나트 타고르, "끝나지 않는 사랑"

1973년 봄과 여름은 서양인들에게 달콤한 시간이었다. 그들은 이제 나이니탈에서 출퇴근하는 대신 아쉬람이나 카인치 계곡에서 살고 있었다. 계곡에 있는 오두막들은 다 채워졌다. 마하라지는 또한 서양인을 위해 '하얀 집'과 '쿠차(미완성) 집'을 개방하여 사용하게 했다. 사두의 길을 걷는 일부 사람들은 강둑을 따라 나 있는 동굴로 들어갔다.

거기에 있었던 사람들은 모두 형언할 수 없을 정도로 달콤하고 사랑이 넘쳐났던 시간이었다고 묘사한다.

카비르 다스 : 그 여름에는 "가라!"라는 내쫓김의 말조차 지복으로 들렸습니다. 바바와 함께 계곡에 있는 것만으로도 큰 축복이었습니다.

마하라지의 '사무실' 바깥에서 키르탄을 노래하는 서양인들. (사진 크리슈나 다스)

아쉬람에 출입이 금지된 그런 날들에도 말입니다. 주기적으로 오지 못하도록 막아도, 몰려오는 사람들은 어쩌지 못할 때가 많았습니다. 사람들은 계속해서 바바를 보러 왔고, 많은 사람들이 머물렀습니다. 집들은 거의 비어 있을 때가 없었고, 마치 내 집처럼, 손님들이 끊임없이 이어지는 집도 적지 않았습니다.

마하라지는 대부분 지복의 화신이었고, 전염성이 있었습니다. 그와 함께 보낸 시간은 노래와 웃음으로 즐거움의 연속이었습니다. 우리 중 상당수는 그가 좋아하는 몇 가지를 알고 있었습니다. 여러 키르탄은 물론 하누만 찰리사, 산카타 모찬, 하누만 아르티, 구루 아르티 등을 좋아했습니다. 우리는 그가 듣고 싶어 하는 노래를 불러주곤 했고, 그러다 보면 시간이 화살처럼 날아갔습니다. 오후 동안에는 아쉬람 뒤쪽에서 지낸다는 것 같은 규율은 이제 더 이상 의미가 없었습니다. 30명이나 60명 정도의 서양인들이 대부분의 시간을 그와 함께 보냈지만, 그가 몇몇 헌신자들만 만나고 싶어 할 때면 뒤쪽으로 보내지기도

했습니다. 하지만 우리는 대개 그와 함께 앉아 이야기하면서, 그가 욕하고, 시사 문제나 사람들의 형편과 처지에 대해 논하는 것을 들었고, 때로는 침묵의 심오한 순간을 그와 함께하기도 했습니다.

그를 섬기면서 그와 더 가까이서 많은 시간을 보낼 수 있는 방법이 있었습니다. 내가 가장 좋아하는 섬김의 일은 '푸리-백' 의무였습니다. 카인치에서는 푸리(튀긴 빵)와 감자가 아주 중요시되었습니다. 아쉬람에 들어오는 사람에게는 누구에게 푸리 4개와 감자 몇 개가 들어 있는 가방이 주어졌습니다. 이를 위해 이 두 가지 품목을 전담하는 별도의 주방이 있었고, 이를 포장하는 사람들과 나누어주는 사람들이 별도로 필요했습니다. 바바는 푸리가 잘 익었는지, 감자에는 적절한 양념이 되어 있는지, 매우 신경을 썼습니다. 포장은 그의 베란다 평상 바로 옆에 있는 방에서 이루어졌습니다. 나는 그 방 안팎에서 시간을 보냄으로써, 외국인들과 거리를 두어야겠다고 그가 작정할 때마다 그가 "가라!"라고 외치면서 내쫓았던 무리에 속하지 않을 수 있었습니다. 푸리를 포장하는 동안에는 그의 눈에 띄지 않았고, 그가 다음 방문객들에게 주기 위해 프라사드를 요청하면 거기에 응했습니다. 차이도 대부분의 방문객들에게 제공되었는데, 이 무렵 카인치의 서양식 주방은 아쉬람에서 소요되는 모든 차이를 제공해야 했습니다. 이 작업에는 도움이 필요한 경우가 많았고, 차이를 가지고 갈 때마다 왕 가까이에 갈 수가 있었습니다.

라비 다스 Ravi Das (Michael Jeffery)는 보스턴 법률 지원 프로젝트의 젊은 변호사였다. 람 다스로부터 마하라지에 대해 들었으며, 요가 공부를 시작했다. 그러던 어느 날 심한 교통사고를 당해 6주 동안 병원에 입원해야 했다. 다시 걷는 법을 배우기까지는 시간이 오래 걸렸다.

그는 회복을 위해 LA에 있는 부모님 댁으로 갔는데, 마침 미국에 온 '신성의 빛 미션*의 소년 구루를 만났다. 그는 거기에 참여하여 1971년 300명의 서양인을 인도로 데려가는 최초의 전세 점보 제트기 여행자들을 모집하는 데에 도움을 주었다. 그렇게 그는 인도로 날아갔다. 그리고 자신이 맡은 일에서 잠시 벗어나 휴식을 취하는 기간 동안에 델리에서 람 다스를 만났다. 한참 후에 그는 알라하바드에 있는 다다의 집에서 마하라지와 다르샨을 했다. 고향집에 돌아와 있는 것 같았다.

라비 다스 : 우리가 카인치로 올라갔을 때, 드와르카나트가 서양식 주방을 운영하고 있었습니다. 처음에는 그를 돕는 정도였는데, 그가 갑자기 그만두게 되는 바람에 내가 맡게 되었어요. 식단은 훨씬 더 간단한 메뉴로 바뀌었습니다. 아침식사로는 통밀을 빻아 볶은 다음 우유와 설탕을 더했습니다. 곡물을 볶고 있을 때 마하라지가 부르는 경우에는, 곡물을 장작불에서 내려놓고 갔다가, 돌아와서 다시 시작해야 했어요. 그는 그 모든 것을 다 세심하게 알고 있었습니다.

마하라지는 서양식 주방을 닫게 했고, 사람들이 충분히 돕지 않는다고 말했습니다. 그는 주방을 닫은 다음 나에게 사람들이 스스로 요리할 수 있도록 재료들을 나누어주라고 했습니다. 아쉬람에서는 또, 사람들에게 퓨리와 프라사드도 나누어주고 있었지요.

한번은 아쉬람 근처에서 산사태가 발생했고, 3일 동안 트럭 운전사

---

* Divine Light Mission. 1960년 구루 한스 지 마하라즈가 설립한 조직으로. 1966년에 그가 사망하자 당시 겨우 8살이었던 넷째 아들 라와트가 후계자가 되었다. 1971년, 라와트는 영국과 미국으로 여행을 떠났다. 1973년까지 인도에서 백만 명이 넘는 추종자를 확보했고, 서양에서는 수만 명의 추종자를 확보했으며, 수십 개의 아쉬람과 수백 개의 센터를 보유했다.

들과 자동차 운전자들의 발이 묶였습니다. 마하라지는 서양인들에게 그리스도는 가난하고 병든 사람들을 섬기라고 했다고 말했습니다. 그 모든 것을 그리스도의 이름으로 해야 한다고 했습니다. 그는 서양식 주방을 다시 열었고, 나에게 특별히 두 사람을 위해 요리를 하라고 한 적이 있었습니다. 하지만 렌틸콩과 야채와 감자, 그게 전부였습니다. 나중에 알게 되었지만, 그 중 한 사람은 건강에 문제가 있었고, 의사가 그에게 매일 감자를 먹으라고 했다고 합니다.

시바야 : 어느 날 나는 라비 다스가 오후 4시에 내갈 차이를 위해 주전자를 씻는 것을 돕고 있었습니다. 그 일을 정말 하고 싶다고 그를 설득해야 했습니다. 라비 다스는 일꾼이었습니다. 그는 아무에게도 도움을 청하지 않았습니다. 어느 날 주전자들이 모두 검게 변했고, 새 것처럼 빛나게 하려면 오랜 시간이 걸렸습니다. 얼룩 하나 없어야 했습니다. 나는 정말 늦게까지 그 일을 도왔습니다. 아쉬람을 떠나기 위해 길을 내려오고 있었는데, 마하라지가 걸어오고 있었습니다. 나는 두려워졌습니다. 왜 그랬는지는 모르겠습니다. 나는 그저 나 자신이 '깨끗하지 않다'고 생각했습니다.

그는 행복해 보이지 않았습니다. 얼굴 표정이 굳어 있어서, 나는 '아, 좋아 보이지 않네.'라고 생각했습니다. 나는 잠시 길을 비켜 섰고, 그는 바로 내 앞에서 멈췄습니다. 그때까지 나는 그의 실제 몸집을 전혀 몰랐기 때문에 너무 왜소해 보여 조금은 우스워 보였습니다. 그는 나를 바라보며 가만히 서 있었습니다. 그러고 나서 심호흡을 하고는 "가!"라고 포효하듯이 외치는 것이었습니다. 누군가가 그 모습을 보았다면, 이렇게 말했을 것입니다. "이봐, 그 사람은 정말 너에게 화가 났어. 완전히 으르렁대잖아." 하지만 내가 느낀 것은 사랑의 물결이었습니다. 내 주위로 사랑의 파도가 넘쳐왔습니다. 그의 담요가 나를 감싸고 있는 것 같았습니다.

겉모습과는 너무 달랐어요.

사라스와티 : 밤에 다른 서양인들과 어울리기보다는 혼자 있는 것이 더 필요하다고 느꼈고, 그래서 카인치 위쪽의 정글에서 자기로 했습니다. 나는 개울가에 있는 돌출된 바위 아래에서 장소를 찾았습니다. 다르샨에서 마하라지가 나에게 물었습니다. "어디서 자니?"

"마하라지, 나는 바위 아래에서 자고 있습니다."

"사자가 잡아먹을지도 몰라. 호랑이가 공격할지도 몰라. 뱀이 물지도 모르고."

"아, 저를 놀리고 계시네요." 내가 말했고, 장난스럽게 그의 무릎을 때렸습니다. 나는 농담을 하고 재미있게 놀았습니다.

그는 나를 두고 더 많이 놀렸습니다. 그러고 나서 이렇게 말했습니다. "다다, 지금 당장 그녀에게 방을 내주세요." 그때부터 나는 항상 아쉬람에서 살았습니다.

밤에는 우리 중 두세 명이 그의 방 밖에서 그에게 노래를 불러주었습니다. 때로 그는 눈물을 흘리며 작은 창문을 열기도 했습니다. 모든 것이 밤에 피는 재스민*이었습니다. 천국의 영역이었습니다.

카인치에 있을 때, 한번은 마하라지의 다르샨 동안 자리에서 일어나 하누만 성상 앞으로 가서 눈을 감고 노래를 불렀습니다. 나는 기쁨에 차서 마음 내키는 대로 노래를 불렀습니다. 음악이 내 안에서 흘러나왔습니다. 누군가 어깨를 두드리기에 돌아서 보니 기타였고, 바로 뒤에

---

* '신의 선물'이라는 뜻을 가지고 있다.

마하라지가 있었습니다. 마하라지는 오랫동안 거기에 서서 듣고 있었습니다. 나는 눈물이 터졌습니다. 그때 일을 기억하니, 지금도 눈물이 나네요. 정말 아름다운 순간이었습니다.

다르샨 후에 우리들 각자는 저마다 흩어져서 자기가 하는 일을 했습니다. 어떤 사람들은 그룹으로 모였던 것 같습니다. 나는 혼자 지냈습니다. 우리는 거기에 대해 논하지 않았습니다. 완전히 개인적인 내면의 영역이었습니다. 우리 모두가 반드시 서로를 알고 지냈던 것은 아니었습니다.

미라 : 카인치에서는 기타에게 기쁜 일이 많았던 것 같습니다. 그녀는 아쉬람에 방을 갖게 되었고, 그것은 마하라지에게 더 쉽게 다가갈 수 있다는 뜻이었어요. 가끔은 어떻게든 그의 팔을 잡고 계단을 내려가 그의 사무실로 걸어가거나 그의 발을 문지르기도 했는데, 그것은 마치 내면의 여정 같았어요. 그러다 한여름의 어느 날, 내 에고가 그의 관심을 더 끌기를 원했어요. 나는 나와 가까운 사람들인 발라람과 기타가 마하라지에게 얼마나 많은 관심을 받고 있는지 눈여겨보며 나랑 비교하기도 했지요.

'좋아.' 나는 생각했습니다. '난 집에 돌아가야 할 것 같아.' 나는 길 아래쪽에서 작은 오두막을 찾았는데, 아무도 머물지 않는 건초 헛간이었어요. 나는 명상에 집중하는 편이 아니었지만, 기울어진 마음을 다루기 위해 명상하기로 결심했습니다. 그날 밤, 나는 마음 가는 대로 고요함의 장소를 찾았습니다. 밤새도록 방해받지 않고 고요히 앉아 있었습니다.

다음날 아침 나는 하얀 집으로 올라가 샤워를 하고 다르샨을 했습니다. 항상 그랬듯이 뒤쪽에 앉았습니다. 그는 나오자마자 나에게 사과를 던졌습니다. 하나도 아니고 일곱 개였습니다. 나는 그것을 모두 잡을 수가 없었습니다. 그러자 그가 말했습니다. "미라는 정말 명상을 잘합니다. 그녀는 명상을 합니다." 그는 그 말을 되풀이했습니다. 그러니까 그는 모든 것을 알고 있는 겁니다. 나는 그에게서 직접 메시지를 받았고, 그 후로는 떠날 수 없었으며, 그런 종류의 관심을 더 이상 갈구하지 않았습니다. 나는 그가 나의 가장 깊은 곳에 있다는 것을 알았습니다.

어느 날 나는 하누만 성상 앞으로 가서 눈을 감고 앉아 하누만 찰리사를 부르기 시작했습니다. 나는 그 모든 에너지가 나에게 쏟아지는 것을 느끼면서 그 안에 싸여 있었습니다. 마하라지가 내 무릎을 스쳐 지나갔는데, 마치 바람이 힘차게 불어오는 것 같았습니다. 쉬익! 나는 눈을 뜨고 생각했습니다. '맙소사. 그가 바로 내 옆에 서 있는데, 나만 앉아 있을 수가 없네.' 그의 에너지가 내 몸을 바로 들어올려 나도 모르게 서 있는 자세가 되었습니다.

그날이 그가 다리로 건너 걸어온 날이었고, 우리 모두는 그를 따라 아쉬람을 돌아다녔습니다. 그는 다시 평상에 앉았습니다. 나는 다시 앉아서 노래를 부르기 시작했고, 다음에 눈을 떴을 때 모두가 사라지고 없었습니다. 마하라지는 평상에 혼자 앉아 있었습니다. 나는 아쉬람에 그와 함께 혼자 있었던 적이 없었습니다. 아쉬람 전체가 고요하고 아무도 없었습니다. 나는 조심스럽게 그에게 다가갔습니다. 그는 삼매에 빠진 것 같았습니다. 아주 고요한 상태였습니다. 나는 조용히 엎드려 절을 하고, 그의 무릎에 머리를 숙였습니다. 그는 내 머리에 손을 얹고 나를 두드리며, 믿을 수 없을 정도로 부드럽고 달콤한 목소리로 말했습니다. "내 딸. 내 딸." 그는 나의 진정한 아버지입니다. 그는 나의 진정한 전부입니다. 그것이 나의 마지막 다르샨이었습니다.

다리를 건너는 마하라지와 도반들. 왼쪽부터: 시타, 사라스와티, 자나키, 마하라지, 비쉬누 디감바르 (우산을 들고 있는), 두르가, 다다, 미라 (다다 뒤), 크리슈나 프리야 (미라 뒤), 람기리 (어린 소년 뒤). (사진 발라람 다스)

작별의 방식

마하라지는 서양 헌신자들에게 떠나라고 말하곤 했지만, 사실 그런 말을 한다는 것이 그에게도 쉬운 일은 아니었다. 그가 말했듯이, 애착은 양방향으로 일어났다. 하지만 마하라지는 자신이 세상을 떠날 시간이 다가오자—물론 우리는 모르고 있었지만—그가 몸을 떠났을 때 거기에 있게 되면 아주 힘들어할 만한 사람들을 내보내기 시작했다. 그는 오랫동안 발라람을 떠나게 하려고 애썼지만, 발라람은 접착제처럼 붙어 있었다. 어느 순간, 마하라지는 그에게 아주 엄정하게 지시를 내려 미국으로 돌아가라고 말했다. 그는 비행기를 타고 뉴욕으로 날아갔지만, 공항을 떠나지 않고 다음 비행기를 타고 돌아왔다. 하지만 결국,

마하라지는 그를 떠나게 했다. 그보다 조금 전 일이지만, 크리슈나 프리야는 또 다른 힘든 사례였다.

크리슈나 프리야 : 우리는 카인치에 있었고, 마하라지는 그의 사무실에 있었습니다. 하얀 사리를 입고 얌전하게 서 있는데, 누군가가 와서 말했습니다. "마하라지는 당신이 옮기기를 원해요. 당신을 지켜 보고 있어요." 다시 말해, 마하라지는 그의 사무실에서 나를 보고 싶어 하지 않는다는 것입니다. 글쎄, 마하라지는 다르샨을 할 때에도 내가 거기에 앉는 것조차 허락하지 않게 되었습니다. 그는 내가 두르가 신전 앞에 앉아 있어야 한다고 끊임없이 말합니다. 몇 주 동안 나는 두르가 앞에서 몇 시간씩 노래를 불렀습니다. 나는 그의 사무실로 이어지는 작은 옆 창문을 알게 되었고, 때로는 반쯤 열려 있었습니다. 나는 노래를 그쪽을 향해 부르기 시작했는데, 갑자기 문이 쾅 하고 닫혔습니다.

몇 년 전, 내가 싯디 마를 만났을 때, 그녀는 "아시다시피 마하라지가 거기에 앉아서 당신이 노래하는 것을 듣곤 했어요. 그는 당신이 노래를 너무 부드럽게 잘 부른다고 말하곤 했어요. '나의 미친 딸'이라고 하면서요". 나의 미친 딸. 그게 그가 나에게 붙여준 별명이었어요. 나는 훌륭한 유대인 가정에서 자란 어린 소녀였습니다. 부모님은 두 분 다 박사학위를 가지고 계셨지요. '미친 사람'의 역사는 없었어요.

'미친 사람'이 된 내력은 이렇습니다. 우리는 브린다반에 있었고, 마하라지는 하반*을 행하고 있었어요. 우리는 그의 평상 주변에

---

* havan. 지혜의 불로 미혹과 번뇌의 나무를 태우고, 진리의 성화(性火)로 마해(魔害)를 없애는 것을 뜻하는 의식.

앉아 있었고, 그는 우리를 불 의식을 하는 곳으로 보내서 푸자에 참여하게 했어요. 유대인들은 쌀을 불 속에 던지면서 그것을 '우리의 불순함'이라고 말하는 그런 의식을 행하지 않습니다. 우리는 하누카*와 유월절을 지킵니다. 하지만 그는 모두를 그곳에 보냈고, 모두가 순종적으로 거기에 갔습니다. 나는 관심이 없어서 그냥 머물렀어요. 그는 "크리슈나 프리야, 너도 가."라고 말했습니다. 나는 그의 명령에 거역하고 싶지 않았기 때문에 저만큼 뛰어갔다가 바로 돌아왔습니다. 그는 다시 가라고 했습니다. 이번에는 '좋아, 아무래도 안 되네.'라고 생각해서 중간 지점까지 뛰었습니다. 그러고는 마하라지가 볼 수 있도록 거기에 서 있었습니다. 나는 그가 나에게 하반을 행하는 곳으로 가라고 말할 수 있을 만한 거리 안에 있지 않았고, 거기에서 벌어지고 있는 '미친 짓'에도 연루되지 않았습니다. 그런데 그가 인도 사람들에게 나를 가리키면서 '미친 것'이라고 하는 말을 들었습니다.

카인치에서는, 그가 나를 어디에도 남아 있게 하지 않으려는 지경에 이르렀습니다. 그는 사무실에서 나와 내가 서 있는 곳을 향해 "자오!"라고 말했습니다. 내가 기둥 뒤에 숨으려고 하자, 그는 기둥 쪽을 향해 "자오!"라고 말했습니다. 이런 일이 점점 더 심해졌습니다. 어느 날 점심을 먹고 있을 때, 마하라지가 발라람과 라비 칸나를 불러서 "크리슈나 프리야에게 떠나라고 전해."라고 말했습니다.

두 사람은 심복이나 되는 것처럼 나에게 와서는 팔짱을 끼고 말했습니다. "우리가 당신을 아쉬람에서 데리고 나가야 하겠습니다. 끌고서라도 나가겠습니다." 나는 완전히 창피했습니다.

나는 동원할 수 있는 모든 위엄을 긁어모아서 말했습니다. "내

---

* 유대교 축제일의 하나. 여드레에 걸쳐 촛불을 옮겨붙인다.

두 발로 걸어 나가겠습니다. 정말 감사합니다." 그 후로, 내가 아쉬람에 올 때마다 다리에 도착하기 직전에 트릴록이 거기에 서 있다가 나를 막아 섰습니다. 나는 20살이었고, 하얀 사리를 입고 구루를 만나기를 기다렸지만, 그는 확고했어요. 마하라지가 다르샨을 주는 동안에는 갈가에 앉아서 그를 위해 노래를 불렀습니다. 그는 말 그대로 일어나서 모든 수행원을 뒤로 이동시켰습니다. 그곳에서는 내가 그를 볼 수 없을 것이라고 생각하는 것 같았습니다. 마침내 나는 포기했습니다.

어느 날 '작은 스코틀랜드 애니'가 울면서 내 오두막에 와서 말했습니다. "아쉬람에 갔는데, 내가 언니인 줄 알고 날 들여보내지 않았어요." 나는 웃기 시작했습니다. "너는 내가 되어 보았으니까, 이젠 내가 얼마나 처량한 신세인지 알겠네."

73년 6월, 나는 몇 주 동안 아쉬람에 들어갈 수 없었습니다. 애니가 와서 말했습니다. "마하라지께서 언니는 이 나라를 떠나야 한다고 했어요. 그렇게 전하래요. 떠나지 않으면 감옥에 갈 거예요." 비자를 받지 못하는 한, 나는 감옥에 갈 수밖에 없었습니다.

이틀 동안 다르샨을 하도록 허락이 내렸습니다. 첫날 나는 그의 평상 끝자락에 앉아 있었습니다. 그는 나를 돌아보며 말했습니다. "노래해. 넌 '구루 비나 카운 카레'를 알고 있잖아." 나는 아쉬람에서 그 노래를 부른 적이 없었지만, 오두막에서는 그를 위해 항상 그 노래를 불렀습니다. 한 사두가 나에게 그 노래를 가르쳐 주었는데, 그 노래는 모두 구루와의 관계에 대한 것입니다. "구루 없이 누가 창조의 바다를 건널 수 있겠습니까? 구루는 순간순간 길을 보여주는 사람입니다. 구루는 연민으로 가득 차 있고 당신의 나쁜 카르마를 없애고, 당신을 가장 높은 곳으로 데려갈 수 있는 분이십니다." 그는 나에게 그 노래를 부르라고 했고, 다시 한 번 그가 모든 것을 알고 있다는 것을 인정하지 않을 수 없었습니다.

그날 나중에 그가 창가로 불렀을 때 나는 그에게 물었습니다. "내가 떠나 있는 동안 당신을 위해 어떤 세바(섬김, 봉사)를 해도 될까요?"

"아니." 그러고 나서 그가 말했습니다. "다시는 널 보지 않을 거야."

나는 말했습니다. "새로운 여권과 비자를 받고 돌아올게요."

"어떻게? 넌 돈이 한푼도 없잖아."

"그럼, 나는 가지 않을 거예요."

그러자 그는 "좋아, 여권은 받을 거야. 하지만 비자는 못 받을 거야."라고 말했습니다.

나는 여권만 있으면 돌아갈 수 있을 거라고 생각했습니다. (나는 여권을 받았지만 비자는 받지 못했습니다).

나는 돈이 없었습니다. 그는 사라스와티에게 인도에서 미국으로 돌아갈 수 있도록 나에게 50달러를 주라고 했습니다. 20살의 나는 혼자 히치하이킹을 하며 여행했습니다. 길 위에서 폭력을 당했고, 강간당할 뻔했고, 죽을 고비를 넘겼습니다.

어쨌든, 다음 날 나는 다르샨을 하러 갔습니다. 비가 왔습니다. 마하라지가 나왔고, 모두가 하누만 찰리사를 불렀습니다. 나는 자리에 앉았지만, 그는 나에게 찰리사를 한 번도 할 기회를 주지 않았습니다. "지금 떠나라." 부드럽게, 하지만 단호하게. 나는 이것이 이 라운드의 끝이라는 것을 알고, 한없이 꾸물댔습니다. 나는 내가 찾을 수 있는 모든 종을 울렸습니다. 나는 마지막으로 돌아서서 마하라지를 바라봅니다. 내가 돌아설 때마다, 마하라지는 나로부터 돌아서서 누군가와 이야기를 나누었고, 사람들은 노래를 불렀습니다. 나는 그의 옆이나 뒤를 볼 수 있었습니다. 마침내 나에게는 엎드려 절

크리슈나 프리야와 마하라지. (사진 크리슈나 다스)

할 신적인 존재도 없었고, 울릴 종도 없었습니다. 나는 떠났습니다.

마하라지가 몸을 떠난 지 1~2년 후, 나이마가 나에게 말했습니다. "네가 떠나던 날, 비가 내리고 네가 종을 울렸지. 생각나? 나는 네가 떠나는 장면을 전부 지켜보았어. 넌 계속해서 마하라지를 보려고 돌아섰고, 그는 매번 네게서 등을 돌렸어. 네가 돌아설 때마다 그는 돌아서서 너를 너무나 사랑이 가득한 눈빛으로 바라보았다는 것을, 넌 모를 거야. 네가 그를 보려고 돌아서는 순간, 그는 재빨리 다른 사람과 이야기를 하기 시작했지. 그래서 넌 그가 널 지켜보고 있었다는 것을 보지 못했던 거야."

그가 나를 사랑이 가득한 눈빛으로 바라보았다고 말했을 때, 나는 울기 시작했습니다. 그는 나이마로 하여금 그런 모습을 지켜보게 하여 나중에 그의 사랑을 나에게 전할 수 있게 한 것이 분명했습니다. 내가 돌아서서 나를 바라보는 그와 눈이라도 마주쳤다면, 나는 다시 한번 우쭐해져서 발길을 돌렸을 것입니다. 어쨌든 그녀를 통해서 전해진 그의 속마음은 너무나 달콤하게 들렸습니다.

람기리 Ramgiri (Andreas Braun)는 2차 세계 대전이 일어난 지 6년 후 독일에서 태어나 그곳의 무거운 집단의식을 흡입해야 했다. 그는 영성 탐구자가 되었고, 『지금 여기에 살라』를 읽었고, 런던의 건강식당에 앉아 있었는데, 람 다스를 비롯한 우리 일행이 인도에서 돌아와 때마침 그 식당에 들어가게 되었다. 10분 후, 람기니는 에블린 호텔의 이름을 알게 되었다. 람 다스는 "이 사람들은 내 친구들입니다. 거기에 가게 되면 만나 보세요."라고 말했다. 그는 그로부터 1년여 후 인도에 도착했다.[1]

람기리 : 카인치에 들어서자 마치 천국에 발을 디딘 것 같았습니다. 우리는 평상 주위에 앉아 마하라지를 기다렸습니다. 그가 나왔을 때, 우리는 그의 현존에 매료되어 앉아 있었습니다. 그 후 그는 사무실로 가서 사람들을 개인적으로 만났고, 우리는 사무실 앞에 앉아 그를 위해 노래를 불렀습니다. 그가 점심을 먹으러 들어갔을 때, 우리는 각자의 자리로 가서 점심을 요리했습니다. 그런 다음 우리는 오후에 그 모든 것을 다시 했습니다.

그곳은 시간을 초월한 공간이었습니다. 어느 날 나는 키르탄 왈라(가수들)와 함께 방에 앉아서 그들의 노래를 10분 정도 들었던 것 같습니다. 그런데 4시간이 훌쩍 지나갔다는 것을 나중에 알았습니다! 나는 힌디어를 배울 필요가 없다고 느꼈습니다. 교감이 너무 깊은 나머지, 언어가 오히려 사랑에 흠뻑 적셔 지내는 것을 방해할 것 같았습니다.

전통적으로, 크리슈나가 태어난 날에는 자정에 구루와 함께 있도록 되어 있었습니다. 우리는 아쉬람의 위쪽으로 보내졌고, 비가 내리기 시작했습니다. 마침내 자정에 우리는 마하라지의 사무실 창문 쪽으로 가서 거기에 서 있었습니다. 시타와 자나키가 거기에 서 있었던 것을 기억합니다. 둘 다 분홍색 사리를 입고 있었는데, 두 여신이 빗속에서 그를 위해 노래를 부르고 있는 것 같았습니다.

세상을 떠나기 한 달 전, 마하라지는 갖가지 종류의 가르치는 일을 멈췄습니다. 그저 함께 어울려 노는 것뿐이었는데도, 그 사랑의 빛은 너무나 강력했습니다. 나는 그의 앞에 앉아 고팔라를 불렀고, 그는 완전히 아기 크리슈나로 변했습니다. 순식간에 시간을 초월한 고대 성자로 돌아간 듯싶었습니다. 사랑이 그를 통해 넘쳐 흘렀습니다.

한 번은 마하라지 앞에 앉아 있었는데, 갑자기 그가 거대한 우주적 형상으로 변했습니다. 상상을 초월했습니다. 인간성을 초월한 모습이었지만, 나에게는 아주 친숙하게 느껴졌습니다. 내가 정신을 차리고 '돌아왔을' 때, 그는 나를 부드럽게 흔들었습니다. 나는 일어나서 현관의 세 계단을 간신히 내려갔고, 그의 방과 데비 사원 사이의 모퉁이를 돌았습니다. 무릎이 너무 심하게 떨렸기 때문에 주저앉았습니다. 바로 거기에 다리가 세 개인 의자가 나를 기다리고 있었습니다(전에는 아쉬람에서 어떤 종류의 의자도 본 적이 없었는데)! 나는 방금 본 이 절대의 광대한 신이 한계 없는 보살핌 또한 베푼다는 것을 깨달았고, 우리 삶의 세세한 부분까지도 변함없는 연민으로 살피신다는 것을 확신할 수 있었습니다.

그는 몸을 벗기 2주 전에 우리 중 많은 사람을 떠나보냈습니다. 우리는 소지품을 집어들었고, 마하라지는 그의 방에서 우리에게 "여기서 나가!"라고 소리쳤습니다. 사나웠지만, 우리에게 손을 대지는 않았습니다. 우리는 창문에 대고 절을 하고, 이 분노한 신적 존재 앞에서 절대적인 사랑을 느꼈을 뿐입니다. 그날 저녁 마하라지는 아쉬람에서 걸어나와 다리 끝에 있는 낮은 담 위에 앉았습니다. 길 위쪽에서 나는 히말라야 산기슭의 광활한 풍경을 배경으로 앉아 있는 이 작은 거인의 모습을 볼 수 있었습니다. 그것이 나의 마지막 다르샨이었습니다.

비베카난다 Vivekananda (Michael Attie)는 1960년대에 동양의 영성에 관심을 갖게 되었고, 라마크리슈나를 읽었다. 그는 일본에 가서 선종 사원에 머물렀던 경험이 있다. 버클리에 살 때는 영성에 관심을 가진 사람들과 교류했다. 그는 1973년에 알리 아크바르 음악 대학에서 람 다스의 강연을 들었는데, 그는 마하라지를 찾는 것이 불가능하다고 말했다.

비베카난다 : 나는 알리 아크바르 음악 대학에서 자이 고팔을 만났습니다. 인도에서 돌아온 참이었던 그는 나에게 마하라지를 만나러 가지 않겠느냐고 말했습니다. 내 사촌 기타도 그렇게 말했지만, 나는 마린 카운티의 뒷마당에 있는 오두막에서 매우 행복하게 살고 있었습니다. 그러던 어느 날 저녁, 나는 깊은 명상에 잠겼습니다. 처음에는 내가 죽을 것 같다고 생각했습니다. 그런데 갑자기 인도에 가야겠다는 생각이 번개처럼 떠올랐습니다. 당장 가야 했습니다. 다음 날 나는 LA로 이사를 갔고, 아버지 밑에서 2개월 동안 일해서 돈을 벌고, 여권과 비자를 받은 후 인도로 날아갔습니다. 나는 마하라 지와 함께 3주 동안 거기에 있었는데, 그가 모든 사람을 향해 짜증을

내며 내보내기 전이었습니다. 나는 그것을 내 인생의 기적으로 생각합니다.

마하라지가 나에게 처음으로 한 말은 "500루피 줄래?"였습니다.

나는 "네, 마하라지, 네."라고 말했습니다.

사람들은 나에게 큰 축복을 받았다고 말했습니다. 마하라지가 나에게 그런 요청을 한 것은, 내가 돈 걱정을 해본 적이 없고 앞으로도 돈에 대해서는 걱정할 필요가 없을 것임을 뜻하기 때문이라고 했습니다. 나중에 나는 할리우드에 있는 아버지의 란제리 매장을 물려받게 됩니다. 나는 그것을 옷가게로 위장한 하누만 사원이라고 불렀습니다.

인도에 일주일 정도 머물렀을 때, 내 친구가 마하라지에게 "마하라지, 나는 무엇을 해야 합니까?"라고 물었습니다.

그는 아주 잠깐 주저하다가 "순례를 가. 라마나슈람에 가. 시바난다 아쉬람에 가. 아난다마이 마를 만나. 다크시네스와르에 가."라고 말했습니다. 그런 다음 그는 "사촌 기타를 데려가."라고 말했습니다.

그래서 나는 '떠나야' 했습니다. 다음 날 나는 "마하라지, 제발요, 저는 가고 싶지 않습니다."라고 말했습니다.

그는 웃고 또 웃으며 "그럼 가지 마."라고 말했습니다. 그는 나를 바라보며 매우 진지하게 "곧 가게 될 거야."라고 말했습니다.

그로부터 1~2주 후에 대규모 "가라!" 사태가 일어났고, 나는 그가 말한 모든 장소에 정확히 갔습니다.

아이라 로즈 Ira Rose 는 건설 노동자로, 시카고의 로저스 파크 지역에 살았다. 어느 날 밤 그는 인도에 있는 생생한 꿈을 꾸었고, 그다음 3개월 동안에는 샥티(생명 에너지)가 불타올랐다. 그는 톨레도로 이사하여 발전소의 냉각탑 작업을 하고 있었는데, 심장이 비정상적으로 뛰는 증상이 나타나기 시작했다. 육체적 현상이라기보다는 그가 만난 적이 없는 마하라지라는 성자를 향한 아우성이었던 모양이다. 그는 결국 모든 것을 그만두고 인도로 가야 했다. 카우살리아가 돌아왔고, 그는 카우살리아의 형과 함께 학교에 다녔기 때문에, 어디로 가야 할지 알고 있었다. 그녀는 "너는 릭과 친했으니까, 어디로 가야 마하라지를 만날 수 있게 될지 말해줄게."라고 말했다.

아이라 로즈 : 나는 엄마에게 "인도에 갈 거야."라고 말했습니다. 엄마는 "너는 유대인이야. 힌두교도가 아니야. 도대체 왜 인도에 가니?"라고 말했습니다.

델리는 40도가 넘었고, 나는 그 버스 정류장에서 일어나고 있는 일을 믿을 수 없었습니다. 염소와 닭, 죽어가는 사람들과 태어나는 사람들이 혼재되어 정신을 차리기 힘들었습니다. 그 모든 혼란 속에서 하얀 옷을 입은 두 명의 서양인을 보았습니다.

나는 "카인차나 나이니탈로 가려면 어떤 버스를 타야 하는지 알아요?"라고 물었습니다.

"님 카롤리 바바를 보러 가는 거야?" 그들은 드와르카나트와 기리자였습니다.

버스를 타고 가는 동안, 나는 유대인으로서 큰 죄책감 속에서 헤매기 시작했습니다. '나는 부적절하고, 성욕 과잉이고, 지저분하고, 영적인 것과는 거리가 멀어. 그런데 왜 이런 기회가 주어지고 있는 거지?' 나 자신을 한없이 추락시킨 상태에서, 사원에 들어갔고, 그가 거기에 없다는 말을 들었습니다.

어느 정도 긴장이 풀리기까지는 3일이 걸렸습니다. 그리고 마침내 마하라지가 나타났을 때, 나는 너무 무서웠습니다. 그를 처음 봤을 때, 내가 가진 느낌은 그게 전부였어요. 그러나 그가 신에 취해 있다는 것은 한눈에 알 수 있었습니다. 그는 수백만 개의 다른 의식 차원들에 존재하고 있고, 우리에게 감로수를 주고 있다는 것을 알았습니다. 첫 번째 다르샨에서 나는 어지러움을 느꼈습니다. 나는 신을 직접 알고 있는 사람과 함께 있었습니다.

두 번째 다르샨은 흥미로웠는데, 비베카난다가 내 앞에 앉아 있었고, 마하라지는 비베카난다에게 모든 돈을 달라고 했고, 비베카난다는 심하게 더듬거리기 시작했기 때문입니다. 나는 웃기 시작했습니다.

마하라지는 즉시 "누가 웃는 거야?"라고 말했습니다.

모두가 나를 가리켰습니다.

마하라지는 "그를 사원에서 쫓아내. 내 시야에서 보이지 않게."라고 말했습니다.

두 번째 날, 나는 이미 바보 모자를 쓰고 있었습니다.

나이니탈로 가는 버스에서 친하게 된 드와르카나트는 버터처럼 부드러운 목소리로 "마하라지, 아이라는 미국 시카고에서 당신을 만나러 왔어요. 제발 그에게 한 번 더 기회를 주세요. 그에게 사원을 떠나라고 하지 마세요."라고 말했습니다.

마하라지는 "좋아. 그를 하누만 사원 옆에 가서 앉아 있으라고 해."라고 말했습니다.

나는 나쁜 놈이었습니다. 그는 내게 이름조차 주지 않았습니다. 나는 그에게 이름을 물었고, 그는 '미스트리'(건설 노동자)라고 말했습니다.

어느 날 나는 하얀 집 밖 언덕에 앉아 그가 다르샨을 하는 것을 지켜보았습니다. 그가 몸을 떠나기 일주일 전이었을 겁니다. 나는

'마하라지, 나는 곧 미국으로 돌아갈 것 같은 느낌이 들어요. 그리고 두 가지 소원이 있어요. 하나는 좋은 차를 사고 싶어요. 두 번째는 좋은 직장을 구하고 싶어요.'라고 생각했습니다. 그가 세상을 떠난 후 나는 시타와 함께 베나레스로 갔는데, 그곳에서 병이 들었습니다. 비행기에 실려 네팔에 있는 병원으로 가야 했습니다. 마침내 집에 돌아왔을 때, 당시 내 여자친구는 꽤 부유했는데, "이제 도시로 돌아왔으니 차가 필요할 거야."라고 말했습니다. 그녀는 약 8,000달러를 현금으로 나에게 주었고, 좋은 볼보를 사라고 했습니다.

그 후 얼마 안 있어 무역업에 종사하는 사촌이 전화를 걸어 "일자리가 필요해? 내가 일자리를 구해 줄게."라고 말했습니다. 그렇게 새 차와 일자리를 구했습니다.

나는 '아, 그때 내가 "마하라지, 이제 곧 집에 가게 될 것 같아요. 지금보다 조금 더 고상한 마음으로 살고 싶어요."라고 말했더라면 어땠을까?' 하고 생각했습니다. 하지만 그때 내가 요청했던 건 분명 차와 일자리였지요.

마하라지가 영원히 주변에 있지 못할 것이라는 암시가 있긴 했지만, 그래도 1973년 9월에 일어난 일은 아무도 예상하지 못했다.

16

담요를 떨어뜨리다
1973년 가을

람 남 사티아 하이, 사티아 볼, 사티아 하이.
신의 이름은 진실입니다. 진실을 노래하세요, 진실을.
— 화장 의식을 할 때 부르는 찬가

1972년 1월 어느 날 저녁, 우리는 알라하바드에 있는 다다의 집에 있었다. 다르샨 동안 통풍이 심한 인도인이 마하라지에게 예의를 표한 다음 '스리 람 자이 람'을 불렀다. 그는 '당신의 이름을 잊지 않는 한 모든 고통은 나에게 아무것도 아닙니다.'라는 뜻의 구절을 반복했다. 그는 마하라지에게 마하라지의 이름을 말하면서 마지막 숨을 쉴 수 있는 은덕을 베풀어 달라고 간청했다. 매우 매우 강력한, 긴 침묵이 이어졌다. 나는 눈을 감고 앉아 있었는데, 갑자기 마하라지의 죽음에 대한 생각이 떠올랐다. 나는 스스로 놀랐고, 눈물을 흘리며 자리에서 일어났다. 마하라지는 이미 방을 나갔는데도 그 사실을 모르고 있었다. 비틀거리며 나가자, 마하라지가 안뜰에 앉아 있는 것이 보였다. 나는 달려가 그의 발치에 엎드렸다. 그는 나를 왕족인 인도 여성 쪽으로 밀쳐냈다. 그의 죽음에 대한 생각은 내 머릿속에서 완전히 사라졌다. 그는 영원하잖아, 그렇지 않아?

　　자나키 : 마하라지가 카인치에 있던 마지막 날, 여러 대의 버스가 왔고, 안뜰에는 사람들이 떼 지어 있었습니다. 축제 분위기였지요. 그는 나와 크리슈나 테와리와 함께 작은 쇼를 했어요. 그는 내가 '메레 구루 데브'를 부르는 것을 좋아했는데, 잠시 후 삼매에 들었습니다. 드라우파디가 그날 찍은 필름 속에서 크리슈나 테와리는 삼매에 빠져 있고, 마하라지는 담요를 테와리의 머리 위에 덮고 그를 때려서 깨우고 있었습니다. 우리 모두는 정말 멋진 장면을 연출하고 있었어요.
　　그 후 마하라지는 점심을 먹으러 안으로 들어갔고, 그래서 그 자리 전체가 비었습니다. 고양된 상태에 있었던 나는 사람들과 먹거나 이야기할 수 없었기 때문에 데비 사원에 머물렀습니다. 마하라지는 방에서 점심을 먹고 있었고, 창문은 열려 있었습니다. 마하라지는 테와리를 부르더니, 그에게 서양인들을 가르쳐야 한다고 말했습니다. 그들이 웃는 소리가 들렸어요. 나는 노래를 부르고 있었고, 차를 마시려고 노래를 잠시 멈췄을 때, 마하라지가 창밖으로 몸을 기울이며 "자나키, 계속해."라고 말했습니다. 그곳에서 나는 노래하고, 또 노래했습니다. 마하라지는 테와리와 마더들과 함께 방에 있었습니다. 그렇게 몇 시간이 지나갔습니다.
　　그 후 그는 자리에서 일어나 문을 거세게 두드렸습니다. 나는 방에서 무슨 일이 일어나고 있는지 주의를 기울이지 않았기 때문에, 그 소리가 깜짝 놀랄 만큼 크게 들렸습니다. 그가 소리쳤습니다. "너희들은 다 쓸모없어. 아무것도 몰라. 이곳을 관리하는 방법을 몰라. 다 망가질 거야. 식량이 충분하지 않아."—그는 식량 창고가 있는 곳을 가리키고 있었습니다. 그는 모든 사람을 말로써 학대하고 있었습니다.

그는 데비 사원에 왔고, 당연히 나는 자리에서 일어났습니다. 그는 데비에게 경배한 후, 각각의 사원들로 갔습니다. 우리는 그와 함께 문을 나갔습니다. 마하라지가 나에게 소리쳤습니다. "자나키, 너는 나를 잊을 거지만, 나는 결코 너를 잊지 않을 거야." 그는 레이저 빔을 비추듯이 나를 쏘아보며 못된 표정으로 나를 바라보았고, 나는 '맙소사. 도대체 내가 무슨 짓을 한 거지?'라고 생각했습니다.

그는 매우 흥분했습니다. 분명히 무슨 일이 일어나고 있었습니다. 그의 담요가 아래로 떨어졌습니다. 라비가 담요를 만지작거리고 있었습니다. 마하라지가 말했습니다. "그만해. 쓸데없어. 나는 이 중앙 감옥을 떠날 거야."

라비 칸나 : 그는 여러 가지 불평을 했고, 의사가 나이니탈에서 그를 진찰하기 위해 왔습니다. 그의 상태에 대해 모두가 괜찮다고 했지만, 마하라지 자신은 아그라에 있는 심장 전문의를 만나고 싶어 했습니다. 그는 인다르 싱을 불렀습니다. 할드와니에 있는 농장 주인으로, 퓨라를 만드는 데에 쓰이는 곡물 대부분을 공급하는 사람이었지요.

마하라지는 갑자기 "라비, 이리 와. 우리 가자."라고 말했습니다. 나는 어디로 가는지 묻지 않기로 했습니다. 우리는 기차역으로 갔습니다. 하늘에 무지개가 떠 있었고, 그는 그것에 대해 언급했습니다. 그는 인다르를 보내 아그라로 가는 일등석 티켓 두 장을 사라고 했습니다. 나는 그것이 인다르와 그를 위한 것이라고 생각했지만, 그는 인다르를 보냈습니다. 이례적인 일이었습니다. 인다르는 그와 계속 함께했던 사이였고, 나는 얼마 안 된 신참이었기 때문입니다.

나는 스무 살도 되지 않은 나이였습니다.

우리는 2인실로 되어 있는 일등석 자리로 들어갔습니다. 그는 아래 칸에 있었고, 그래서 나는 바닥에서 밤을 보냈습니다. 위층으로 올라가서 그의 위에 자리하고 있을 수 없었기 때문입니다. 그는 밤새 잠을 자지 않았습니다. 그는 세상이 어떻게 점점 더 나빠지고 있는지, 이 나라에서 종교가 어떻게 사라지고 있는지, 세상이 더 이상 순수하지 않다고 계속 말했습니다. 자신의 건강은 전혀 걱정하지 않았습니다. 그는 자신의 것들을 계속 없앴습니다. 우리는 갠지스 강물이 담긴 보온병을 가지고 있었는데, 이걸 보고 그는 "줘 버려."라고 말했습니다.

"하지만 마하라지, 이건 당신이 마셔야 할 물입니다."

"아니, 아니, 아냐. 난 원하지 않아. 줘 버려." 나는 그것을 지나가던 사람에게 주었습니다.

우리는 아그라에 도착했습니다. 기차역에서 나오자, 그는 인력거꾼과 흥정을 했습니다. 내가 해야 할 일을 그가 하고 있다고 생각했습니다. 우리는 아그라에 있는 한 헌신자의 집으로 갔습니다. 그곳에서 그는 의사를 찾아갔고, 그가 돌아왔을 때 우리는 그가 괜찮다고 생각했습니다. 그가 거기에 있다는 것이 헌신자들에게 알려져서, 하루 종일 사람들이 계속 찾아왔습니다.

그날 저녁 우리는 카인치로 돌아가기로 했습니다. 그는 기차를 탔고, 다르마 나라얀이 우리와 합류했습니다. 나는 그가 마하라지의 아들인 줄 몰랐습니다. 기차가 카트고담으로 가는 길에 마투라를 지나갈 때였습니다. 그는 나에게 잠시 다른 칸에 앉아 있으라고 했습니다. 그는 다르마 나라얀과 이야기하고 싶어 했고, 그래서 나는 다른 일등석 칸으로 갔습니다.

마하라지와 함께 여행할 때, 나는 도티를 입고 신발을 신지 않았습니다. 신발을 신고 그와 함께 있는 것은 예의가 아니었습니다. 다른 칸에 있는 사람들은 나를 내쫓고 싶어 했습니다. 그들은 나를 소매치기나 도둑쯤으로 생각했기 때문입니다. 나는 자리를 지키기로 마음먹었습니다. 나는 다른 곳에 가서 앉을 수도 있었지만, 그러지 않았지요. 나는 엄연히 일등석 티켓을 가지고 있었으니까요. 거기에 있을 자격이 있었습니다. 기차가 떠나자, 그들은 기차를 멈추기 위해 체인을 당겼습니다. 차장이 왔고, 그들은 나를 체포하여 기차에서 내리게 한 다음 경찰차에 태웠습니다.

나는 말했습니다. "나는 티켓이 있고, 님 카롤리 바바와 함께 있습니다."

그러자 마하라지에 대해 아는 사람이 왔고, 나는 그에게 마하라지와 함께 있었던 칸으로 가서 확인해 보라고 말했습니다. 그들은 나를 다시 그에게 데려갔고, 그는 격노했습니다. "경찰서장에게 전화할 거야, 전화할 거야. …어떻게 감히 내 아들을 이렇게 대하는 거지?"

내가 그와 있는 칸으로 돌아왔을 때, 그는 불편해 보였습니다. 그는 나이니탈로 가는 대신 마투라에서 내리기로 했습니다. 우리는 역에서 나왔습니다. 계단을 내려가야 인력거를 탈 수 있는 곳이 있었습니다. 그는 땀을 흘리고 있었고, 추워 보였습니다. 아마 심장마비나 뇌졸중의 징후일 겁니다. 다르마 나라얀과 나는 택시를 잡으러 갔습니다. 이른 아침이었지만 다행히 택시를 잡을 수 있었습니다. 그는 고통스러워하는 것 같았습니다.

우리는 브린다반에 있는 라마크리슈나 미션 병원으로 갔습니다. 근무하는 의사가 없어서, 의사를 찾아서 오게 해야 했습니다. 그들은 그에게 산소호흡기를 꽂았고, 그는 계속 그것을 빼냈습니다. 그는 "자야 자가디쉬 하레 (만유의 신에게 경의를 표합니다)."라고 외쳤고,

의사가 도착하기 전에 세상을 떠났습니다. 그들은 사망 선고를 내렸습니다. 그들은 그가 그곳에 도착하기 전에 이미 죽었다고 주장했습니다. 그의 죽음에 대한 책임을 지지 않기 위해서였습니다. 다르마 나라얀과 나는 그를 아쉬람으로 데려가야 했습니다. 아주 가까웠기 때문에 우리는 그의 시신을 택시 뒷좌석에 실었습니다.

나는 충격을 받았습니다. 완전히 충격을 받았습니다. 다르마 나라얀도 마찬가지였습니다. 우리 둘 다 해야 하는 일들을 그저 하고 있었을 뿐입니다. 우리는 그를 아쉬람으로 데려갔고, 나는 사람들에게 알려야 한다고 생각했습니다. 우체국에 가서 우체국장을 깨워 긴급 전화를 해야 한다고 말했습니다. 연달아 20통 정도 전화를 걸었습니다. 카인치에 걸었고, 다다의 집에 걸었고, 바르만에게 걸었고, 소니에게 걸었고, 미국에 걸었습니다. 나는 아쉬람으로 돌아갔고, 이틀 동안 방에서 울면서 지냈습니다.

사람들이 왔고, 무엇을 해야 할지에 대한 논쟁이 있었습니다. 나이니탈에서 온 사람들은 시신을 그리로 옮겨야 한다고 했습니다. 그가 그리로 가는 중이었다고 느꼈고, 그래서 그곳에서 화장하는 것이 마땅하다고 생각했습니다. 브린다반 사람들은 시신을 옮겨서는 안 된다고 주장했습니다. 강에서 화장해야 한다는 사람들도 있었고, 아쉬람에서 해야 한다는 사람들도 있었습니다. 혼란스러웠습니다. 나는 거기에 대해 할 말이 아무것도 없었습니다. 나는 관심이 없었습니다. 내 관심은 온통 그분뿐이었습니다. …그런데 그분은 떠났습니다.

많은 헌신자들은 마하라지가 오랜 인도인 헌신자와 함께 가지 않고 왜 젊은 인도인 '히피'인 라비와 함께 마지막 여정을 함께했는지 궁금해했다. 하지만 그들이 알지 못했던 것은, 그리고 마하라지가 죽은 후에야 라비가 알게 된 것은, 그들의 인연이 (이번 생에서) 얼마나 오래되었는지 하는 것이었다.

　　라비 칸나 : 마하라지가 세상을 떠난 후, 인도 전역의 신문에 실렸고, 내 이름도 거론되었는데, 그것은 내가 그와 함께 있었기 때문입니다. 나의 가족은 내가 어디에 있었는지 몰랐습니다. 가족들과는 연락을 하지 않고 지냈기 때문입니다. 그들은 나를 데리러 브린다반으로 왔고, 나는 잠시 집에 돌아가 있었습니다.

　　나의 아버지는 룩나우에서 자랐고, 나는 그곳에서 태어났습니다. 어머니는 나의 아버지가 룩나우 사원을 지은 말호트라 가족과 친하게 지내는 사이라고 말씀하셨습니다. 마하라지는 주로 말호트라 가족들과 지냈습니다. 나의 가족들은 마하라지와 관계가 각별하지 않았습니다. 아버지는 도움이 필요할 때만 말호트라 가족에게 갔습니다.

　　어느 날 마하라지가 우리 집에 처음이자 마지막으로 나타나서 "나에게 밥을 좀 줘."라고 말했습니다. 사람들이 그를 찾아왔고, 그 이후 그는 떠났습니다. 그 당시 어머니는 나를 임신 중이었습니다. 어떤 의미에서, 그는 나의 부모님 집에 가서 "이 아이는 나의 아이입니다."라고 나를 미리 '예약'해 두었던 셈입니다. 부모님은 그 한 번의 방문 이후로 마하라지와 한 번도 연결된 적이 없습니다.

카인치의 아쉬람, 계곡, 혹은 델리에 살고 있던 서양인들은 소식을 듣고 브린다반으로 달려갔다.

　　드와르카나트 : 래리는 카비르와 나에게 WHO에서 천연두의

여신인 시탈라 데비*에 대한 이야기를 수집하는 일을 하고 싶은지 물어 왔습니다. 우리는 전보를 보내기 위해 보왈리로 가야 했습니다. 마하라지가 마지막 날 점심시간에 방으로 들어가자마자, 우리는 그가 잠시 거기에 있을 것이라는 것을 알았고, 그러니 보왈리로 가서 전보를 보내고 오더라도 오후 다르샨 시간에 맞추어 돌아올 수 있을 것 같았습니다. 버스를 타고 카인치로 돌아가는 길에 첫 번째 커브에서 버스가 완전히 멈춰 서서 다른 차량이 커브를 통과할 때까지 기다렸습니다. 우리는 바깥을 내다보았는데, 마하라지가 차를 타고 떠나는 모습이 보였습니다. 그를 처음 본 것도 버스 창문을 통해서였는데, 마지막으로 본 것도 버스 창문을 통해 보게 된 것이지요.

이틀 후 나는 아쉬람에 있었는데 기타가 뒤쪽 길을 따라 올라와서 "드와르카나트, 끔찍한 일이 일어났어요. 누군가 들어와서 마더들에게 뭔가를 말했고, 그녀들은 울부짖으며 아쉬람을 떠났습니다." 5분도 안 되어 드라우파디, 미라, 기타, 모히니 마, 그리고 나는 아쉬람을 떠났습니다. 우리는 길로 나갔고, 기타는 군용 트럭을 손짓하여 불렀습니다. 우리는 마대자루가 실린 짐 위에 올라타고 보왈리로 들어갔고, 계속해서 홀드와니로 갔습니다. 나이니탈에서 온 사람들이 꽤 많았는데, 여러 대의 택시에 나누어 타고 브린다반으로 가기로 했습니다. 우리는 5대 이상의 택시로 이루어진 함대의 일원이 되었습니다.

모든 택시가 도중에 휴식을 위해 멈췄습니다. 우리는 차에 앉아 있었는데, 운전사 중 한 명이 우리 운전사에게 와서 "바바가 돌아가셨다는 소식을 들었습니다."라고 말했습니다. 내가 처음 들은 말이었습

---

* 천연두를 비롯, 피부병, 고름병 같은 질병들과 무덤을 파고 시체를 먹는다는 악귀를 물리쳐 준다 하여 추앙을 받는 힌두 여신.

니다.

기타 : 우리가 가진 마지막 다르샨은 정말 대단했습니다. 마하라지
는 기분이 매우 좋았습니다. 다르샨 후에 우리는 점심을 먹었습니다.
그 후 나는 잠을 잤는데, 꿈을 꾸었습니다. 꿈속에서 나는 그의 사무실
밖에 있었는데, 바로 뒤쪽 언덕이 불타고 있었어요. 나는 그의 방으로
달려가 창문을 두드리며 말했습니다. "마하라지, 빨리 일어나요. 여기
서 나가요. 불이 났어요. 불길이 덮치겠어요."

그는 창가로 와서 말했습니다. "괜찮아. 걱정하지 마."

나는 깨어났고, 그는 사라졌습니다. 그는 며칠에 한 번씩 떠났다가
돌아오곤 했습니다. 별일이 아니었습니다. 이틀 후에 마더들은 비명을
지르고 울면서 아쉬람을 떠났습니다. 그것은 다른 의미일 수가 없었습
니다. 우리는 그들이 불을 피울 준비를 하는 바로 그때 브린다반에
도착했습니다. 나는 "아니, 아니, 제발 부탁이오니, 그의 발을 만지게

마더들. 왼쪽부터: 모히니 마, 싯디 마, 하리 프리야 조쉬, 지반티 마. (사진 프라바티 마커스)

해주세요."라고 말했습니다. 그들은 자리를 마련했고, 나는 그의 발을 만졌습니다. 그들은 화장용 장작더미 위에 마지막 장작을 올려놓았고, 곧이어 그것은 불길에 휩싸여 올라갔습니다.

미라 : 기타와 나는 오전 4시쯤에 옥상으로 올라가 명상을 했습니다. 마하라지는 하루 이틀 전에 떠났기 때문에 아쉬람은 조용했습니다. 아마 6시쯤이었고, 우리는 피가 얼어붙는 듯한 소리, 형언할 수 없이 히스테리한 비명소리를 마더들로부터 들었습니다. 아침에 마더들은 보통 정말 조용한 수행자들이었습니다. 우리는 내려갔고, 모히니 마가 "브린다반으로 가세요."라고 말했습니다. 그날 하루는 나에게 얼룩처럼 흐릿하게 남아 있습니다. 어제 일처럼 기억나는 것은 마하라지가 얼음 덩어리 위에 누워 있던 모습과 시신이 태워지던 불길뿐이었습니다. 그리고 나는 싯디 마와 자가티 마를 걱정했던 것이 기억납니다. 불 속으로 뛰어들려고 하는 그들을 누군가가 붙잡았던 것 같습니다.

나이마 : 그 일이 일어나기 전날 아침, 나는 나의 작은 진흙 오두막에서 사원으로 왔습니다. 나는 명상을 하고 있었고, 처음이자 마지막으로 마하라지가 나에게 영어로 말하는 소리를 들었습니다. 마치 가슴에서 목소리가 나오는 것 같았는데, "이리 와, 나이마, 이리 와."라고 말했습니다. 호소하는 목소리였습니다.

나는 사원으로 내려가 싯디 마에게 내가 본 환상에 대해 말했습니다. 그녀는 그가 헌신자들을 방문하러 아그라에 갔는데, 브린다반에 있는 사원에는 갈 계획조차 없다고 말했습니다. 하지만 나는 그가 오라고 했기 때문에 가야 한다고 느꼈습니다. 그래서 브린다반으로 가는 야간 열차에 탔습니다. 나중에 그가 나이니탈로 돌아가는 야간 열차에 탔다는 것을 알게 되었습니다. 내가 브린다반에 있는 사원에 도착하기 3시간 전에 그는 기차에서 내렸고, 병원으로 옮겨졌습니다. 나는 기차에서 창문 옆에 앉아 있었고, 바람이 몰아치고 있었습니다. 그의 존재감이 느껴졌고, 하누만이 바람 속에 있는 것 같은 느낌이 들었습니다. 나는 아침 6시에 브린다반에 도착해서 곧바로 사원으로 갔습니다. 라비 칸나가 자전거를 타고 나오고 있는데, 람 다스에게 전화를 걸어 마하라지가 그의 몸을 떠났다는 소식을 알려주러 간다고 했습니다.

사원에 들어갔을 때, 마하라지가 세 개의 큰 얼음 덩어리 위에 누워 있었습니다. 그때 시신을 처음으로 보았습니다. 내가 알고 있는 사람들 중 죽은 사람은 그가 처음이었습니다. 그가 나를 불러서 죽음에 대해 가르침을 준 것이 너무 감사했습니다. 왜냐하면 분명히 환상 속에 나타난 것은 몸을 입은 마하라지가 아니었기 때문입니다. 나는 그것을 느낄 수 있었습니다. '나는 몸이 아니다'라고 말하기는 쉽지만, 너무나 가깝게 느끼는 사람의 죽음을 통렬하게 지켜보면서도 그렇게 생각하기란 너무나 어렵습니다. 몸을 입은 누군가와 함께 있다는 것은 축복입니다. 어떤 것과도 비교할 수 없는 '무상함'에 대한 명상에 빠져들었습니다. 나는 하루 종일 거기에 앉아 그의 얼굴에 파리가 날아와 앉지 못하도록 부채질을 했습니다.

마더들은 방에서 슬피 울고 있었습니다. 아시다시피, 우리 미국 문화에서는 슬픔이 그 기능을 잃어버렸습니다. 그런데 그들은 너무나 깊은 슬픔에 빠져서 의식을 잃을 정도로 자신을 놔버리고 있었습니다. 경이로웠습니다. 그렇게 넋을 놓고 있다가 깨어나서는 그가 죽었다는 사실을 다시 기억해 내곤 했습니다. 나는 울지 않았습니다. 나는 그가 비전을 통해서 자신은 자신의 몸이 아니라고, 진짜로는 죽지 않았다고 말했던 것이 계속 생각났습니다. 그저 그 자리에 있을 수 있어서 너무 감사했습니다. 그것은 나에게 큰 변화를 가져왔습니다. 전혀 추상적인 것이 아니었어요. 그의 몸이 여기 있는 것 같았고, 그는 다른 어딘가로 갔지만, 그는 존재하는 모든 것들과 결코 분리될 수 없는 것 같았습니다. 그 직접적인 경험은 내 인생을 완전히 바꾸어 놓았습니다.

람기리 : 마하라지는 내 우주의 절대적인 중심이었고, 그가 다른 모든 사람들과 마찬가지로 죽을 운명의 소유자라는 생각은 조금도 하지 않았습니다. 어떻게 우주의 중심이 사라질 수 있겠니까? 어떤 면에서 보면 우리는 전혀 준비가 되어 있지 않았지만, 모두가 신호를 받았습니다. 비슈누는 다른 마을에 있었는데, 마하라지의 몸이 불타고 있는 환상을 보았고, 일주일 후 그가 본 것과 똑같은 방식으로 브린다반에서 불에 태워졌습니다. 마하라지는 우리 모두를 준비시켰지만, 우리가 그것을 의식할 수 있었던 것은 아닙니다. 그래서 완전한 충격으로 다가왔습니다.

라비 다스 : 맨 마지막에 내가 불려 내려갔을 때, 마하라지는 "가난하고 병든 사람을 섬겨라. 가난하고 병든 사람을 섬겨라. 그러면 너는 그리스도처럼 될 것이다. 그렇게 하겠니?"라고 물었습니다.
    나는 "신의 은총으로 그렇게 하겠습니다."라고 더듬거렸습니다.
    그는 계속 "그렇게 하겠니? 그렇게 하겠어? 그렇게 하겠느냐고?"라고 물었습니다.
    나는 마침내 내가 잘못된 대답을 했다는 것을 깨닫고, 잠자코 "네."라고 말했습니다.

"자오. (가라.)"

그 일은 그때 이래로 계속 나와 함께했습니다.

카인치에는 일하는 노동자들이 있었고, 그래서 마하라지가 카인치를 떠났을 때에도 나는 거기에 있었습니다. 그가 삼매에 들었을 때, 많은 사람들이 브린다반으로 내려갔지만, 나는 남아 있어야 할 것 같았습니다. 아쉬람은 조의를 표하기 위해 문을 닫았지만, 나는 노동자들을 위해 요리를 했습니다. 3, 4일 동안은 눈물을 흘리지 않고 주방일을 했습니다. 그런데 갑자기 눈물이 나왔습니다. 몇 시간 동안이나 울었습니다. 모든 것이 터져 나왔습니다.

마하라지는 죽기 전에, 하리드와르의 한 헌신자에게 "당신은 우리에게 밀가루 10포대를 주어야 합니다."라고 말했습니다. 그가 삼매에 들기 전 약 6개월 동안 한 일은 우리를 위해 포석을 깔아두는 일이었습니다. 우리는 필요한 것들을 모두 가지고 있었습니다. 농장에서 수확한 것들, 소, 야채, 감자 등 필수품을 모두 가지고 있었고, 비축해 둔 것들도 있었습니다. 1년 동안은 충분히 지낼 수 있는 양이었습니다. 그 해 말, 인도의 헌신자들이 조직되고, 신탁기금이 불어났습니다. 사원이 원활하게 굴러갈 만한 돈은 늘 흘러 들어왔습니다.

래리 박사 : 기리자와 나는 델리에서 완벽한 거주 환경을 찾았습니다. 아주 작은 아파트에 아주 큰 에어컨이 있었습니다. 어느 날 밤 새벽 3시에 누군가 문을 두드렸습니다. 우리가 어디에 사는지 아는 인도인은 단 한 명뿐이었는데, 바이쉬 씨였습니다. 그는 주말이면 우리를 카인치로 데려다주곤 했습니다. 그런데 그가 문 앞에 서서 울고 있었습니다. 그가 "님 카롤리 바바는 더 이상 없습니다."라고 말했습니다. 그가 무슨 말을 하는지 몰랐습니다.

우리는 차를 타고 브린다반으로 갔습니다. 라마크리슈나 미션 병원에서 그의 시신이 실려와 얼음판 위에 놓여졌을 때부터, 기리자와 나는 하루 종일 우리 구루의 시신 위에 파리가 날아들지 못하도록 쫓으면서 보냈습니다. 신비로운 아름다움과 거기에 가 닿을 수 있는 인간의 잠재력, 그리고 사랑하는 사람의 죽음에 대한 이야기가 내 안에서 펼쳐지고 있었습니다. 정말 힘들었습니다.

그 후 산 위쪽 사람들과 평원에 사는 사람들이 그를 어디에서 화장시켜야 하는지를 두고 다투기 시작했습니다. 야무나 강둑이냐 아니면 아쉬람이냐? 파갈 바바가 와서 말했습니다. "어리석은 사람들이여, 평범한 사람들이 야무나 강가에서 화장되기를 원하는 이유는 야무나강에 의해 거룩해지기 위해서입니다. 마하라지는 어디에서 화장하든 상관이 없습니다. 어느 장소에서 화장하든 그의 재로 거룩해질 것이기 때문입니다. 여기에서 화장하세요. 당신들이 늘 방문하고 싶어 할 테니까요." 그래서 그는 아쉬람에서 화장되었습니다. 다르마 나라얀이 와서 큰 막대기로 그의 머리를 부수어 영혼을 해방시켰습니다. 당시 나는 다르마 나라얀이 그의 아들이라는 것을 몰랐기 때문에, 왜 하필 그가 그 일을 하는지 이유를 알지 못했습니다.

미나크시와 사라스와티는 네팔에 있었는데, 인도로 가기 위해 새 비자를 받으려고 기다리고 있었다.

미나크시 : 마하라지는 나를 네팔로 보냈습니다. 내 비자가 만료되었기 때문입니다. 마하라지는 "넌 반드시 돌아올 거야. 브린다반에 올 거고, 나는 거기에 있을 거야. 장담하지. 틀림없이 그렇게 될 거야."라고 말했습니다. 그게 내가 그를 본 마지막이었습니다.

나는 네팔로 가서, 서양인들이 없는 둘리켈의 언덕 위에서 살았습니다. 그 후 사라스와티가 네팔로 왔습니다. 그녀의 비자도 끝났기 때문입니다. 우리는 "좋아, 트레킹을 하자."라고 말했습니다. 우리는 한밤중에 일어나서 포카라로 가는 버스를 타야 했습니다. 거기에서부터 트레킹을 시작할 참이었습니다.

그날 밤 꿈을 꿨습니다. 마하라지는 평상이 아닌 의자에 앉아 있었습니다. 늘 마하라지와 함께했던 많은 여성들이 그의 주변에 있었고, 그의 머리와 어깨를 마사지해 주고 있었습니다. 남성들은 옆에 서 있었습니다. 문이 있었고, 마하라지는 어느 순간 자리에서 일어나 문 쪽으로 걸어가며 말했습니다. "나는 지금 당신들이 나와 함께 갈 수 없는 곳으로 갈 거야." 그리고 걸어가기 시작했습니다. 그날 밤이 그가 몸을 떠난 날이었지만, 나로서는 그 사실을 전혀 알 수 없었지요.

사라스와티 (부모님께 보낸 편지에서) : 그가 돌아가셨을 때, 9월 11일 화요일 오전 1시, 아름다운 새가 네팔에 있는 내 방 창문 밖에서 맑고 신선한 플루트 같은 울음소리로 나를 깨웠습니다. 미나크시와 나는 일어나서 마하라지가 가장 좋아하는 노래인 하누만을 찬양하는 40절을 불렀습니다. 우리는 그날 아침 트레킹을 떠날 계획이었지만, 비가 내리고 있었기 때문에 마하라지에게 하루 종일 푸자를 하기로 했습니다.

푸자에 사용할 과일과 꽃을 사기 위해 포카라로 걸어가는 동안, 우리 둘 다 마하라지의 은총이 우리와 함께하는 것을 느꼈습니다. 그가 아주 가까이에 있는 것 같았습니다.

포카라에 도착했을 때, (나중에 알고보니 그때는 브린다반의 헌신자들이 그의 시신을 화장하던 무렵이었습니다.) 나는 우연히 하누만의 사진을 꺼내어 보다가 충격을 받고 "미나크시, 여기 봐! 울고 있어!"라고 말했습니다. 어떻게 된 일인지 사진 속 얼굴이 슬픔으로 바뀌었고, 그가 울고 있는 것이 보였습니다. 우리는 무슨 생각을 해야 할지 몰랐습니다.

물건값을 지불하려고 하는데, 돈이 사라지고 없었습니다. 60달러 정도가 없어졌습니다! 우리 방은 잠금장치가 없었기 때문에, 우리는 모든 돈을 동전 지갑에 넣어 보관했습니다. 우리는 서로를 바라보며 말했습니다. "마하라지는 우리가 카트만두로 돌아가길 원하시나 봐." 나는 마하라지가 보관하라고 말한 20달러짜리 여행자 수표를 방에 숨겨두었는데, 그걸 가지고 카트만두로 돌아갔습니다. 금요일에 전보를 받았습니다. 그의 은덕으로 우리는 카트만두에 있는 모든 동료 헌신자들에게 연락하여 저녁 푸자를 하고 잔치를 벌일 수 있었습니다. 마하라지는 항상 "사람들을 사랑하고 먹이세요."라고 말했습니다. 눈물과 노래와 격려가 이어졌습니다.

다음날 아침, 미나크시와 나는 비행기에 탑승하여 인도로 돌아갔고, 마하라지가 장담했듯이, 공항에서 3개월 비자를 받았습니다. 그는 자기 자신만의 이유로, 몸을 입고 지내는 그의 마지막 한 달 동안 나를 떠나 보냈지만, 그 전에는, 온전히 한 달 동안, 날마다 개인적으로 다르샨을 주고 내가 걸어야 할 영성의 길에 대해 많은 이야기를 해주었습니다. 그는 자신이 조용히 떠나겠다고 나에게 미리 경고했습니다. 그리고 지금은? **진짜** 아무것도 바뀌지 않았습니다. 사랑 자체인 그는 여전히 이렇게, 이렇게, 지금 여기에 있습니다.

대니얼 가린Daniel Garin은 스위스 아빌라에 머물고 있던 티모시

리어리를 통해 마하라지에 대해 처음 들었다. 대니얼의 친구들이 리어리를 방문했다. 티모시는 대니얼이 혼자 명상을 하고 있다는 말을 듣고 『지금 여기에 살라』를 그에게 보냈다. 대니얼은 맨발에 빈털터리 방랑자의 모습으로 마하라지에게 왔다. 그는 받아들여졌고, 보살핌을 받았다. 그는 스위스로 돌아갔다가 다시 인도로 돌아왔다. 그가 브린다반에 도착했을 때, 마하라지의 시신은 스테이션 왜건 위에 올려져 장례 행진을 하고 있었다.

대니얼 : 나는 9월에 스위스에서 델리로 돌아왔습니다. 돈이 있었기 때문에 기차를 타고 마투라로 갔다가 버스를 타고 브린다반으로 갔습니다. 어떤 남자가 다가와서 "마하라지가 죽었어요."라고 말했습니다. 도대체 무슨 말을 하고 있는 것인지 의아했습니다.

브린다반의 버스 정류장에서 스테이션 왜건이 아주 천천히 나아가고 있었고, 많은 사람들이 차 뒤와 주변에서 따라가고 있었습니다. 마하라지의 시신은 꽃으로 덮여 있었습니다. (관악대와 함께 브린다반을 한 바퀴 도는 이 '퍼레이드'는 사람들에게 마지막 다르샨을 주기 위해 이루어졌습니다.) 나는 차를 따라가기 시작했습니다. 차 뒤를 따라 30미터 정도 걸어간 후, 나는 갑자기 기절할 것 같은 기분이 들었습니다. 깊은 절망에 빠졌습니다. 바로 앞에 있던 열 살짜리 힌두 아이가 돌아서서 나에게 손짓(무드라)을 했고, 그러자 모든 것이 갑자기 바뀌었습니다.

나는 '미안해요, 마하라지. 몸과 형상에 너무 집착했네요. 미안해요. 내 믿음이 너무 부족합니다.'라고 생각했습니다. 나는 고개를 들었고, 아이는 사라지고 없었지만 기분은 좋았습니다.

아쉬람에서 나는 누구와도 관계를 가질 수 없었습니다. 왜냐하면 너무 행복했기 때문입니다. 전혀 슬프지 않았습니다. 드와르카나트가 울고 있었고, 싯디 마도 울고 있었습니다. 불이 타오르고 있었습니다. 이미 해가 지고 있었습니다. 두 명의 사두들이 불 주위를 춤추고 노래하고 있었습니다. 후유. 어쨌든 나는 혼자가 아니라는 것을 가슴으로 실감하고 있었습니다.

불이 다 타고 난 후, 래리 브릴리언트를 우연히 만났습니다. 나는 "델리에 가고 싶은 마음뿐이에요. 여기에서는 내가 할 일이 없어요."라고 말했습니다. 그는 델리에서 온 의사에게 이야기했고, 그가 나를 태워주었습니다. 그리고 다음 날, 나는 스위스로 돌아가는 비행기를 탔습니다.

마하라지가 '중앙 감옥을 떠나는' 동안, 시바야는 아직 감옥에 있었다.

시바야 : 마하라지가 그의 몸을 떠났을 때, 나는 '델리 중앙 감옥'에 있었습니다. 몇 년 전, 몇몇 서양인들이 하시시를 거래하는 것을 도왔기 때문이었습니다. 돈을 원한 것은 결코 아니었지만, 어쨌든 흔적이 남았습니다. 엄청난 돈이 오갔어요. 그들은 8kg의 하시시 거래에 필요한 돈이 가득 담긴 여행용 가방을 나에게 주었습니다. 나는 마하라지와 함께 있는 동안에는 델리에 있는 다른 사람에게 그것을 맡겼습니다. 나는 모든 돈을 다 전해주고 난 후, 이제 그 가방을 팔고 미국으로 돌아갈 때가 되었다고 생각했습니다. 그러나 내가 거래하던 사람이 나를 경찰에 신고하는 바람에 나는 센트럴 교도소에서 몇 달을 보내야 했습니다.

교도소는 훌륭한 편의시설에 감방도 멋졌고, 서양인을 위한 전담

요리사가 있었습니다. 우리는 훌륭한 음식과 서비스를 받았고, 나는 그곳에서 꽤나 괜찮은 시간을 보냈습니다. 의자를 만드는 공장에서 일해야 했지만, 그건 그다지 신경이 쓰이지 않았습니다.

　명상을 하기 위해 앉을 수 있는 아름다운 정원과 우리가 원하는 온갖 하시시가 다 있었습니다. 경비들은 우리에게 필요한 모든 것을 제공했습니다. 그들은 내가 기간 연장을 요청한 유일한 수감자라고 말했지만, 허락을 해주지는 않았어. 9월 20일경에 감옥에서 나왔습니다. 나는 돈이 없었고, 아무것도 없었습니다. 델리에 아파트가 있는 다니엘라라는 여자를 알고 있어서 그리로 갔는데, 택시비는 그녀가 지불해야 했습니다. 다니엘라는 마하라지가 죽었다고 말했습니다. 나는 "아, 예, 지금 그를 보러 가려고 합니다."라고 대답했습니다. 그녀는 "내 말을 듣지 못했군요. 마하라지는 죽었어요. 그는 몸을 떠났어요."라고 말했습니다.

　도대체 이해가 되지 않았습니다. 나는 기이하게도 슬픔과 안도감을 동시에 경험했습니다. 나는 슬픔을 느꼈고, 점점 더 심해졌지만, 그와 동시에 그가 항상 나와 함께 지금 여기에 있고 그러니 난 어디에도 갈 필요가 없다는 안도감을 느꼈습니다. 나는 카인치에 갈 필요가 없었지만, 무엇을 해야 할지 알 수가 없었습니다. 그녀는 또, 그가 "마침내 중앙 감옥을 떠난다."라고 말했다고 했습니다.

　나는 델리 외곽의 모롤리로 갔습니다. 폐허에서 잠을 자고 있었고, 불을 피워 놓고 앉아 있었습니다. '이제 무엇을 해야 하지? 마하라지는 가 버렸어.'라고 생각했습니다. 그리고 가지고 있던 옷들과 여권, 그리고 내가 가진 모든 것을 불 속에 던졌습니다. 담요, 룽기(남성 의복), 로타(물을 담는 작은 냄비)만 남기고, 다른 것은 모두 태워 버렸어요. 그런 다음 나는 사두의 일을 시작했습니다. 평생 사두로 지낼 것이며,

앉아 있는 왼쪽부터: 모한, 파르바티, 라다, 자가나트 다스, 라메슈와 다스, 락슈미, 크리슈나 프리야, '작은' 락스미, 서 있는 왼쪽부터: 라구, 미라바이 (오웬을 안고 있는), 크리슈나, 룩미니, 람 다스, 발라람 다스, 아나슈아 (고빈다스를 안고 있는), 크리슈나 다스, 안나푸르나 (기타를 안고 있는), 피터 브롤리, 수난다 (타라를 안고 있는), 대니 비슈와나트. (LSR 재단 아카이브)

결코 미국으로 돌아가지 않겠다고 마음먹었습니다.

서부로 돌아온 우리에게는 새로운 소식이 빠르게 퍼졌다. 동부 해안에 있는 사람들은 뉴햄프셔에 있는 람 다스의 아버지의 집에 모였고, 서로의 충격과 슬픔을 나누고 애도하면서 이야기와 노래를 통해 바바를 찬양했다. 우리 중 27명은 인도로 가는 비행기에 탔다. 라구와 나는 우리가 알지 못했던 은행 계좌를 어느 날 문득 발견했는데, 그 계좌에는 비행기 요금과 3주간의 인도 여행에 필요한 금액이 정확히 들어 있었다. 나는 그가 몸을 떠났다는 것을 도저히 믿을 수 없었다. 그 텅 빈 평상을 눈으로 확인하기 전에는.

그리고 서해안에서는:

자이 : 캘리포니아로 돌아왔을 때, 나는 오클랜드 힐즈에 있는 스와미 묵타난다의 아쉬람에서 잠시 살았습니다. 그들은 나에게 하루에 한 시간씩 키르탄을 부르게 했고, 그 대가로 숙박과 식사비를 제공했습니다. 정말 멋진 일이었습니다! 그때 나는 21살이었고, 마하라지에게 돌아가는 것을 생각하지 않았던 날은 하루도 없었습니다. 나는 세상의 모든 시간을 가지고 있다고 느꼈습니다. 그런데 그가 돌아가셨고, 세상이 무너지는 것 같았습니다. 그를 보러 가지 못한 것이 통탄스러웠습니다. 우리는 밤새 키르탄을 했고, 울고 또 울었습니다. 돈이 없었기 때문에 인도에 가서 장례식에 참여할 수가 없었습니다.

오랜 세월이 흐른 후에야, 어떤 의미에서는 그가 떠난 것이나 떠나지 않은 것이나 다를 바가 없다는 것을 알게 되었습니다. 나는 미국에 있으면서 날마다 그에게 예배했습니다. 내가 할 수 있는 모든 방법으로 말입니다. 지금도 그렇습니다. 그의 몸은 죽었지만, 사람들은 그를 보고 그에 의해 깊은 감동을 받기 시작했습니다. 그리고 나의 삶은 여전히 그를 중심으로 돌고 있습니다. 마치 태양을 도는 행성처럼.

안자니 : 마하라지가 그의 몸을 떠났을 때, 나는 람 다스를 비롯한 도반들과 함께 인도로 날아갔습니다. 브린다반의 아쉬람으로 걸어 들어갔고, 아쉬람에는 화장을 하느라 나온 연기가 아직 가시지 않고 있었습니다. 그 느낌과 진동이 너무 강렬해서 견디기 힘들었습니다. 우리 모두는 슬픔과 비탄에 빠져 있었지만, 아쉬람에서 의식에 참여하면서 믿을 수 없는 일이 현실이 되었습니다. 나는 그 당시 마하라지에 대한 꿈을 많이 꾸었습니다. 어떤 꿈에서 그는 젊은 몸이었습니다.

우리가 떠날 때, 거기에서 오만 가지 일을 다 맡아 하던 젊은이가 다가왔습니다. 그는 재가 담긴 병을 가지고 있었고, "이것을 어떻게 해야 할지 모르겠어요."라고 말했습니다. 그리고 그것을 가져가서 강물에 뿌려 달라고 했습니다. 나는 '알라하바드로 가서 상감에서 뿌리자'라고 생각했습니다. 우다브와 레바티, 그리고 나는 기차를 타고 알라하바드로 갔는데, 기차에서 재가 들어 있던 플라스틱 병이 깨졌습니다. 기차 통로에 재가 흩뿌려질까 봐 우리는 가지고 있던 물병에 재를 옮겨 담았습니다.

그래서 원래 병에 들어 있었던 재가 모두 그 안에 담기게 되었습니다. 나는 "글쎄, 이걸 던져 버릴 수는 없잖아. 이제 어떡하지?"라고 말했습니다. 나는 거기에 물을 더 넣어서 조금 마셨습니다.

알라하바드에 도착했을 때, 다다는 우리를 배에 태워 강으로 데려갔고, 우리는 마하라지의 재를 갠지스강에 뿌렸습니다. 아름다운 날이었습니다. 정말 평화로웠습니다.

마하라지의 대열반 당시 인도에서.

크리슈나 다스 : 마하라지가 돌아가신 후, 나는 돌아다니며 바바들에게 "어떻게 하면 제가 저의 구루와 가까워질 수 있을까요?"라고 물었습니다. 그들은 "무슨 말씀이신가요? 당신의 구루는 지금 당신의 눈으로 밖을 내다보고 계십니다. 마하라지가 있는 곳이 바로 그곳입니다."라고 말했습니다.

17

그렇게 막이 내리고

그리고 결국, 당신이 받는 사랑은
당신이 주는 사랑과 똑같습니다.
—비틀즈, "디 엔드 The End"

마하라지의 죽음 이후 몇 년 동안 서구의 헌신자들은 그들의 인생에서 가장 힘든 시기를 보냈다. 상당수는 인도를 떠나려고 하지 않았고 여러 해 동안 머물렀다. 일부는 마하라지의 헌신자들로부터 이야기를 모으는 데 시간을 보냈고, 그것은 『사랑의 기적 Miracle of Love』[1]이라는 책으로 묶였다. 사두가 된 사람들도 있었다. 서구 세계로 돌아온 사람들 중 많은 이들이 결혼하여 자녀를 두었다. 일부는 더 큰 선을 위해 봉사할 수 있는 방법을 배우기 위해 학교로 돌아갔고, 일부는 절망에 빠져 일시적인 약물에 의지하면서 고통을 덜고자 했다. 우리가 결코 잃지 않았던 것은, 우리가 서로 연결되어 있고 우리의 삶이 격자무늬 담요에 싸여 있다는 자각이었다.

시바야 : 마하라지가 몸을 떠난 후, 나는 몇 년 동안 맨발의 사두로서

지냈습니다. 74년에 나는 산속 동굴에서 혼자 지냈는데, 밤에 호랑이가 나타나 나를 따라다니며 위협했습니다. 마하라지가 내 가까이에 나타났습니다. 나는 공포에 질려 있었고, 몸이 떨렸습니다. 내 마음은 신도 모르게 내달리고 있었고, 그는 웃고 있었습니다. 그는 하누만 찰리사를 부르라고 했습니다. 나는 내가 죽을 거라는 걸 알았습니다. 호랑이의 눈과 마주쳤기 때문입니다. 나는 정말 큰 소리로 노래하기 시작했고, 첫 번째 찰리사를 마쳤을 때, 몸에서 모든 경련이 멈췄습니다. 끔찍했던 두려움은 사라졌습니다.

나는 찰리사를 계속했고, 얼마 후 호랑이가 덤불 속으로 쿵쾅거리며 걷기 시작했습니다. 나는 '음, 이제 곧 나를 덮치겠구나.'라고 생각했습니다. 하지만 그것은 내 주위를 맴돌았을 뿐입니다. 이제 그것은 바로 내 앞에 있었습니다. 나는 계속 노래했습니다. 20분쯤 지나자 호랑이가 옆으로 다가왔고, 나는 그를 지켜보며 노래했습니다. 나는 완전히 지칠 때까지 노래했습니다. 자리에서 일어설 수도 없었습니다. 나는 누워 있든 앉아 있든 어차피 먹힐 바에야 아무 상관 없다고 생각했습니다. 그래서 자리에 누워 버렸습니다. 내가 아는 모든 사람들에게 작별 인사를 했습니다. 그들은 모두 내 앞에 번쩍이며 나타났고, 나는 갖가지 환상을 보았습니다. 나는 죽기 위해 누워 있었습니다…. 그리고 나는 예기치 않게 다음 날 깨어났습니다.

그날 이후로 나는 아침마다 찰리사를 불렀습니다.

발라람 다스 : 슬픔의 고통이 가끔씩 번개처럼 나를 강타했습니다. 비록 지금은 덜 자주 그러지만. 결국 그는 어디에나 있습니다. 크리슈나 다스는 그에게 물었습니다. "우리가 당신을 꿈꿀 때, 당신은 우리와 함께 있습니까?"

그는 "나는 항상 너와 함께 있어."라고 말했습니다.

하지만 그가 육신을 떠나고 1년 동안은, 운전을 하면서도 눈물을 터뜨리곤 했습니다. 거의 마비될 듯한 상실감에 휩싸여 지냈습니다. 여러 해 동안 나는 마하라지에 대해서는 말을 한 적이 거의 없었습니다. 상실이 너무 고통스러웠기 때문입니다. 하지만 세월을 거꾸로 돌릴 수는 없는 일입니다. 그래도 무슨 일이 있었는지, 내가 그것에 대해 말할 수 있는 무엇이 있다면, 가능하면 기록으로 남기는 것이 좋겠지요.

나는 정기적으로 꿈을 꿉니다. 한 번은 산속의 한 마을에서 오르막길을 걷고 있었습니다. 나는 건물 안으로 들어가 복도를 걸어갔는데, 마하라지가 거기에 있었습니다. '맙소사, 이게 무슨 거짓말 같은, 끔찍한 마음의 구름인가. 그토록 오랫동안 그는 더 이상 없다고 생각했는데? 그는 항상 여기에 있었어!' 정말 멋진 느낌이었습니다. 그리고 알람이 울렸습니다. 일하러 가야 할 시간이었습니다. 꿈은 나를 슬프게 하지만, 거기에는 메시지도 있습니다. 그가 이제 여기 없다고 항상 생각해 왔는데, 얼마나 어리석었던가요.

이제는 그냥 일이 일어나도록 내버려두는 것으로 만족합니다. 나는 그를 다시 만나게 될 것입니다. 나는 이번 생의 끝에 가까워지고 있습니다. 나의 목표는 문제로부터 벗어나서, 항상 마하라지가 내 옆에 있다는 것을 알고, 신의 이름을 외우려고 노력하는 것입니다. 이 칼리 유가(가장 어두운 시대)에는, 마하라지가 말했듯이, 우리가 해야 하고 또 할 수 있는 유일한 일은 신의 이름을 부르는 것, 그것뿐입니다.

브루스 : 마하라지가 나를 늘 제 자리에 있게 한다고 생각합니다. 내가 너무 어두워지거나, 너무 못되거나, 너무 비판적으로 되면 마하라

지를 떠올리고, '아, 조금 지나쳤구나.'라고 생각합니다. 나는 두 번의 이혼과 험한 고통을 겪었고, 내 인생은 끝났다고 생각했고, 마하라지가 거기에 없다고 느꼈습니다. 10년 전 내가 도저히 소화할 수 없는 일들이 터졌을 때는, 거의 죽을 뻔했습니다. 인도를 방문한 마지막 두 번의 여행에서는, 나는 마하라지에게 아무것도 요구하지 않았습니다. 내가 요구한 건 딱 5분 동안 혼자 그의 방에 들어가서 눈을 감고 내가 느끼는 것을 느끼는 일, 그리고 시장에 가서 돌아다니고, 방을 정리하고, 사람들과 어울리는 것뿐이었습니다. 나는 더 이상 아무것도 요구하지 않습니다. 그는 나에게 충분히 주었습니다.

대니 : 우리는 어디서나 마하라지 이야기를 접합니다. 라마 놀라 Lama Norla는 뉴욕 포킵시에서 얼마 떨어지지 않은 곳에서 수행 센터를 가지고 있습니다. 그는 티베트에서 칼루 린포체의 명상 수행 마스터였습니다. 그는 1958년에 중국에서 탈출하여 인도에 있었고, 갈 곳이 없었으며, 하리드와르 근처 어딘가에서 은둔 수행을 계속하기로 결정했습니다. 그는 망가진 오두막을 발견하고 수행을 시작했습니다. 어느 날 어떤 남자가 그의 오두막에 들어와서 그에게 소리를 지르기 시작했습니다. 그가 무슨 말을 하는지 이해하지 못했습니다. 그는 요리 도구를 부수기 시작하더니, 결국 떠났습니다. 라마 놀라는 '이곳에는 미친 사람들이 있어. 아마 이사해야 할 것 같아.'라고 생각했습니다.

몇 시간 후 한 아이가 음식이 담긴 탈리(큰 접시)를 가지고 와서 자신과 함께 가자고 말했습니다. 아이는 그를 아쉬람으로 데려갔고, 거기에 미친 놈이 있었는데, 그가 바로 님 카롤리 바바였습니다. 마하라지는 그가 머물던 곳에 위험한 뱀이 우글댄다고 말했습니다. 마하라지는 그에게 아쉬람의 방을 내주어 은둔을 계속할 수 있게 했습니다. 라마 놀라는 칼루 린포체가 그의 행방을 알고는 그를 부르기 전까지 2년 동안 그와 함께 있었습니다. 놀라는 마하라지를 떠나게 된 것이 너무 슬펐습니다.

마하라지는 그의 구루가 그를 찾는다는 것을 알게 될 때까지는 그를 보내고 싶어 하지 않았습니다. 그 소식을 듣게 되자 그는 "당신은 가야 해요."라고 말했습니다.

라마 수리야 다스 : 70년대 후반에 나는 라마 놀라의 수도원과 뉴욕 와핑거스 폴스에 '카규 투브텐 촐링 Kagyu Thubten Choling' 이라 불리는 3년제 은둔 명상 센터를 설립하는 데 도움을 주었습니다. 라마 놀라는 내가 만난 티베트 라마 중에서 마하라지를 잘 아는 유일한 사람이었습니다. 그는 마하라지의 목소리를 곧잘 흉내 내곤 했습니다. 그는 마하라지를 '두드 바바'라고 불렀다고 했습니다. 마하라지가 항상 그에게 우유(두드)를 보냈기 때문입니다. 마하라지는 그를 '티베트 바바'라고 불렀습니다. 그는 '티베트 바바'였고, 마하라지는 '두드 바바'였습니다. '두드'의 엄청난 컬트 추종자들을 감안하면 많이 웃기는 일입니다. 그리고 '두드'는 그 모든 것을 감당해 냅니다.

자이 : 어느 날 아침 일찍 친구들과 나는 불교 마을인 사르나트의 언덕 위에서 명상을 하고 있었습니다. 매우 큰 사리탑, 불교 유적들로 가득 찬 곳이었습니다. 나는 복잡한 명상 수행법을 얼마 동안 해왔음에도 어려움을 겪고 있었는데, 갑자기 머릿속에서 천둥 같은 폭발음이 들렸습니다. 그러고는 람 람 람 람이라고 하는 마하라지의 목소리를 들었습니다. 그는 나를 에워싸고 '람'을 외쳤고, '람'을 반복할 때마다

내가 수행해 온 소위 영적 수행법들이 나에게서 떨어져 나갔습니다. 정화되는 것 같은 느낌이 들었습니다. 의심할 여지 없이 그것이 내 만트라 입문이었습니다. 마하라지가 나에게 '이름'을 주었습니다.

나는 툴시 다스Tulsi Das*의 책에서 '무심하게' 신의 이름을 반복하는 것의 가치에 대해 읽은 적이 있었습니다. 수년 동안 나는 왜 '무심하게'라고 했는지 늘 궁금했습니다. 얼마전 인도에 갔을 때, 나는 싯디 마에게 "나는 항상 노래하고, 사람들은 내가 훌륭하다고 말하지만, 다 허튼 소리일 뿐이지요. 나는 대부분의 시간 동안 애써 일하고 스트레스를 받곤 합니다…"라고 말했는데, 그때 그녀의 말을 듣고 나는 그게 무슨 뜻인지 완전히 새로운 맛을 보기 시작했습니다.

그녀는 미소를 지으며 "자이 고팔, 네가 무엇을 느끼든 무슨 상관이야? 너는 너에게 주어진 봉사를 하고 있는 거야. 너는 마하라지를 섬기고 있고, 사람들의 가슴에 울림을 주고 있어. 너희 미국인들은 '섬기는 일'을 라두**를 먹고 나무 아래에서 지복을 누리는 것이라고 생각하지. 우리에게 '섬김'은 많은 걱정과 애씀이 따르는 경우가 너무 많아."

나는 박티의 길이 우리 자신과 우리 자신의 경험, 우리 자신의 행복을 위한 것이 아니라는 것을 깨닫기 시작했습니다. 오히려 그것은 '섬김의 길'인 것이고, 구루, 신, 헌신자들, 방문객들, 고통받는 사람들을 위하는 길인 것입니다. 나는 사원 주위에서 나이 든 인도인 헌신자들이 봉사하는 모습을 보았고, 그것은 나에게 깊은 영향을 미쳤습니다.

---

* 랍볼라 두베이 (1511~1623). 힌두교 성자이자 시인. 하누만 찰리사와 라마의 삶을 바탕으로 라마야나를 재해석한 서사시 『람차리트마나스 Ramcharitmanas』의 저자.

** 주로 밀가루, 지방(기름/버터/기름) 및 설탕으로 만들어지는 음식. 때로는 잘게 썬 견과류나 건포도와 같은 재료도 첨가된다.

나는 그런 종류의 헌신으로 축복받기를 기도합니다.

크리슈나 다스 : 우리는 람 다스로부터 마하라지가 느낀 바를 느낄 수 있었습니다. 나는 람 다스가 한 것과 똑같은 방식으로, 전혀 무의식적으로, 아무것도 하고 있지 않다는 느낌으로 행하고 있습니다. 마하라지가 전달하고자 하는 바가 그대로 전달됩니다.

내가 노래할 때마다 사람들은 나에게 편지를 보내어 이것 또는 저것이 그들에게 얼마나 큰 의미를 갖는지 말해줍니다. 그들은 사랑을 느끼고, 마하라지를 느끼고, 진실을 느끼고, 행복을 느끼고, 온전함을 느끼고, 믿음을 느낍니다. 그들은 그것이 그들의 항암치료를 견뎌내는 데 도움이 되었고, 수술을 견뎌내는 데 도움이 되었고, 딸이나 아들, 남편을 잃은 상실감을 견뎌내는 데 도움이 되었다고 말합니다. 고통은 끝이 없고, 그의 은혜도 끝이 없습니다. 나는 개인적으로 내가 그런 일이 일어나도록 뭔가를 했다는 느낌이 전혀 없습니다. 어떻게 그럴 수 있을까요? 나는 그저 마하라지에게 최선을 다해 노래할 뿐입니다. 일어나는 일은 그의 몫입니다.

나는 부쿠레슈티, 부다페스트, 프라하, 크라쿠프, 모스크바에 갔었습니다. 모스크바에서 키르탄을 할 때에는 뉴욕보다 더 많은 사람이 모였습니다. 그곳 사람들은 굶주리고 있었습니다. 약 1500명이 모스크바에 나타났고, 그들은 실제로 키르탄을 알고 있었습니다. 모두가 유튜브를 알고 있었고, 모두가 다운로드하는 법을 알고 있었고, 모두가 온라인에서 음악을 훔쳤습니다. 괜찮습니다. 얼마든지 밖으로 퍼뜨리세요. 사람들이 원하는 것, 느끼는 것, 갈망하는 것, 마시는 것은 세상 어느 곳이나 다 똑같습니다. 언어가 다르고, 옷이 다르고, 머리 스타일이 다릅니다. 전기도 다를 수 있습니다. 다른 모든 것은 다 똑같습니다. 우리는 발칸, 세르비아, 크로아티아, 보스니아 헤르체고비나에 갔습니다. 방랑하는 사두들과 다름이 없는 것 같습니다. 진짜로는 누구도 한 곳에만 집착하지 않습니다.

나는 마하라지가 사람들을 만지고 있다고 느낍니다. 만지고 씨앗을 심는 것이 그의 일이고 그의 은총입니다. 왜냐하면 그것이 '그 이름'이 뜻하는 바이기 때문입니다. 그것은 마하라지의 일부이며, 그의 사랑의 씨앗입니다. 그것을 듣는 모든 사람이 언젠가는 어떤 식으로든 혜택을 받게 될 것입니다. 나는 그저 나 자신에게 씨앗을 심고 있을 뿐이고, 듣고 싶어 하는 사람은 누구나 다 환영합니다.

나는 마하라지의 담요가 전 세계 곳곳의 홀마다에서 사람들과 나를 감싸고 있는 것을 보고 느끼는 것이 얼마나 아름다운지 말해야겠습니다. 그의 현존을 얼마나 강하게 느끼는지 이야기해야겠습니다. 그리고 사람들이 그것을 알고 있든 모르고 있든, 그들은 그의 담요 아래에 감싸여 있다는 것을 알아주었으면 합니다.

미나크시 : 기독교 전통에서 자란 나에게 마하라지를 만나는 것은 예수를 만나는 것과 같았고, 예수와 함께 있는 것이 어떠했을지를 정말 실감나게 느끼게 해주었습니다. 그가 무언가를 다 알고 있었다는 사실, 마하라지의 전능한 부분은 나에게 중요하지 않았습니다. 내가 마하라지에 대해 좋아했던 점은, 아무것도 할 필요가 없다는 점이었습니다. 교리가 전혀 없었습니다. 나는 그것이 더 어려운 길이라고 생각했지만, 그것은 진정한 나 자신의 본질에 적합했습니다. 어떤 가르침의 대상이 되고 싶지는 않았습니다. 그가 어떤 전통에서 태어났는지는 중요하지 않았습니다. 그것은 내가 그것을 포용하고 받아들여야 할 필요가 있었다는 의미가 아닙니다.

마하라지는 나 자신을 보여주는 정말 아름다운 거울이었고, 진짜로 중요한 것은 거기에 도달하기 위해 나만의 길을 가야 한다는 것입니다. 도반들과 연결될 때마다 나는 그를 느낄 수 있습니다. 나와 가장 가까운 사람들, 나와 가장 가까운 연결고리를 맺고 있는 사람들은 나의 도반들입니다.

나로 하여금 그와 함께하는 지금의 삶에 도달하게 한 것은, 그가 표현해 주었던 고요함과 아름다움의 현존에 대한 존중심입니다. 그는 모든 사람이 도달한 수 있는 자리를 아름답게 보여주었습니다. 그는 인간성으로 충만해 있었고, 그의 인간성은 내가 가장 사랑하는 부분이 었습니다. 그는 나에게 사람이 지닐 수 있는 아름다움의 최고치를 보여주었습니다. 내가 사랑했던 것은 그의 마법이 아닙니다. 나는 그에게 헌신하려고 하지도 않았습니다. 나는 아무 조건 없는 사랑의 자리에도 이르지 못했습니다. 왜냐하면 나는 그것이 무엇을 의미하는 지 모르기 때문입니다. 깨달음, 그것이 무엇을 의미하는지 모르고, 그것은 나에게는 정말 중요하지 않습니다. 나에게 그는 고요함과 텅 빔을 보여주었지만, 거기에는 모든 것이 있었습니다. 나는 혼자 그와 함께 앉아 있는 것, 그냥 고요히 있는 그 경험을 존중합니다.

래리 박사 : 천연두 프로그램을 위해 일하는 동안 카인치로 여행을 갔을 때, 우리는 아쉬람 뒤쪽의 평상 옆에 앉아 있었습니다. 우리는 다른 운명, 다른 다르마에 대해 이야기하고 있었고, 그는 『바가바드 기타』의 한 구절을 말했습니다. "당신의 운명은, 아무리 천한 인생이라 도, 다른 사람의 운명보다 위대합니다. 아무리 고귀한 사람의 운명이 라도 당신의 운명이 더 위대합니다." 일찍 꽃을 피우는 사람도 있고, 늦게 꽃을 피우는 사람도 있습니다. 세상에서 힘들게 일하는 사람이

있는가 하면, 동굴에서 조용히 앉아 있는 것을 좋아하는 사람도 있습니다. 마하라지는 우리에게 가장 좋은 사다나, 다르마, 이름, 계획, 가장 좋은 자극을 주셨습니다. 나의 다르마가 당신의 다르마보다 낫다고 말할 수 없습니다. 비교하거나 판단할 일이 아닙니다.

우리가 그와 함께 앉아 있을 때, 서양인들이 줄을 서서 다리를 건너왔습니다. 마하라지는 그들을 아쉬람에 들여보내지 못하게 했는데, 15명 정도의 서양인들이 모두 이 광경을 보고 있었습니다. 마하라지는 그들을 바라보며 모든 사람의 운명이 다르다고 말했습니다. 그의 눈은 자신의 머리 뒤로 향했고, 그는 마치 그들의 아카샤 기록과 미래를 읽는 것처럼 그 서양인들을 바라보았습니다. 그는 자신이 우리에게 필요한 것을 주고 있다는 것을 알았습니다. 우리가 반드시 원하는 것은 아니더라도 말입니다. 그는 말했습니다. "너무나 다양한 종류의 꽃들입니다. 꽃들은 동시에 피지만, 그들의 운명은 서로 다릅니다."

수일 안나 Suil Anna (Scottish Annie)는 16살 때 스코틀랜드에서 크리슈나의 환상을 보았고, 18살 때 유럽에서 육로로 인도에 갔다. 먼저 마투라로 갔고, 그다음에는 브린다반으로 향했다. 그녀가 아쉬람에 도착했을 때, 그녀는 뒤쪽에 앉아 있으려고 했는데, 어느새 마하라지 바로 앞에 앉아 있었다. 마하라지는 그녀를 바라보며 "어디에서 왔지?"라고 물었다. 그녀는 그가 스코틀랜드라는 태어난 장소를 묻는 것이 아니라 영혼의 화두를 던지고 있는 것이라고 느꼈다.

수일 : 버스를 타고 카인치로 갔을 때, 어느 집을 지나가면서 나는

'아, 저기에 머물고 싶구나.'라고 생각했습니다. 그 집의 주인은 나이니탈의 두 의사였고, 스코틀랜드 출신이었으며, 나와 같은 마을 출신이었습니다. 결국 나는 그 집에 머물게 되었습니다. 그곳의 꽃밭은 거의 종묘원 수준이었습니다. 꽃들 사이로 난 뒷길을 따라 내려가면 강을 지나고 산을 지나 아쉬람 뒤편으로 이어졌습니다.

어느 날 아침 꽃을 한 다발 따서 아쉬람 뒤편으로 들어갔습니다. 래리와 기자를 제외한 모든 사람이 '떠남'을 강요당한 것으로 밝혀졌습니다. 마하라지가 나를 불렀고, 나는 그에게 꽃을 주었습니다. 그가 나에게 한 말과 오랫동안 내 가슴속에 남았던 말은 "모든 꽃은 제때에 피어난다."였습니다. 나는 정체성이 확립되지 않은 상태였고, 그 모든 일 속에서 내가 누구인지 자리매김이 확실하지 못했습니다. 산속에서 혼자 원숭이들과 함께 살아 본 것은 그때가 처음이었습니다. 그래서 그가 모든 꽃은 제때에 피어난다는 말을 했을 때, 나는 안도감을 느꼈습니다. 내 상태를 걱정하지 않아도, 내가 성자가 되어야 할지 말아야 할지, 몰라도 된다는 것을 알았기 때문입니다.

여러 해가 지난 후 래리를 다시 만났습니다. 우리는 꽃들과 함께 그 이야기를 떠올리고 있었고, 래리는 전혀 다른 기억을 가지고 있었습니다. 그는 마하라지가 모든 꽃이 동시에 핀다고 말했다고 했습니다. 정말 그랬을까요? 나는 그가 '저마다 자기 때가 되어야 핀다'는 뜻으로 말했다고 확신했습니다. 우리는 어느 버전이 더 마음에 드는지에 대해 이야기했습니다. 나는 내가 들은 나의 버전이 마음에 들었습니다. 왜냐하면 그 말은 나의 여정 전체에 매우 도움이 되었기 때문입니다. 오늘날에도 모든 것에는 완벽한 타이밍이 있다는 생각, 만물은 저마다 완전하다는 생각, 꽃이 피어나는 것처럼 우리도 피어나게 된다는 생각을 합니다. …그 이야기는 편안하게 다가왔고, 그것은 내가 잊지 못할 순간이었습니다. 물론 다른 사람들은 다른 방식으로 들을 수도 있었을 것입니다. 물론, 그래도 괜찮습니다.

시타 : 나는 구루나 힌두 전통에 대해 아무것도 몰랐지만, 나에게 마하라지는 인간 존재의 잠재력을 재는 벤치마크였습니다. 그것이 무슨 뜻인지 개념화할 수는 없었지만, 마하라지가 완벽한 존재이자 진정한 성인이라는 데는 의심의 여지가 없었습니다. 나는 8년 동안 인도에 머물면서 힌두 전통을 공부했기 때문에, 나중에 세 가지 유형의 구루가 있다는 것을 이해하게 되었습니다. 사트구루, 딕샤 구루, 우파 구루입니다. 사트구루는 마하라지가 우리를 위해 한 일입니다. 딕샤 구루는 사람들에게 만트라를 주고 한 계열로 인도하는 사람입니다. 그리고 우파 구루는 수행을 가르치는 사람입니다. 마하라지가 나의 사트구루이기 때문에 내 삶의 모든 측면이 그의 관할권에 속합니다. 그는 자신이 내 삶의 세세한 것들을 계속 돌보고 있다는 것을 분명히 보여주었습니다. 그는 내가 올바른 길을 가도록 해줍니다. 나는 마하라지와 세세생생 다시 만나 살기를 원합니다. 그밖에 더 무엇을 바라겠습니까?

미라바이 : 오랜 세월 동안 사람들에게 무슨 일이 일어났는지, 무엇을 배웠는지, 그곳이 어땠는지, 말하기가 항상 어려웠습니다. 람 다스는 마하라지가 우리에게 무조건적인 사랑을 주었다고 말했고, 사실이 그러했지만, 그것만으로는 실제로 무슨 일이 일어났는지 충분히 설명할 수가 없습니다. 최근 사회적 지능 분야에서 '거울 뉴런'에 대한 신경과학 연구가 이루어졌습니다. 한 사람이 다른 사람과 함께 있을 때, 서로가 서로에게 영향을 미칠 뿐만 아니라 서로의 세포

구조를 실제로 변화시킨다는 것을 보여줍니다. 특히 매우 강력한 사람과 함께 있을 때는 더욱 그렇습니다. 단순한 심리적 영향이 아니라 실제로 뇌를 변화시킵니다. 나는 마하라지와 함께 있기만 해도 세포가 재배열되는 것 같다고 말하곤 했습니다. 그는 나를 완전히 바꾸기 위해 아무것도 할 필요가 없었습니다. 우리는 거기에 있었고, 그는 거기에 있었습니다. 우리는 그저 거기에 앉아 있었고, 그는 우리를 사랑했고, 결국 우리는 전과 달라졌습니다.

나는 래리가 「사나운 은총 Fierce Grace」(람 다스의 뇌졸중 발병 6개월 후 미키 램라가 촬영한 람 다스의 다큐멘터리)에서 한 말을 좋아합니다. 마하라지가 우리를 사랑한 것이 아니라, 우리가 그와 함께 있을 때, 우리가 그를 사랑했고 서로가 서로를 사랑했던 것이라는 말. 그것은 사실이었습니다. 완전히 열린 가슴의 경험—한 번 그 경험을 하면, 항상 그 자리에 머물지 않을 수도 있겠지만, 알게 됩니다. 그것이 나의 삶이었고, 완전히 거기에 있지 않을 때조차도 모든 순간에 그 가능성을 알고 있었다는 것을. 내가 해온 작업을 통해, 나는 사람들이 사랑에 얼마나 반응하는지를 봅니다. 마하라지는 모든 사람을 사랑하라고 말했습니다. 심지어 몬산토*도요. 심지어 군대도요. 그것은 최고의 가르침이라는 것이 분명했습니다. 어떻게 사랑을 실천하느냐, 그 방법을 찾는 것이 인생의 전부입니다.

라메슈와 다스 : 흥미로운 부분은 릴라, 그의 춤이 우리 삶 속에서 어떻게 계속되고 있는지 하는 것입니다. 열네 살 때 딸이 죽은 것은

---

* 미국의 다국적 생화학 제조업체. 제초제 등 유전자 변형 작물 종자의 세계 점유율이 90%이다.

나에게 일어난 가장 심오하면서도 가장 고통스럽고 힘든 일 중 하나였습니다. 나의 일부인 아이를 잃는 것은 정말 순식간의 일이었습니다. 일이 어떻게 되어 가는지, 어떻게 될지에 대한 애착들이 그와 동시에 죽어 나갔습니다. 아이는 아직도 내 속에서 작업을 진행 중입니다. 우리는 '내가 늙으면 그 아이가 날 돌봐줄 거야.'라고 생각합니다. 심지어 다음 날 깨어나면 그녀가 거기에 있을 것이라고 기대하기도 합니다.

미라바이의 죽음은 마하라지와의 관계에 대한 몇 가지를 보여주었습니다. 그녀의 죽음은 나를 찢어발겼습니다. 그를 위해서는 그렇게 애도하지 않았습니다. 나는 프랭클린에서 람 다스와 함께 있을 때 마하라지의 죽음에 대한 소식을 들었습니다. 나는 그것을 내 안으로 받아들였습니다. 그녀가 죽었을 때도 그랬습니다. 하지만 그녀가 죽은 후, 나는 그를 온전히 애도한 적이 없다는 것을 깨달았습니다. 나는 그의 몸과 완전히 분리되는 과정을 겪지 않았습니다.

그가 죽었을 때, 우리 중 일부는 인도로 갔습니다. 그의 재는 여전히 타오르고 있었지만, 그의 현존과 임재감이 너무 강해서 그가 어디에도 가지 않은 것처럼 보였습니다.

나는 미라바이의 재를 바다에 뿌렸습니다. 물 위에는 파도와 빛만 있었습니다. 미라바이는 내 안에도 있습니다. 내가 충분히 고요하고 내 가슴이 열리면, 그녀를 느낍니다. 그 사랑은 여전히 현존합니다. 그녀는 그 사랑이 되었습니다. 그것이 가르침이나 여정이라면, 나는 감사합니다. 그녀를 통해 나는 마하라지의 사랑을 더 잘 인지할 수 있게 되었다고 느낍니다.

나의 마음은 닫혀 있었을 수도 있고, 그냥 일어나지 않았으면 좋았을 것이라고 바랐을 수도 있습니다. 내가 달리 행했더라면 일어나지 않았을 일이 있는지도 궁금했습니다. 그녀가 죽었을 때, 나는 마우이에서 람 다스와 함께 일하고 있었습니다. 그녀는 롱아일랜드의 집에 있었고, 자전거를 타고 가다가 자동차 사고를 당해 죽었습니다. 그녀가 병원에서 사망했다는 소식을 들었을 때, 나는 람 다스에게 "그녀는 자신의 삶을 끝내지 못했습니다."라고 말했습니다. 그는 나를 바라보며 "그렇습니다."라고 말했습니다.

그녀의 죽음은 나를 더 깊은 데로 끌어들였습니다. 나는 마치 한 발은 삶에, 한 발은 죽음에 두고 살았던 것 같습니다. 나 자신의 죽음에 대한 준비이기도 한 것 같습니다.

그녀가 알고 지내던 사람들과 지역 사회와 사트상 가족으로부터 많은 사랑을 받고 있습니다. 우리는 비영리 단체인 안나 미라바이 이튼 파운데이션을 시작했습니다. 우리는 지역 학교에서 예술, 요가, 웰빙 프로그램을 진행하고 있습니다. 그녀가 정말 좋아하는 일들입니다. 물 위의 빛처럼.

라비 칸나 : 마하라지가 나를 델리로 보내 캐슈넛을 사오게 하기 시작했습니다. 나는 "마하라지, 나는 베나레스에서 캐슈넛을 살 수 있어요"라고 말했습니다.

"아니, 아니, 아냐. 델리에 가서 캐슈넛을 사오면 돼."

나는 야간 버스를 타고 아침에 거기에 도착해서 캐슈넛을 사고. 야간 버스를 타고 돌아왔습니다. 다음날 아침이면 그는 또, 델리에서 다른 걸 사오라고 시켰습니다. 그냥 쓸데없는 심부름을 시키는 것 같았습니다. 내가 돌아왔을 때 그는 "길을 잃으셨어?"라고 말하곤 했습니다.

"아니에요, 마하라지. 나는 여기에 서 있어요." 나는 계속해서 네

번이나 여행을 갔습니다. 그러니까 버스에서 8박을 한 셈입니다. 그가 돌아가신 후, 나는 카인치 계곡으로 돌아왔습니다. 아버지를 잃은 기분이었어요. 나는 아쉬람에 자주 가지 않았습니다. 그러다가 꿈에서 그를 보았습니다. 그는 나에게 "길을 잃으셨어? 나는 아무 데도 가지 않았어. 나는 여기에 있어. 어서 일어나. 여기서 나가야 할 시간이야."라고 말했습니다. 그래서 나는 델리에 갔고, 래리와 이야기를 나누고 그와 함께 일하기 시작했습니다.

여러 해가 지난 후, 나는 아프리카의 기근에 대한 정보 조정자로 옥스팜에서 일했습니다. 그때는 인터넷과 이메일이 생기기 전이었습니다. 우리는 텔렉스 기계를 가지고 있었고, 매일 아침 나라마다 긴 텔렉스가 와서 얼마나 많은 아이들이 밤새 죽었는지 보고했습니다. 나는 화가 났고, 좌절했습니다. 사람들이 웃거나 먹는 것을 보면 참을 수가 없었습니다. 나는 붕괴되기 직전이었습니다. 직장을 때려치우고 싶었습니다. 나는 "라비, 길을 잃으셨어?"라고 물었던 그의 말을 기억하기 시작했습니다. 그의 목소리가 머릿속에 들렸습니다. "길을 잃으셨어, 라비?" 그 말은 비참하고 끔찍한 상황이라는 것을 상기시켜 주었지만, 그렇다고 해서 아무것도 하지 않고 손 놓고 있어도 된다는 뜻은 아니었습니다. 마냥 길을 잃고 있을 수는 없었습니다.

그는 어떤 미국인에게 "그대는 왜 명상을 하는가?"라고 물은 적이 있었습니다. 그 일이 기억났습니다.

"나는 신에게 다가가고 싶습니다."

"왜 신에게 다가가고 싶은 거지?" 그가 말했습니다. "알다시피, 여기가 바로 거기야. 바로 여기야. 저 위에는 자리가 없어. 우리의 일은 모든 사람을 위한 천국을 여기에 만드는 거야."

룩미니 : 이제 나는 내가 실제로 구루이자 제자이며, 나 자신의 현실을 창조하는 사람이라는 것을 알게 되었습니다. 마하라지가 "모든 사람을 사랑하고, 모든 사람을 섬기고, 신을 기억하라."라고 말씀하셨을 때, 나는 '우리 모두가 신이라는 것을 기억하라.'라는 뜻으로 받아들였습니다. 그는 나에게, 내가 구루를 찾아 인도에 왔으며, 지금은 어떤 성자도 없다고 믿고 있다고 말했는데, 진짜 내 마음이 그랬습니다. 내가 몰랐던 것과 그가 나중에 우리 중 일부에게 한 말은 '우리 모두가 성자'라는 것입니다. 그는 진정으로 우리 모두가 누구인지를 비추어주는 거울이었습니다. 어떤 사원도 짓지 말라는 그의 권고는 사실은 "나를 예배하지 말라."는 뜻이었습니다. 그는 자신을 하나의 종교로 만드는 것의 위험성을 보았습니다. 그리스도에게 인류가 그랬던 것처럼 말입니다. 그는 확립된 사원을 통해 규칙과 제한을 지시하는 것의 위험성을 보았습니다. 그는 무엇을 행해야 한다는 가르침은 결코 주지 않았습니다.

나는 그 메시지를 크고 분명하게 들었습니다. 우리는 모두 신이며, 모든 사람을 사랑한다는 것은 곧 그것을 기억하는 일입니다. 이제 나의 유일한 기도는 이것입니다. "나로 하여금 그것을 기억하면서 살게 하소서."

람 다스 : 마하라지가 사원들을 지었고, 나는 '미국에 사원을 지어야겠다.'라고 생각했습니다. 나는 그것이 바로 허브가 되기를, 사트상의 중심이 되기를 원했습니다. 하지만 서양인들 중 일부는 서해안에서, 동해안 사람들은 동부에서 모이기를 원했고, 오래된 도반들 중 일부는 타오스로 왔습니다. 그래서 나의 사령관 역할은 끝났다고 생각합니다. 나는 [타오스 사원] 이사장이지만, 마우이로 왔기 때문에 그 자리를

포기했습니다. 이제 도반들이 나를 보러 이리로 옵니다. 그러니 마하라지를 잊을래야 잊을 수 없습니다.

도반들은 진정한 가족입니다. 마하라지의 가족입니다. 어떤 의미에서 사트상(승가)은 그가 몸을 떠난 이후로 마하라지가 **되었습니다.**

마하라지와 함께 있었던 사람들과 그러지 않았던 사람들 사이의 구분은 의미가 없습니다. 꿈이나 환상, 책이나 이야기를 통해 그를 만난 사람들은 황금의 심장을 가진 셈입니다. 그는 사람들을 부르고, 몸을 떠난 지금도 마찬가지입니다.

인도에서 그와 함께 있었던 우리는 마하라지의 가능성을 가져왔습니다. 우리는 인간이 무엇이 될 수 있는지 그 가능성을 되살렸습니다. 우리는 종교 기관이 아닌, 우리의 가슴 속 영혼을 되살렸습니다. 우리는 신, 라마, 크리슈나, 시타, 하누만과의 친밀함을 가져왔습니다. 우리는 모든 사람이 자신의 역할이 아닌 영혼과 동일시할 수 있는 문화의 가능성을 가져왔습니다. 인도에서 나는 차이 왈라(차 판매원)와 기차 차장이 바가바드 기타에 대해 대화하는 것을 보았습니다. 서양에서는 사회적 구실과 역할을 너무 중요시하고 영혼은 잘 돌보지 않습니다. 우리는 두 세계 사이의 상호작용을 갈구합니다. 우리는 서양이 그 존재조차 알지 못했던 의식의 차원들을 가져왔습니다. 서양에서는 과학을 존중하지만, 우리는 우리의 가슴, 우리의 영적인 가슴은 존중하지 않았습니다. 우리는 죽어가는 사람들을 섬기는 법을 가져왔습니다. 우리는 세대를 초월한 삶을 가져왔습니다. 우리는 섬김의 자세를 가져왔습니다. 우리는 위빠사나와 키르탄 같은 전통에서 오염되지 않은 순수성을 가져왔습니다.

지금 80대인 나는 60년대의 아이콘입니다. 나는 '뉴 에이지의 리더'입니다. 내가 진짜로 기억되기를 바라는 것은, 마하라지를 서양에 소개한 일입니다. 나는 또한 영적 음식에 유머를 도입한 것으로 기억되기를 바랍니다. 마하라지는 나에게 "간디처럼 되라."고 말했습니다. 간디는 "내 인생은 나의 메시지다."라고 말했습니다. 나는 그게 좋습니다. 나는 영혼이라는 것을 '피어나는 꽃'으로 보기를 좋아합니다. 내가 그렇게 보게 된 것은 순전히 마하라지가 나에게 준 은덕이고 특혜입니다.

도반들

　인도에서 마하라지와 함께 있었던 서양인들은 그가 육신을 떠났을 때 대체로 아직 젊은 나이였다. 우리는 진정한 싯다를 만나 다르샨을 하고, 그의 존재에 스며든 사랑에 몸을 담그는 특권을 누렸다.

　하지만 지금은 어떻게 해야 할까? 어떻게 살아야 할까? 어떻게 생활을 유지하고, 어떻게 자녀를 키워야 할까? 우리가 알고 있는 가장 밝은 빛이 우리의 외적인 시선에서 사라졌을 때 우리는 무엇을 어떻게 해야 할까? 우리는 그가 우리에게 준 진실을 찾기 위해 내면을 들여다보아야 한다. 내가 지향하면서 살아가고자 하는 내 이름의 의미, 내가 사랑받을 가치가 있다는 이해, 그리고 신, 구루, 자아의 일체성을 찾는 가장 좋은 방법은, 인류를 위해 봉사하고 가능한 한 가장 다르마적인 방식으로 주어진 일을 하는 것입니다.

　서양의 우리 도반들은 각자 개인의 삶의 모든 기복을 통해 우리가 "모든 사람을 사랑하고, 모든 사람을 먹이고, 신을 기억하는 것"의 엄청난 의미를 파악하기 위해 최선을 다하면서 세상에 기여할 방법을 찾아왔다고 할 수 있습니다.

아나수야 (테레사 웨일) Anasuya (Teresa Weil)

1990년대 초 뉴멕시코주에서 티베트인 재정착 프로젝트의 창립자이자 책임자였다. 그 후 상성 티베트 의학 연구 스쿨과 킹하이 대학교 시닝 티베트 의학 학교를 졸업하고 티베트 의학 박사 학위를 받았다. 서양인들에게 티베트 의학과 다양한 치유 방식, 그 이점을 알리는 것이 그녀의 희망이다. 그녀는 "티베트 의학을 공부하는 것은 불교 수행의 연속이자 확장입니다."라고 말한다. http://www.anasuyaweil.com.

안자니 (조안 오코넬) Anjani (Joan O'Connell)

캘리포니아 대학교 산타크루즈 캠퍼스의 은퇴한 편집자이자 분석가이다. 컬럼비아와 UC 샌프란시스코에서 일했고, 인도를 여행하기 위해 많은 휴가를 냈다(지금까지 15번!). 다다와 디디와 함께 알라하바드에서 많은 시간을 보냈고, 브린다반과 카인치의 아쉬람에서도 보냈지만, 대부분 인도를 혼자 여행했다. "나는 항상 완전히 보호받는다고 느꼈습니다. 심지어 무서운 상황에서도요. 마하라지가 육신을 떠난 후, 나는 마디아프라데시의 아마르칸타크로 갔습니다. 그가 어린 육신으로 그곳에 나타났다는 이야기를 들었기 때문입니다. 물론 그를 찾을 수 없었습니다. 처음에 그랬던 것처럼, 그가 나를 찾아야 합니다."

바드리나트 다스. 또는 바드리 (브루스 마르골린)

Badrinath Das, or Badri (Bruce Margolin)

1967년부터 브루스는 마리화나 합법화를 위해 끊임없이 노력해 온 활동가였다. 형사 변호사로서 활약하고 있으며, 마리화나 관련 사건에서 수천 명을 성공적으로 변호했다. 2014년 형사 슈퍼 변호사로 선정되었다. 2003년 캘리포니아 주지사 후보였고, 2012년 미국 의회 의원 후보였다. 마리화나 합법화 정책의 신뢰성을 확립하는 데 도움을 주었다. NACDL(전국형사변호사협회) 윤리위원장을 역임했으며, 1973년부터 NORML(전국마리화나법률개혁기구)의 로스앤젤레스 지부 이사를 역임했다. ACLU(미국시민자유연합)로부터 감사장을 받았으며, 헌법권리재단 Constitution Rights Foundation을 대신하여 수행한 업적으로 영예의 상을 수상했다. The Margolin Guide to Marijuana Laws의 저자. http://www.1800420laws.com.

발라람 다스 (피터 괴치) Balaram Das (Peter Goetsch)

인도에 다녀온 후, 캘리포니아 대학교 버클리에서 힌디어, 산스크리트어, 우르두어로 학위를 취득한 후 의대에 진학하여 마취학 전문의가 되었다. 최근 법학 학위를 취득했고, 지금은 종종 법률 의료 사건에서 전문 증인으로 활동하고 있다. "제가 이 직업을 얻게 된 것은 마하라지의 큰 축복으로 인해서입니다. 왜냐하면 나는 매우 현실적인 방식으로 사람들을 도울 수 있기 때문입니다." 발라람은 이 책에 게재된 마하라지의 사진을 많이 찍었다.

바가반 다스 (마이클 릭스) Bhagavan Das (Michael Riggs)

영적 스승, 공연자, 반문화적 아이콘, 그리고 신을 사랑하는 사람이다. 그는 미국 최초의 키르탄 예술가로서 뉴에이지 영적 운동의 막을 여는 데에 공헌했다. 인도에서 사두로 6년을 보낸 그는 마하라지의 지도와 지시에 따라 고대 과학인 나다 요가를 공부했다. 나다 요가nada yoga는 신의 실현을 위한 수단으로서 내면의 소리 흐름에 헌신하는 길이다.

www.bhagavandas.com.

브루스 그라노프스키 Bruce Granofsky

일러스트레이션과 애니메이션 분야에서 경력을 쌓은 브루스는 다음으로 사진에 관심을 갖게 되었다. 사진과 인도 사람들은 그의 지속적인 열정이었다. "카메라와 렌즈로 가득 찬 가방을 들고 비행기에 타는 것을 좋아합니다. 중국,

러시아, 우크라이나, 인도 같은 곳에 도착하게 되면, 장차 펼쳐질 일들로 인해 가슴이 벅찹니다."

대니얼 가린 Daniel Garin

페인트공과 타일공으로 일하다가 끔찍한 오토바이 사고로 팔을 잃고 시각 및 인지 장애가 생겼다. 운동을 좋아하고 매사에 의욕적이어서 재활을 위해 애쓰지만, 중증이어서 어려움을 겪고 있다. 하누만 사원 근처 타오스에서 살고 있으며, 십대 딸을 키우고 있다.

데바키 (루이스 마커스) Devaki (Louise Markus)

화가, 작가, 멀티미디어 아티스트. 북미 전역의 다양한 갤러리와 전통적인 장소에서 작품을 전시하고, 최근에는 터키에서도 활동한다. 자신을 혁신적이고 틀에 매이지 않는 예술가라고 생각한다.

블로그 www.65chevypickup.com의 제작자이자 작가로, 그녀와 그녀의 파트너인 그랜트 제노바와 함께 예술과 건축의 세계를 탐험하는 글을 쓰고 있다. www.louisemarkus.com.

드와르카나트 (조 보너) Dwarkanath (Joe Bonner

뉴멕시코 타오스 외곽의 상그레 데 크리스토 산맥의 고지대(해발 2,400미터)에 사는 예술가.

'영국인' 시타 (헤더 톰슨) "English" Sita (Heather Thompson)

"나이가 들면서, 내가 사랑하는 구루에게 경의를 표하는 가장 좋은 방법은 '섬기는 일'임을 알게 되었습니다. 거의 30년 동안 호스피스로 일해 왔습니다.

집에 갇힌 사람들에게 영적 보살핌을 제공하고 3년 동안 교도소에서 자원 봉사 목사로 일하면서, 마하라지의 축복을 누리는 길은 최선을 다해 그를 섬기는 일임을 알게 되었습니다. 그 목적을 위해 나는 수감자들에게 편지를 쓸 수 있는 축복도 받았습니다. 모든 판단을 내려놓고 각 사람의 '가장 지고한' 모습을 보는 것은 정말 큰 도움이 됩니다. 모든 모습이 단지 게임일 뿐이라는 관점에 따라 행동하는 법을 끊임없이 배우고 있습니다. 영원한 섭리 아래에 살아가는 것이 마하라지를 성취하는 길입니다. 모두가 그의 은덕입니다."

프랭크와 잔 Frank and Jan

은퇴하여 캘리포니아에서 케일, 아보카도, 코이를 키우며 행복을 누리고 있다.

강가다르 (마크 게르하드) Gangadhar (Mark Gerhard)

UC-버클리를 졸업하고 아트, 3D 애니메이션, 제작, 마케팅, 디자인 분야에서 오랜 경력을 쌓은 후, 캘리포니아주 샌라파엘에 있는 게이트 아카데미의 교수진에 합류하여 고교 강사가 되었다. 어린이와 성인을 가르치는 것을 좋아하는데, 소노마의 EXCEL 강화 프로그램에서 여름마다 애니메이션을 가르치고, 스탠포드 여름 캠프에서 특별 수업을, 엔지니어와 건축가를 위한 대학 수준의 시각 디자인을 가르친다. 또한 전문 음악가이며 인도 악기인 타블라를 연주한다. 인도에서 몇 년을 보냈고, 그곳에서 힌디어에 능통해졌으며, 인도 고전 음악에 대한 전문 지식을 갈고 닦았다. 또한 벵골의 바울들(Bauls: 엑스터시에 곧잘 빠지는 거리 가수)과 함께 공부했고, 자이 우탈, 우마 리드, 바부키샨 다스 바울 등과 함께 녹음하고 공연했다.

기리자 (일레인 브릴리언트) Girija (Elaine Brilliant)

사회 역학 박사 학위를 가지고 있으며, 여러 사업을 하는 남편의 파트너이다. 세바 재단의 공동 창립자로, WHO 천연두 근절 프로그램에도 참여했다. "마하라지가 래리와 저에게 준 것은 기업 세계, 자선 세계, 기초 역학 등의 분야에서 편안한 마음으로 일할 수 있는 능력입니다. 세바 이후로 나는 주로 고향에서 봉사했습니다. 6년 동안 지역사회 계획 위원회에 있었고 지금은 노령화 카운티 위원회에서 근무하고 있지만, 래리의 일을 지원하고 세 자녀를 키우는 것이 제 삶의 핵심이었습니다." Camp Winnarainbow의 이사회 임원이기도 하다.

기타 (마르시 젠들로프) Gita (Marci Gendloff)

25년 이상 노스샌디에이고 카운티에서 부동산 전문가로 일했다. "나는 최고의 성실함으로 사업을 하려고 노력합니다. 나는 매일 명상을 하는데, 그것이 제 하루에서 가장 중요한 부분입니다. 인도에서 보낸 그 몇 년이 제 삶과 가치관을 형성했습니다. 구루의 은혜는 절대 과소평가할 수 없습니다!" http://gitagendloff.com.

고팔 (폴 싱어) Gopal (Paul Singer)

1972년 11월 인도로 가기 전에 세법에서 고급 학위를 취득했다. 로드아일랜드로 돌아온 후 세무 계획과 부동산에 집중하여 환경기업가와 함께 일하면서 환경 법률 옹호, 소송 및 토지 보전을 중요시했다. 또한 람 다스와 관련된 재단과 비영리 재단 및 교육기관과 광범위하게 협력했다. 'Love Serve Remember Foundation'과 뉴멕시코 타오스에 있는 'Neem Karoli Baba Ashram'의 임원이다.

고빈드 (찰리 번햄) Govind (Charlie Burnham)

바이올리니스트이자 작곡가. 결혼(몇 차례)하였고, 두 아들을 키웠으며, 고향인 브루클린으로 돌아와서 100세 어머니와 아내와 함께 살고 있다. 음악과 바이올린 연주에 대한 사랑은 프로급으로, 전 세계를 돌며 바이올린을 연주했다. 인기 있는 재즈와 팝 아티스트를 위해 연주했다.

http://musicians.allaboutjazz.com/charlesburnham;

http://en.wikipedia.org/wiki/Charles_Burnham_(musician).

고빈드와 가야트리 Govind and Gayatri

고빈드와 가야트리는 1970년 아프가니스탄에서 만났다. 함께 인도로 여행을 떠났고, 그 후 11년의 대부분을 그곳에서 보냈다. 그들이 돌아온 후, 뉴멕시코주 산타페에 정착했고, 의류 및 보석 부티크를 운영했다.

이라 로즈 Ira Rose

마하라지가 몸을 떠난 후, 이라는 베나레스로 가서 보석상들과 시간을 보냈는데, 그로 인해 사업을 시작하게 되었다. 귀국한 그는 거리에서 외따로 떨어진 작은 집을 찾았으나, 집세를 낼 능력이 없는 히피족으로 여겨져서 아버지가 공동서명을 하여 그곳을 임차했다. 오늘날 Cottage Jewelry는 일리노이주 에반스턴 도심에서 고급 보석을 판매하는 곳으로 유명하다.

http://www.cottagejewelry.com.

자크 악센 Jacques Achsen

인도에서 4년을 보냈고, 주로 인도 고전 음악과 비파사나 명상을 공부했다. 1974년 음악 선생님과 함께 북미로 돌아와 인도 음악이 가장 성행하는 베이

지역에 정착했다. 호스피스 활동에 참여하면서 섬김의 길을 찾았고, 동양 의학 석사학위를 받았다. 요즘 자크는 캘리포니아주 샌앤젤로에서 침술 진료소를 운영하고 있다. 여전히 위빠사나를 수행하고 있으며, 가능한 한 음악을 가까이하고 있다. 또한 타오스에 있는 마하라지의 아쉬람 이사회 임원이었다.

자그나트 다스 (대니얼 골먼) Jagganath Das (Daniel Goleman)

세계적 심리학자로, 뉴욕 타임스에서 수년간 뇌와 행동과학에 관한 기사를 썼다. 1995년에 나온 『감성 지능 Emotional Intelligence』은 1년 반 동안 뉴욕 타임스 베스트셀러 목록에 올랐고 40개 언어로 출간되었다.

Collaborative for Academic, Social, and Emotional Learning (www.casel.org)의 공동 창립자이며, 현재 Rutgers University에서 조직의 '감성 지능' 연구 컨소시엄 (www.eiconsortium.org)을 공동으로 지휘하고 있다. Mind and Life Institute의 이사회 멤버이며, 달라이 라마와 과학자들 간의 대화 시리즈를 기획했다. 그의 책 A Force for Good: The Dalai Lama's Vision for Our World는 달라이 라마의 80번째 생일인 2015년 6월에 출판되었다. "마하라지와 함께한 경험은 심리학자로서 인간 발달의 잠재력이 심리학 책에 나와 있는 것을 훨씬 넘어선다는 것을 알게 했고, 그 이후로 내 작업의 대부분은 그 소식을 서구에 전하는 것이었습니다."

자이 고팔 (자이 우탈) Jai Gopal (Jai Uttal)

동서양 융합 사운드는 그의 음악을 세계 퓨전 운동의 최전선에 올려놓았다. 그의 음악적 뿌리는 애팔래치아 산맥의 힐빌리 음악부터 벵골 거리 가수들의 노래, 고대 인도의 리듬과 멜로디부터 현대 일렉트릭 록 사운드까지 모든 것을 포괄한다. 인도에 간 그에게 박티 요가는 그의 개인적인 구도의 길이 되었다. 40년 이상 세계를 무대로 키르탄을 가르치고 이끌며, 사람들이 가슴을 열고 자기 목소리를 열 수 있는 안전한 환경을 조성하고자 애썼다. 키르탄을 자신의 '영혼 지원 시스템'이라고 부르며, 자신의 깊이 있는 영적 수행이 어떻게 자신의 직업이 될 수 있었는지 감사하고 또 경탄하면서 살아간다. 그의 여섯 번째 CD인 Mondo Rama는 그래미상 후보에 올랐고, 그 후에도 그루의 은총에 대한 그의 사랑과 갈망을 표현하는 10장 이상의 앨범을 발표했다. www.jaiuttal.com.

자나키 (라토드) Janaki (Rathod)

창조성은 그녀의 정체성이자 그녀가 하는 일의 핵심이다. 20년 이상 웹 디자인 및 개발에서부터 영화 제작 및 광고 제작 관리에 이르기까지 다양한 분야에서 기술과 비전을 갖춘 디자이너, 프로듀서 및 아티스트로 이름을 날렸다. 현재 개인 및 회사를 대상으로 웹사이트를 디자인하고 구현하는 일을 한다. "나는 항상 내가 누구인지 기억하려고 노력합니다. 수행만이 우리를 멀리까지 데려다줄 수 있습니다. 어느 시점에 이르면, 우리는 수행하고 있는 그 '있음' 자체로 충분하다는 것을 알게 됩니다." www.janakirathod.com.

카비르 다스 (짐 맥카시) Kabir Das (Jim McCarthy)

처음 인도 땅에 발을 디딘 순간, 그는 즉시 자신의 진정한 집을 찾았다고 느꼈다. 그리고 4년 반 동안 머물렀다. 힌두교 문화에 푹 빠져 요기들과 성자들로부터 배우고, 때로는 히말라야 동굴에서 혼자 살기도 했다. 인도를 여러 번 방문한 후 고행자와 사두, 브린다반의 가난한 과부의 초상화를 그리기 시작했다. 현재 버몬트에 살고 있으며, 인도를 자주 방문한다. 그의 그림은 개인 소장품, 푸자 룸, 현관, 요가 스튜디오, 전 세계 명상 홀에 걸려 있다. https://www.flickr.com/photos/120267566@N06/sets/72157645153345842/

카우살리아 (캐런 페티트) Kausalya (Karen Pettit)

"암에 걸린 소중한 친구를 보살피다가 그녀의 아이들을 돌봐주러 갔습니다. 돌봄을 통해 나는 삶이 무엇인지, 죽음이 무엇인지, 특히 사는 것과 죽는 것에 수반되는 두려움에 대한 제 생각을 바르게 가질 수 있었습니다. '섬김의 일'은 항상 저에게 가장 중요한 일이었습니다."

크리슈나 (데이비드 도브레르) Krishna (David Dobrer)

"87세 여성을 돌보면서, 내가 인생에서 배운 모든 것을 그녀에게 줄 수 있었고, 그 본질은 마하라지로부터 받은 무조건적인 사랑이었습니다. 또한, 나는 항상 사람들에게 음식을 제공해 왔습니다. 나는 내가 배운 모든 것을 사용하고 있으며, 여전히 배우고 있다고 느낍니다."

크리슈나 (존 부시) Krishna (John Bush)

2001년에 영화 제작을 시작했으며, 수상 경력이 많다. 그의 작품에는 4시간 30분 분량의 서사시적 불교 여행 3부작이 포함되어 있으며, 전 세계의 주요 영화제, 극장, 박물관에서 상영되었고, PBS와 해외 텔레비전 방송을 통해 방영되었다. 순례와 여행이라는 주제는 그의 작품에 공통적이다. 또, 22개국에서 75개 이상의 축제와 미술관에서 상영된 8편의 댄스 영화 시리즈를 제작했으며, 칸 영화제도 포함된다.

다큐멘터리 장편으로 Journey Om: Into the Heart of India가 있다. www.directpictures.com/films.

크리슈나 다스 또는 KD (제프 카겔) Krishna Das, or KD (Jeff Kagel)

요가의 '록 스타'라고 불려왔다. 요가 센터에서 콜 앤 리스폰스 찬팅을

콘서트 홀로 옮겨 전 세계적 아이콘이자 역대 베스트셀러 서양 찬트 아티스트가 되었으며, 30만 장 이상의 음반이 판매되었다. 그의 앨범 Live Ananda는 그래미상 최우수 뉴 에이지 앨범 부문에 노미네이트되었다. 2013년 2월, 로스앤젤레스에서 열린 그래미 어워드에서 공연했으며, 수백만 명의 시청자에게 온라인으로 스트리밍되었다. 월드 뮤직 레이블인 Triloka Records의 공동 설립자이다. 수상 경력에 빛나는 영화 One Track Heart: The Story of Krishna Das는 미국 100개 이상의 도시와 전 세계 10개국에서 공연되었으며 DVD로도 발매되었다. www.krishnadas.com.

크리슈나 프리야 (플로렌스 클라인) Krishna Priya (Florence Klein)

"마하라지는 (타오스의 아쉬람을 비롯하여) 자신의 아쉬람을 운영하는 유일한 사람입니다. 그는 나를 여러 해 동안 타오스 아쉬람 이사회에서 일하게 했습니다. 이사회 임원들과 스태프, 관리인 모두가 사원에서 많이 배우고 있습니다. 나는 이사회 멤버인 것이 좋은데, 왜냐하면 그의 아쉬람에 1년에 두 번 올 수 있기 때문입니다. 마하라지가 몸을 떠난 이후로도, 타오스에 있는 '사무실'에서 인도에 가는 것보다 훨씬 저렴하게 마하라지의 다르샨을 받을 수 있었습니다."

라마 수리아 다스 (제프리 밀러) Lama Surya Das (Jeffrey Miller)

서양인으로서 뛰어난 불교 명상 교사이자 학자 중 한 명이다. 달라이 라마는 그를 '미국 라마'라고 부른다. 45년 동안 달라이 라마의 스승을 포함한 아시아의 많은 위대한 고승들과 함께 선(禪), 위빠사나, 요가, 티베트 불교를 공부했다. 티베트 불교 교단의 공인 라마이며, 불교와 현대 영성의 주요 대변인이자 번역가, 시인, 명상 마스터, 찬트 마스터, 영성 활동가이다. 세계적 베스트셀러 Awakening 3부작(Awakening the Buddha Within, Awakening to the

Sacred, Awakening the Buddhist Heart)과 최근 출간된 Make Me One with Everything, 그밖에 10권의 책의 저자이다.

1991년 Dzogchen Center와 Dzogchen Retreats (www.dzogchen. org)를 설립했다. 1993년 달라이 라마와 함께 서양 불교 교사 네트워크를 설립하고, 정기적으로 국제 불교 교사 컨퍼런스를 조직한다. 매년 수십 개의 명상 리트릿과 워크숍을 진행하고 있으며, 「허핑턴 포스트 Huffington Post」에 정기적으로 기고한다. 그의 블로그인 Ask the Lama는 http://askthelama.com에서 찾을 수 있다. 그의 강의 및 리트릿 일정은 www.surya.org에 나와 있다.

락스만 (더글러스 마커스) Laxman (Douglass Markus)

레스토랑 Cuba's Cookin' 오너. 카리브해의 작은 섬인 아루바에서 "모두에게 음식을 제공한다"는 발상으로, 유대식 소울 푸드를 제공하는 것으로 유명하다. 카리브해 전역에서 제공되는 관광 잡지를 30년 이상 발행해 왔다. 호텔 객실에서 볼 수 있는 잡지로, 지역 생활과 명소, 쇼핑, 레스토랑 소식을 제공한다. www.nightspublications.com.

마하비르 다스 (마티 몰스) Mahavir Das (Marty Malles)

"나는 의류 센터 세일즈맨이었고, 지금은 심리학 박사 학위를 가지고 있습니다. 어떻게 그런 일이 일어났는지 모르겠습니다. 내가 받은 교육은 지금 내가 하는 일과는 아무 상관이 없습니다. 마하라지가 전부입니다. 진실로 그렇게 생각합니다."

미나크시 Meenakshi

모든 사람을 먹이라는 마하라지의 가르침을 마음에 새겼다. "모든 사람을 먹이는 일"은 친절을 통해 다른 사람들과 이어지는 데서부터 시작된다고 생각한다.

미라 (캐런 괴치) Mira (Karen Goetsch)

UC 버클리를 졸업한 후 유럽에서 육로를 통해 인도로 여행했다. 마하라지가 몸을 떠난 후, 베이 지역으로 돌아와 발라람 다스와 함께 두 아들을 키웠다. 지난 25년 동안 샌프란시스코 이스트 베이에서 부동산 관련 일을 했으며 가능한 한 자주 인도를 여행한다.
http://www.mirahomes.com.

미라바이 (린다 부시) Mirabai (Linda Bush)

생활 속에서 명상 수행을 장려하는 Center for Contemplative Mind in Society(www.contemplativemind.org)의 창립자이자 선임 연구원이다. 이 센터는 학자, 교사, 관리자 네트워크인 Association for Contemplative Mind in Higher Education을 설립하고 변호사, 판사, 활동가, 과학자, 기업 임원에게 명상 수행을 소개했다. Google과 함께 Search Inside Yourself라는 과정을 진행했고, 미 육군과 함께 '군목과 의료진을 위한 프로그램'을 진행했다. Seva Foundation Guatemala Project(www.seva.org)와 Sustaining Compassion, Sustaining the Earth를 지휘하여, 풀뿌리 환경 운동가를 위한 일련의 리트릿 행사를 펼쳤다. 전 남편인 존 부시와 함께 Illuminations.Inc.를 공동 설립했으며, Newsweek, Fortune, New York Times에 마음챙김 실천에 기반한 혁신적인 사업 접근 방식에 관한 기사를 썼다. 람 다스와 공동으로 Compassion in Action: Setting Out on the Path of Service를 집필했으며, 대니얼 바베잣과 공동으로 Contemplative Practices in Higher Education을 집필했고, Contemplation Nation: How Ancient Practices Are Changing the Way

We Live의 편집자이다. Shambhala Sun과 Love Serve Remember Foundation 의 이사회 임원이다. www.mirabaibush.com.

모한 (스티브 바움) Mohan (Steve Baum)

뉴욕에서 수십 년간 고급 스팀/사우나 사업을 한 후, 방랑하는 사두가 되어 인도에서 인생의 절반 이상을 보냈다. 덴마크(고인이 된 아내 Swamini의 나라)에서 얼마 동안 살았으며, 미국에는 1년에 한두 번 방문하는 정도이다. 마하라지의 사진으로 구성된 멋진 웹사이트를 만들었다.

http://imageevent.com/neemkarolibabaphotos

나이마 세아 Naima Shea

1972년 보드가야에서 불교 수행을 시작했고 점차 티베트 불교로 옮겨갔다. 20년 이상 많은 명상 리트릿에서 자원봉사자로 요리를 했고, 소규모 개인 마사지 테라피를 운영하고 있다. 치유를 위해 '속도를 늦추고 몸을 느낄 수 있는 조용한 공간을 제공'하고자 한다. 시에라 산기슭에 있는 Mountain Stream 명상 센터의 Facebook 페이지를 관리한다. 인도에서 보낸 4년은 그녀의 삶의 가치에 대한 전체 근본이 되었고 매우 큰 축복이었다.

파르바티 (바바라 마커스) Parvati (Barbara Markus)

람 다스의 고전 『지금 여기에 살라』의 편집에 참여한 이후 영성적인 논픽션과 회고록의 '산파' 역할을 해왔다. 그녀가 편집한 책들은 Hay House, Inner Traditions, Simon & Schuster, Contemporary/McGraw Hill, Lotus Press 등에서 출판되었다. 입문의 길을 다룬 The Box: Remembering the Gift에 포함된 3권의 책과 2권의 가이드북을 공동으로 작업했다. 뉴멕시코 타오스에 있는 Neem Karoli Baba Ashram과 Hanuman Temple의 이사회 회장을 역임하였고, 유엔(제네바)에서 열린 '여성 종교 및 영성 지도자의 세계 평화 이니셔티브'를 위해 개발 컨설턴트로서 일했다.

프리마난다 (톰 포레이) Premananda (Tom Forray)

결혼 및 가족 치료사이자 약물 및 알코올 중독 상담사. 중독에서 이제 막 벗어났지만 정신질환과 약물 남용 문제로 고통받는 사람들을 위한 프로그램인 STAR (Support and Treatment After Release)의 사례 관리자. 고객을 가족과 다시 연결하고, 약물 및 알코올 치료, 주택 및 각종 사회보장 혜택, 법적, 재정적 문제 해결 등을 위해 필요한 모든 것을 한다.

라다 바움 Radha Baum

동서양 통합 치유사. 초기에 힐다 찰튼으로부터 치유와 기도를 배웠다. 침술사가 되어 말기암 환자 및 서양 의학으로는 성공적으로 치료할 수 없는 질병을 가진 환자를 치료했다. 후에는 간호사가 되어 에이즈 환자들을 돌보았다. 치유에 대한 다양한 관점을 이해하기 위해 중국 약초학, 디팩 초프라와 함께하는 심신의학, 치료적 터치, 레이키, 제럴드 엡스타인과 피터 레즈닉과 함께 하는 이미지 작업, 마스터 우와 함께 하는 기공, 그리고 다양한 다른 통증/스트레스 감소 기술을 공부했다. 그 후에는 가족 간호사로서 동종요법과 통합의학을 결합했다. 1998년부터 혁신적인 치유법인 MIHR (Magnetically Influenced Homeopathic Remedies)을 활용해 왔다.

라그빈드라 다스 또는 라구 (미첼 마커스)
Raghvindra Das, or Raghu (Mitchell Markus)

1970년대 초반 몬트리올의 CKGM-FM 프로그램 디렉터로 활동한 이래로 음악과 변혁적 미디어에 참여해 왔으며, 나중에 캐나다 방송 공사의 독립 프로듀서로 일했다. 1974년에 람 다스와 LP 박스 세트 Love Serve Remember에서 협업했다. 1990년에 Triloka Records와 Karuna Music을 시작했다. Triloka는 세계 음악의 발전에서 중요한 리더로 자리매김했으며, 17년 동안 크리슈나 다스, 휴 마세켈라, 활렐라, 자이 우탈과 같은 아티스트와 람 다스, 디팩 초프라가 참여한 변혁적 미디어 프로젝트의 산실 역할을 했다. Love Serve Remember Foundation의 실행 이사이자 www.mindpodnetwork.com (팟캐스트 콜렉티브 사이트)의 공동 창립자이기도 하다.

람 다스 (리처드 앨퍼트) Ram Dass (Richard Alpert)

가슴의 길을 가르치고, 사회 의식과 임종자 돌봄 분야에서 봉사를 장려함으로써 세상에 굵직한 흔적을 남겼다. 힌두교 신 하누만에 초점을 맞춘 박티 요가, 테라바다, 대승불교, 선불교의 불교 명상, 수피와 유대교 신비주의 연구를 포함한 고대 지혜 전통의 다양한 영적 방법과 수행법의 통합을 추구했다. 그의 카르마 요가(영적 섬김) 수행은 수백만 명의 다른 영혼들을 깊은 영적 수행의 길로 이끌었다.

1971년 『지금 여기에 살라』(2024. 정신세계사)를 출판하면서 문화 전반에 중요한 영향을 미쳤다. 『지금 여기에 살라』는 40년 이상 대중들의 삶에서 캐치프레이즈가 되었다. 2004년 『고요한 여기 Still Here』, 2011년 『지금 사랑하라』(2023. 올리브나무)를 펴냄으로써 3부작을 완성했다. 이어 『닦으면, 스스로 빛난다』(2023. 올리브나무), 『람 다스의 바가바드 기타 이야기』(2023. 올리브나무), 죽기 1년 전 도반과의 대화를 통해 남긴 『웰 다잉: 본향으로 돌아가는 길』(2023. 올리브나무) 등, 그의 저서들은 '영성의 시대'를 여는 초석이 되었다. 그가 창립한 The Love Serve Remember Foundation (LSRF)은 그의 사후에도 여전히 마하라지와 람다스의 영적 가르침을 통해 세상을 밝히고 있다.

람 데브 (데일 보글럼) Ram Dev (Dale Borglum)

Living/Dying Project의 창립자이자 실행이사이다. 그는 의식적 죽음 운동의 선구자이며, 35년 이상 난치병, 불치병 환자들 및 그 가족들과 일했다. 1981년 의식적으로 죽고 싶어 하는 사람들을 위한 최초의 주거 시설인 Dying Center를 설립했다. 또한 생명을 위협하는 질병을 앓고 있는 사람들을 위한 영적 지원, 영적 수행으로서의 간병, 치유에 대한 주제에 대해 광범위하게 가르치고 강의했다. 저서로는 람 다스와 공동 저술한 『깨어남의 여정 Journey of Awakening』이 있으며, 40년 이상 명상을 가르쳤다. www.livingdying.org.

라메슈와 다스, 혹은 라메쉬 (짐 리튼)
Rameshwar Das, or Ramesh (Jim Lytton)

사진 작가로, 뉴욕 타임스와 여러 출판사에서 프리랜서로 일했다. 사진과 사진 저널리즘을 가르쳤고 환경운동가이자 작가이기도 하다. 람 다스와 함께 Love Serve Remember 박스 세트의 레코드를 포함한 여러 프로젝트에 참여했다. 람 다스와의 공저 『지금 사랑하라』(2023. 올리브나무)와 『닦으면 스스로 빛난다』(2023. 올리브나무)가 있다. Love Serve Remember Foundation과 Taos Neem Karoli Baba Ashram의 이사회 멤버이다. 롱아일랜드 끝자락에 가족과 함께 살고 있다. 이 책의 많은 사진은 그의 작업이다.

람기리 (안드레아스 브라운) Ramgiri (Andreas Braun)

2차 세계 대전과 홀로코스트 이후 독일에서 태어난 그의 어린 시절은 힘겨웠다. 고뇌 끝에 1972년 마하라지를 만났고, 마하라지는 그에게 깨달음이 자신의 진정한 본성이자 모든 존재의 본성임을 보여주었다. 그 후 40년 동안 위대한 스승들로부터 배웠고, 그의 책 HeartSourcing: Finding Our Way to Love and Liberation에서 설명한 대로, 가슴의 힘을 통해 깨달음을 얻는 현대적 방법인 HeartSourcing Yoga를 개발했다. 람기리는 영적 교사이자 평생 요기이며, 경험이 풍부한 심리학자이다. www.ramgiri.com.

람라니 (이벳 로서) RamRani (Yvette Rosser)

1973년 마하라지는 그에게 "미국으로 돌아가 인도에 대해 공부하고 힌두교가 서양에서 더 큰 이해와 존중을 받도록" 촉매가 되라고 말했고, 그에 따라 오스틴에 있는 텍사스 대학교에서 인도 문학과 언어학 학사 학위를 받았다. 그 후 중학교에서 세계사를 가르쳤고, 석사 과정을 통해 미국 고등학교의 세계사 수업에서 인도가 어떻게 표현되는지 조사했다. 인도, 파키스탄, 방글라데시의 사회학 교과서를 비교 연구하여 박사학위를 받았다. 이 세 나라는 수천 년의 역사를 공유했지만 그 역사적 사건에 대한 매우 다른 현대적 관점을 가지고 있다. 『인도에서 역사편찬의 정치화』라는 책을 작업하고 있다.

http://en.wikipedia.org/wiki/Yvette_Rosser.

라비 다스 (마이클 제퍼리) Ravi Das (Michael Jeffery)

예일대학교에서 법학 학위를 받은 후 거의 5년 동안 인도에서 살았다. 1977년 알래스카 배로에서 최초의 법률 서비스 변호사로 일하기 시작했고, 1982년 배로의 새로운 주 고등법원의 최초이자 유일한 판사로 임명되었다. "저에게 문제는 대법원 판사직이 가난하고 병든 사람을 섬기겠다는 마하라지와의 약속과 어떻게 부합하는가였습니다. 제가 섬긴 사람들은 대부분 원주민, 청소년 범죄자, 저소득층이었고, 아동 복지 사건, 자녀 양육권 사건, 일부 민사 소송 사건을 다루었습니다."

태아 알코올 스펙트럼 장애(FASD)를 다루는 데 상당한 시간을 보냈고, 2012년 태아 알코올 증후군이나 관련 장애가 있는 사람들에게 더 낮은 형량을 선고할 수 있도록 판사가 허용하는 주법을 변경하고자 노력했다.

라비 칸나 Ravi Khanna

인도에서 자랐고, 1977년 23세의 나이에 미국으로 이주했다. 2011년 2월 Resist Foundation에 오기 전에는 매사추세츠 공립 고등교육 네트워크인 PHENOM의 행정 책임자로 일했다. Oxfam America, Peace Development Fund, Haymarket People's Fund, 1world communication, Grassroots International, Men's Resource Center of Western Massachusetts, Movimiento Ciudadano por la Democracia (MDC), Women's Rights International 등 여러 진보적 조직의 이사회 임원으로 일했다.

룩미니 (린다 스피리토소) Rukmini (Linda Spiritoso)

룩미니와 그녀의 고인이 된 남편 무라리는 마하라지에게 이름을 받았으며, 결혼했다. 사회복지사, 트레이너, 종교 간 목사이자 러너, 동물 권리 옹호자이다. 필라델피아에 살고 있으며, 그곳에서 자랐고 일했다. 세 아들의 어머니이자 세 손주의 할머니인 그녀는 "내가 받은 모든 사랑과 가르침에 축복을 받았다고 느낍니다."라고 말한다.

사두 우마 (마르셀 한셀라르) Sadhu Uma (Marcelle Hanselaar)

유화 화가이자 에칭 예술가로, 은유적 표현주의자. 내면 세계와 외면 세계의 갈등, 우리 내면의 짐승과 문명화된 태도 사이의 갈등을 표출한다. 그녀의 작품은 여러 주요 박물관 컬렉션에 소장되어 있으며, 영국과 벨기에의 갤러리에서 대표를 맡고 있다. 사두로서의 기억들이 그녀의 에칭에 표현되었다.

사라스와티, 또는 사라 (로잘리 랜섬) Saraswati, or Sara (Rosalie Ransom)

공연 스토리텔러. 뉴잉글랜드에서 뉴질랜드에 이르기까지 각종 축제에 출연하고 솔로 공연을 했다. 1991년 National Endowment for the Arts Solo Performance Fellowship을 받았고, 다수의 레코드가 국가적인 상을 받았다. 여러 해에 걸쳐 전 세계의 광범위한 이야기, 전설, 신화 레퍼토리를 모았으며, 인도에서 보낸 시절들은 칼리, 시바, 라마야나의 이야기에 대한 극적인 묘사를 낳는 원동력이 되었다. 다양한 연령대에 맞게 맞춤화된 워크숍을 주최했다. http://sararansom.com/. http://sararansom.blogspot.com/.

시타 샤란 (수잔 매카시) Sita Sharan (Susan McCarthy)

8년 동안 인도에 머물렀으며, 베나레스에서 바이슈나바 사두로 살면서 음악, 철학, 언어를 공부했다. 그녀는 '수리아 향 회사'를 설립했고, 자체 브랜드인 '수리아'를 통해 수제 천연 향을 수입, 판매한다. 환경 보호와 보전을 모토로 삼는 회사로, 재료는 히말라야의 깨끗한 공기와 물에서 재배되며, 인도인 직원의 근무 조건은 모든 공정 임금은 물론 건강 및 안전 기준을 초과한다. 수익의 10%는 브린다반의 가난한 과부들에게 직접 기부된다. www.suryatrading.com.

스티븐 슈워츠 Steven Schwartz

장애인을 돕는 공익 로펌인 Center for Public Representation의 소송 책임자. 하버드 로스쿨을 졸업한 후 정신장애법 분야에서 실무를 쌓기 시작했으며, 38년 동안 센터의 실행이사로 재직했다. 법률 리뷰 기사를 써 왔으며, 의회에서 P&A 허가 입법과 학대 및 방치 문제에 대해 증언했고, 하버드와

웨스턴 뉴잉글랜드 로스쿨에서 가르쳤다. "마하라지는 매 순간 내 삶의 일부입니다. 나는 40년 동안 장애인들이 자신들의 집에서 지낼 수 있도록 지원이나 치료, 나아가 필요한 모든 것을 제공하려고 노력해 왔습니다."

http://www.centerforpublicrep.org/our-organization/staff.

수일 안나 (스코틀랜드 애니) Suil Anna (Scottish Annie)

테라바다 전통에서 수련을 받았고, 한국에서 비구니가 되었다. 현재 티베트 전통에 기반한 수행을 계속하고 있다. 1982년 한국 구산 스님의 통역자로 미국에 왔다. 람 데브가 뉴멕시코에서 Living/Dying Project를 시작했을 때, 그녀는 머리를 깎고 가사를 입고 있었다. 현재 NLP(신경 언어 프로그래밍)의 아시아 책임자이며 인증된 코칭 교육 프로그램을 통해 경영자들을 대상으로 마음챙김을 가르친다. "명상을 가르칠 때, 개인사로 어려움을 겪는 사람을 많이 만났습니다. NLP는 명상과 생활을 조화시키는 데에 많은 도움이 됩니다."

수난다 (진 마커스) Sunanda (Jeanne Markus)

캐나다의 퀘벡 몬트리올에 있는 Nights Publications, Inc.의 최고경영자로, 전 남편인 락스만과 함께 일한다. 보조금 프로그램인 Mind and Life Institute의 매니저로 일하고, 12년 동안 고등교육에서 명상적 마인드 프로그램 코디네이터로 일했다. Seva Foundation, Seva Service Society, Insight Meditation Society의 이사회에서 활동했으며, Seva 과테말라 프로젝트의 멤버였다.

수브라마니암 (래리 브릴리언트 박사) Subrahmanyam (Dr. Larry Brilliant)

Skoll Global Threats Fund의 회장. 이전에는 Google.org의 초대 실행이사로 일했고, Google Foundation, Google Grants, 그리고 그 회사의 다른

주요 사회 변혁 이니셔티브를 감독했다. Seva Foundation의 창립자이자 이사
이며, 감염병, 실명 및 국제 보건 정책에 관한 두 권의 책과 수십 개의 기사를
쓴 저자이다. 세계보건기구(WHO)의 성공적인 천연두 근절 프로그램에서
핵심적인 역할을 했으며, 최근에는 WHO 소아마비 근절 활동에 참여했다.
인도 정부와 WHO로부터 상을 받았다. 2005년 캘리포니아 대학교에서 '국제
공중보건 영웅'으로 지명되었다. 2006년 2월 Sapling Foundation의 TED
상을 수상했다. 2008년 Time 지의 100대 영향력 있는 인물로 지명되었고,
유엔에서 글로벌 리더십 상을 수상했다.

www.skollfoundation.org/staff/larry-brilliant/

www.ted.com/speakers/larry_brilliant.

투카람, 또는 투크 (장 낭텔) Tukaram, or Tuk (Jean Nantel)

인도에서 돌아온 후, 인지행동적 접근 방식을 갖춘 선구적인 무료 약물
재활 클리닉인 Alternatives의 실행이사가 되었다. 마음챙김 훈련은 이 프로그
램의 핵심 구성 요소였다. 7년 후 그는 캐나다 엔지니어링 회사의 대표가
되었으며, 카비르 다스와 함께 인도로 돌아갔다. 브리티시 컬럼비아주 밴쿠버에
서 기업 금융 부문에서 일한 후, 그는 깊은 우울증에 빠졌다. 다시 인도로
돌아가 다다를 만났고, 다다는 마하라지의 은총과 끊임없는 현존에 다시 마음을
열도록 그를 도왔다. 인도와 캐나다를 오가며 감사와 경이로 수행을 계속해
가고 있다.

비두라 (프랜시스 X. 샤레) Vidura (Francis X. Charet)

심리학과 종교학 박사 학위를 가지고 있으며, 고다드 칼리지의 대학원에서
의식 집중이 수행에 미치는 효과를 통합적으로 연구하고 있다. Ann Gleig와
Lola Williamson이 편집한 Homegrown Gurus: From Hinduism in America

to American Hinduism에 실린 "Ram Dass: The Vicissitudes of Devotion and Ferocity of Grace"의 저자이다.

http://goddard.edu/people/francis-xavier-charet.

비슈누 (프랭크 허튼) Vishnu (Frank Hutton)

타오스에 있는 Neem Karoli Baba Ashram 이사회 임원이다. 그는 브라질의 힐러 John of God의 힐링 센터인 Casa de Dom Inacio의 Current room (명상실)에서 가이드와 영매로서 일하는 동안 마하라지의 현존 또한 느낀다고 한다. 1년에 세 번 브라질 아바디아니아에 있는 그의 집으로 가서 지내는데, 그곳에서 마하라지의 사랑을 강하게 느낀다고도 한다. "마하라지와 함께 있을 때 나는 내면에서 '그대의 가장 깊은 소망은 무엇인가?'라는 질문을 들었습니다. 나는 '인간들이 다시 집으로 돌아오는 데 도움이 될 수 있다면, 단 한 사람의 가슴이라도 열릴 수 있다면, 내 삶은 충만해질 것입니다.'라고 말했습니다."

비슈와나트 (대니얼 밀러) Vishwanath (Daniel Miller)

아내 우마와 함께 뉴멕시코 타오스에서 꽃집을 운영했으며, 하누만 사원에서 열리는 축하 행사에 꽃을 제공했다. 그 후 유기농 정원 센터인 Blossoms를 개발했고, 캘리포니아 산타크루즈로 이전하기 위해 이를 매각했다. 현재 미술을 공부하고 환경 문제에 힘쓰고 있다.

비베카난다 (마이클 아티) Vivekananda (Michael Attie)

"마하라지가 '이름이 뭐니?'라고 물었습니다. 나는 '마이클'이라고 말했습니다. 그는 '비베카난다! 비베카난다가 무슨 뜻이지?'라고 소리쳤습니다. 내가 '분별의 행복'이라고 말하자, 그는 나에게 외쳤습니다. '아냐.' 그는 '비베카난다는 서양에 다르마를 전파한 위대한 스승'이라면서, 나에게 세 번 반복해서 말하라고 했습니다. 좋아, 그렇다면 나는 람 다스 다음이네! 하지만 사실 그런 일은 일어나지 않았습니다. 가끔씩 다르마 행사를 하긴 합니다. 아코디언을 연주해요. '스퀴즈박스 스와미 쇼' CD도 만들었고, 시집도 냈어요. 1년에 4번 리트릿을 해요. 매주 화요일 밤 LA에 있는 집에서 좌선을 합니다. 한 달에 한 번은 하루 종일 좌선을 합니다. 마하라지는 나에게 나의 영적 에고마저 다 내려놓으라는 평생의 화두를 주셨어요."

http://www.jewishjournal.com/lifecycles/article/lingerie_and_meditat ion_20060203.

바이어드 바스 (랄프 아브라함) Vyed Vas (Ralph Abraham)

1968년부터 UC-산타크루즈에서 수학 교수로 재직했다. 수학 박사로 버클리, 컬럼비아, 프린스턴에서 가르쳤으며 암스테르담, 파리, 워릭, 바르셀로나, 바젤, 플로렌스에서 방문교수로서 가르쳤다. 8권의 책을 썼다. 수학 및 응용 및 실험 분야의 역학 연구 전선에서 활동했다. 다양한 분야에서 혼돈 이론과 그 응용에 대한 컨설턴트였으며, 기술 분야 저널인 World Futures와 International Journal of Bifurcations and Chaos의 편집자이다. 1975년 UC-산타크루즈에서 비주얼 수학 프로젝트를 시작했고, 이는 1990년에 비주얼 수학 연구소가 되었다. "마하라지가 나에게 맡긴 연구는 내가 하는 일에 영향을 미쳤고, 나는 의식의 응용에 관심이 있었습니다. 나는 저서 Demystifying the Akasha에서 순수 수학, 컴퓨터 시뮬레이션, 명상적 수행 간의 연관성에 대해 기술했습니다." http://www.ralph-abraham.org.

주(註)

소개의 말

1. http://www.alternativereel.com/soc/display_article.php?id=0000000017.
2. Jack Kornfield, "Sacred Journey," *Lomi School Bulletin*, Petaluma, CA (Summer 1980): 8.

1. 부름

1. Ram Dass, *Be Here Now* (New York: Crown Publishing, 1971).
2. For more of Bhagavan Das's story, read his memoir, *It's Here Now (Are You?)* (New York: Broadway Books, 1997).
3. Krishna Das, *Chants of a Lifetime*, 2nd ed. (Carlsbad, CA: Hay House, 2011), 9-10.
4. The Hartleys (of the Hartley Film Foundation) filmed for a few days during "summer camp" in 1969. See their documentary *Evolution of a Yogi—Ram Dass*.

3. 초창기 사람들

1. Krishna Das, *Chants of a Lifetime*, 2nd ed. (Carlsbad, CA: Hay House, 2011), 24-25.
2. ——. *Chants of a Lifetime*, 24-25.

6. 그리스도와 하누만은 하나다

1. Krishna Das, Open Your Heart in Paradise Retreat, Maui, December 2013

10. 신성한 강들이 만나는 곳

1. 마하라지와 함께했던 다다 무케르지의 이야기인 *By His Grace: A Devotee's Story* (Santa Fe, NM: Hanuman Foundation, 1990), 그와 그의 헌신자들의 이야기인 *The Near and the Dear: Stories of Neem Karoli Baba and His Devotees* (Santa Fe, NM: Hanuman Foundation, 2000) 참조.
2. Raghu, "Open Your Heart in Paradise Retreat", Maui, December 2013.

11. 오고 또 가고

1. From an interview with Pico Iyer on Super Soul Sunday.

12. 천지의 음악

1. Krishna Das, "Open Your Heart in Paradise Retreat", Maui, December 2013.

15. 기쁨으로 충만했던 여름

1. 람그리의 더 많은 이야기는 그의 책 *HeartSourcing: Finding Our Way to Love and Liberation* (Miami: Annapurna Institute, 2014) 참조.

17. 그렇게 막이 내리고

1. Ram Dass, *Miracle of Love: Stories about Neem Karoli Baba* (published by Love Serve Remember Foundation, 2014)..

감사의 말

나로 하여금 마하라지의 발 앞에까지 가도록 인도하여 준 람 다스에게 엄청난 빚을 졌습니다. 무엇으로도 결코 충분히 갚을 수 없는 빚이었습니다. 람 다스를 만남으로써 내 인생은 완전히 방향을 바꾸어 새로운 궤도에 진입하게 되었습니다. 모든 사람을 사랑하는 것, 그것만이 제가 그 빚을 갚는 방법입니다.

초기 버전을 읽고 유용한 피드백을 해주신 하누마 터트 Hanuman Tirth, 수잔 애쉬먼 Susan Ashman (고양이를 공동 양육해 주신 수잔에게 특별히 감사드립니다!), 안드레아 애들러 Andrea Adler, 카시 프랭크Kashi Frank에게 감사드립니다.

전혀 다른 차원에서 읽고 에너지를 흐르게 해주신 세실리아 몬테로 Cecilia Montero와 로빈 알렉시스 Robin Alexis에게 진심으로 감사드립니다. 그리고 '도반'이 어떤 의미를 갖는지를 몸소 보여주신 라다 바움에게 Radha Baum에게 머리 숙여 감사드립니다.

초기 필사 작업에 협조해 주신 크리스 모로 Chris Morro에게, 팔을 걷어붙이고 필사의 모범을 보여주신 프레마 미차우 Prema Michau에게 깊은 감사를 표합니다.

하퍼원 HarperOne의 편집자로서 이 프로젝트를 열정으로 지원해

주신 기디언 와일 Gideon Weil에게 깊은 감사를 드립니다. 책이 더 짧고 더 읽힘성 좋게 나온 것은 순전히 그의 덕분입니다. 깊은 인내심을 갖고 저와 함께 해주신 하퍼원 관계자 여러분께도 감사를 표합니다.

전국 방방곡곡 70건 이상의 인터뷰를 진행하고 이 책을 편찬하는 데 여러 해가 걸린 이 프로젝트는 '러브 서브 리멤버 재단 Love Serve Remember Foundation'의 지원이 절대적이었습니다. 재단의 실행이사인 전 남편 라구 마커스 Raghu Markus의 노고가 컸습니다. 이 책에 수록되지 않았지만 (나중에 다른 형식으로 소개할 예정입니다) 인터뷰에 응해 주신 여러분들께도 감사드립니다.

나의 멋진 아들 노아 Noah와 샤이얌 Shyam, 샤이얌의 아내 데보라 Deborah, 사랑스러운 손녀들 딜런 Dylan, 조이 Zoey, 윌로우 Willow의 사랑과 응원에도 큰 감사를 표합니다.

언제나 그렇듯이, 님 카롤리 바바에게 깊은 사랑과 변함없는 감사를 드립니다. 마하라지, 상상을 초월하는 사랑과 담요에 싸인 그의 삶에 감사드립니다. 당신의 '비서'가 되게 해주시어 참으로 기쁘고 영광이었 습니다.

한 성자의 사랑법

히말라야 산기슭에 사는 한 노인네. 몸의 일부이기나 한 듯이 늘 두르고 다니는 모포 한 장뿐, 상체는 거의 벌거벗은 것이나 다름없는 초라한 노인네. 늘 천진스러운 미소를 띠고 다니는 그 노인네가 미래의 문화 지도를 크게 바꾸어놓을 '큰일'을 벌이고 있는 중임을 누가 상상이나 할 수 있었을까. 님 카롤리 바바, 일명 마하라지 ('큰스님' 정도의 뜻을 지닌 닉네임).

이 노인네가 부정기적으로 찾아와 머물다 가는 한 아쉬람에 서양인들 (주로 미국인)이 몇 명씩 찾아오곤 했지만, 결정적 계기는 하버드대학교 교수였던 리처트 앨퍼트가 찾아들었던 것. 마약을 이용한 의식확장 실험에 나섰다가 교수직을 파문당한 그는 우연의 우연이 겹친 끝에 마하라지를 만나, 그가 쌓아온 지식의 바벨탑이 한 순간에 무너지는 경험을 한다. 그가 처음에 '항복 선언'을 하게 된 것은 마하라지의 타심통과 천리안 탓이 컸겠지만, 그의 가슴 속에서는 마하라지로부터 방사된 '무조건적인 사랑의 씨'가 몰라보게 자라기 시작한다.

인도에서 잠시 귀국한 그는 미국의 이곳저곳을 다니며 '마하라지의 큰 사랑 앞에서 무너져버린 경험'과 자신의 명상 수행 이력을 맛깔스럽게 요리하여 선보이고, 1971년 『지금 여기에 살라 Be Here Now』(2024년 정신세계사 발행)라는 기념비적인 책을 출간한다. 물질주의 문명에 찌들어가는 전후 세대의 가치관을 밑바닥부터 흔들고, 반문화 세대의 가슴에 도사리고 있었던 진리 추구의 열정에 불을 지른다. 람 다스가 켜 든 사랑의 불은 님 카롤리 바바를 가리켰고, 그 신호에 따라 갓 18세를 넘긴 젊은이들이 아르바이트를 하는 식으로 푼돈을 모아 둘씩 셋씩 삼삼오오 짝을 지어 머나먼 인도 여행길에 오른다. 당시에는 교통편도 좋지 않아 비행기를 타고 델리로 간다면 행운아에 속했고, 대개는 유럽으로 먼저 갔다가 육로를 통해 버스를 대절하거나 히치하이킹을 하여 어찌어찌 히말라야의 산기슭으로 모여들었다.

람 다스와 그의 책 『지금 여기에 살라』는 님 카롤리 바바와 동양의 영성의 불꽃을 서양에 옮겨붙이는 데에 결정적인 불쏘시개 역할을 한다. 서구의 물질 문명과 경쟁 사회에 지쳐 타는 목마름으로 진리를 찾던 젊은이들은 지구의 반대편 끝이라는 머나먼 길을 마다하지 않고 꾸역꾸역 님 카롤리 바바의 무릎 아래로 모여들고, 마치 5만 볼트의 전류에 감전이라도 된 듯이 인생을 바꾸게 되는 이들이 갈수록 많아진다.

마하라지가 쏜 사랑의 화살은 도대체 어떤 성질을 가졌길래 그토록 어김없이 사람들을 쓰러뜨렸던 것일까? 첫째가는 성질은 '무조건적'이라는 것이다. 물질만능 사회에 길들여진 사람들은 사랑에도 효용성을 앞세워 이익과 손해를 따진다. 학력과 경력과 간판이 사랑의 획득에 유리한 조건으로 작용하고, 부모 자식 간의 사랑마저도 성과주의가 적용되기 일쑤다. 진짜 사랑이 아닌 가짜 사랑에 중독된 사람들은 겉보기엔 아무리 화려해 보여도 속으로는 허기와 갈증만 쌓여간다. 그런 그들에게 마하라지의 사랑은 너무나 다르다. 처음으로 마하라지의 사랑에 노출된 사람들은 너무나 다른 성질의 사랑에 당혹해한다. 이 책의 저자인 파르바티 마커스는 이렇게 말한다. "당신에 대해 모든 것을 다 알고 있으면서도 당신을 조건 없이 사랑하는 누군가가 당신 앞에 앉아 있다고 상상해 보라. 한 번도 경험해 보지 못한 사랑의 밀물 앞에서 가슴이 벅차올라, 우리의 사고, 이성적이고 직선적인 마음은 단번에 잠잠해지고 말았다. 우리는 집에 돌아와 있었다. 그 집은 완전히 안전한 집, 순수한 사랑으로 지어진 집이었다. 그리고 우리는 변화되었다."

마하라지의 무조건적인 사랑의 화살, 그 사랑의 화살을 받기 위해서는 착할 필요도, 순수할 필요도, 거룩할 필요도 없었다. 모든 잘못과 실수가 다 용서받았다. 있는 그대로 다 받아들여졌다. 구석구석 남김없이 쓰다듬고 포용하는 큰 사랑 앞에서 에고는 속절없이 무너져내리고 말았다. 그리고 자기 자신이 텅 비어 버린 그 자리에는 어김없이 '영원한 사랑'의 씨앗이 뿌려지고 몰라보게 자라났다.

—웬일인지 가슴이 아파 왔습니다. 깊은 슬픔이 밑바닥에서부터 치고 올라와, 벼락이 치는 것처럼 나를 강타했습니다.

—그는 모든 것을 알고 있었고, 여전히 나를 사랑했습니다. 나에

대해 모든 것을 알고 있으면서도, 여전히 나를 사랑할 수 있다는 것—그것이 가장 놀라운 점이었지요. 나는 그를 위해 아무것도 하지 않았습니다. 나는 의심 많은 사업가이자 전직-사기꾼이었습니다. 그는 나에게 한푼도 요구하지 않았습니다. 그 점이 나에게는 중요했습니다. 그가 뭔가를 요구했다면, 나는 그를 신뢰하지 않았을 테니까요.

　—나는 그의 무릎에 머리를 얹고 울었고, 그는 나의 머리를 두드리며 "오, 정말 그대는 착해. 넌 정말 좋은 사람이야."라고 말했습니다. 내가 무슨 일을 저질렀든, 최악의 상황이라도, 다 괜찮았습니다. 그는 어떤 사람도 판단하지 않는 사람이었습니다. 그는 때로 화가 난 척하거나, 완전히 무시하거나, 누군가를 더 좋아하는 것처럼 가장할 수도 있지만, 그는 항상 바로 거기에 있었고, 항상 사랑이 있었습니다. 항상 너무나 많은 사랑이 있었습니다.

　—최근 사회적 지능 분야에서 '거울 뉴런'에 대한 신경과학 연구가 이루어졌습니다. 한 사람이 다른 사람과 함께 있을 때, 서로가 서로에게 영향을 미칠 뿐만 아니라 서로의 세포 구조를 실제로 변화시킨다는 것을 보여줍니다. 특히 매우 강력한 사람과 함께 있을 때는 더욱 그렇습니다. 단순한 심리적 영향이 아니라 실제로 뇌를 변화시킵니다. 나는 마하라지와 함께 있기만 해도 세포가 재배열되는 것 같다고 말하곤 했습니다. 그는 나를 완전히 바꾸기 위해 아무것도 할 필요가 없었습니다. 우리는 거기에 있었고, 그는 거기에 있었습니다. 우리는 그저 거기에 앉아 있었고, 그는 우리를 사랑했고, 결국 우리는 전과 달라졌습니다.

마하라지도 몸을 벗었고, 그의 사랑을 전달하는 역할을 했던 람다스도 세상을 떠났다. 그러나 함께 수행을 하는 도반들이나 책을 통해서 마하라지를 알게 된 이들 중에는 꿈속에서 그를 만나기도 하고 삶의 어느 모퉁이에선가 마하라지의 환상을 보고 인생이 바뀌었다고 고백하는 사람들이 많고, 지금도 계속해서 나타나고 있다. 시공을 초월하여 언제 어디에나 현존하는 사랑을 경험하기 위해서는, 어떻게 해야 할까. 우리 자신의 문을 활짝 열어젖히는 일일 뿐일 것이다.

"우리 모두가 신임을 기억하고, 똑같이 신성을 품은 모든 존재를 섬기고 사랑할 때", 시간과 공간의 모든 칸막이가 다 무너져내리고, 마하라지가 품은 사랑뿐만 아니라 그를 찾은 모든 이들에게 전해졌던 그 사랑의 빛이, 그 사랑의 빛을 전해 받은 또 다른 사랑의 빛들이, 나와 너와 우리와 세상을 밝히며 여전히 불멸의 노래를 부르고 있는 것이다.

2014년 12월
옮긴이 유영일, 이순임